코포라티즘 정치

The Politics of Corporatism:
the character of governmental strategy and political system
and the perspective of corporatist governance

by Byungkee Jung, Do Myo Yuen

코포라티즘 정치

통치 전략성 및 정치 체제성과 결사체 거버넌스 전망

정병기 · 도묘연 지음

대우학술총서
613

아카넷

1990년대와 2000년대에 우리나라에서도 코포라티즘 논쟁이 한창이었다. 그러나 이명박 정부 들어 노사정위원회가 크게 위축되면서 이 논쟁은 사그라들어 지금까지도 재개할 기미가 보이지 않는다. 그렇지만 자본주의 사회가 유지되는 한 코포라티즘 논쟁은 잠복해 있을 뿐 언제든 다시 부상할 수밖에 없다. 자본주의는 기본적으로 자본과 노동을 양대 축으로 해서 움직이기 때문이다.

게다가 현대 사회에서는 대의 민주주의의 한계가 점차 명확하게 드러나고 있다는 점에서도 코포라티즘 논의의 활성화는 필요하다. 코포라티즘은 이해관계자들의 이해를 직접 대표할 뿐만 아니라 이해관계의 관련 정도에 따라 대표의 비중을 결정할 수 있는 방식이 될 수 있기 때문이다.

이 책은 이와 같은 문제 의식에서 기획되었으며, 10여 년 전부터 필자가 관심을 갖고 수행해 온 연구의 산물이다. 특히 2004년 봄과 가을에 각각 발표한 필자의 두 논문, 「세계화 시기 코포라티즘 정치의 전환: 스웨덴과 네덜란드의 예를 통해 본 통치전략적 성격과 정치체제적 성격」, 《한국정치연구》 제13집 1호(서울대학교 한국정치연구소), 203-229쪽과 「세계화 시기 코포라티즘의 신자유주의적 변형: 독일과 네덜란드의 예」,《국제정치논총》제44집 3호(한국국제정치학회), 197-215쪽의 방법론을 발전시켰다. 그리고 이 방법론을 서유럽 4개국에 적용해 2004년《한국정치학회보》에 발표한 「서유럽 코포라티즘의 성격과 전환: 통치전략성과 정치체제성」에서 더 정교한 분석 틀로 정립해 확대 적용하였다. 또한 2012년에 발표한 노르웨이 코포라티즘 분석 논문과 2014년에 발표한 프랑스 코포라티즘 분석 논문도 활용했다. 따라서 이 연구 시점 이후 변하지 않은 사실들과 분석 결과들은 상당 부분 중복될 수밖에 없음을 밝혀 둔다.

제8장 '한국의 코포라티즘 정치 실험: 노사정위원회 평가'는 도묘연 박사가 연구하고 집필했다. 물론 단행본의 논지와 시각에 맞추어 내용을 조정해 전체 흐름과 어긋나지 않도록 연결했다. 김영삼 정권 시절의 노사관계개혁위원회도 다루어야 한다는 의견이 있었지만, 이 책의 취지에 비추어 노사정위원회에 초점을 두는 것이 옳다는 판단을 했다. 하지만 노사정위원회의 중요한 역사적 계기와 배경이라는 점에서 노사관계개혁위원회도 그에 적절하게 다루었다.

이 연구는 한국학술협의회의 지원을 받아 수행할 수 있었다. 한국학술협의회의 지원과 담당자들의 후의와 노고에 감사드리며, 중간 보고서 및 최종 보고서 심사를 통해 이 연구의 질을 높여 준 익명의 심사 위원들께도 감사드린다. 끝으로 책의 출판을 기꺼이 맡아 준 아카넷 출판사에도 고마운 마음을 전하며, 이 책이 코포라티즘 논의를 다시 활성화할 수 있기를 기대한다.

2015년 8월
정병기

차례 CORPORATISM

표 차례

그림 차례

1

CORPORATISM

코포라티즘의 의미와
연구의 대상

코포라티즘(corporatism)은 이해관계자들의 참여와 협의 및 합의를 통해 이루어지는 이해 갈등 조정 양식을 말한다. 역사적으로 그 양태는 매우 다양하게 존재했으며 나라에 따라 상이하게 나타났다. 코포라티즘은 나치즘과 파시즘 정치에 의해 악용된 경험도 있지만, 세계 경제 공황을 극복하고 복지 국가를 건설하는 데 중요하게 기여하기도 했다. 특히 이해관계자들의 자발적 참여가 보장되는 민주적 코포라티즘은 타협과 합의를 중시하는 발전된 민주주의 국가에서 사회 통합 정치를 위해 거부할 수 없는 통치 방식으로 이해된다.

서론에 해당하는 이 장에서는 코포라티즘 정치를 민주주의와 관련해서 의미를 파악하고 연구 대상을 밝히는 한편, 다양한 코포라티즘 국가 분류를 소개하고 그로부터 대상 국가를 선정한다. 그리고 마지막으로 결론 직전에 다룰 우리나라 코포라티즘 시도의 분석이 갖는 의미도 함께 서술할 것이다.

사실 코포라티즘이라는 단어는 이미 30여 년 전에 '조합주의'란 용어로 우리나라에 번역·소개되었고,[1] 현재 '사회적 합의주의'라는 용어로도 쓰이고 있다.[2] 그러나 '조합주의'라는 용어는 노동조합주의(trade unionism)나 생디칼리즘(syndicalism)과 혼동될 수 있다. 뿐만 아니라 '조합'이라는 말은 계약에 기초한 근대 사회의 다원주의적 이익 대표 개념에 더 가까워 코포라티즘이 함축하는 유기체적이고 공동체적인 의미를 표현하지 못한다. '사회적 합의주의(social concertation)'라는 용어도 협의(consultation)와 교섭(bargaining)을 통한 정치적 교환(political exchange)의 의미인 'concertation'(협주에 더 가까움)을 '합의'로 번역함으로써 최종 도달 지점인 '합의(consensus)'와 혼동될 염려가 있다. 또한 코포라티즘적 협상의 핵심 요소인 정치적 교환의 의미를 충분히 살리지 못하며 국가와 관련된 논의가 배제된다는 점에서 적절치 못하다.[3] 따라서 이 책에서는 코포라티즘이라는 영어 표현을 그대로 사용한다.[4]

---

1) 한배호, 1983, 『비교정치론』, 개정판(서울: 법문사), 211-215쪽.
2) 코포라티즘의 번역어와 용례에 대해서는 정병기, 2004a, 「서유럽 코포라티즘의 성격과 전환: 통치전략성과 정치체제성」, 《한국정치학회보》 제38집 5호(한국정치학회), 323-343쪽 참조.
3) Potobsky, Geraldo von, 1994, 「사회적 합의(Concertation): 이론과 경향」, 국민경제사회협의회·한국노동연구원(편), 『사회적 합의와 노사관계』(서울: 국민경제사회협의회), 20쪽과 23쪽 참조.
4) 1983년 한국국제정치학회 학술 회의에서 최장집 교수가 번역어의 문제점을 지적하며 적절한 번역어가 없는 한 영문 표기를 그대로 사용할 것을 제안한 바 있다. 최장집, 1983, 「한국 노동조합 연구의 정치학적 접근: '코포라티즘(Corporatism)'의 적용을 중심으로」, 《국제정치논총》 제23집(한국국제정치학회), 365쪽; 최장집, 1988, 『한국의 노동운동과 국가』(부산: 열음사), 11-12쪽 참조.

1. 코포라티즘 정치의 민주주의적 의미와 연구 대상

현대 사회는 대의 민주주의의 절정에 도달했다. 중세 봉건 사회가 몰락하고 자본주의가 등장함으로써 그 상부 구조로 수립된 자유 민주주의가 대의 민주주의로 현상했다. 이것은 정당과 의회를 통해 운영되는 정당 민주주의 혹은 의회 민주주의로 나타났는데, 제2차 세계 대전 종전 후 서유럽을 중심으로 비단 정치적 민주주의뿐만 아니라 사회 경제적 민주주의도 발전해 사회 복지 국가를 이룩했다.

그러나 절정은 위기의 시작을 뜻하기도 한다. 이미 1960년대 말부터 대의 민주주의의 권위주의적 속성이 드러나 68혁명운동이라는 거대한 사회적 저항이 촉발되었다. 그 후 새로운 형태의 반(反)체제 정당들과 사회 운동들이 생겨나 대의 민주주의에 도전했다. 이 저항은 관료적 권위주의, 가부장적 권위주의, 제국주의적 권위주의, 진화론적 권위주의(사회적 약자나 소수자에 대한 사회적 강자나 다수자의 권위주의)라는 일상적 권위주의의 문제를 지적했다.[5] 이러한 권위주의 문화는 정치적·사회 경제적 민주주의의 수립에도 불구하고 생활 세계 깊숙이 침투해 있었던 것이다.

이제 이러한 도전과 저항은 일상적 권위주의를 극복하는 민주주의의 발전을 촉발시키고 있다. 비록 정치적 및 사회 경제적 민주주의에 비해 일상적 민주주의의 발전 수준이 크게 미흡하기는 하지만, 68혁

---

5) 정병기, 2007a, 「21세기 자본주의 사회의 혁명과 반혁명: 68혁명운동의 의미와 교훈」, 『21세기 자본주의와 대안적 세계화』, 제3회 맑스코뮤날레 발표 논문집, 문화과학 이론신서 52, 490-509쪽; 정병기, 2008, 「68혁명운동과 노동운동: 반권위주의적 탈물질주의의 교훈과 노동운동의 전망」, 《마르크스주의 연구》 제5권 2호(경상대학교 사회과학연구소), 32-52쪽 참조.

명운동을 통해 촉발된 일상적 민주주의의 발전은 대의 민주주의의 한계를 더욱 보완해 가고 있는 것이 사실이다.

하지만 대의 민주주의의 근본적 결함은 여전히 남아 있다. 대의 민주주의는 규모가 방대하며 전문화하고 복잡한 현대 사회에서 능력 있는 소수 대표에 의해 이루어지는 정치를 의미했고 이를 정당화했다. 그렇지만 더욱 복잡해지고 다양해지는 현대 사회에서는 소수 대표에 의한 정치로써 해결할 수 없는 문제들이 많아졌다. 과거의 국가가 외적·양적으로 규모가 방대해졌다면, 현대의 국가는 복잡화와 다양화를 통해 내적·질적으로 규모가 방대해진다고 할 수 있다. 이제 소수 대표들만으로는 이러한 문제들을 모두 대표할 수도 없고 해결할 수도 없게 되었다.

68혁명운동 이후 대의 민주주의에 대한 도전은 좌파와 신사회 운동뿐만 아니라 전통적 우파에서도 나타났다. 자유주의 진영은 신자유주의의 맥락에서 신공공 관리(New Public Management) 같은 거버넌스(Governance) 이론을 제기했고, 극우주의는 네오포퓰리즘(Neopopulism)을 통해 대의 민주주의에 도전하고 있다. 이 흐름들은 모두 대중의 참여를 강조한다는 점에서 일맥상통한다. 그러나 실질적·결과적으로 이 대안들은 대개 시장의 구조적 권력이나 최고 통치자의 개인화 혹은 인물화된(personalized) 권력으로 귀결된다. 거버넌스 이론은 이익 집단 같은 사회 행위자들의 참여를 주장하지만 효율성과 시장의 논리를 공공 부문에 도입하려 하며, 네오포퓰리즘은 대중의 참여를 카리스마적 인물로 대체하려 하기 때문이다.[6]

---

6) 물론 거버넌스 이론이 신자유주의적 논리에 한정되는 것을 거부하고 공공선의 추구와 탐색을 포기해서는 안 된다고 주장하는 키에르(Kjær)와 같은 입장도 있으며, 라틴 아메리카에서처럼 좌파 포퓰리즘도 존재해 네오포퓰리즘을 특정 이념 정파에 한

대의 민주주의에 대한 실질적 대안도 민주주의에서 찾아야 한다. 적어도 정치라는 범주에서는 민주주의를 대체할 대안은 존재하지 않는다. 다만 민주주의 안에서 참여의 방식과 내용이 달라져야 한다. 누가 참여하느냐는 더 이상 문제가 되지 않는다. 비록 대의 체계였지만, 주권자는 인민이었고 보편·직접 선거를 통한 참여가 보장되었기 때문이다. 다만 무엇을 위해 어떻게 참여하느냐의 문제가 남아 있고 오히려 더 심각해지고 있다.

정당 민주주의나 의회 민주주의로 대표되는 대의 민주주의 체계는 국민들로부터 선출된 정치인들이 의회를 통해 정치를 수행하는 체계이다. 그리고 의회는 국민들을 대신해 법률을 제정하고 행정부를 감시·견제하는 기능을 수행한다. 하지만 생활 세계를 비롯한 국민 생활을 모두 법률로 다룰 수는 없으며 다루어서도 안 된다. 또한 법률의 제정은 다양한 이해관계들을 수렴하고 정당들 간 협상을 통해야 하며 일정한 기간 동안 논의를 거쳐 제정 및 공포 기간을 지나야 한다. 그리고 행정부에 대한 감시와 견제는 정책을 결정하는 것이 아니므로 국민 생활에 직접적인 영향을 미치지 못한다. 따라서 법률의 제정 범위 밖이거나 시급한 사안들에 대해 의회 정치는 한계를 가질 수밖에 없다. 예를 들어, 인플레이션이나 임금 인상 같은 사안이나 기타 긴급한 사회적 갈등을 해결하는 데 있어 의회는 관할권이 없거나 의사 결정상 시간 지체가 심하다는 것이다.

정시킬 수는 없다. 다만 이 글에서는 거버넌스 이론의 주류와 서유럽 네오포퓰리즘을 염두에 두었다. Kjær, Anne Mette, 2007, 『거버넌스』, 이유진 역(서울: 오름); 정병기, 2012a, 「서유럽 포퓰리즘의 성격과 특징: 프랑스, 이탈리아, 오스트리아, 벨기에, 노르웨이의 네오포퓰리즘 정당을 중심으로」, 《대한정치학회보》 제20권 2호(대한정치학회), 139–164쪽 참조.

물론 정부가 행정적으로 이 문제의 해결을 시도할 수 있다. 그러나 행정부 관료들은 행정 업무에서는 전문가라고 할 수 있지만, 이해관계자들의 이해관계를 수렴하고 조정하는 정치적 행위를 수행하는 데는 역시 한계가 있다. 따라서 거버넌스 이론이 대두되어 새로운 관리 정치 이론이 제기되었다. 곧 이해관계자들의 참여를 통한 협치(協治, governance)를 통해 문제를 해결할 수 있다는 것이다. 그러나 앞서 말한 것처럼 거버넌스 이론이 제시하는 방법은 시장이나 민간 기업의 효율성 논리를 우선함으로써 참여에 의한 민주적 의견 수렴보다는 효율성 있는 민간 행위자들에게 분권화해 문제를 해결하고자 하는 경향이 강하다.

이와 달리 이해관계자들이 직접 주요 문제 해결에 참여해 공동으로 정책을 결정하고 집행할 수 있는 기제가 요구된다. 그것이 이해관계자들의 직접 참여와 협의 및 합의를 보장하는 결사체 민주주의로서 코포라티즘 정치이다. 이때 결사체 민주주의는 이해관계자들의 협의와 합의를 거쳐 정책을 결정한다는 점에서 합의 민주주의(consensus democracy)임과 동시에, 이해관계자들의 직접 참여를 통해 정책을 집행한다는 점에서 결사체 거버넌스(corporatist governance)이다.[7] 이러

---

7) 여기에서 결사체 거버넌스는 참가자들의 협의와 합의를 통해 공동으로 통치한다는 점에서 주류 거버넌스 이론에서 말하는 결사체 민주주의(associative democracy) 내용과는 다르다. 주류 거버넌스 이론의 결사체 민주주의는 효율성 논리에 따라 능력이 검증된 민간 행위자에게 분권화하고 국가는 감시자 역할에 머무는 것을 주장하기 때문이다. Hirst, Paul, 2000, "Democracy and Governance," Jon Pierre(ed.), *Debating Governance: Authority, Steering, and Democracy*(New York: Oxford University Press), pp. 27–30; 곽진영, 2002, 「정당과 거버넌스: 정당 쇠퇴론에 대한 대안적 설명 틀로서의 거버넌스」, 김석준·곽진영·김상배·김의영·김준기·서창록·이근·이연호·이원근·이종찬·임성학·임성호·임혜란·전재성, 『거버넌스의 정치학』(서울: 법문사), 83쪽 참조.

한 의미에서 민주적으로 작동하는 사회 코포라티즘 국가는 시민 사회의 자발적 조직들에 일정한 권한을 위임하여 자조적 노력을 촉진하고 국가 의사 결정에 참여토록 하는 유도 국가(혹은 조성 국가, enabling state)로 개념화할 수 있다.[8] 그러므로 코포라티즘 정치 기제는 조직화된 이해관계자들을 통해 국민들의 의사를 대표하고 집행하는 또 다른 의회이자 또 다른 행정부라고 할 수 있다.

그러나 실제 코포라티즘의 양태는 매우 다양하게 나타났으며 지금도 여전히 변하고 있다. 그것은 의회와 행정부의 의미와 역할이 시대에 따라 변하는 것과 유사하다. 그렇기 때문에 의회와 행정부의 역할과 의미를 바로 세우는 것이 중요한 것처럼 코포라티즘의 의미와 역할을 올바로 세우는 것이 중요하다. 따라서 코포라티즘에 대한 연구는 기존의 의회와 행정부가 수행하지 못하는 의사 결정과 정책 집행을 고찰하고 적절한 대안을 제시함으로써 대의 민주주의의 한계를 보완하고 민주주의의 온전한 의미를 더욱 발전시키는 데 기여할 수 있다.

이미 1980년대 초에 알몬드(Almond)가 코포라티즘을 다원주의의 한 변종이라고 일축해 버리기도 했지만,[9] 사실 코포라티즘 논의는 지나치게 확장되어 그 범주조차 희미해지는 상황이다. 수년 전 의약 분쟁에서 본 것처럼 의사와 약사들의 이익 집단들을 대상으로 정부가 조정을 수행하는 통치 행위를 코포라티즘에 포함시켜 미시적 코포라

---

8) Streeck, Wolfgang and Philippe C. Schmitter, 1985, "Community, Market, State—and Associations?," *European Sociological Review*, vol. 1, pp. 119–138; Visser, Jelle and Anton Hemerijck, 1997, *'A Dutch Miracle': Job Growth, Welfare Reform and Corporatism in the Netherlands*(Amsterdam: Amsterdam University Press), p. 66.

9) Almond, Gabriel A., 1983, "Corporatism, Pluralism, and Professional Memory," *World Politics*, vol. 35, no. 2, p. 251.

티즘이라는 개념을 사용하기도 한다. 뿐만 아니라 비교적 넓은 지역 단위의 지방 정부가 참여하는 협의나 산업별 전국 조직체들 간의 협의를 '중위적(meso)' 코포라티즘이라 칭하기도 하며, 다시 그 이하 단위에서의 협의를 '미시적' 코포라티즘 외에 '부문적' 코포라티즘이라고도 일컫는다.[10] 심지어 코포라티즘을 더 확장하고자 하는 논자들은 '노동 배제적 코포라티즘'과 '농업 코포라티즘'을 언급하기까지 한다.[11]

하지만 이 연구에서는 코포라티즘 논의를 노동과 자본의 관계에 한정하며, 비노동 분야로 확장시키지 않는다. 상술한 바와 같이 대의 민주주의가 자본주의 사회의 상부 구조로 출현했다면, 자본주의 사회의 사회적 토대는 유산자와 무산자이며 생산 현장에서 사용자와 노동자로 현상하기 때문이다. 다시 말해 자본주의 사회에서 코포라티즘

---

10) Cawson, Alan(ed.), 1985, *Organized Interests and the State: Studies in Meso-Corporatism*(London: Sage Publications); Hernes, Gudmund and Arne Selvik, 1981, "Local Corporatism," Suzanne D. Berger(ed.), *Organizing Interests in Western Europe: Pluralism, Corporatism, and the Transformation of Politics*(Cambridge, UK: Cambridge University Press), pp. 103–122.

11) 노동배제적 코포라티즘은 Pempel, T. J. and Keiichi Tsunekawa, 1979, "Corporatism without Labor?: The Japanese Anomaly," Philippe C. Schmitter and Gerhard Lehmbruch(eds.), *Trends Towards Corporatist Intermediation*(London: Sage Publications), pp. 231–270, 농업 코포라티즘은 Keeler, John, 1981, "Corporatism and Official Union Hegemony: The Case of French Agricultural Syndicalism," Suzanne D. Berger(ed.), *Organizing Interests in Western Europe: Pluralism, Corporatism, and the Transformation of Politics*(Cambridge, UK: Cambridge University Press), pp. 185–208을 참조. 그 밖에 권위형, 합의형, 계약형으로 구분해 국가 코포라티즘과 사회 코포라티즘 외에 계약형으로 분류되는 다양한 코포라티즘이 가능하다고 보는 입장도 있다. 이 입장에 대해서는 Williamson, Peter J., 1985, *Varieties of Corporatism: A Conceptual Discussion*(New York: Cambridge University Press)를 참조.

의 가장 중요한 대상이자 행위자는 사용자와 노동자이기 때문이다.
다만 거시적(전국), 중위적(산업별), 미시적(기업별, 부문별 혹은 지역적)
차원들은 코포라티즘의 작동 과정 분석에서 협의의 수준과 관련해 논
할 것이다.

2. 코포라티즘 국가 분류와 분석 대상 국가

코포라티즘 국가를 분류하는 것은 학자마다 다른데, 그것은 코포
라티즘 개념을 다양하게 정의하기 때문이다. 하지만 이 장에서는 분
석 대상 국가를 선정하기 위해 국가 분류에 대해서만 논하며, 코포라
티즘 개념에 대해서는 다음 장에서 다룬다.

코포라티즘을 연구한 학자들은 대단히 많다. 그중 코포라티즘 국
가를 분류한 대표적인 학자들로는 레이파트와 크레파즈(Lijphart and
Crepaz), 레너(Lehner), 슈미트(Schmidt), 렘부르크(Lehmbruch), 캐머런
(Cameron), 슈미터(Schmitter), 크라우치(Crouch), 키먼(Keman)을 들 수
있다.[12] 그리고 버건스트(Vergunst)는 이들의 다양한 분류를 모두 비교

---

12) Lijphart, Arend and Markus L. Crepaz, 1991, "Corporatism and Consensus
Democracy in Eighteen Countries: Conceptual and Empirical Linkages,"
British Journal of Political Science, vol. 21, no. 2, pp. 235-246; Lehner,
Franz, 1987, "Interest Mediation, Institutional Structures and Public Policy,"
Hans Keman, Heikki Paloheimo and Paul F. Whiteley(eds.), *Coping with the
Economic Crisis: Alternative Responses to Economic Recession in Advanced
Industrial Societies*(London: Sage Publications), pp. 54-82; Schmidt,
Manfred G., 1982, "Does Corporatism Matter?: Economic Crisis, Politics and
Rates of Unemployment in Capitalist Democracies in the 1970s," Gerhard
Lehmbruch and Philippe C. Schmitter(eds.), *Patterns of Corporatist Policy-*

하여 정리하였다(〈표 1-1〉 참조).[13]

표에서 보듯이 아홉 학자들 모두가 영국과 미국 및 캐나다를 코포
라티즘 국가에 포함시켰을 뿐만 아니라, 어떤 경우에는 심지어 일본
을 포함시키기도 했다. 그러나 코포라티즘 정치를 합의 민주주의[14]에

　　making(London: Sage Publications), pp. 237-258; Lehmbruch, Gerhard,
　　1984, "Concertation and the Structure of Corporatist Networks," John H.
　　Goldthorpe(ed.), *Order and Conflict in Contemporary Capitalism*(Oxford:
　　Clarendon Press), pp. 60-80; Cameron, David R., 1984, "Social Democracy,
　　Corporatism, Labour Quiescence and the Representation of Economic
　　Interest in Advanced Capitalist Society," John H. Goldthorpe(ed.), *Order and
　　Conflict in Contemporary Capitalism*(Oxford: Clarendon Press), pp. 143-178;
　　Schmitter, Philippe C., 1981, "Interest Intermediation and Regime Governability
　　in Contemporary Western Europe and North America," Susanne Berger(ed.),
　　Organizing Interests in Western Europe(Cambridge, UK: Cambridge University
　　Press), pp. 285-327; Crouch, Colin, 1985, "Conditions for Trade-Union
　　Wage Restraint," Leon N. Lindberg and Charles S. Maier(eds.), *The Politics of
　　Inflation and Economic Stagnation: Theoretical Approaches and International
　　Case Studies*(Washington DC: The Brookings Institution), pp. 105-139; Keman,
　　Hans, 1988, *The Development toward Surplus Welfare: Social Democratic
　　Politics and Policies in Advanced Capitalist Democracies(1965~1984)*
　　(Amsterdam: CT-Press). 우리나라에서는 강명세가 슈미터와 렘부르크의 분류를
　　비교해 소개한 바 있다. 강명세, 1999, 「사회협약의 이론」, 강명세(편), 『경제위기와
　　사회협약』(성남: 세종연구소), 15쪽.

13) Vergunst, Noël, 2010, *The Institutional Dynamics of Consensus and Conflict:
　　Consensus Democracy, Corporatism and Socio-economic Policy-making and
　　Performance in Twenty Developed Democracies(1965~1998)*(Saarbrücken:
　　Lambert Academic Publishing).

14) 합의 민주주의는 레이파트의 논의에 따라 대연정(grand coalition), 비례 대표
　　제(proportionality), 소수자 상호 거부권(mutual minority veto: 소수파들이 상
　　호 비토권을 가질 때 실제로 거부권을 함부로 행사하지 못하게 됨), 분파 자율성
　　(segmental autonomy: 덜 중요한 이슈에 대해서는 분파에게 맡기고 동일 수준의
　　분파들끼리는 그 자율성을 침해할 수 없음) 등의 정치적 특징을 가진 국가들을 의
　　미한다. 레이파트의 합의 민주주의(consensus democracy) 개념은 1984년 이후

〈표 1–1〉 OECD 18개국의 학자별 코포라티즘 순위

Lijpart & Crepaz	Lehner	Schmidt	Lehm-bruch	Cameron	Schmitter	Crouch	Keman
1. 오스트리아 2. 노르웨이 3. 스웨덴 4. 네덜란드 5. 덴마크 6. 스위스 7. 독일 8. 핀란드 9. 벨기에 10. 일본 11. 아일랜드 12. 프랑스 13. 이탈리아 14. 영국 15. 오스트레일리아 16. 뉴질랜드 17. 미국 18. 캐나다	1. 스위스 일본 2. 오스트리아 노르웨이 스웨덴 네덜란드 3. 덴마크 독일 핀란드 벨기에 아일랜드 오스트레일리아 4. 이탈리아 영국 5. 프랑스 미국 캐나다	1. 오스트리아 노르웨이 스웨덴 스위스 일본 2. 네덜란드 덴마크 독일 핀란드 벨기에 오스트레일리아 뉴질랜드 3. 아일랜드 프랑스 이탈리아 영국 미국 캐나다	1. 오스트리아 노르웨이 스웨덴 네덜란드 2. 스위스 덴마크 독일 핀란드 벨기에 아일랜드 3. 이탈리아 영국 4. 오스트레일리아 뉴질랜드 미국 캐나다 5. 일본 프랑스	1. 스웨덴 2. 노르웨이 3. 오스트리아 4. 벨기에 5. 핀란드 6. 덴마크 7. 네덜란드 8. 독일 9. 영국 10. 오스트레일리아 11. 아일랜드 12. 스위스 13. 이탈리아 14. 캐나다 15. 미국 16. 일본 17. 프랑스	1. 오스트리아 2. 노르웨이 3. 스웨덴 덴마크 핀란드 4. 네덜란드 5. 벨기에 6. 독일 7. 스위스 8. 아일랜드 미국 캐나다 9. 프랑스 10. 영국 11. 이탈리아	제1장 오스트리아 스웨덴 네덜란드 2. 노르웨이 덴마크 스위스 독일 핀란드 벨기에 3. 일본 아일랜드 프랑스 이탈리아 영국 오스트레일리아 뉴질랜드 미국 캐나다	제2장 오스트리아 노르웨이 스웨덴 2. 스위스 네덜란드 3. 덴마크 핀란드 독일 일본 뉴질랜드 4. 벨기에 이탈리아 프랑스 오스트레일리아 5. 아일랜드 영국 미국 캐나다

출처: Vergunst(2010), pp. 62–63.

에 정립된 것으로 1977년 문헌에서 제시한 협의주의(consociationalism)를 발전시킨 것이다. Lijphart, Arend, 1977, *Democracy in Plural Societies: A Comparative Exploration*(New Haven: Yale University Press); Lijphart, Arend, 1984, *Democracies: Patterns of Majoritarian and Consensus Government in Twenty-one Countries*(New Haven: Yale University Press); Lijphart, Arend, 2012(초판은 1999년), *Patterns of Democracy: Government Forms and Performance in Thirty-six Countries*, 2nd edition(New Haven and London: Yale University Press).

토대를 둔 결사체 거버넌스로 보는 이 책에서는 다수결 민주주의로 알려진 국가들을 포함시키지 않고 코포라티즘 정치가 역사적으로 정착한 서유럽 국가들만을 대상으로 한다.

코포라티즘 정치의 강도에 대해서도 학자들마다 견해가 다르다. 강성 코포라티즘으로 분류된 국가들의 숫자도 동일하지 않지만 레이파트와 크레파즈, 캐머런은 대상 국가들을 그룹별로 묶지 않고 순위에 따라 배열했다. 이 분류들의 공통점을 충분히 살리되 서유럽 합의 민주주의 국가에 한해 코포라티즘 국가들을 다시 분류하면 〈표 1-2〉와 같이 정리할 수 있다.

우선 서유럽 합의 민주주의 국가에 해당하지 않는 미국, 영국, 캐나다, 오스트레일리아, 뉴질랜드, 일본을 제외하면 모두 12개 국가가 남는다. 이 국가들을 3등분하여 상위 순서로 4개국, 8개국, 12개국으로 분류한다. 그리고 아홉 학자들이 모두 상위 4개국에 공통적으로 배치한 국가들을 강성 코포라티즘 국가군으로 보고, 상위 8개국에 공통적으로 배치한 국가들을 중성 코포라티즘 국가군으로 간주하며, 상위 8개국에도 공통적으로 배치되지 못한 국가들을 약성 코포라티즘 국가군으로 분류한다.

이 분류에 따라 묶인 국가들을 보면, 강성 코포라티즘 국가들은 오스트리아, 노르웨이, 스웨덴이고, 중성 코포라티즘 국가들은 네덜란드, 덴마크, 독일, 핀란드이며, 약성 코포라티즘 국가들은 스위스, 벨기에, 프랑스, 이탈리아, 아일랜드이다. 이 분류를 다시 정치 문화의 특징에 따라 고찰해 보면, 강성 코포라티즘 국가군은 대부분 사민주의적 전통이 강하고 사민당의 집권 기간이 오랜 북구 유럽 국가들로 구성되고, 중성 코포라티즘 국가군은 상대적으로 사민주의 전통이 강하면서도 정권 교체가 드물지 않게 일어난 중부 유럽 국가들로 이루

〈표 1-2〉 서유럽 합의 민주주의 국가들의 코포라티즘 강도

강도	국가	분류 기준
강성	오스트리아 스웨덴 노르웨이	버건스트의 분류상 서유럽 합의 민주주의 국가 12개국 중에서 상위 4개국에 공통적으로 배치된 국가
중성	네덜란드 덴마크 독일 핀란드	버건스트의 분류상 서유럽 합의 민주주의 국가 12개국 중에서 상위 8개국에 공통적으로 배치된 국가
약성	스위스 벨기에 프랑스 이탈리아 아일랜드	버건스트의 분류상 서유럽 합의 민주주의 국가 12개국 중에서 상위 8개국에 공통적으로 배치되지 못한 국가

어졌으며, 약성 코포라티즘 국가군은 사민주의 전통이 약한 다당제 국가로서 정권 교체가 빈번하게 일어난 남부 유럽 국가들을 포함한다는 사실을 알 수 있다.[15] 따라서 이 연구는 정치 문화적 특징과 서유럽 내 상대적 국력을 고려해 강성 코포라티즘 국가들로 스웨덴과 노르웨이, 중성 코포라티즘 국가들로 네덜란드와 독일, 약성 코포라티즘 국가들로 프랑스와 이탈리아를 분석 대상으로 선정한다.

이 나라들의 코포라티즘 정치를 분석하는 것은 궁극적으로 우리나라 코포라티즘 정치의 가능성을 타진하고 실현 가능하면서도 올바른 결사체 거버넌스를 모색하기 위함이다. 실제로 우리나라에서도 노사

---

15) 이러한 맥락에서 스페인과 포르투갈도 약성 코포라티즘 국가에 해당한다. 스페인과 포르투갈을 코포라티즘 국가로 보고 분석한 연구로는 Royo, Sebastián, 2002, *"A New Century of Corporatism?": Corporatism in Southern Europe – Spain and Portugal in Comparative Perspective*(Westport, CT: Praeger) 등이 있다.

정위원회라는 제도를 통해 코포라티즘과 유사한 정치를 시도한 바 있다. 그리고 이러한 시도를 두고 학계에서도 다양하고 심도 있는 연구들이 이루어져 왔다. 따라서 서유럽 코포라티즘의 역사와 실상을 분석한 결과를 우리나라에 적용해 그 시도를 평가하고 올바른 합의 민주주의적 결사체 민주주의의 가능성을 제시할 것이다.

NO!

2

CORPORATISM

코포라티즘의
개념과 역사

코포라티즘의 개념은 코포라티즘의 성격 및 의미와 별개로 논의되기 어렵다. 사회적 현상을 지칭하는 개념은 정의하는 것 자체가 그 역사적 변화와 사회적 의미를 파악할 때 가능해지기 때문이다. 하지만 역으로 사회적 현상의 역사적 변천과 사회적 의미를 파악하기 위해서는 먼저 그와 관련된 개념들이 통일되고 일관성을 갖추는 것이 필요하다. 따라서 이 장은 코포라티즘의 개념과 변천을 논의하는 데 할애한다.

먼저 코포라티즘 개념의 기원을 밝히고 학자들에 따라 다양한 정의를 소개한 후 이 분석에 적절하도록 새로운 정의를 내린다. 그리고 코포라티즘의 역사적 변천에 따라 각기 성격을 달리하는 새로운 코포라티즘의 형성을 설명하기 위해 이들의 명칭도 통일한다. 이 작업은 다음 장에서 다룰 새로운 분석 틀의 정립과도 연결된다.

1. 코포라티즘의 개념

슈미터(Schmitter)에 따르면, 마노일레스큐(Manoilescu)가 '순수 코포라티즘(corporatisme pur)'과 '종속 코포라티즘(corporatisme subordonné)'의 구분을 통해 처음으로 코포라티즘 개념을 사용하였다.[1] 이때 '순수 코포라티즘'은 국가의 정당성과 효율성이 위계적으로 조직된 비경쟁적 단일 대표체인 직능 집단(corporations)에 우선적 혹은 배타적으로 의존하는 형태를 말한다. 반면 '종속 코포라티즘'은 직능 집단들이 국가에 의해 창출되어 국가의 보조적·종속적 기구로 유지되지만 국가의 정통성과 효율성은 이 직능 집단과는 다른 방식의 대표와 개입에 기반하는 형태를 의미한다.

이 논의를 통해 대부분의 학자들은 코포라티즘이라는 개념이 중세의 직능 집단들(corporations)에 기원을 두고 있다는 데 동의한다. 곧 코포라티즘은 이 직능 집단들을 중심으로 하는 사회적 이념을 지칭하는 개념으로 발전해 왔다고 할 수 있다. 이후 근대를 거치면서 코포레이트(corporate) 혹은 코포레이션(corporation)은 근대적 의미의 단체를 의미하게 되었고, 이것은 우리나라 말로 협회나 조합과 같은 결사체의 의미로 해석된다. 따라서 코포라티즘을 거칠게 정의하면 '사회단체를 중심으로 삼는 사회적 이념'이라고 할 수 있으며, 이를 원용해 코포라티즘 정치는 '사회단체의 참여를 통해 수행하는 정치'라고 할 수 있다. 이 사회단체는 자유주의적 입장에서는 이익 집단이나 압력 단

---

1) Manoilescu, Mihail, 1941, *El siglio del corporatismo*(El Chileno: Santiago de Chile); Schmitter, Philippe C., 1979, "Still the Century of Corporatism," Philippe C. Schmitter and Gerhard Lehmbruch(eds.) *Trends towards Corporatist Intermediation*(London: Sage Publications), p. 20.

체로 불리기도 하는 것으로서, 특정 사회 계층 혹은 사회 집단의 이해 관계를 대변하기 위해 조직된 결사체를 의미한다.[2]

코포라티즘은 전체주의 정치에 이용된 경험으로 인해 1950/60년대에는 논의가 이루어지지 못하다가 1970~80년대에 와서 다시 사회 과학의 주요 논쟁 대상이 되었다. 그 후 오늘날까지 코포라티즘은 구체적인 형태와 강도를 달리하면서 지속적 논의 주제가 되어 왔으며, 여전히 모호하고도 논쟁적인 개념으로 남아 있다.

독일 나치즘과 이탈리아 파시즘이 사용한 코포라티즘은 '전통적', '권위주의적' 혹은 '구(舊)'라는 수식어를 붙여 사용하거나(Lehmbruch) 국가 코포라티즘으로 부르는(Schmitter) 반면, 제2차 세계 대전 종전 이후 민주주의 사회에서 새로 등장한 코포라티즘은 '자유주의적', '민주적' 혹은 '신(新, neo)'이라는 수식어를 붙이거나(Lehmbruch) 사회 코포라티즘으로 부른다(Schmitter). 이 책에서는 슈미터의 용례가 두 코포라티즘의 사회적 의미와 차이를 잘 드러낸다고 판단해 국가 코포라

---

2) 엄밀한 의미에서 사회단체는 사회 운동 단체와 이익 집단(압력 단체)으로 구별할 필요가 있다. 조직원이나 특정 직업 집단의 이익을 배타적으로 대변하는 단체들을 이익 집단이라고 한다면, 사회적 약자에 속하는 사회 집단 전체의 이익을 대변함으로써 궁극적으로 국민 전체 혹은 인류 전체의 보편적 이익을 대변하려는 단체를 사회 운동 단체라고 할 수 있다. 예를 들어, 이익 집단으로는 변호사 협회나 의사 협회 등과 같이 특정 직업 집단의 이익을 대변하는 단체나 특정 사회 집단을 조직 대상으로 할지라도 조직원들의 이익만을 대변하는 단체들이 해당하며, 사회 운동 단체들은 여성 운동 단체처럼 여성이라는 특정 사회 집단의 이익을 대변하지만 궁극적으로 남녀의 보편적인 해방을 추구하거나 환경 운동 단체처럼 환경 보호를 통해 인류의 보편적 이익을 추구하는 단체들을 의미한다. 하지만 사회 운동 단체들도 일차적 대변 집단인 사회 집단들의 배타적 이익이나 조직원의 배타적 이익을 추구한다면 이익 집단으로 분류된다. 이러한 의미에서 노동조합 같은 노동 단체들도 노동자 이익 대변의 목적을 궁극적으로 인간 해방과 연결시키지 않거나 조합원의 이익만을 배타적으로 추구한다면 사회 운동 단체가 아니라 이익 집단으로 간주된다.

티즘과 사회 코포라티즘이라는 용어를 사용한다. 국가 코포라티즘은 전간기(戰間期)의 나치즘과 파시즘 등 독재 정치의 사회 통제 메커니즘을 의미하는 형태에 적합하며, 사회 코포라티즘은 안정된 의회 민주주의적 부르주아 지배 체제에서 피억압 계급을 체제에 통합시키는 방식으로서 사회 갈등을 평화적 방법으로 해소하려는 형태를 잘 반영하기 때문이다.

국가 코포라티즘이든 사회 코포라티즘이든 코포라티즘은 자본주의의 극복 대안이 아니다. 김수진이 올바로 지적했듯이, 19세기 말 이래 발달하고 소멸했던 세 차례의 코포라티즘 논의는 산업 자본주의가 발달하고 그 세계적 확산이 이루어진 이래 겪었던 세 차례의 경제 대공황기와 시기적으로 일치했다.[3] 곧, 역사적으로 자본주의가 심각한 위기 상황에 처할 때마다 코포라티즘에 대한 이론적 관심이 커졌다는 것이다. 이것은 코포라티즘이 자본주의 자체를 극복하는 대안이 아니라 자본주의의 위기를 극복하기 위한 조직적 처방으로 주로 논의되어 왔음을 의미한다.

따라서 국가 코포라티즘과 사회 코포라티즘의 공통적인 성격을 추출해 코포라티즘을 다음과 같이 정의할 수 있다. 즉, 코포라티즘은 '독점적·기능적 사회단체들이 자본주의 질서의 유지에 합의하고 이해관계 대표(정책 형성)와 공공 정책 집행에 참여하는 노사정 삼자 간 정치적 협상과 교환이 사회 갈등 해결의 핵심 수단으로 제도화되거나 적어도 장기적으로 기능하는 사회·정치적 운영 원리와 과정'이다.[4]

---

3) 김수진, 1992, 「민주적 코포라티즘에 관한 비판적 고찰」, 《사회비평》 제8호, 113쪽.
4) 정병기, 2004a, 「서유럽 코포라티즘의 성격과 전환: 통치전략성과 정치체제성」, 《한국정치학회보》 제38집 5호(한국정치학회, 2004), 328쪽; 정병기, 2012b, 「노르웨이 코포라티즘: 정당정치적 요인과 구조적 요인에 따른 성격 변화」, 《국가전략》 제18권

이 정의의 구체적 의미에 대해서는 제3장에서 코포라티즘 연구 동향을 논의할 때 다시 한 번 상세하게 논하면서 이 연구의 분석 틀과 연결할 것이다.

이 정의와 용례는 또한 1980년대 이래 신자유주의 정치가 대두하고 세계화가 진척됨에 따라 또다시 현상한 코포라티즘의 전환과 관련해서도 유용하다. 1980년대 이래 국가가 기존의 개입 방식을 벗어나 상품 공급자인 기업의 생산성 향상을 위해 개입함으로써 사회 코포라티즘이 중요한 성격 변화를 겪게 된 것이다. 그에 따라 1980년대 중반 카첸슈타인(Katzenstein)은 공급 측면에서의 정부 개입을 강조하는 연구를 시작했고,[5] 이후 1990년대 중반에 트랙슬러(Traxler)가 오스트리아 연구를 통해 수요 측면 코포라티즘(demand-side corporatism)과 공급 측면 코포라티즘(supply-side corporatism)이라는 개념을 정식화하면서 새로운 코포라티즘 논의를 본격화했다.[6] 또한 슐텐(Schulten)과 빌링(Bieling)이 유럽 차원의 코포라티즘을 분석하면서 새로운 사회 코포라티즘을 '경쟁적 코포라티즘(competitive corporatism)'으로 개념화하고 구춘권과 임운택이 이 개념을 우리나라에 소개했다.[7]

3호(세종연구소), 139쪽.

5) Katzenstein, Peter J., 1985, *Small States in World Markets*(Ithaca, NY: Cornell University Press).

6) Traxler, Franz, 1995, "From Demand-side to Supply-side Corporatism? Austria's Labor Relations and Public Policy," Colin Crouch and Franz Traxler(eds.), *Organized Industrial Relations in Europe: What Future*(Aldershot, etc.: Avebury), pp. 3–20.

7) Schulten, Thorsten, 2000, "Zwischen nationalen Wettbewerbskorporatismus und symbolischem Euro-Korporatismus: Zur Einbindung der Gewerkschaften in die neoliberale Restrukturierung Europas," Hans-Jürgen Bieling und Jochen Steinhilber, *Die Konfiguration Europas. Dimensionen einer kritischen Integrationstheorie*(Münster: Westfällisches Dampfboot Verlag), S. 222–

그러나 수요 측면 코포라티즘이나 공급 측면 코포라티즘 혹은 경쟁적 코포라티즘이라는 용어는 개념의 실질적 의미를 담고 있지 못하다. 이 두 코포라티즘은 기본적으로 사회 코포라티즘이 분화된 것으로서 전자가 케인스주의적 총수요 조절 정책에 입각한 전통적 사회 코포라티즘을 의미하는 반면, 후자는 기업의 생산성 향상을 위해 공급을 조절해 나가는 신자유주의적 코포라티즘을 의미한다. 따라서 그 개입의 성격을 명확히 드러내기 위해서는 '조절'의 의미를 살려 수요 조절 코포라티즘과 공급 조절 코포라티즘이라는 용어를 사용하는 것이 더 적절하다. 더 정확히 말하면, 수요 조절 코포라티즘과 공급 조절 코포라티즘은 각각 수요 조절 사회 코포라티즘과 공급 조절 사회 코포라티즘을 뜻한다.

2. 코포라티즘의 연원과 등장 배경

코포라티즘은 그 명칭과 개념에 대한 이견에도 불구하고 사회적 권리와 의무를 전제로 자율적 직능 집단들의 정책 결정 참여를 통해 안정된 사회 질서를 유지하고자 했던 중세 장원 제도에서 연원했다는

242; Bieling, Hans-Jürgen and Thorsten Schulten, 2001, "Competitive Restructuring and Industrial Relations within the European Union: Corporatist Involvement and Beyond?," WSI Discussion Paper no. 99, Wirtschafts- und Sozialwissenschaftliches Institut in der Hans-Böckler-Stiftung; 구춘권, 2006, 「코포라티즘의 전환과 노동관계의 유럽화」, 《국제정치논총》 제46집 4호(한국국제정치학회), 241-265쪽; 임운택, 2005, 「유럽통합과정에서 노사관계의 구조조정: 경쟁적 코포라티즘에 대한 비판적 고찰」, 《산업노동연구》 제11권 1호(한국산업노동학회), 87-123쪽.

점에는 대개 동의한다.[8] 또한 이 중세 코포라티즘이 이탈리아 파시즘 정권에 의해 유일 정당의 전일적 정책 조정과 사회적 지배를 정당화하기 위해 '국가 코포라티즘' 형태로 부활해 독일 나치즘 정권에 전파되었다는 점에도 큰 이견이 없다.

반면, 사회 코포라티즘의 등장 배경과 관련해서는 최근의 변화에 대한 분석과 맞물려 여전히 이견이 속출하고 있다.[9] 대별하면, 노동자 중심적인 사민주의 관점과 국가 중심적인 맑스주의 관점 및 사용자 중심적인 협상론 관점으로 나눌 수 있다. 사민주의 관점은 중앙 집권화되고 강력한 노동자들의 투쟁에서 기원을 찾고,[10] 맑스주의 관점은 국가가 총자본의 장기적 이해를 위해 사회 통합적 노동 통제 전략의 일환으로 도입했다고 주장하며,[11] 협상론 입장은 단일화된 노동 세력에 대해 중앙 집권화된 협상 체계를 추구해야 할 이유가 있었던 사용자들이 적극적으로 추진했다고 본다.[12]

---

8) Hancock, M. Donald, 1989, *West Germany: The Politics of Democratic Corporatism*(Chatham, NY: Chatham House Publishers, Inc.), p. 3; 이호근, 2002, 「변화하는 유럽의 조합주의와 유럽 사회정책 레짐의 발전」, 한국정치학회 연말학술대회 발표 논문, 101쪽.

9) 사회 코포라티즘의 연원과 변천에 대해서는 정병기(2004a)를 주로 참조.

10) Esping-Andersen, Gøsta, 1985, "Power and Distributional Regimes," *Politics and Society*, vol. 14, pp. 223–256; Korpi, Walter, 1983, *The Democratic Class Struggle*(London: Routledge) 등.

11) 대표적으로 Panitch, Leo, 1986a, *Working Class Politics in Crisis. Essays on Labor and the State*(London: Verso).

12) Fulcher, James, 1991, *Labour Movements, Employers, and the State: Conflict and Co-operation in Britain and Sweden*(Oxford: Clarendon Press); Thelen, Kathleen, 1995, 「유럽노동정치의 새로운 분석 틀」, 이태홍 역, 안승국 · 이태홍 · 홍원표(편역), 『민주주의론 강의 2: 위기와 전환의 유럽정치』(서울: 인간사랑), 333–366쪽 등.

그러나 이 관점들은 모두 비역사적이고 일면적이라고 할 수 있다. 코포라티즘은 노동자들의 투쟁의 산물이기도 하지만 국가와 자본의 사회 통합 전략의 일환이기도 하다는 야누스적 성격을 가진다는 점을 인정해야 한다. 따라서 코포라티즘은 어디까지나 노자(노사) 간 역관계의 산물로 보아야 마땅하다. 곧, 코포라티즘은 노자(노사) 간 이해관계를 둘러싼 역관계가 일정하게 균형을 이루고 있을 때 가능하며, 어느 일방이 균형을 깨트릴 정도로 강할 때는 불가능하기 때문이다. 구체적으로 보더라도 나라와 시기에 따라 노동자들의 요구라는 측면이 강하기도 하고 국가의 전략적 도구라는 점이나 사용자들의 요구라는 측면이 강하게 나타나기도 한다.

　　또한 사회 코포라티즘의 연원 및 등장 배경과 관련해 자본주의 사회, 특히 현대 산업 사회에서는 사회·경제적 기능을 중심으로 형성된 사회단체의 중요성이 커지고 사민주의 정치가 대두한 것이 중요하다. 이 점은 사회 코포라티즘의 연원과 관련된 이견에도 불구하고 대체로 동의되는 점이기도 하다.[13] 특히 사회와 경제에 대한 국가 개입이 증대됨으로써 이 사회단체들은 이해관계를 단순히 반영하고 표출하는 데 그치지 않고 공공 정책 형성 과정의 일부가 되며 국가 기구와 함께 정책 집행에까지 참여하게 되었다.[14] 자본주의에서는 경제적 생

---

13) 사민주의적인 정치적 조건을 강조한 연구는 헤디(Headey)에 의해 처음 시도되었다. 1970년 헤디는 미국과 유럽 12개 국가들의 국가 임금 정책을 비교 분석한 결과, 좌파 정부의 집권과 노동자 조직의 중앙 집권화가 정책 성공의 필수 조건이라고 주장하였다. Headey, Bruce W., 1970, "Trade Unions and National Wage Policies," *Journal of Politics*, vol. 32, pp. 407-439; 강명세, 1999, 「사회협약의 이론」, 강명세(편), 『경제위기와 사회협약』(성남: 세종연구소), 20쪽; 정진영, 1993, 「라틴아메리카의 경제위기와 사회협약: 이론적 매력과 현실적 제약」, 강명세(편), 『경제위기와 사회협약』(성남: 세종연구소), 94-95쪽 참조.

14) Cawson, Alan, 1986, *Corporatism and Political Theory*(Oxford and New York:

산이 핵심적 이해관계로 등장하게 됨에 따라 노동 단체와 자본 단체 (혹은 사용자 단체)가 대표적인 코포라티즘적 사회단체가 된 것이다.

이후 생겨난 공급 조절 코포라티즘은 사회 코포라티즘을 대체하는 새로운 유형이 아니라 사회 코포라티즘에서 분화된 것으로서 사회 코포라티즘의 한 유형으로 등장했다. 곧, 현대 자본주의가 포스트포디즘적 변화를 겪게 되는 1980년대 이래 사회 코포라티즘도 케인스주의적 수요 조절 정책을 포기하고 신자유주의적 공급 조절 정책을 채택하는 경우가 생겨난 것이다.

3. 코포라티즘의 변화

1940년대 초에 마노일레스큐(Manoilescu)는 "코포라티즘이 우리 시대의 보편적 현상으로 강림하는 것을 피할 수 없다."[15]라고 확신했다. 마노일레스큐의 시대가 전통적인 국가 코포라티즘 이론의 시대였다면, 1970년대는 사회 코포라티즘 이론의 시대였고, 1990년대는 거버넌스 이론의 시대라고도 한다.[16] 이것은 우선 마노일레스큐의 시대에는 전간기에 발흥한 국가 코포라티즘에 대한 논의가 활발했던 반면, 1970년대에는 종전 후에 등장해 유행한 사회 코포라티즘에 대한 연구가 풍미했다는 의미이다.[17] 그리고 1990년대에는 공급 조절 코포라티즘 논

B. Blackwell), pp. 11-12.

15) Manoilescu(1941), p. 111-114.

16) Fernández, Sergio, 2009, *General Theory of Corporatism: A Historical Pattern of European Social Policy*(Saarbrücken: Verlag Dr. Müller), pp. 9-10.

17) 사회 코포라티즘이 처음 논의되기 시작한 1974년 이후 10년 동안 코포라티즘에 관한 논문과 저서는 무려 580여 종에 달했다. Cawson, Alan, 1984, "A Bibliography

〈그림 2-1〉 **코포라티즘의 역사적 변화**

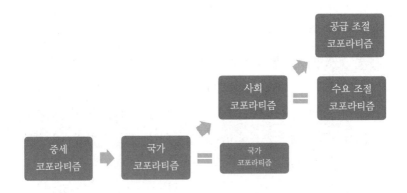

의가 생겨나는 한편, 앞 장에서 기술한 것처럼 거버넌스 이론으로 코
포라티즘 정치를 대체하려는 관점이 대두했다는 뜻이기도 하다.

　이러한 변화를 코포라티즘에 국한해 도표로 제시하면 〈그림 2-1〉
및 〈표 2-1〉과 같다. 중세 장원 제도에서 생겨난 코포라티즘이 제1차
세계 대전과 제2차 세계 대전 사이 기간에 등장한 독일 나치즘 및 이
탈리아 파시즘 같은 전체주의 통치 체제[18]에서 국가 코포라티즘으로
부활한 것이 코포라티즘의 첫 번째 변화였다. 이 국가 코포라티즘은

---

　　of Corporatism," EUI Working Paper no. 115, 김수진(1992), 113쪽에서 재인용.

18) 파시즘을 나치즘을 포함하는 개념으로 보는 입장이 다수설이지만, 엄밀히 볼 때
　　파시즘과 나치즘의 내용은 중요하게 다른 점을 가지고 있다. 우선 용어상으로 보
　　면, 파시즘(fascism)은 이탈리아 무솔리니가 도입한 전체주의 정치로서 집단을 의
　　미하는 파쇼(fascio)에서 파생되었고, 나치즘(nazism)은 히틀러의 민족 사회주의
　　(national socialism)의 독일어인 Nationalsozialismus의 앞 두 음절인 나치(Nati: 발
　　음상으로는 Nazi와 동일)에서 파생되어 그 발음이 문자 표기로 굳어진 것이다. 그리
　　고 내용상으로는, 파시즘이 로마 제국의 영광을 재현하는 것을 목표로 하면서 로마
　　시민법처럼 생물학적 인종 차별주의가 아니라 강자의 논리에 따른 제국주의적 인종
　　차별주의를 내세운 반면, 나치즘은 강력한 민족주의 사상에 입각해 생물학적 인종
　　차별주의를 내세웠다. 하지만 두 체제가 모두 지도자 중심 사상과 국가 유기체설에
　　입각해 있어 개인주의가 아니라 전체주의를 지향한다는 점에서는 동일하다.

〈표 2-1〉 **코포라티즘의 변화와 성격**

코포라티즘 유형	등장 시기	정치(제도)적 성격
중세 코포라티즘	중세	장원 제도
국가 코포라티즘	전간기	나치즘과 파시즘 등 전체주의(제2차 세계 대전 후 나타난 새로운 파시즘 혹은 개발 독재 등 권위주의 체제에서 지속)
사회 코포라티즘 (수요 조절 코포라티즘)	제2차 세계 대전 종전 후 1970년대까지	총수요 조절 정책에 입각한 케인스주의
공급 조절 코포라티즘	1980년대 이래	공급 조절 정책에 입각한 신자유주의

이탈리아 파시즘 체제에 의해 먼저 도입된 후 독일 나치즘 체제에 수용되었다.

그리고 국가 코포라티즘은 앞 절의 연원 설명에서 밝힌 것처럼 제2차 세계 대전 종전 후 사회단체들의 자발적 참여를 통해 민주적 방식으로 운영되는 사회 코포라티즘으로 재탄생했다. 전간기의 나치즘과 파시즘 등 전체주의 정치의 사회 통제 메커니즘을 의미하는 국가 코포라티즘은 의회 민주주의 체계에서 더 이상 기능할 수 없게 되었기 때문이다. 국가 코포라티즘은 부르주아가 약해지거나 분열되어 자유 민주주의 질서에서는 비특권 계층의 합법적 요구에 대응할 수 없기 때문에 국가가 억압적 방식으로 지배 계급을 대신해 온 것이었다.

그러나 한 가지 주의할 것은 국가 코포라티즘이 이탈리아 파시즘과 독일 나치즘의 몰락과 더불어 사라진 것은 아니라는 사실이다. 파시즘 정치가 스페인과 남미 및 제3세계에서 개발 독재 등 다른 권위주의 정치로 변형되어 나타났듯이 이러한 체제에서 국가 코포라티즘 역시 권위주의적 형태로 유지되었다. 이와 달리 사회 코포라티즘은 어디까지나 민주주의 정치 체제를 토대로 등장했다는 점에 주목해야 한다.

제2차 세계 대전 이후 유럽의 자본이 파시즘 경험의 실패와 새로운 노동 투쟁의 압력 속에서 노동과 화해를 모색한 것도 사회 코포라티즘의 중요한 배경으로 작용했다. 즉, "투쟁을 겪고서 개혁을 하기보다는 우월한 입장에 있으면서 양보를 통해 개혁을 추구하는 것이 항상 더 안전하며", "전체적으로 볼 때, 강력한 상대에 대해서는 협력이 장기적 투쟁보다 낫다."는 입장으로 선회한 것이다.[19] 그에 따라 안정된 의회 민주주의적 부르주아 지배 체제에서 피억압 계급을 체제에 통합시키는 방식으로서 사회 갈등을 평화적 방법으로 해소하려는 사회 코포라티즘이 등장하게 되었다.

따라서 사회 코포라티즘은 강력하나 전체주의적이지 않은 국가, 그리고 대개 수와 기능이 한정되고 구조화된(총체적으로 통제되지도 않고 완전히 자유롭지도 않은) 이해관계 집단(사회단체)이 존재하고, 이 이해관계 집단이 국가의 일부로 기능하는 것을 전제로 했다.[20] 이를 좀 더 구체적으로 보면 김인춘이 잘 정리했듯이, 사회 코포라티즘의 주요 당사자인 노동과 자본 간에 타협을 통해 장기적 이익을 고려하는 정치적 교환[21]이 이루어지기 위해 다음과 같은 조건들이 마련되었다.[22]

첫째, 단위 노조와 기업 및 노동과 자본을 통제할 수 있을 만큼 노사

19) David Wells, 1991, 『마르크스주의와 현대국가』, 정병찬 역(서울: 문우사), 181쪽.
20) Wiarda, Howard J., 1997, *Corporatism and Comparative Politics: The Other Great "Ism"*(Armonk: M. E. Sharpe), p. 7.
21) Pizzorno, Allessandro, 1978, "Political Exchange and Collective Identity in Industrial Conflict," Colin Crouch and Allessandro Pizzorno(eds.), *The Resurgence of Class Conflict in Western Europe since 1968*, vol. 2(London & Delhi, etc.: Macmillan), pp. 277-298.
22) 김인춘, 2002, 「세계화 시대 북유럽 조합주의의 변화와 혁신: 스웨덴, 덴마크, 노르웨이 비교분석」, 《경제와 사회》 통권 제53호(비판사회학회), 175-176쪽 참조.

양측에 권위 있고 중앙 집권화된 포괄적 정상 조직이 수립되었다. 둘째, 협상이 가능할 수 있을 만큼 노동의 정상 조직과 자본의 정상 조직 간 일정한 힘의 균형이 이루어졌다. 셋째, 양자의 협약을 중립적인 입장에서 중재하고 협약 준수를 보장하며 협약에 따르는 단기적 희생을 복지 및 사회 안전망 등 사회 정책을 통해 보상해 줄 수 있는 국가의 상대적 자율성이 보장되었다. 넷째, 그러한 구체적 국가 행위가 이루어지기 위한 조건으로 친근로자 국민 정당이 집권했으며,[23] 마지막으로 양보와 타협의 문화가 정착한 합의 민주주의가 발전했다.

이 모든 조건은 서로 연결되어 있다. 포괄적 정상 조직이 존재하고 이들 간 힘의 균형이 이루어져야 하는데, 이때 힘의 균형은 마치 시소의 작동처럼 어느 한쪽이 일방적으로 강한 상태나 양쪽이 완전 평형을 이루어 좌우가 고정된 상태를 의미하는 것이 아니다. 시소와 같은 힘의 균형은 좌우 어느 한쪽으로도 완전히 기울지 않고 평형을 중심

---

23) 노동자(무산자) 계급 정당(proletarian classparty)은 자본주의를 극복하고자 하므로 대개 코포라티즘적 합의 체계를 거부한다. 반면 국민 정당(Volkspartei)은 ① 당원과 지지자의 사회 구조적 성격이 사회 전체의 계층 구조와 상당할 정도로 일치하고, ② 수평적·수직적 당 조직 구조에서 사회의 이해관계 다원성이 실질적으로 보장되고 이해관계의 균형과 갈등의 해소가 민주적으로 규정되고 운영되며, ③ 당의 정책은 국민 일반의 공동선을 실현하는 것을 목적으로 한다고 표방하는 정당이다. 다시 말해 국민 정당은 계급 화해와 국민 통합에 기여하는 정당으로서 자본주의 질서를 부정하지 않는다. 따라서 국민 정당화된 사민주의 정당은 친근로자적이라고 하더라도 이미 계급 정당성을 탈각했으므로, 자본 측도 이 정당의 중재적 역할을 수용한다고 할 수 있다. Mintzel, Alf, 1984, *Die Volkspartei: Typus und Wirklichkeit. Ein Lehrbuch*(Opladen: Westdeutscher Verlag), S. 24 참조. 이때 '근로자'라는 개념도 계급성을 포함하는 '노동자'라는 개념과 구별해 계급성을 탈각했다는 의미로 사용한다. 실제로 독일 사민당이 사용한 '친근로자(arbeitnehmerfreundlich)' 개념에서 사용한 Arbeitnehmer도 노동자란 의미의 Arbeiter와 구별해서 사용되었다. 이것은 영어의 worker와 labourer, 프랑스 어의 travailleur와 ouvrier, 이탈리아 어의 operaio와 lavoratore에서와 마찬가지이다.

으로 아래위로 움직이는 상태를 의미한다. 그런데 자본주의 사회에서는 구조적으로 노동에 비해 자본의 힘이 더 강하기 때문에, 힘 관계가 언제나 자본 쪽에 치우쳐 있다. 이러한 상황에서 코포라티즘적 교환이 처음 이루어지려면 친근로자적 정당이 집권해 자율성을 가지고 노동에 힘을 실어 주어야만 균형 상태가 만들어질 수 있다. 그리고 물론 정부의 조정이나 중재는 어디까지나 양보와 타협으로 이루어지는 노사 자율적 교섭이 보장되고 실제 이루어지는 것을 전제로 한다.

한 가지 더 주의할 것은 친근로자 국민 정당의 존재가 반드시 이 정당과 노조의 관계가(강령적 · 조직적 · 인적으로) 밀접하다는 것을 의미하지는 않는다는 점이다. 안톤센 등(Anthonsen et al.)[24]이 덴마크와 스웨덴을 사례로 증명한 바와 같이, 노조와 좌파 정당 혹은 친근로자 국민 정당의 강력한 연계가 오히려 코포라티즘을 위태롭게 할 수도 있기 때문이다. 특히 좌파 정당 혹은 친근로자 국민 정당이 집권한 상태일 때 노조는 사용자와 협상을 벌이는 대신 직접적인 정치적 영향력 행사를 추구하는 경향이 생길 수 있고, 반대로 우파 정당 집권 시기에 사용자도 유사한 경향을 보이기도 한다.

또한 안재흥이 스웨덴 복지 국가 형성의 요인으로 지적한 시민 사회의 자율성 테제도 눈여겨 볼 필요가 있다.[25] 그에 따르면, 사민주의 복지 국가로의 이행은 국가로부터 자율성을 확보하여 시민 사회를 강

---

24) Anthonsen, Mette, Johannes Lindvall and Ulrich Schmidt-Hansen, 2011, "Social Democrats, Unions and Corporatism: Denmark and Sweden Compared," *Party Politics*, vol. 17, no. 1, pp. 118-134.

25) 안재흥, 1995, 「스웨덴 모델의 형성과 노동의 정치경제」, 《한국정치학회보》 제29집 3호(한국정치학회), 493-523쪽; 안재흥, 1998, 「근대화, 개인화의 정치경제 그리고 노동운동의 대응: 스웨덴 사례의 이론적 해석」, 《한국정치학회보》 제32집 1호(한국정치학회), 317-338쪽 참조.

화시키는 가운데 이루어졌으며, 사회 민주당 정권의 출현은 이 과정에서 노동운동과 자본의 타협을 이끈 매개 변수였을 뿐이라는 것이다. 이 논리를 코포라티즘에 적용하면, 사회 코포라티즘이 가능하기 위해 가장 중요한 것은 노사 교섭의 자율성이 확립되어야 한다는 것이며, 이때 친근로자 정당의 집권은 매개 변수로 기능할 뿐이다. 이러한 판단은 이후 친근로자 국민 정당의 정체성 변화에 따라 코포라티즘 정책의 성격이 전환되는 것과 관련해서도 유용하다.

한편, 1970년대 중후반에 시작되어 1980년대부터 본격화된 자본 시장의 자유화와 자본 이동의 증대, 생산 방식의 변화와 산업 구조의 변화 및 이에 따른 계급 구조의 변화 등은 코포라티즘의 또 다른 전환을 가져왔다. 그 결과가 사회 코포라티즘의 다른 한 유형으로서 공급 조절 코포라티즘이 분화되어 나온 것이다. 그에 따라 기존의 사회 코포라티즘은 완전 고용, 노사 관계 안정, 사회 복지 확대를 주요 의제로 삼았다는 점에서 '수요 조절 코포라티즘'이라고 할 수 있다. 물론 공급 조절 코포라티즘은 사회 코포라티즘의 한 유형으로서 위와 같은 조건에서 비롯되는 핵심적 전제를 유지하고 있다. 그러나 신자유주의에 대한 조응이라는 점에서 공급 조절 코포라티즘은 그 구체적 성격을 달리한다.

수요 조절 코포라티즘의 성공은 경제 성장과 물가 안정, 고용 보장과 임금 인상 자제가 제도적 보장 및 사회적 힘의 균형을 통해 합의되고 달성될 수 있어야 가능하다. 이러한 경제 사회적 토대는 이른바 '포드주의적 계급 타협(Fordist class compromise)'에 의해 마련되었다.[26] 곧 노동 측에서는 경제적 민주주의와 자본의 사회화라는 급진적인 목

---

26) 구춘권(2006), 245쪽.

표를 포기하는 대신 정치적·경제적으로 조절되는 시장 경제, 확장된 복지 국가, 고도로 조직된 노동 관계, 노동조합의 정책 결정 참여 확대를 보장받고자 했으며, 자본 측은 생산성 상승에 상응한 실질 임금 인상에 동의하였고, 정부가 조정을 통해 제도적 여건을 마련했다.

그러나 1970년대 들어 케인스주의적 소득 정책의 실패는 여러 측면에서 코포라티즘적 수요 조절의 취약함을 드러냈다. 오일 쇼크 등으로 가시화된 경제 위기에 직면해 케인스주의적 조절은 국내 수요를 안정시키는 다양한 제도를 발전시켰지만, 수익성 위기로 표현된 공급 측의 긴장을 완화시키고 인플레이션을 방지할 대책을 강구하지 못했다. 그에 따라 화폐 안정을 내세우는 통화주의 처방을 비롯해 공급 중심적 조절 정책을 요구하는 신자유주의적 주장이 설득력을 얻어 갔다.[27] 케인스주의적 조절 정책이 경제에 대한 광범위한 수요 중심의 개입을 통해 실물 경제의 성장 및 완전 고용의 창출을 시도했다면, 신자유주의적 조절 정책은 선택적인 공급 중심 개입을 통해 자본에 보다 유리한 가치 증식 조건을 제공하고자 했다.

신자유주의적 조절 정책은 단순히 작은 정부만을 지향하지 않는다는 점에서 전통적 자유주의 정책과 달랐다. '작은 것이 아름답다.'는 표현처럼 전통적 자유주의는 국가의 역할을 주로 안보와 치안에 한정하고 시장의 자유를 최대한 보장함으로써 국가의 개입을 최소화하는 반면, 신자유주의는 기업의 경쟁력이 의존하는 생산 조건들의 개선을 위해 국가가 체계적으로 지원하고자 한다. 이것은 물론 시장 자유주의를 회복하기 위해서는 신자유주의 도래 이전에 이미 방대해진 복지 국가를 축소해야만 한다는 역사적 조건의 산물이다. 하지만 현실적으

---

27) 구춘권(2006), 246-247쪽.

로 신자유주의적 조절 정책에서 국가는 시장 개입을 포기한 것이 아니라 시장 활성화와 기업 경쟁력 제고를 위해 개입하는 것으로 방식을 전환했을 뿐이다.

그리고 이러한 정책은 1980년대 이래 산업 및 사회 경제 구조의 변화뿐만 아니라 경제의 개방화 및 세계화에 대응하고 또 이를 촉진하는 방향으로 전개됨으로써 수요 조절 코포라티즘의 성공 조건들을 와해시키기 시작했다. 제조업 약화와 서비스업 증대, 기업별 단협 증가, 노동자 계급의 분화, 특히 사무직 노동자층의 증가로 사무직 노조와 각종 자율 노조의 분리 조직, 린 생산 방식과 외주 등의 생산 합리화, 국제적 상호 의존 증대 등이 그 대표적 현상들이다. 이러한 변화는 노동과 자본의 정책 결정 참여로 운영되는 사회 코포라티즘으로 하여금 공급 조절 정책을 수립하고 집행하는 방향으로 전환하게 하는 압력으로 작용했다. 그로 인해 각 국가의 정치·경제·사회적 배경에 따라 기존의 사회 코포라티즘인 수요 조절 코포라티즘이 축소되거나 위기에 처하는가 하면 공급 조절 코포라티즘으로 전환하는 경우가 생겨났다.

새로운 사회 코포라티즘인 공급 조절 코포라티즘은 신자유주의적 조건의 등장에 맞추어 등장함으로써 수요 조절 코포라티즘에 비해 노동 측의 양보가 두드러졌는데, 이것은 주로 유연화와 탈규제의 방향으로 나타났다. 그 구체적 내용은 〈표 2-2〉에서 보듯이, 노동 시장의 유연성 확보, 생산성 증대, 그리고 사회 복지 지출 통제를 통해 국제 경쟁력을 강조하는 한편, 노동 시장의 열패자에 대한 보호 및 재취업 기회의 제공, 불공정 해고의 제한, 그리고 경제 성장 과실에 대한 공정한 분배 등의 이슈를 핵심으로 한다.[28] 이것은 곧 신자유주의적 구

---

28) 김용철, 2000, 「신자유주의와 코포라티즘의 관리기제: 네덜란드의 경험과 한국의

〈표 2-2〉 **수요 조절 코포라티즘과 공급 조절 코포라티즘**

구분	수요 조절 코포라티즘	공급 조절 코포라티즘
주도 정당의 유형과 성격	친근로자 국민 정당 (케인스주의적 사민주의 정당)	현대적 경제 정당 (슘페터주의적 사민주의 정당: '제3의 길')
노동 시장 조직	중앙 집중화	조직화된 분산화
협의의 수준	거시적 (중앙 수준)	중위적 (산별·부문별 수준)
협의의 내용	재정 팽창, 공공 고용 확대, 국유화, 사회 보장망 확대	직업 교육, 재교육, 고용 증대, 소득 보전, 노동 시장 유연화
국가의 역할	크고 강력한 개입 국가	작지만 강력한 국가

출처: Traxler(1995), 김용철(2000)을 보완해서 작성한 정병기(2004a), 332쪽에서 인용.

조 조정과 양립 가능한 것이다.

이 표에서 보듯이 수요 조절 코포라티즘이 케인스주의 경제 정책에 입각한 친근로자 국민 정당인 케인스주의적 사민주의 정당의 선택이라면, 공급 조절 코포라티즘은 이 사민주의 정당이 '제3의 길'로 포장한 현대적 경제 정당, 즉 슘페터주의적 사민주의 국민 정당으로 변화한 이후의 선택이다. 따라서 수요 조절 코포라티즘은 노동과 자본이 모두 중앙 집중화된 조직을 통해 재정 팽창, 공공 고용 확대, 국유화, 사회 보장망 확대를 두고 전국 차원의 거시적 협의를 하며 이해관계를 상호 교환해 가는 형태라면, 공급 조절 코포라티즘은 노동과 자본의 조직이 소산별이나 기업 수준으로까지 분산된 조직을 통해 직업 교육, 재교육, 고용 증대, 소득 보전 및 노동 시장 유연화를 두고 산

노사정협의체제」, 한국정치학회 연례학술회의 발표 논문, 5쪽; 김용철, 2001, 「신자유주의적 구조조정과 조합주의적 관리: 네덜란드의 경험과 정책적 함의」, 《국가전략》 제7권 2호(세종연구소), 109-135쪽도 참조.

별 혹은 부문별로 중위적 협의를 하며 이해관계를 상호 교환해 가는 형태이다. 이때 제3의 행위자인 국가의 역할은 수요 조절 코포라티즘에서 개입의 범위가 넓고 기능적으로 강력한 반면, 공급 조절 코포라티즘에서는 개입의 범위가 축소되지만 그 축소를 위해 기능적으로는 여전히 강력하다.

NO!

3

코포라티즘 연구 동향과
분석 방법

코포라티즘 연구는 1940년대에 시작되어 1970/80년대에 폭발적으로 증가했다가 그 이후 수치가 감소했지만 현재까지도 여전히 중요한 학술적 관심사 가운데 하나이다. 코포라티즘 연구는 당연히 그 연원과 개념에 대한 논의에서 시작하여 다양한 정의를 통해 성격과 작동 방식 및 성과를 탐구하는 방향으로 이루어졌으며, 국가별 사례에 대한 연구는 특히 방대하다.

이 장에서는 본 연구를 위한 이론적 배경과 분석 틀을 도출하기 위해 기존 연구 동향을 살펴보고자 한다. 그러므로 각국 사례와 성과에 대한 연구들은 직접 관련이 없어 생략하거나 간략히 정리하는 데 만족한다. 개념과 연원에 대해서도 이미 제2장에서 논의했으므로 생략하고, 국가 코포라티즘에 대해서도 별다른 이견이 없을 뿐 아니라 현대 민주주의 국가에서는 더 이상 존재하지 않으므로 그에 관한 논의 역시 제외한다. 따라서 이 장에서는 코포라티즘의 성과에 대한 연구를 간략히 살펴보는 것 외에 사회 코포라티즘의 성격과 작동 방식을 중심으로 기존 연구 동향을 검토하고, 이를 제2장의 개념과 연결해 이 연구에 적용할 새로운 분석 틀을 수립한다.[1]

1. 코포라티즘 연구 동향

코포라티즘의 성격 역시 개념에 관해서만큼 논의가 분분하다. 게다가 이 논의는 개념뿐 아니라 본질과도 밀접히 관련되므로 논쟁 지형이 더욱 복잡하다. 이 논의들을 대별하면, 경제 체제나 구조로 보는 입장, 이해관계 조정(interest intermediation) 체계로 보는 입장, 사회·정치적 과정으로 보는 관점, 그리고 구조주의적으로 본다는 점에서는 첫 번째와 동일하나 구체적으로 다소 차이를 보이는 기타 구조주의 관점으로 나눌 수 있다.

먼저, 경제 체제나 구조로 보는 입장은 파니치(Panich)처럼 사회 코포라티즘을 사민주의 정부가 노동조합 운동을 자본주의 국가에 순치시키는 수단으로 도입한 기제로 보거나,[2] 제숍(Jessop)처럼 국민들의

---

[1] 코포라티즘의 성격 및 지속성에 관한 논의와 분석 틀에 관해서는 정병기, 2004a, 「서유럽 코포라티즘의 성격과 전환: 통치전략성과 정치체제성」, 《한국정치학회보》 제38집 5호(한국정치학회), 323-343쪽을 주로 참조.

[2] Leo Panitch의 일련의 저작들, 1977, "The Development of Corporatism in Liberal Democracies," *Comparative Political Studies*, vol. 10, no. 1, pp. 61-90; 1980a, "The State and the Future of Corporatism," *Capital & Class*, vol. 11, pp. 121-137; 1980b, "Recent Theorizations of Corporatism: Reflections on a Growth Industry," *British Journal of Sociology*, vol. 31, no. 2, pp. 159-187; 1986a, *Working Class Politics in Crisis. Essays on Labor and the State*(London: Verso); 1986b, "The Tripartite Experience," Keith Banting(ed.), *The State and Economic Interests*(Toronto, Buffalo and London: University of Toronto Press), pp. 37-119.

경제적 기능을 토대로 구성된 사회단체들(corporations) 속에 대표와 개입이 제도적으로 융합된 국가 형태로 간주하든가,[3] 아니면 윙클러(Winkler)같이 사적 소유에 기반하면서도 공적 통제가 작동하는 체제로서 자본주의와 다른 새로운 경제 체제로 본다.[4]

코포라티즘을 노사 양측의 참여와 정부의 조정이 함께 작동하는 기제로 볼 때, 파니치의 관점은 노동 운동을 순치시키는 측면만을 보고 노동 운동의 요구에 자본과 정부가 부응한 측면을 보지 못한다. 실제 사회 협약과 노사정 협의들은 노동 운동의 성장에 따른 산물로 도입된 경우가 적지 않다. 제솝의 경우에는 코포라티즘을 국가 형태로 규정함으로써 코포라티즘의 강도에 따라 매우 다양하게 나타나는 측면을 간과할 수 있으며, 윙클러의 관점은 자본주의 체제 내에서 위기 극복의 전략으로 등장한 코포라티즘의 본질을 경시한다. 경제 체제나 구조로 보는 입장은 전체적으로 체제나 구조로 정립되지 않은 코포라티즘 정치를 염두에 두지 않는 것으로 보인다.

두 번째 관점인 이해관계 조정 체계로 보는 입장은 슈미터(Schmitter)와 렘부르크(Lehmbruch)로 대표된다. 슈미터는 코포라티즘과 다원주의를 대당으로 놓고 산업 자본주의 국가에서의 통치 가능성에 관한 이론 틀을 가지고 조직론적으로 개념화함으로써 사회 코포라

---

3) Bob Jessop의 두 저작, 1979, "Corporatism, Parliamentarism and Social Democracy," Philippe C. Schmitter and Gerhard Lehmbruch(eds.), *Trends Toward Corporatist Intermediation*(Beverly Hills & London: Sage Publications), pp. 185-212; 1990, *State Theory: Putting the Capitalist State in its Place*(Cambridge, UK: Polity Press).

4) Jack T. Winkler의 두 논문, 1976, "Corporatism," *Archives Europeénes des Sociologie*, vol. 17, no. 1, pp. 100-136; 1977, "The Corporatist Economy: Theory and Administration," Richard Scase(ed.), *Industrial Society: Class, Cleavage and Control*, London, etc.: Unwin Hyman, pp. 43-58.

티즘을 구조 기능주의적 관점에서 이해관계 조정 기제로 보는 반면,[5] 렘부르크는 유사한 입장이지만 '조직 내적·외적 네트워크'로 보아 투입 면의 이해관계 대표 유형이자 국가 정책의 형성과 집행에도 참여하는 제도화된 정책 형성으로 본다.[6]

슈미터의 사회 코포라티즘 개념에서 국가와 사회를 연결하는 방식이 파시즘적 국가주의 체제에서 나타나는 국가 코포라티즘과 분명히 구별되지만, 코포라티즘은 미국식 자유주의 체제에서 나타나는 다원주의와도 대조되는 별개의 기제로 정의된다. 곧 슈미터가 말하는 사회 코포라티즘은 국가가 이익 대표를 독점하는 사회단체들을 통제하

---

5) Philippe C. Schmitter의 네 논문들, 1977, "Modes of Interest Intermediation and Models of Societal Change in Western Europe," *Comparative Political Studies*, vol. 10, no. 1, pp. 7–38; 1979, "Still the Century of Corporatism," Philippe C. Schmitter and Gerhard Lehmbruch(eds.), *Trends Toward Corporatist Intermediation*(Beverly Hills & London: Sage Publications), pp. 7–52; 1981, "Interest Intermediation and Regime Governability in Contemporary Western Europe and North America," Susanne Berger(ed.), *Organizing Interests in Western Europe*(Cambridge, UK: Cambridge University Press), pp. 285–327; 1983, "Democratic Theory and Neocorporatist Practice," *Social Research*, vol. 50, no. 4, pp. 885–928.

6) Gerhard Lehmbruch의 네 저작들, 1977, "Liberal Corporatism and Party Government," *Comparative Political Studies*, vol. 10, no. 1, pp. 91–126; 1979, "Concluding Remarks: Problems for Furure Research on Corporatist Intermediation and Policy Making," Philippe C. Schmitter and Gerhard Lehmbruch(eds.), *Trends Toward Corporatist Intermediation*(Beverly Hills and London: Sage Publications), pp. 299–309; 1982, "Introduction: Neo-Corporatism in Comparative Perspective," Gerhard Lehmbruch and Philippe C. Schmitter(eds.), *Patterns of Corporatist Policy-Making*(London: Sage Publications), pp. 1–28; 1984, "Concertation and the Structure of Corporatist Networks," John H. Goldthorpe(ed.), *Order and Conflict in Contemporary Capitalism*(Oxford: Clarendon Press), pp. 60–80.

는 기제라기보다 사회단체들이 이익 대표의 독점을 통해 국가를 통제하는 기제에 가깝다. 이 정의는 국가가 자신의 정책 결정 권한의 일부를 사회단체들에 제공하는 한편, 사회단체들은 자신의 조직원들에게 국가의 정책을 받아들이게 함으로써 사회적 '평화'를 보장하는 이른바 '정치적 교환(political exchange; scambio politico)'의 역동성을 포착하지 못한다.[7]

김학노는 렘부르크의 관점이 투입 측면에 관심을 국한시키지 않고 정책 집행 측면도 코포라티즘 작동 범주에 포함시켰다는 점에서 슈미터의 관점보다 더 적합하다고 본다.[8] 반면, 김수진은 렘부르크의 입장이 협의적 소득 정책을 코포라티즘 정책 형성의 핵심 요소로 간주함으로써 슈미터의 입장에 비해 훨씬 제한적이라고 본다.[9] 하지만 렘부르크의 사회 코포라티즘('자유주의적 코포라티즘')도 국가주의 및 다원주의와 구별되는 기제의 하나로서 국가주의로 환원되거나 자유주의로 전환되지 않는 한 지속적으로 존재하는 제도화된 정책 형성 및

---

7) 김학노, 2011, 「서유럽 사회적 협의체제의 변천: 민주적 코포라티즘의 쇠퇴와 부활」, 구춘권 · 김영순 · 김인춘 · 김학노 · 서명호 · 진영재 · 최진우, 『서유럽의 변화와 탈근대화』(서울: 나남), 176쪽. '정치적 교환'의 구체적인 내용에 대해서는 Pizzorno, Allessandro, 1978, "Political Exchange and Collective Identity in Industrial Conflict," Colin Crouch and Allessandro Pizzorno(eds.), *The Resurgence of Class Conflict in Western Europe since 1968*, vol. 2(London and Delhi etc: Macmillan), pp. 277–298; Bull, Martin, 1992, "The Corporatist Ideal-Type and Political Exchange," *Political Studies*, vol. 40, no. 2, pp. 255–272; Regini, Mario, 1984, "The Conditions for Political Exchange: How Concertation Emerged and Collapsed in Italy and Great Britain," John H. Goldthorpe(ed.), *Order and Conflict in Contemporary Capitalism*(Oxford: Clarendon), pp. 124–142 참조.

8) 김학노(2011), 176쪽.

9) 김수진, 1992, 「민주적 코포라티즘에 관한 비판적 고찰」, 《사회비평》 제8호, 116쪽.

집행 기제에 해당한다는 점에서는 슈미터와 동일하다. 따라서 슈미터와 램부르크는 정치적 교환이 제도화 혹은 체계화된 상황과 그렇지 않은 상황에서 달리 나타나는 역동적 과정을 보지 못했다.[10]

코슨(Cawson)으로 대표되는 세 번째 관점에서 코포라티즘은 기능적 이해관계들을 독점적으로 대변하는 사회단체들이 조직원들의 이해관계 대표와 공공 정책 집행을 결합하는 역할을 수행하는 가운데 국가 기구들과 공공 정책 산출에 관해 정치적 교환을 하는 특수한 사회·정치적 과정으로 이해된다.[11] 이 입장은 정치적 교환의 과정을 파악하는 데 필요한 이론적 근거를 제공해 준다. 그러나 제도화나 체제화의 측면을 상대적으로 경시한 문제점을 안고 있다.

마지막으로 기타 구조주의적 입장은 코포라티즘을 자본주의 체제의 정치적 하부 구조 중의 하나로 파악하거나,[12] 포드주의적 축적 양식과 연결하여 케인스주의 양식이 사라지고 포스트포드주의로 이행하는 과정으로 파악하는가 하면,[13] 수렴 이론의 입장에서 다원주의적 민주주의를 대체한 것,[14] 혹은 자본주의와 사회주의 간의 제3의 체제

---

10) 정병기, 2012b, 「노르웨이 코포라티즘: 정당정치적 요인과 구조적 요인에 따른 성격 변화」, 《국가전략》 제18권 3호(세종연구소), 136쪽.

11) Cawson, Alan, 1986, *Corporatism and Political Theory*(Oxford and New York: B. Blackwell). 특히 p. 38.

12) Kastendiek, Hans, 1981, "Die Selbstblockierung der Korporatismus-Diskussion. Teilproblematisierungen der gesellschaftlichen Politikorganisation und gesellschaftliche Entproblematisierung korporativer Strukturen und Strategien," Ulrich von Alemann(ed.), *Neokorporatismus*(Frankfurt a. M. & New York: Campus), pp. 92-116.

13) Hirsch, Joachim and Roland Roth, 1986, *Das Neue Gesicht des Kapitalimus. Vom Fordismus zum Post-Fordismus*(Hamburg: VSA).

14) Harrison, Reginald J., 1980, *Pluralism and Corporatism. The Political Evolution of Modern Democracies*(London, etc.: George Allen & Unwin).

적 대안으로 보거나,[15] 적절한 위기관리 방식으로 본다.[16] 이 입장들은 상술한 다른 관점들과 달리 코포라티즘에 대한 지속적인 논의를 수행하지는 않아, 그에 대한 비판도 단편적인 차원에 머물 수밖에 없지만, 체계 및 구조론의 단점을 반복하는 것으로 볼 수 있다.

한편, 사회 코포라티즘의 지속성도 오랜 논란의 대상이 되어 왔다. 1980년대 이래 사회 코포라티즘은 공급 조절 유형으로 전환되기는 했지만 사회 코포라티즘의 속성을 유지하고 있어 코포라티즘의 본고장인 서유럽에서도 국가 코포라티즘과 달리 생성 이후 현재까지 일정한 변화 속에서 지속되어 왔기 때문이다.

사회 코포라티즘의 지속성과 관련해서는 무엇보다 사민주의 관점의 계급 정치론이 수긍할 만하다. 코포라티즘적 사회 협약은 임금과 노동 조건 및 고용 안정성을 극대화하려는 노동 측과 이윤을 최대화하려는 자본 측의 대립 관계에서 임금·노동 조건 및 고용의 안정성에 대한 예측을 더욱 가능하게 한다. 때문에 조직화되고 중앙집권화된 강력한 노조가 존재하고 노동 측의 정치적 대표인 사민주의 정당이 집권했을 때 협약의 가능성이 그만큼 높아진다는 것이다.[17]

규모를 강조하는 두 입장도 코포라티즘의 지속성을 설명한다. 세계 시장의 압력에 의해 작고 개방된 경제를 가지고 있는 나라들의 경우, 세계 시장의 변화에 노출된 불안정성에 대응하기 위해 국가, 노

---

15) Wiarda, Howard J., 1997, *Corporatism and Comparative Politics: The Other Great "Ism"*(Armonk: M. E. Sharpe).

16) Esser, Josef, Wolfgang Fach, Gerd Gierszewski and Werner Väth, 1979, "Krisenregulierung – Mechanismen und Voraussetzung: Am Beispiel der saarländischen Stahlindustrie," *Leviathan*, vol. 7, no. 1, pp. 79-96.

17) 조흥식, 1993, 「경제위기와 사회협약: 서유럽 사례」, 강명세(편), 『경제위기와 사회협약』(성남: 세종연구소), 64-65쪽.

동, 자본의 엘리트들이 상호 협력 관계를 강화할 수밖에 없다는 세계 시장론이 그 하나이다.[18] 그리고 노동 운동이 다양하고 많은 수의 노동자들을 대표해야 하는 큰 나라들은 사회 협약에서 합의된 내용을 실천하기 위해서는 대단히 높은 비용을 치러야 한다는 국가 규모론이 다른 하나이다.[19]

경제의 개방성 정도는 세계화와 관련해 중요한 요인이 될 수 있다. 그러나 경제 규모든 지리적 규모든 국가 규모론의 경우는 노조의 집중화 정도를 볼 때 설득력이 떨어진다. 국가의 규모보다는 단일 통합 노조인가 아니면 복수 정파 노조인가에 따라[20] 코포라티즘적 사회 협약의 성립 가능성이 좌우될 수 있기 때문이다. 최근 스웨덴 같은 경우, 노조의 분열로 인해 코포라티즘 기제가 위기에 봉착한 사실이 그 증거가 된다. 따라서 코포라티즘 정치의 지속과 위기 혹은 변화를 설명하는 요인으로는 우선 세계화에 노출된 개방성의 정도와, 코포라티즘 주도 정당으로서 사민주의 정당의 집권 및 정당 정체성의 변화, 그리고 노동과 자본의 계급 역관계 변화가 중요하다고 할 수 있다.

하지만 사민주의 관점의 계급 정치론도 사민주의 정당의 집권기에

---

18) 강명세, 2000, 「민주주의와 사회합의주의」, 김호진 외(편), 『사회합의제도와 참여 민주주의』(서울: 나남), 86–87쪽; Katzenstein, Peter J., 1984, *Corporatism and Change: Austria, Switzerland, and the Politics of Industry*(Ithaca, NY: Cornell University Press); Cameron, David R., 1978, "The Expansion of the Public Economy: A Comparative Analysis," *American Political Science Review,* vol. 72, pp. 1243–1261.

19) 강명세(2000); Crouch, Colin, 1979, *The Politics of Industrial Relations*(Manchester: Manchester University Press); Regini(1984).

20) 복수 정파 노조는 최상급 노조가 정당 연계, 종교, 이데올로기에 따라 분리되어 복수로 존재하는 경우이고, 단일 통합 노조는 하나의 최상급 노조 내에 다양한 정파가 통합되어 있는 경우를 말한다. 이에 대한 상세한 논의는 이 책 제7장을 참조.

논의를 집중함으로써 부르주아 정당 집권기에도 사회 코포라티즘이 유지되는 사례를 설명하지 못한다. 심지어 사민주의 정당이 주도 정당으로 집권하지 못한 경우에도 코포라티즘 정치가 실시되는 경우가 없지 않은데, 이 현상도 사민주의 계급 정치론으로는 설명할 수 없다. 이러한 현상들을 설명하기 위해서는 구조화의 개념을 더 확대하고 연합 정치 요소를 고찰할 필요가 있다. 즉, 사민주의 정당이 집권하지 못했더라도 노사 간 역관계라는 구조적 요소가 노동 측에 유리하게 형성되거나 사민주의 정당이 소수 파트너로나마 연립 정부에 참여할 때 코포라티즘이 지속될 수 있기 때문이다.

이와 같이 다양한 여러 입장 중에서도 코포라티즘의 정의와 성격 및 지속성에 대해 공통적인 이론적 핵심이 존재한다. 우선 정의 및 성격과 관련해 비구조주의의 경우 그것은 '국가 기구의 적극적 중재가 이루어지는 가운데, 사회단체들의 독점적·기능적 이해관계 대표 조직들이 이해관계 대표와 국가 정책 집행을 연결하는 고리로서 노사정 삼자의 정치적 교환에 참여하는 사회·정치적 과정'이며, 구조주의의 경우 그것은 새로운 정치 사회 체제에 적합한 새로운 사회 운영 원리라는 것이다. 그리고 지속성과 관련해 그것은 계급 정치론이든 국가 규모론이든 노사 간 역관계와 세계화라는 경제적 배경이 중요하다는 것이다.

코포라티즘에서 국가는 충분 조건은 아닐지라도 필요 조건 중 하나이다. 특히 사회 코포라티즘의 경우도 국가가 적극적으로 추동하지는 않더라도 최소한 묵시적 동의나 참여를 하지 않을 때에는 등장할 수도 없고 지속될 수도 없다.[21] 이때 국가의 상대적 자율성이 필요한

---

21) Schmitter, Philippe C., 1985, "Neo-Corporatism and the State," Wyn Grant(ed.),

데, 이 점과 관련해서는 슈미터가 정확하게 지적했듯이 이 자율성은 공무원들의 선호에 의존한다는 의미의 행태주의적인(behavioural) 것도 아니고, 자본주의 재생산의 장기적 요구를 보장한다는 의미의 기능적인(functional) 것도 아니며, 국가 중립성의 가면 뒤에 비통치 지배계급(non-ruling dominant class)의 이익을 은폐한다는 의미의 전술적인(tactical) 것도 아니다.[22] 국가의 상대적 자율성은 국가의 제도적 이해관계에 근거를 둔 구조적인(structural) 것으로 파악된다. 특히 사회 코포라티즘은 친근로자 국민 정당이 전략적으로 선택한 결과이기는 하지만 전적으로 '정치적 기획(political design)'의 산물인 것은 아니다. 사회 코포라티즘은 어떤 계급이나 국가도 자신이 선호하는 해결책을 강제할 수 없는 이해관계 갈등이나 노사 간 힘 관계의 결과로 형성되었기 때문이다.

코포라티즘의 사회 경제적 성과에 대해서도 많은 연구가 이루어졌다. 이 분석들은 특정 국가들을 사례로 진행된 경우가 대부분이지만, 신자유주의나 합의 민주주의 등 다른 요소들과 함께 포괄적 혹은 비교적으로 진행된 경우도 적지 않다. 하지만 앞서 말한 바와 같이 이 연구들은 이론적 배경 및 분석 틀의 도출과 직접 관련이 없으므로 간략히 소개하는 것에 그친다.

특히 권순식·이규용은 코포라티즘의 사회 경제적 효과들을 분석한 연구들을 잘 정리하면서 신자유주의의 사회 경제적 효과와 비교 분석한 특이한 연구를 수행했다.[23] 우리나라를 포함한 18개 OECD

The Political Economy of Corporatism(New York: St. Martin's Press), p. 35.

22) Schmitter(1985), pp. 36–37.

23) 권순식·이규용, 2007, 「코포라티즘과 신자유주의: 경제적 효과의 비교분석」, 《산업관계연구》 제17권 1호(한국노사관계학회), 137–162쪽.

국가들을 대상으로 1970년부터 2000년까지의 자료를 분석한 이 연구
는 코포라티즘이 노사 안정과 형평성 관련 거시 지표 등을 개선하는
효과를 보였다고 주장했다. 그리고 이러한 연구 결과는 기존의 다른
연구들의 결과와 대체로 일치했다.

　실증 분석으로 수행된 대부분의 기존 연구들에 따르면, 코포라티
즘은 임금 인상률, 노동 손실 일수 등 노사 관계 안정화와 실업률, 소
득 불평등(지니 계수) 및 물가 상승률 등과 같은 형평성을 개선하는
효과를 보였지만, 경제적 효율성에는 유의한 영향을 주지 않거나 역
효과를 준 것으로 나타났다.[24] 한편, 캄포스와 드리필(Calmfors and
Driffil)은 코포라티즘이 실업률 및 물가 상승률을 낮추고 고용률을 높
이는 작용을 하지만, 그 효과는 전형적인 '낙타 등 모양(hump shape)'
을 하고 있다고 했다.[25] 이 낙타 등 효과는 집권화나 분권화의 수준이
현저히 높은 시장 경제 체제가 어중간한(intermediate degree) 상태에
놓인 시장 경제 체제보다 경제적 성과가 우수하다는 의미이다. 낙타
등 효과는 랑게와 개럿(Lange and Garrett)의 연구에서도 나타났는데,
노동의 조직적 힘은 대체로 경제 성장률에 부정적 영향을 미치지만,
정치적으로 적합한 환경을 만나면 긍정적 작용을 한다는 것이다.[26]

---

24) 실증 연구들의 결과에 대해서는 권순식 · 이규용(2007), 142-144쪽 참조. 월
　케(Wilke)도 경제 성장과 코포라티즘 간에는 상호 관계가 발견되지 않는다고
　주장했다. Wilke, Marco, 1991, *Corporatism and the Stability of Capitalist
　Democracies*(Frankfurt am Main: Peter Lang).
25) Calmfors, Lars and John Driffill, 1988, "Bargaining Structure, Corporatism and
　Macroeconomic Performance," *Economic Policy*, vol. 3, no. 6, pp. 14-61.
26) Lange, Peter and Geoffrey Garrett, 1985, "The Politics of Growth: Strategic
　Interaction and Economic Performance in the Advanced Industrial
　Democracies, 1974-1980," *The Journal of Politics*, vol. 47, no. 3, pp. 791-
　827.

즉 좌파의 정치적 장악력이 크고 노조 운동의 힘이 강하거나 양자 모두의 힘이 약할 때가 그렇지 않은 어중간한 경우보다 경제 성장률이 높다는 것이었다.

요약하면, 〈표 3-1〉에 정리한 것처럼 코포라티즘은 노사 안정화와 사회 경제적 형평성에 긍정적 기여를 하는 반면, 경제적 효율성에는 혼재된 영향을 보인다고 할 수 있다. 이를 좀 더 구체적으로 살펴보면, 트랙슬러(Traxler), 크레파즈(Crepaz), 캐머런(Cameron) 등 코포라티즘의 노사 관계 안정 효과를 연구한 학자들은 코포라티즘이 임금 상승을 완화하고 파업으로 인한 노동 손실 일수를 줄이는 작용을 한다는 데에 의견을 같이했다.[27] 그리고 낙타 등 효과를 주장하는 캄포스와 드리필의 소수설이 있기는 하지만, 사회 경제적 형평성에 관심을 가진 미니치(Minnich), 엘름스코브 등(Elmeskov, Martin and Scarpetta)은 코포라티즘이 대체로 사회적 형평성을 개선한다고 주장했다.[28] 반면, 경제적 효율성에 대한 코포라티즘의 효과는 학자들

---

27) Traxler, Franz, 2004, "The Metamorphoses of Corporation: From Classical to Lean Patterns," *European Journal of Political Research*, vol. 43, pp. 571–598; Crepaz, Markus M. L., 1992, "Corporatism in Decline?: An Empirical Analysis of the Impact of Corporatism on Macroeconomic Performance and Industrial Disputes in 18 Industrialized Democracies," *Comparative Political Studies*, vol. 25, no. 2, pp. 139–168; Cameron, David, 1984, "Social Democracy, Labour Quiescence and the Representation of Economic Interest in Advanced Capitalist Society," John H. Goldthorpe(ed.), *Order and Conflict in Contemporary Capitalism*(Oxford: Clarendon Press), pp. 143–178.

28) Minnich, Daniel J., 2003, "Corporatism and Income Inequality in the Global Economy: A Panel Study of 17 OECD Countries," *European Journal of Political Research*, vol. 2, no. 1, pp. 23–53; Elmeskov, Jörgen, John Martin and Stefano Scarpetta, 1998, "Key Lessons for Labour Market Reforms: Evidence from OECD Countries Experience," *Swedish Economic Policy Review*, vol.

연구자	독립 변수의 조작적 정의	노사 관계 안정		효율성			형평성		
		임금 상승률	노동 손실 일수	경제 성장률	노동 생산성 증가율	경상 수지	지니 계수	실업률	소비자 물가 상승률
Traxler	협상의 집권화	조건부 (−)							
Minnich	Siaroff의 코포라티즘*						(−)		
Elmeskov, Martin & Scarpetta	임금 협상 과정의 집권화와 조정 능력							(−)	
Hicks & Kenworthy	경제 주체 간 협력을 강조한 네오코포라티즘			+(n.s.)		(+)		(−)	(−)
Kenworthy	노동의 집권화와 조율 능력				(−)	+(n.s.)		(−)	(−)
Crepaz	협상 과정의 집권화와 조율 능력	(−)		+(n.s.)				(−)	(−)
Calmfors & Driffill	집권화 경제 및 분권화 경제					낙타 등 효과		낙타 등 효과	낙타 등 효과
Lange & Geoffrey	노동의 조직적 힘			조건부 (+)					

5, no. 2, pp. 205−252; Crepaz(1992); Kenworthy, Lane, 1995, *In Search of National Economic Success: Balancing Competition and Cooperation*(London: Sage Publications); Hicks, Alexander and Lane Kenworthy, 1998, "Cooperation and Political Economic Performance in Affluent Democratic Capitalism," *American Journal of Sociology*, vol. 103, no. 6, pp. 1631−1672.

| Cameron | 노동의 집권화와 조율 능력 | (−) | (−) | | | | | (−) | (−) |

(+)는 정(正)의 효과를 의미하고, (−)는 부(負)의 효과를 의미함.
+(n.s.)는 정의 효과이나 통계적으로 유의하지 않음을 의미함.
−(n.s.)는 부의 효과이나 통계적으로 유의하지 않음을 의미함.
조건부(+)는 조절 요인에 의해 정의 효과를 미칠 수 있음을 의미함.
조건부(−)는 조절 요인에 의해 부의 효과를 미칠 수 있음을 의미함.
낙타 등 효과: '낙타 등 모양'처럼, 코포라티즘이 아주 강하거나 약할 때가 어중간할 때보다 경제적 성과에 미치는 영향이 더 긍정적으로 나타남을 의미함.
* Siaroff의 코포라티즘: 노조 조직률, 협상의 수준과 제도화, 국가의 개입과 조정, 타협과 합의의 행태와 문화 등을 세분하여 22가지 조건을 충족하는 이상형(ideal type). Siaroff, Alan, 1999, "Corporatism in 24 Industrial Democracies: Meaning and Measurement," *European Journal of Political Research*, vol. 36, pp. 177–179.

출처: 권순식 · 이규용(2007), 140쪽을 재구성.

마다 다르게 나타나 그 효과를 장담하기 어려운 것으로 드러났다. 즉, 힉스와 켄워시(Hicks and Kenworthy) 및 랑게와 조프리(Lange and Geoffrey)는 긍정적 효과를 도출한 반면, 켄워시 단독 연구(Kenworthy 1995)는 부정적 효과를 산출하기도 했으며, 캄포스와 드리필은 낙타 등 효과를 증명했다.[29]

그 밖에 서문기는 사회적 합의 형성의 과정과 결과를 공동체의 구조적 원리뿐만 아니라 복잡 체계 및 의사 소통의 합리성을 기준으로 한 사회 발전 단계와 연결해 분석했으며, 최경구는 사회 민주주의를 이념으로 하는 조합주의 복지 국가의 모형을 이념형적으로 설정하는 시도를 했다.[30] 또한 합의 민주주의와 연결해 코포라티즘 제도들이 사회 경제적 성취에 기여하는 정도를 측정한 버건스트(Vergunst)의 연구도 주목할 만하다.[31]

---

29) Hicks and Kenworthy(1998); Lange and Geoffrey(1985); Kenworthy(1995).

2. 이론적 배경과 새로운 분석 틀

제2장에서 정의했듯이 코포라티즘은 '독점적·기능적 사회단체들이 자본주의 질서의 유지에 합의하고 이해관계 대표(정책 형성)와 공공정책 집행에 참여하는 노사정 삼자 간 정치적 협상과 교환이 사회 갈등 해결의 핵심 수단으로 제도화되거나 적어도 장기적으로 기능하는 사회·정치적 운영 원리와 과정'이다.[32]

이때 사회단체는 물론 사안에 따라 의약 집단이나 종교 집단 등 다양한 사회 집단들을 포괄한다. 그러나 산업 자본주의 국가에서 노사의 대표 조직은 다원주의자들이 비차별적으로 등치시키는 사회 내의 무수한 다른 조직들과는 상이한 핵심적 이해관계 대표 조직으로 간주된다. 노사 대표 조직은 자본주의 국가에서 가장 중요한 경제적 요소인 노동과 자본을 대표하는데, 특히 코포라티즘 체제에서는 독점적으로 대표하고 통제할 뿐만 아니라 국가와 정부 정책의 정치적 정당성 확보에도 직접적으로 관여하는 조직이기 때문이다.[33]

---

30) 서문기, 2007, 「사회적 합의 형성에 관한 이론적 소고: 분석 틀과 정책적 함의」, 《행정논총》 제45권 4호(서울대학교 한국행정연구소), 1-22쪽; 최경구, 1991, 「조합주의 복지국가의 모형에 관한 연구」, 《한국사회학》 제25집 여름호(한국사회학회), 93-111쪽.

31) Vergunst, Noël, 2010, *The Institutional Dynamics of Consensus and Conflict: Consensus Democracy, Corporatism and Socio-economic Policy-making and Performance in Twenty Developed Democracies(1965~1998)*(Saarbrücken: Lambert Academic Publishing).

32) 정병기(2004a); 정병기, 2012b, 「노르웨이 코포라티즘: 정당정치적 요인과 구조적 요인에 따른 성격 변화」, 《국가전략》 제18권 3호(세종연구소), 139쪽.

33) 이와 관련해 기존의 코포라티즘 이론들이 노동 조직에 편향되어 사용자 단체를 경시했다는 김정의 비판은 새겨들을 만하다. 하지만 트랙슬러처럼 1990년대에 이미 사용자 단체에 대해 주목한 연구도 없지 않다. 김정(2000), 241쪽; 대표적으로

그리고 '사회·정치적 과정'은 코포라티즘이 집권당의 통치 전략이나 사회단체들 간의 교환 과정에 그치는 것이 아니라, 때에 따라 구조화된 정치 체제로도 기능한다. 그렇지만 자본주의와 사회주의라는 생산 양식(Produktionsweise)의 수준까지 체제적 성격을 확대하는 것도 집권당의 통치 전략적 성격이라는 측면을 간과하는 다른 극단의 오류를 범하는 것이 된다. 따라서 코포라티즘은 사회 정치적 과정으로서의 통치 전략적 성격과 사회 운영 원리로서의 체제적 성격을 동시에 갖는 것으로 본다.

따라서 코포라티즘 정치에 구체적이고 직접적으로 영향을 미치는 요인들은 정당 정치적 요인과 구조적 요인이다. 정당 정치적 요인은 주도 정당의 이데올로기 성격과 지지율, 그리고 주도 정당의 정체성 변화로 대표된다. 구조적 요인은 자본과 노동의 계급 역관계와, 코포라티즘 기제나 행위의 지속성 및 제도화 수준과 관련된다.

이 이론적 논의를 국가 코포라티즘과 두 사회 코포라티즘에 적용해 보면 각기 다음과 같이 다시 정의할 수 있다. 곧, 국가 코포라티즘은 전체주의적 국가 정당의 통치 전략이자 파시즘 체제의 운영 원리와 과정이라면,[34] 수요 조절(사회) 코포라티즘은 친근로자적 전통 사민주의 국민 정당의 통치 전략이자 케인스주의 복지 국가 체제의 운영 원리와 과정이며, 공급 조절(사회) 코포라티즘은 슘페터적 경제 정당으로서의 현대 사민주의 국민 정당의 통치 전략이자 신자유주의 국

Traxler, Franz, 1993, "Business Associations and Labor Unions in Comparison: Theoretical Perspectives and Empirical Findings on Social Class, Collective Action and Associational Organizability," *The British Journal of Sociology*, vol. 44, no. 4, pp. 673–691.

〈그림 3-1〉 **코포라티즘 분석 틀**

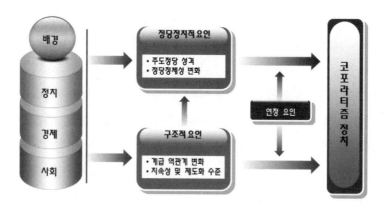

출처: 정병기(2004a), 329쪽.

가 체제의 운영 원리와 과정이다.

이와 같이 이 글의 코포라티즘 규정은 구조적 제약을 인정하는 정치 과정 모델에 입각하고 있다. 이를 그림으로 표시한 것이 〈그림 3-1〉의 분석 틀이다. 코포라티즘은 우선 자본의 이동과 흐름, 생산 방식과 계급 구조 및 사회 균열 구조 혹은 권력 작동 방식과 같은 정치 · 사회 · 경제적 배경에 조응하는 방식이라는 점에서 출발한다. 각국의 사회 균열 구조와 그와 관련된 권력 작동 방식은 초기 코포라티즘 정치의 생성과 변화에 영향을 미쳤다는 점에서 중요하다.

코포라티즘은 대부분 사회 균열 구조가 단선적이면서도 갈등 지향적이지 않은 경우(스웨덴과 노르웨이)에 강력하게 나타났으며, 사회 균열 구조가 대체로 단선적이고 다소 갈등 지향적인 경우(네덜란드와 독일)는 중간 수준으로 나타났다. 반면 사회 균열 구조가 다차원적일 뿐

---

34) 개발도상국의 경우에는 개발 독재 체제 혹은 관료적 권위주의 국가 체제에 해당한다.

만 아니라 갈등의 강도가 높은 나라들(프랑스와 이탈리아)에서 코포라티즘은 약하게 현상했다. 그러나 이 국가들에서 모두 정도의 차이는 있지만 코포라티즘 정치가 이루어진 것은 다수결 민주주의가 아니라 합의 민주주의라는 권력 작동 방식에 기인한다고 할 수 있다.

그리고 코포라티즘이 생성된 이후 그 지속성 및 변화와 관련해서도 정치·사회·경제적 배경은 중요하다. 특히 최근 공급 조절 코포라티즘의 등장과 관련하여 세계화의 진척과 그에 따른 생산 방식 및 계급 구조의 변화가 중요한 배경적 요인으로 작용했음에 주목한다. 즉, 나라에 따라 수요 조절 코포라티즘을 유지하는 경우와 공급 조절 코포라티즘으로 전환한 경우를 구분하여 그 배경을 추적하려는 것이다.

개념 정의에서 언급한 것처럼, 코포라티즘 정치에 구체적이고 직접적으로 영향을 미친 요인들은 정당 정치적 요인과 구조적 요인으로 나누어 분석한다. 정당 정치적 요인은 주도 정당의 이데올로기 성격과 지지율, 그리고 주도 정당으로서의 친근로자 국민 정당들의 정체성 변화로 구성한다. 주도 정당의 이데올로기 성격은 전체주의 국가 정당인가 사민주의 국민 정당인가의 문제이며, 정당 정체성은 코포라티즘 주도 정당으로서의 친근로자 국민 정당이 케인스주의적 전통 사민주의 국민 정당을 유지하고 있는가, 아니면 슘페터적 현대 경제 정당으로 변화하였는가와 관련된다. 그리고 구조적 요인은 자본과 노동의 계급 역관계와 코포라티즘 기제나 행위의 지속성 및 제도화 수준을 의미한다. 이때 정당 정치적 요인에 의해 규정되는 코포라티즘 정치의 성격을 통치 전략적 성격이라 칭하고, 구조적 요인에 의해 규정되는 코포라티즘 정치의 성격을 정치 체제적 성격이라고 규정한다.

구조적 요인의 변화는 물론 정당 정치적 요인에도 영향을 미친다. 주도 정당의 성격과 정체성이 구조적 요인에 반응하는 방식과 연관된다는 의미이다. 그러나 이와 같은 간접적인 영향보다 코포라티즘 정치에 직접 미치는 영향이 더 중요하다. 예를 들면, 계급 역관계의 일정한 균형이 이루어진 상태에서 친근로자 국민 정당이 집권하여 코포라티즘 기제를 선택한 후, 이 기제가 제도화되거나 적어도 오랜 지속성을 갖춘다면 코포라티즘적 통치 전략을 선호하지 않는 정당이 집권하더라도 코포라티즘 정치는 일정하게 유지된다. 다시 말해, 구조적 요인이 충분히 변화하지 않는다면 집권당의 성격과 정당 정체성이 변화하더라도 코포라티즘의 해체나 변화가 쉽게 일어나지 않는다는 것이다. 심지어, 코포라티즘이 발달하지 않은 국가에서 친근로자 정치세력이 집권한 경우보다는 보수 세력이 집권하더라도 코포라티즘 체제가 발달한 국가에서 사회 협약을 통한 소득 분배 및 재분배 상황이 더 공정하다는 연구 결과도 있다.[35)]

두 가지 주요 요인 외에 연정 요인도 미약하나마 코포라티즘 정치의 작동에 영향을 미친다고 할 수 있다. 연정 요인은 단독 정부인가 연립 정부인가의 문제뿐 아니라 연립 정부일 때 연합 내 친근로자 국민 정당의 주도성 여부와 연합의 이데올로기 성격(좌파 연정, 중도-좌파 연정 혹은 좌-우 연정)에 따른 문제이다. 그러나 이 요인은 다른 요인들에 비해 영향력이 작다고 판단되어 다른 요인들의 설명력이 부족할 때에 한해 보조적으로 활용한다.

이와 같은 분석 틀에 따라 코포라티즘 정치의 성격과 전환에 대해 가설적으로 정리해 보면 다음과 같다:

■ 코포라티즘은 집권당이 선택한 통치 전략이자 구조적 요인에 의해 직접 결정된 정치 체제이기도 하다.

---

35) 조홍식(1999), 74쪽.

■ 통치 전략적 성격은 정치·사회·경제적 배경의 변화에 따른 집권당 배출과 이 집권당의 정당 정체성 변화를 중심으로 하는 정당 정치적 요인(구조적 요인에 의해서도 영향 받음)에 의해 결정되는 집권당의 정책적 선택과 관련된다.

■ 정치 체제적 성격은 계급 역관계와 코포라티즘 기제나 행위의 제도화 및 지속성을 중심으로 하는 구조적 요인에 의해 직접 결정되어 집권당의 선택과 관계없이 상대적으로 장기간 지속되는 정치적 운영 원리 및 과정과 관계된다.

마지막으로, 코포라티즘이 약해 코포라티즘 성격 규정 자체에 의문이 제기되기도 하는 프랑스와 이탈리아의 경우를 설명하기 위해 정치적 교환의 이론을 원용해 보완한다.[36] 또한 정부에 대한 방어적 노사 합의를 추진해 노사와 정부가 대립한 시기의 네덜란드에 대해서도 이 이론을 적용한다. 정치적 교환은 국가의 강력한 개입과 노동자와 사용자의 직접적인 정치적 요구들이 일견 충돌하는 듯하면서도 실제 수용되는 과정을 설명하기 위해 고안된 개념이다. 이 과정은 실제 양자 합의를 기본으로 하는 경우가 많아 노사정의 삼자 협의만으로는 설명하기 어려운 현상이기 때문이다.

이 분석에서 정치적 교환(political exchange; scambio politico)은 피초르노(Pizzorno), 불(Bull), 레지니(Regini)의 개념을 원용하되,[37] 크

36) 정치적 교환 이론에 대해서는 정병기, 2014a, 「프랑스 코포라티즘: 동시적 교환과 제한된 일반적 교환의 사회협약 정치」,《지중해지역연구》제16권 3호(부산외국어대학교 지중해지역원), 1-24쪽 참조.

37) Pizzorno, Allessandro, 1978, "Political Exchange and Collective Identity in Industrial Conflict," Colin Crouch and Allessandro Pizzorno(eds.), *The Resurgence of Class Conflict in Western Europe since 1968*, vol. 2(London and Delhi etc: Macmillan), pp. 277-298; Bull, Martin, 1992, "The Corporatist Ideal-

라일레(Kreile)[38]가 이탈리아 사회 협약 분석에 사용한 '동시적 교환(Simultaner Tausch)'과 '일반적 교환(Genereller Tausch)'이라는 두 개념으로 보완해 사용한다.

일반적 교환은 사민주의적 사회 동반자 관계(Sozialpartnerschaft)와 같이 노동과 자본의 거대 조직들 간 힘의 균형을 통한 동반자 관계와 그에 대한 정부의 강력한 개입과 중재가 언제나 가능한 상태에서 이루어지는 것으로서 전형적인 강성 코포라티즘 정치에 해당한다. 노조가 임금 및 근로 조건 같은 노동 시장의 단기적 이익을 포기하는 대신 자본이 투자를 증대하여 경제를 성장시키는 한편, 안정적인 강력한 정부가 그 성과들을 사회 정책을 통해 장기적으로 노동자들에게 환원시킬 것이라는 정치 시장 이익에 대한 장기적 전망이 존재할 때 항상적 교환과 양보의 관계인 '일반적 교환'이 가능하다.

반면 이러한 장기적 전망이 불투명한 상태에서는 상호 이익이 동시에 달성되는 조건에서 일시적으로 '동시적 교환'이 이루어진다. 곧, 장기적 관점에서 양자의 이해관계가 총괄적으로 교환되는 것이 일반적 교환이라면, 단기적 관점에서 양자의 특수한 이해관계가 사안별로 교

Type and Political Exchange," *Political Studies*, vol. 40, no. 2, pp. 255–272; Regini, Mario, 1984, "The Conditions for Political Exchange: How Concertation Emerged and Collapsed in Italy and Great Britain," John H. Goldthorpe(ed.), *Order and Conflict in Contemporary Capitalism*(Oxford: Clarendon), pp. 124–142; 김학노, 2011, 「서유럽 사회적 협의체제의 변천: 민주적 코포라티즘의 쇠퇴와 부활」, 구춘권·김영순·김인춘·김학노·서명호·진영재·최진우, 『서유럽의 변화와 탈근대화』(서울: 나남), 175–176쪽; 정병기(2012b), 136쪽 참조.

38) Kreile, Michael, 1985, *Gewerkschaften und Arbeitsbeziehungen in Italien(1968~1982)*(Frankfurt am Main und New York: Campus Verlag); Kreile, Michael, 1987, "Gewerkschaftseinheit und Parteienwettbewerb," *Zeitschrift für Parlamentsfragen*, Jg. 18, H. 4, S. 555–572.

환되는 것이 동시적 교환이다. 하지만 동시적 교환일지라도 어떤 방식으로든 정부의 개입이 이루어지고 삼자 중 나머지 일방이 일정 시간이 지난 후에라도 추인한다면, 삼자 협의로서 코포라티즘의 범주에 포함시킨다.

무엇보다 프랑스와 이탈리아같이 코포라티즘이 약하게 현상하는 나라의 사회 협약 정치를 동시적 교환이라는 특수한 유형으로 고찰하고, 네덜란드의 방어적 노사 합의 시기를 동시적 교환의 성격도 일부 갖는 것으로 설명하고자 한다. 이 관점의 도입이 상술한 코포라티즘 논의의 범주를 벗어나지는 않는다. 다른 나라들과 마찬가지로 코포라티즘의 주요 요인인 정당 정치적 요인과 구조적 요인을 분석함으로써 동시적 교환의 사회 협약 정치가 약성 혹은 중성 코포라티즘으로 현상함을 밝히는 데 기여하기 때문이다.

수요 조절 코포라티즘에서 공급 조절 코포라티즘으로 전환해 가는 현상도 동일한 방식으로 추적한다. 다만 정당 정치적 요인과 구조적 요인을 노사의 동반자 관계 유형과, 노동 시장의 이익과 정치 시장의 이익이 교환되는 양상, 그리고 그에 대한 정부의 개입이 이루어지는 방식을 동시적 교환의 관점에 비추어 좀 더 상세히 설명할 뿐이다.

NO!

4

사회 코포라티즘의
정치 · 경제 · 사회적 배경

이 책의 주요 목적은 민주주의 국가에서 작동하는 사회 코포라티즘의 변화와 전망을 밝히는 것이므로 이 장부터는 사회 코포라티즘만 다룬다. 대부분의 나라에서 사회 코포라티즘은 제2차 세계 대전 이후에 본격화되었으므로 그 배경도 제2차 세계 대전 이후에 초점을 두어 고찰한다. 하지만 사회 코포라티즘의 실질적 기원이 제2차 세계 대전 이전으로 거슬러 올라갈 경우에는 그 시점까지 소급해서 다룬다.

정치적 배경으로는 정당 정치와 국가 정책의 변화를 고찰하고, 경제적 배경으로는 국내 총생산(GDP), 소비자 물가 지수, 세계화 수준 등을 다루며, 사회적 배경으로는 실업률과 사회 문화적 갈등의 존재 여부와 유형 등을 살펴본다. 여기에 유럽의 특수성인 유럽 통합의 영향을 추가로 고찰한다. 유럽 통합은 정치, 경제, 사회 전반에 걸친 현상이지만, 주로 정치·경제적 배경에서 먼저 다룬 다음, 해당되는 사항에 한해 사회적 배경에서도 언급할 것이다.

한편, 사회 코포라티즘의 전환은 주로 1980년대 세계화의 영향에 기인하므로 이 시기 세계화에 주목한다. 물론 김수진[1]이 사회 코포라티즘의 형성을 1920/30년대 경제 공황과 관련지어 설명한 것처럼, 공급 조절 코포라티즘도 세계화 이전에 시작된 새로운 경제 공황의 산물로 설명할 수 있다. 즉 더 이상 케인스주의로 해결할 수 없는, 1970년대 중후반에 시작된 후기 포드주의 축적 체제 위기로 인해 수요 조절 코포라티즘이 와해되고 팀 작업, 린 생산 방식, 도요타 방식 등 신자유주의적 해결을 추구하는 공급 조절 코포라티즘이 생겨나기 시작했다고 할 수 있다.

그러나 이러한 신자유주의적 위기 해결 방식은 생산 기지 이전과 더불어 새로운 시장 재편 전략을 의미하는 세계화와 맞물려 전개되었고, 그것이 본격화된 시기가 1980년대였다. 다시 말해 1980년대의 세계화는 1970년대 중후반의 신자유주의 경제 정책의 연장선상에서 이루어진 신자유주의적 세계화였다. 그리고 사회 코포라티즘의 변화는 이 신자유주의적 세계화가 본격화된 시점에 가시화되기 시작했다. 따라서 1980년대와 그 이후 시기에 진척된 세계화의 수준과 정도를 측정하는 것이 중요하다.

이때 세계화가 코포라티즘에 미친 영향은 세계화의 절대적 수치보다는 속도에 의해 더 크게 좌우되었으므로[2] 절대치보다는 속도에 주

---

1) 김수진, 1992, 「민주적 코포라티즘에 관한 비판적 고찰」, 《사회비평》 제8호, 106-139쪽.

2) 김인춘은 스웨덴, 덴마크, 노르웨이의 예를 들어 경우에 따라 세계화의 영향과 코포라티즘의 위기는 유의미한 관계가 없다고 주장하지만, 스웨덴, 네덜란드, 오스트리아의 사례를 고찰한 안재홍의 연구(2002)는 세계화의 영향을 받아 코포라티즘 정치가 변해 갔음을 증명한 바 있다. 김인춘, 2002, 「세계화 시대 북유럽 조합주의의 변화와 혁신: 스웨덴, 덴마크, 노르웨이 비교분석」, 《경제와 사회》 통권 제53호(비판사회학회), 174-200쪽; 안재홍, 2002, 「세계화와 노·사·정 대응의 정치체계: 스웨덴, 네덜란드, 오스트리아 사례의 비교」, 《한국정치학회보》 제36집 3호(한국정치학

목한다. 세계화의 수준과 정도는 국내 총생산에 대한 무역의 비중을 나타내는 무역 의존도를 통해 측정하며, 세계화의 속도는 각 시기의 무역 의존도를 이전 시기의 무역 의존도와 비교해서 도출한다.

1. 강성 코포라티즘 국가: 스웨덴과 노르웨이

스웨덴은 1000만 명에 조금 못 미치는 인구 규모를 가지고 있어 유럽에서 그리 큰 나라에 속하지 않는다. 근대적 의미의 민주화와 산업화도 큰 나라들에 비해 상대적으로 늦었다. 19세기 후반까지 유럽에서 가장 가난한 나라 가운데 하나였던 스웨덴은 1890년대부터 산업화가 시작되어 제1차 세계 대전 직후 철강과 제지 산업을 중심으로 급성장했다. 그에 따라 노사 분쟁과 민주화 운동이 일어났고, 1918~20년 추진된 헌법 개정을 통하여 의회주의에 기초한 민주주의가 성립되었다.

스웨덴도 다른 스칸디나비아 국가들처럼 사민주의 정당들과 보수주의 정당들이 양대 진영을 구축하고 중도 정당이 상대적으로 약한 세력을 형성하고 있다.[3] 스웨덴 정당 체제는 1980년대까지 사민당(S: Sveriges Socialdemokratiska Arbetareparti, 스웨덴사민주의노동자당)이 주도하는 가운데 우파의 자유국민당(FP: Folkpartiet Liberalerna)과 온건 연합당(M: Moderata Samlingspartiet) 및 중도의 중도당(C: Centerpartiet, 농민당의 후신)이 각축하는 4당 중심의 다당제를 보였다. 그러나 점차

회), 397-418쪽.

[3] Parties and Elections in Europe, http://www.parties-and-elections.eu/ sweden2.html(검색일: 2014. 07. 03.) 참조.

우파 진영이 온건연합당으로 집중되고 중도당이 약화됨에 따라 1990년대 이후에는 사민당과 온건연합당이 중심이 되는 양당 중심적 다당제로 전환했다.

하지만 사민주의 정당이 뚜렷한 강세를 보여 왔다는 점에서 스웨덴은 스칸디나비아 국가들의 전형을 보여 준다. 스웨덴 사민당은 스칸디나비아 국가들이 대부분 그렇듯이 초기부터 혁명적 사회주의가 아니라 민주화와 점진적 개혁이라는 개혁적 사회주의 노선을 선택하였다. 자본주의는 '발전의 정도'에 따라 사회주의로 이행될 것이기 때문에 사민당은 '노동 계급의 현재적 관심을 고려하는 민중의 당'이 되어야 한다는 입장이었다.[4] 이러한 의회주의 전략에 힘입어 사민당은 민주화 직후인 1920년에 이미 소수 정부의 형태이지만 정부에 참여했으며, 이어 1932년에는 다수당이 되어 정권을 장악했다. 뿐만 아니라 1936년에는 농민당과 연합하여 정권의 기반을 공고히 다지고 이후 복지 국가의 기틀을 닦기 시작했다. 이러한 사민당 지배 추세는 제2차 세계 대전 종전 이후에도 이어졌다.

1948년 이후 사민당은 점차 지지율이 하락하기는 했지만 최근 2010년의 선거에서도 제1당의 지위를 유지했으며, 압도적으로 오랜 기간 동안 단독 정부를 구성하거나 최소한 총리[5]를 배출한 주도 정당

---

4) 안재흥, 2004, 「근대로의 이행과 스웨덴 정치」, 유럽정치연구회(편), 『유럽정치』(서울: 백산서당), 413-434쪽 참조.

5) 총리와 수상의 개념은 그 권한에 따라 구분될 수 있다. 곧, 총리(president of cabinet)는 내각의 의장으로서 결정 투표(casting vote) 정도의 권한을 가진 행정부 수장인 반면, 수상(prime minister)은 동등한 각료들 가운데 제1인자로서 각료들의 반대에도 불구하고 자신의 의사를 관철시킬 수 있을 정도의 강력한 권한을 가진 행정부 수장이다. 이탈리아와 프랑스의 행정부 수장이 총리에 해당하고, 독일, 스웨덴, 노르웨이, 네덜란드의 행정부 수장이 수상에 해당한다고 할 수 있다. 그러나 이 책에서는 언론에서처럼 총리로 통일해 사용한다.

으로 연립 정부를 구성해 왔다.[6] 물론 지지율의 점차적 하락으로 인해 소수당 연립 정부에 권력을 내주기도 했다. 특히 1970년대 후반과 1980년대 초반 사이 기간과 1990년대 초반 및 2000년대 후반 이후의 기간은 사민당이 집권하지 못한 기간으로서 코포라티즘 정치에도 커다란 영향을 미쳤다.

스웨덴의 정치 지형은 민주주의 시작 이래 놀랄 만한 안정성을 보여 왔다. 종족, 종교, 지역 등 문화적 균열은 미약했으며, 농촌과 도시의 균열도 점차 약화되어 1960년대 이후에는 더 이상 정치적으로 큰 의미를 갖지 못했다. 이러한 문화적 동질성은 단일 통합 국가의 형성으로 이어졌고 경제 발전과 복지 향상을 위한 부단한 노력의 배경이 되었다고 할 수 있다. 또한 단선적 균열 구조는 이미 1909년이라는 매우 이른 시기부터 비례 대표제와 의회 중심제(입헌 군주국 내각 책임제)를 도입하는 요인으로 작용했으며 1971년에는 양원제를 폐지하고 단원제를 도입하는 것으로도 이어졌다.

스웨덴에서 중요한 정치적 균열로는 계급/계층 균열이 유일하며, 다만 점차 약화되는 경향 속에서 환경녹색당의 등장에서 보는 것처럼 탈물질주의 균열에 의해 중첩 혹은 약화되어 왔다. 스웨덴의 노동자들은 사민당의 의회주의 노선에 동의하는 노동조합 운동과 마찬가지로 혁명적 사회주의를 주장하는 공산당을 처음부터 크게 지지하지 않았다. 스웨덴 공산당은 반파시스트 투쟁의 성과로 제2차 세계 대전 종전 즈음 10%(1944년 10.3%)를 넘는 지지율을 보이기도 했으나 이후 점차 약해져 5% 안팎의 지지율을 유지하고 있다. 공산당은 사민당보

---

6) Parties and Elections in Europe, http://www.parties-and-elections.eu/sweden1.html(검색일: 2014. 07. 03.); Parties and Elections in Europe, http://www.parties-and-elections.eu/sweden2.html(검색일: 2014. 07. 03.) 참조.

다 페미니즘 등 탈물질주의 균열을 더 많이 수용하고 공산주의라는 이데올로기 색채를 점차 벗어나 당명도 공산주의좌파당(1967, VPK)을 거쳐 1990년에 현재의 명칭인 좌파당(V: Vänsterpartiet)으로 개명하였다. 좌파당은 유럽연합 가입을 반대하는 녹색 관점을 가진 중간 계층 정당으로 나아가고 있어 더 이상 노동자 계급의 정당으로 규정하기 어렵다.[7] 하지만 유럽 통합 반대 주장도 1995년 스웨덴의 유럽연합 가입 이후에는 거의 사라져, 좌파 진영 내에서 사민당과 다투지만 탈물질주의 경향을 대표한다. 그에 따라 1998년에는 사민당과 선거 연합을 구성해 12.0%라는 전무후무한 지지율을 얻기도 했지만, 이후 다시 5% 수준으로 복귀했다.[8]

노르웨이도 스칸디나비아 국가로서 스웨덴과 유사한 점이 많다. 우선 입헌 군주국으로서 의회 중심제와 비례 대표제를 채택하고 있다는 점에서 동일하다. 인구는 스웨덴의 절반 수준이지만 종족·언어·종교적 균열이 거의 없다는 점에서도 스웨덴과 유사하다. 이것은 오랜 기간 스웨덴과 연합 왕국을 형성해 온 역사(1397~1523년 스웨덴·노르웨이·덴마크 3국 연합; 1814~1905년 스웨덴·노르웨이 연합)에 기인하기도 하지만, 지정학적 조건뿐 아니라 문화적 동질성 내지 유사성에 기인하는 측면이 더 크다. 노르웨이는 1905년 스웨덴으로부터 평화적으로 분리 독립했지만 오랫동안 양원제에 입각한 내각 책임제를 그대로 유지해 오다가 2009년에는 다시 스웨덴처럼 단원제를 도입했다.

노르웨이 정당 정치도 스웨덴처럼 폭넓은 이데올로기 스펙트럼

---

7) Frederikson, Gunnar, 1994, 「스웨덴」, Helga Grebing & Thomas Meyer(편), 「유럽노동운동은 끝났는가」, 정병기 역(서울: 주간 노동자신문), 105-118쪽.

8) Parties and Elections in Europe, http://www.parties-and-elections.eu/sweden2.html(검색일: 2014. 07. 03.) 참조.

위에서 좌파, 중도, 우파로 뚜렷이 구분되는 정당 체제를 형성했다. 극좌파에는 공산당(NKP)이 자리하고 있고, 좌파에는 노동당(AP: Arbeiderpartiet)이 주축을 이루는 가운데 1960년대 초반에 등장해 1975년에 사회주의좌파당(SV: Sosialistisk Venstreparti)을 창당한 탈물질주의 사회주의자들과 1980년대에 등장한 환경녹색당(MDG: Miljøpartiet De Grønne)이 있다. 우파 진영에는 1970년대 이후 등장한 진보당(FRP: Fremskrittspartiet)이 독보적인 위치를 차지하고, 중도에는 우파당(H: Høyre)이 주도하는 가운데 기독민주당(KRF: Kristelig Folkeparti), 중도당(SP: Senterpartiet), 좌파당(V: Venstre)이 자리하고 있다.

그러나 정당 체제의 변화는 스웨덴과 사뭇 달리 나타났다. 1970년대 이전에는 좌파와 중도파가 양대 세력을 형성하고 있었으나, 1970년대 이후 진보당의 등장에 따라 우파도 강력한 세력으로 부상했고, 그로 인해 노동당, 우파당, 진보당이라는 3대 정당이 각축하는 다당제로 전환했다. 스웨덴이 4당 중심 다당제에서 좌파와 우파의 양당 중심 다당제로 변한 반면, 노르웨이는 좌파와 중도파의 양당 중심 다당제에서 좌파, 우파, 중도의 3당 중심 다당제로 전환한 것이다.

그러나 1970년대 이전까지 좌파와 중도파의 양대 진영 대립이라고 하지만 우파당도 20%를 넘지 못하는 가운데 노동당만 40% 이상의 지지율을 유지하는 노동당 헤게모니 체제가 지속되었다.[9] 노동당은 이후 점차 지지율이 떨어져 2013년 선거에서는 30.4%를 얻는 데 그쳤음에도 불구하고 지속적으로 제1당의 자리를 지키고 있다. 공산당은 1945년 선거에서 11.9%를 얻기도 했으나 이후 급격히 약해져 1960년

9) 선거 결과에 대해서는 Parties and Elections in Europe, http://www.parties-and-elections.eu/norway.html; http://www.parties-and-elections.eu/norway2.html(검색일: 2014. 07. 04.) 참조.

대부터는 의회에 진출하지 못했으며, 사회주의좌파당이 5~10% 안팎에서 부침하면서 주요 연합 상대로 활동하고 있다. 우파당 외에 다른 세 중도 정당들도 사회주의좌파당과 비슷한 지지 세력을 가지고 주요 연합 정당의 역할을 수행한다.

정부 구성에서도 노르웨이는 스웨덴과 유사하게 오랜 기간 동안 노동당의 단독 집권 경험을 가졌다.[10] 노동당이 실권한 기간은 1960년대 후반 6년과 1990년대 후반부터 2000년대 초반에 걸친 7년을 제외하면 몇 차례 1~2년씩 간헐적으로 이어졌을 뿐이다. 나머지 기간에는 대부분 노동당이 단독 정부를 구성했으며, 2005년부터 최근 2013년 다시 실권할 때까지 주도 정당으로 연립 정부를 구성했다.

유럽 통합과 관련해서도 노르웨이는 다른 분석 대상 국가들에 비해 스웨덴과 가장 유사하다. 스웨덴과 노르웨이는 유로존(Eurozone)이라고 불리는 유럽통화동맹(유럽경제통화동맹, EMU: European Economic and Monetary Union)에 가입하지 않아 유로화를 사용하지 않는다. 하지만 노르웨이는 스웨덴과 달리 1994년 국민 투표에서 최종 부결됨으로써 유럽연합에도 가입하지 않았다. 특히 주요 연합 정당으로 활동하는 중도당(농어민을 주요 지지 계층으로 함)과 사회주의좌파당이 유럽연합 가입에 대해 강력한 반대 입장을 취하고 있다.

스웨덴은 사민당이 집권하기 시작한 1932년부터 1970년대 중반까지 40여 년 동안 복지 자본주의를 구가했다는 점에 이론을 제기하는 사람은 거의 없다. OECD 국가들 중 가장 높은 수준의 취업률과 가장 낮은 수준의 소득 불평등도를 달성해 '스웨덴 모델'로 불리는 스웨

---

10) Parties and Elections in Europe, http://www.parties-and-elections.eu/norway1.html(검색일: 2014. 07. 04.) 참조.

덴 경제·사회 체제는 사회 보장에 대한 광범위한 공공 지원, 경제적으로 광범위한 단체 협상을 통한 임금 결정, 노동 시장에 대한 선택적 국가 개입, 기업 이윤의 생산적·민주적 재투자를 촉진하는 조세 제도와 수출 지향적 민간 경제의 결합 등을 핵심 요소로 했다.[11]

그러나 1980년대 혹은 1990년대 초에 스웨덴 모델의 종말을 화두로 논쟁이 시작되었고 현재까지 그 변화에 대한 평가는 다양하게 엇갈리고 있다. 특히 1990년대에는 높은 실업률과 인플레이션으로 경제 위기를 겪으면서 임금 협상의 탈집중화가 눈에 띄게 드러났고, 이러한 현상은 유럽연합 가입으로 인해 더 심화되었으며 정부의 경제 정책 권한도 약화되기 시작했다.[12] 이러한 현상을 두고 혹자는 전통적 사민주의 모델에 입각한 스웨덴 모델도 신자유주의 흐름으로 수렴되었다고 평가하기도 한다.[13]

〈표 4-1〉에서 보듯이 1990년대 초반 스웨덴의 연평균 경제 성장률은 −0.4%를 기록했으며 1985년 후반 이래 지속적으로 2%대에 머물렀다. 1990년대 초반에는 소비자 물가 지수도 가장 높게 상승해 1990년도에 비해 11.5% 높은 수치를 기록했으며, 실업률도 처음으로 5%

11) Pontusson, Jonas, 1997, "Between Neo-liberalism and the German Model: Swedish Capitalsm in Transition," Colin Crouch and Wolfgang Streeck(eds.), *Political Economy of Modern Capitalism: Mapping Convergence and Diversity*(London, Thousand Oaks, CA and New Delhi: Sage Publications), p. 55.

12) Vergunst, Noël, 2010, *The Institutional Dynamics of Consensus and Conflict: Consensus Democracy, Corporatism and Socio-economic Policy-making and Performance in Twenty Developed Democracies(1965~1998)*(Saarbrücken: Lambert Academic Publishing), pp. 183-185.

13) Vandenberg, Andrew and David Hundt, 2011, "Corporatism, Crisis and Contention in Sweden and Korea during the 1990s," *Economic and Industrial Democracy*, vol. 33, no. 3, p. 468 참조.

〈표 4-1〉 스웨덴과 노르웨이의 주요 사회 경제 지표(연도별 평균)

경제 성장률(GDP 성장률)					
구 분	1985~89	1990~94	1995~99	2000~04	2005~12
스웨덴	2.5	-0.4	2.1	2.8	2.0
노르웨이	2.3	3.1	3.9	2.3	1.4

소비자 물가 지수					
구 분	1985~89	1990~94	1995~99	2000~04	2005~12
스웨덴	81.4	111.5	100.8	104.1	106.2
노르웨이	85.4	105.4	104.0	104.3	107.7

* 1985~94: 1990년도=100; 1995~99: 1995년도=100; 2000~04: 2000년도=100; 2005~12: 2005년도=100

무역 의존도					
구 분	1985~89*	1990~94	1995~99	2000~04	2005~12
스웨덴	28.0	25.8	33.0	34.4	35.1
노르웨이	27.3	28.4	29.2	33.1	33.6

* 1966~79년에 대한 1980년대의 세계화 변화: 스웨덴 +14%, 노르웨이 -4%, 안재흥(2002), 400쪽.

실업률					
구 분	1985~89	1990~94	1995~99	2000~04	2005~12
스웨덴	2.1	5.2	7.2	4.6	7.0
노르웨이	3.0	5.6	4.0	4.0	3.3

출처: 통계청, 『국제통계연감』, 1996, 1999, 2003, 2005, 2010, 2013.

를 넘어 이후 지속적으로 높아졌다.

노르웨이의 복지 체제도 스웨덴처럼 1930년대에 일찍 시작되었다. 1928년에 이어 1935년에 재집권한 노동당이 경제 운용의 우선순위를 완전 고용 달성에 둠으로써 '전 인민의 취업'(Hele folket i arbeid, 1934년부터 당의 공식 슬로건으로 채택됨)을 실현시키기 위한 실질적인 노력을 시작했다.[14] 제2차 세계 대전 직후 게르하르드센(Einar Gerhardsen)

이 이끄는 노동당 정부가 완전 고용, 경제 성장, 소득 균등화를 경제 정책의 3대 목표로 설정한 복지 정책은 이러한 노력의 맥락을 이은 것이었다. 스웨덴처럼 노르웨이도 제2차 세계 대전 이후 사민주의 정당의 장기 집권을 통해 국가의 경제 운용과 사회 조정의 기본 정책이 일관되고 체계적으로 집행될 수 있었다고 할 수 있다.[15]

노르웨이는 특히 1970년대 북해 유전 개발로 인해 당시 유가 위기에도 불구하고 높은 복지 수준을 유지하고 후기 산업 사회에 성공적으로 진입해 1995년에는 국제적으로 원조 제공국으로 전환할 수 있었다.[16] 이러한 특수성에 기반해 노르웨이 단협 체계도 1980년대 중반에 탈집중화 경향을 띠기도 했지만 후반에는 주요 단협 행위자들(국가, 사용자, 노조)의 요구에 따라 다시 집중화되는 과정을 밟았다.[17] 그러나 그럼에도 불구하고 신자유주의적 세계화의 흐름은 노르웨이도 비껴가지는 않았다.

상대적으로 작은 국가인 노르웨이는 스웨덴보다 경제 성장률은 높지 않지만 사회 지표는 대체로 1990년대 후반 혹은 2000년대 이후 상대적으로 양호한 것으로 나타났다(〈표 4-1〉 참조). 경제 성장률은 1990년대에 3%를 넘었다가 2000년대에 다시 낮아지기 시작해 1.4%

---

14) 김수진, 2007, 『노동지배의 이념과 전략: 스칸디나비아 사회민주주의의 성장과 쇠퇴』(서울: 백산서당), 124쪽.

15) Christensen, Tom, 2003, "Narratives of Norwegian Governance: Elaborating the Strong State Tradition," *Public Administration*, vol. 81, no. 1, p. 167.

16) 1999년 노르웨이는 석유 사업 수입이 총 수출액의 35%를 차지했고 사우디아라비아와 소련을 뒤따르는 세계 제3위의 석유 수출국이었다. Tuchtenhagen, Ralph, 2009, *Kleine Geschichte Norwegens*(München: C. H. Beck), S. 172-181 참조.

17) Kahn, Lawrence M., 1998, "Against the Wind: Bargaining Recentralisation and Wage Inequality in Norway 1987~91," *The Economic Journal*, vol. 108, no. 448, pp. 604-645.

까지 내려갔다. 유전 개발의 효과가 시간이 지남에 따라 약화된 것이 그 한 원인이라 할 수 있다. 하지만 소비자 물가 지수는 1990년대 후반부터 스웨덴에 비해 조금 높지만 5년 단위 기준 연도에 비해 4~7% 범위여서 심각한 수준은 아니었다. 실업률도 1990년대 후반에 유일하게 5%를 넘었을 뿐 다시 하락해 현재 3.3%를 보이는 데 그쳤다.

한편 세계화 수준을 나타내는 무역 의존도는 절대치에서 노르웨이가 스웨덴보다 다소 높지만 이전 시기와 비교한 상대적 수치에서는 특정 시기를 제외하면 오히려 낮았다. 이것은 세계화 속도에서 스웨덴보다 노르웨이가 느리다는 것을 의미한다. 안재홍[18]에 따르면, 1980년대 스웨덴의 세계화 수치는 1966~79년에 비해 14%p 높은 64%를 보인 반면, 노르웨이는 오히려 4%p 낮은 83%를 보였다. 1980년대 세계화는 스웨덴에서 낮은 속도로나마 이루어졌지만 노르웨이에서는 후퇴했다는 것이다. 〈표 4-1〉에서 나타난 바와 같이 1990년대 이후의 변화를 보더라도 노르웨이에서 세계화는 소폭으로 조금씩 확대되어 왔다.[19]

하지만 1990년대 초반에 잠시 후퇴했다가 그 후반에는 2000년대에 비해 대여섯 배 빠른 속도로 급속하게 이루어져 코포라티즘의 변화에 일정한 영향을 미쳤을 것으로 가정할 수 있다. 이와 달리 노르웨이의 세계화는 1980년대 후반 이후 점진적으로 중단 없이 이루어지는 가운데 2000년대 초반에 다른 시기에 비해 상대적으로 서너 배 빠른 속도로 이루어져 역시 이 시기에 코포라티즘 변화가 생겼을 것으로 추측하게 한다.

---

18) 안재홍(2002), 400쪽.
19) 계산 방식이 달라 이 수치를 〈표 4-1〉과 직접 비교할 수는 없지만, 흐름을 짐작하는 데에는 문제가 없을 것이다.

2. 중성 코포라티즘 국가: 네덜란드와 독일

인구 1700만 명을 가진 네덜란드는 스웨덴과 노르웨이 같은 스칸디나비아 국가들에 비해서는 큰 나라에 속하지만 인구 8000만이 넘는 독일에 비해서는 작은 나라이다. 스칸디나비아 반도 아래 대륙의 왼쪽 위에 위치하고 독일, 프랑스 등 유럽 강국들에 비해서는 이처럼 상대적 소국인 네덜란드는 역사적으로 주변 강국들의 지배를 오래 받아왔다. 프랑크 왕국, 오스트리아, 독일, 스페인, 프랑스의 지배를 거쳐 네덜란드가 독립을 완성한 것은 1648년이었다. 그에 따라 네덜란드는 스칸디나비아 반도 국가들의 성격과 독일 같은 중부 유럽 국가의 성격뿐 아니라 심지어는 남부 유럽 국가들의 성격도 함께 띤 것으로 보인다.

제2차 세계 대전 당시 나치즘 독일의 침입을 받아 네덜란드는 또다시 외국의 지배를 받았다. 그러나 전후 다시 독립하여 1946년에 벨기에 및 룩셈부르크와 베네룩스 3국을 형성해 약소국의 위상을 보강하고 있다. 또한 베네룩스 3국의 하나로서 네덜란드는 유럽 통합의 효시가 된 1952년 유럽석탄철강공동체(ECSC: European Coal and Steel Community)가 수립될 때부터 독일, 프랑스, 이탈리아와 더불어 최초의 유럽 통합 추진 국가로 활약했다.

네덜란드는 입헌 군주국이지만 독일처럼 의회 중심제와 양원제 및 비례 대표제를 채택하고 있다. 또한 지역 이해관계를 대변하는 상원과 행정부 견제와 일반적 입법 기능을 수행하는 하원으로 구성되는 불균형 양원제라는 점에서도 독일과 같다. 그러나 구체적 선출 방식은 달라, 상원인 제1원(Eerste Kamer)은 지방 정부가 파견하는 정부 대표로 구성되지 않고 지방 의회에서 간선으로 선출하는 의원들로 구성된다. 하원인 제2원(Tweede Kamer)의 선출도 독일처럼 다수 대표제적 성격을 가미한 인물화 비례 대표제가 아니라 순수 비례 대표제라는 점에서 다소 다르다.

네덜란드도 양보와 타협의 문화가 잘 발달한 나라로 알려져 있다. 그러나 이 양보와 타협의 문화는 독일처럼 동질성의 측면이 강한 성격에 기반하지 않고 지역이나 계급/계층 갈등뿐 아니라 종교와 종족의 이질성에 더 많이 기인한다. 종족은 80% 조금 넘는 국민들이 네덜란드 민족으로 분류되지만 기타 소수 종족이 많이 존재하며, 종교적으로 가톨릭이 우세한 가운데 프로테스탄트가 약 3 대 2의 비율로 그에 버금가는 세력을 구축하고 있다. 코포라티즘의 성립과 관련해 더욱 중요한 것은 이러한 사회 균열의 존재에도 불구하고 양보와 타협에 기반한 합의 민주주의를 수립했다는 점이다.

이러한 사회 문화적 조건은 네덜란드가 프랑스 지배로부터 독립한 후 1917년에 평화 헌법(Pacificatie)을 제정한 시기에서부터 형성되기 시작했다. 이 헌법에 따라 네덜란드는 비례 대표 선거제, 보통 선거, 유권자의 투표 의무를 주요 골자로 하는 국가 체계를 확립해 이른바 합의 민주주의의 성격들을 갖추게 되었기 때문이다. 다시 말해, 사회적 힘 관계를 의회에 반영시키고 모든 사회 집단을 정책 결정 과정에 참여시킴으로써 이질적 하위 정치 공동체(pillar)들로 하여금 타협과 협상을 통해 정책적 합의를 이끌어 낼 수 있게 하고, 또 이를 통해 사회 균열로 인한 정치 갈등을 해소하는 제도와 관행을 만들어 가기 시작했다.

이러한 협상과 수용의 전통은 이른바 3C, 즉 협의(consultation), 타협(compromise), 합의(consensus)로 대표되는 정치 문화로 이어져 온 것으로 평가된다.[20] 또한 이러한 정치 문화는 네덜란드 현실 정치에서 연합 정치로 현상하는 합의제 정당 정치로 이어졌다. 이와 관련해 선학태는 이데올로기 스펙트럼상 중도적 성향을 보인 거대 정당에 의해 지배되는 구심적 정치를 전개함으로써 일반 시민들의 과도한 정치적 동력화와 정치적 주도를 방지하는 탈분극화가 가능했다고 본다.[21] 그리고 앤드베그(Andeweg)는 이 정치 문화의 특성을 이견의 존재에 동의하고(agreement to disagree), 협의와 합의에 따른 의사 결정 방식을 존중하며, 이해관계의 충돌로 인해 발생하는 갈등적 이슈에 대한 실용주의적 접근으로 파악한다.[22] 어디에 강조점을 두든 이러한 사회 문화적 조건과 그것의 정치 문화적 현실화가 정책 결정의 일부를 이해관계 집단들에 맡기는 사회 동반자 관계에 기초한 탈정치화를 통해 정치적 갈등을 조정하는 코포라티즘의 토양을 형성했다는 점은 분명하다.

제2차 세계 대전 종전 후 자유 민주 국가로 다시 건설되었을 때 네덜란드에서도 코포라티즘 형성의 주요 조건 가운데 하나인 사민주

---

20) 정병기, 2014b, 「네덜란드의 사회협약 창출능력 사례연구」, 『사회대타협을 위한 사회협약 창출능력 국제사례와 우리나라에의 시사점』, 한국보건사회연구원 주최 학술회의(6월 13일, 코엑스 3층 회의실) 발표 자료집, 42쪽; Hendriks, Frank and Theo A. J. Toonen, 2001, "Introduction: Towards an Institutional Analysis of Dutch Consensualism," Frank Hendriks and Theo A. J. Toonen(eds.), *Polder Politics: The Reinvention of Consensus Democracy in the Netherlands*(Aldershot: Ashgate), pp. 4-7.
21) 선학태, 2011, 『사회적 합의제와 합의제 정치』(광주: 전남대학교출판부), 204-205쪽 참조.
22) Andeweg, Rudy B., 1999, "Parties, Pillars and the Politics of Accommodation: Weak or Weakening Linkages? The Case of Dutch Consociationalism," Kris Deschouwer and Kurt Richard Luther(eds.), *Party Elites in Divided Societies: Political Parties in Consociational Democracy*(London: Routledge), p. 132.

의적 친근로자 국민 정당의 집권이 비록 연정의 형태이지만 갖추어
지기 시작했다. 1946년 첫 총선에서 가톨릭국민당(KVP: Katholieke
Volkspartij)에 이어 노동당(PvdA: Partij van de Arbeid)이 근소한 차이로
제2당을 차지해 대연정을 이룬 후, 다음 선거인 1948년 선거에서 주
도 정당으로 성장했기 때문이다.[23]

제2차 세계 대전 종전 이후 네덜란드의 정당 체제는 1960년대 중반
까지 진보적 중도였던 가톨릭국민당을 이은 기민당(기독민주당, CDA:
Christen Democratisch Appèl)과 좌파 정당인 노동당이 제1당을 두고
각축하는 가운데 우파 정당인 자민당(자유민주국민당, VVD: Volkspartij
voor Vrijheid en Democratie)이 제3당으로 활동하는 3당 중심 다당
제를 유지하다가 1967년부터 탈물질주의 좌파인 민주주의66(D66:
Democraten 66)이 등장해 제3당을 두고 자민당과 경쟁하면서 4당
중심 다당제로 변했다.[24] 특히 2000년대 중반부터는 반이슬람주의
를 주장하는 우파 포퓰리즘 정당인 자유독일어당(PVV: Partij voor de
Vrijheid)이 의회에 진출해 제3당의 위상을 노리고 있어 네덜란드의 분
극적 다당제와 이데올로기 스펙트럼을 더욱 복잡하게 하고 있다.

이러한 분극적 다당제에서 단독 정부는 불가능했다.[25] 노동당과 기

---

23) Parties and Elections in Europe, http://www.parties-and-elections.eu/
    netherlands.html(검색일: 2014. 05. 17.); Parties and Elections in Europe,
    http://www.parties-and-elections.eu/netherlands2.html(검색일: 2014. 05.
    17.); Parties and Elections in Europe, http://www.parties-and-elections.eu/
    netherlands1.html(검색일: 2014. 05. 17.) 참조.
24) Parties and Elections in Europe, http://www.parties-and-elections.eu/
    netherlands.html(검색일: 2014.05.17.); Parties and Elections in Europe, http://
    www.parties-and-elections.eu/netherlands2.html(검색일: 2014. 05. 17.) 참조.
25) Parties and Elections in Europe, http://www.parties-and-elections.eu/
    netherlands1.html(검색일: 2014. 05. 17.) 참조.

민당이 주도하는 중도-우파 연정과 중도-좌파 연정이 정권을 교체해 가는 가운데 대연정이 종종 등장하기도 했으나, 때로는 범이념적 연합이라고 할 수 있는 다양한 연정이 수립되기도 했다. 그러나 프랑스나 이탈리아 같은 라틴 유럽 국가들과 달리 연립 정부는 안정적이어서 자주 교체되지는 않았다. 이것은 물론 양보와 타협의 문화에 입각한 합의 민주주의가 잘 작동하는 것에 기인한다고 할 수 있다.

독일과 네덜란드는 사회 보험을 근간으로 하는 사회 복지 국가로서 스웨덴이나 노르웨이 같은 스칸디나비아 국가들보다는 낮은 수준이지만 프랑스나 이탈리아 같은 라틴 유럽에 비해서는 높은 수준의 복지를 구가하고 있다. 특히 독일의 경제 체제는 자본주의 경제 원칙 내에서 계층 간 차별 없이 사회 경제적 형평을 기하는 "형평을 갖춘 중산층 사회(nivellierte Mittelstandsgesellschaft)"[26]를 목표로 하는 '사회적 시장 경제(Soziale Marktwirtschaft)'로 알려졌다.

사회적 시장 경제는 1949년 기민연(기독민주연합, CDU: Christlich-Demokratische Union)의 아데나워(Konrad Adenauer) 총리 시기에 채택되어 1960년대 초중반 에어하르트(Ludwig Erhard) 총리 시절에 완성되었다. 사회 보험의 확대를 통해 복지 국가를 추구한다는 점에서 독일식 사회 복지 모델을 의미하기도 하는 사회적 시장 경제는 사민당이 아니라 기민연에 의해 채택되고 완성되었다는 점에서 다른 유럽 국가들과 다르다. 이것은 사민당에 대한 기민연의 정권 다툼이 거둔 승리의 결과로 보기보다는 전후 복구에 대한 사민당의 동의를 통해 가능했다고 보는 것이 옳다. 이를 두고 케인스주의적 동의 구조로 정의하

---

26) Braun, Hans, 1972, *Soziale Sicherung: System und Funktion*(Stuttgart, etc.: Kohlhammer), S.34.

기도 한다. 이른바 '라인 강의 기적(Wirtschaftswunder)'이라고 부르는 독일 전후(戰後) 복구의 또 다른 이름이 사회적 시장 경제이다.

'스웨덴 모델'에 대응해 '독일 모델'이라는 개념을 사용하기도 하는데,[27] 높은 수준의 경영진 협력, 강력한 노조, 제도화된 노사 협상, 경제 재구조화를 위한 발전된 기제와 사회적 보상, 유도 국가 혹은 조성 국가(enabling state)라는 점에서 두 모델은 공통적이다. 그러나 중소기업이 더 많고 지역적 차이가 크며 기업 차원의 공동 결정과 산별 차원의 단체 협상이 더 큰 비중을 차지하고 공공 부문이 상대적으로 적다는 점에서 독일은 스웨덴과 다르다. 스웨덴 모델을 진보적·사민주의적 라인 모델(Rhine model: 조직 자본주의, organized capitalism)이라고 한다면, 독일 모델은 기독 민주주의 요소와 사회 민주주의 요소가 혼합된 전통적 라인 모델 유형으로 간주된다.

그러나 이러한 성격들은 어디까지나 스웨덴과 노르웨이에 비해 상대적일 뿐이며, 오히려 프랑스나 이탈리아와 비교할 때는 그 반대로 나타난다. 비교 대상 국가들 중에서 네덜란드는 상대적으로 독일과 가장 유사한 사회 경제 체제를 가지고 있지만, 위에서 설명한 것처럼 지정학적 위치나 역사적 경험 및 국가 규모의 특성으로 인해 여러 가지 성격이 혼합되어 있다. 특히 세계 6위 안팎의 무역 대국으로서 네덜란드는 국가의 역할이 더욱 중대하며 개방적 성격이 뚜렷한 경제 체제를 가지고 있다.

제2차 세계 대전 직후 네덜란드 정부는 신속한 경제 재건을 위해 정부의 광범위한 개입을 감행하는 등 자본에 대한 국가의 상대적 자율성을 충분히 확보했다고 평가된다. 곧, 네덜란드 정부는 사회 경제

---

27) Pontusson(1997), p. 56.

적 문제에 대한 개입의 강도가 상대적으로 강한 전통을 가지고 있어 종전 직후 시기에는 국가 코포라티즘의 잔여적 성격을 유지한 것으로까지 이야기된다. 그러나 1940년대 후반을 지나면서 이러한 성격은 변해 정부는 독일보다는 상대적으로 강력하지만 역시 유도 국가의 하나로서 국가 코포라티즘적 성격을 완전히 탈피할 수 있었다.

한편, 독일도 1970년대와 1980년대 초반의 경제 위기를 피할 수는 없었다. 그러나 유럽 제일의 경제 대국으로서 독일은 당시의 불균등 발전의 최대 수혜자이기도 했다. 독일 자체로 보면 이전에 비해 경제 발전이 둔화되기는 했지만 다른 나라들에 비해서는 성장해 왔다는 것이다. 그러나 그 여파는 통일로 인해 다시 장기 침체로 이어져 사민당 주도 연정조차 케인스주의 경제 정책을 포기하기에 이르렀다.

네덜란드도 1970년대와 1980년대 초반의 세계 경제 위기로부터 자유롭지는 않았다. 그러나 역시 다른 경제 소국들에 비해서는 위기의 영향을 덜 받아 빨리 회복할 수 있었다. 물론 1980년대 중후반 회복세를 보이던 경제가 1990년대 초반에 다시 침체하기도 했다. 그러나 1990년대에 이른바 '폴더 모델(Polder Model)'로 상징되는 경제 부흥인 '네덜란드 기적(Dutch miracle)'을 통해 새롭게 성장했다. 해면보다 낮은 간척지라는 네덜란드의 지리적 조건을 따라 지칭된 폴더 모델은 네덜란드가 국민의 단합된 힘으로 바닷물을 막았듯이 1990년대 이후 사회 동반자 관계로 일궈 낸 경제 기적을 의미한다. 그러나 폴더 모델의 기적도 2000년대에는 다시 그 위력을 상실해 폴더 모델의 존재 여부를 부정하는 주장이 나올 정도로 네덜란드 경제는 또다시 위축되기 시작했다.

1970년대에 시작된 세계 경제 위기 이래 두 나라의 사회 경제 지표들은 이러한 추세를 잘 반영한다. 〈표 4-2〉에서 보듯이 1990년 통

〈표 4-2〉 네덜란드와 독일의 주요 사회 경제 지표(연도별 평균)

경제 성장률(GDP 성장률)					
구 분	1985~89	1990~94	1995~99	2000~04	2005~12
네덜란드	3.0	2.2	3.6	1.6	1.1
독일	2.7	2.6	1.6	0.9	1.5

소비자 물가 지수					
구 분	1985~89	1990~94	1995~99	2000~04	2005~12
네덜란드	96.6	106.2	104.3	107.0	105.9
독일	94.5	107.7	102.8	103.2	106.3

* 1985~94: 1990년도=100; 1995~99: 1995년도=100; 2000~04: 2000년도=100; 2005~12: 2005년도=100

무역 의존도					
구 분	1985~89*	1990~94	1995~99	2000~04	2005~12
네덜란드	48.5	45.5	49.8	53.4	61.8
독일	27.9	24.3	23.7	31.1	38.6

* 1966~79년에 대한 1980년대의 세계화 변화: 독일 +16%, 네덜란드 +19%. 안재흥(2002), 400쪽.

실업률					
구 분	1985~89	1990~94	1995~99	2000~04	2005~12
네덜란드	9.7	5.8	5.3	3.2	4.1
독일	8.8	8.0	9.4	9.3	7.9

출처: 통계청, 「국제통계연감」, 1996, 1999, 2003, 2005, 2010, 2013.

일 이후 독일의 경제 성장률은 지속적으로 하락해 2000년대 초반에는 0.9%까지 내려갔다가 2000년대 후반에 가서야 다시 상승세를 타기 시작했다. 반면, 네덜란드는 1990년대 후반에는 전반기의 거의 두 배 가까운 성장률(3.6%)을 보였다가 2000년대에 다시 하락세로 돌아섰다. 독일은 스웨덴 및 노르웨이와도 다른 특이한 현상을 보여 왔으며, 네덜란드는 노르웨이와 유사한 경향을 보이고 있다.

소비자 물가 지수에서도 경제 성장률처럼 네덜란드는 노르웨이와 유사하게 1990년대 후반에 다소 안정되었다가 이후 다시 높아져 왔다. 특이한 것은 독일의 소비자 물가 지수도 경제 성장률과 다르게 이와 유사한 흐름을 보인다는 점이다. 이것은 1990년 통일 직후 급격하게 높아진 수요 증가의 영향이 1990년대 후반에 다시 상쇄된 데 따른 것으로 보인다. 그 이후에는 독일의 소비자 물가 지수도 다른 나라들처럼 점차 높아지고 있다.

실업률과 관련해서는 1990년대 폴더 모델의 성과가 가장 잘 드러나는 것으로 보인다. 1990년대부터 이전에 비해 절반 이상으로 낮아지기 시작한 네덜란드의 실업률은 2000년대 초반에는 1980년대 후반의 3분의 1 수준으로까지 내려갔다(1980년대 후반 9.7%, 2000년대 초반 3.2%). 그러나 경제 성장률 하락에 이어 2000년대 후반에는 실업률도 다시 높아지기 시작해 폴더 모델의 한계가 가시화되었다. 독일의 경우는 이와 정반대의 흐름을 보여 준다. 1990년대 초반에는 이전에 비해 다소 낮아진 듯했으나 곧 다시 상승해 1990년대 후반에 9%를 넘어 프랑스와 이탈리아를 제외하고는 비교 대상 국가들 중에서 가장 높은 실업률을 보였다. 이 추세는 2000년대 초반에도 이어지다가 2000년대 후반에 7.9%로 줄어들어 경제 성장률 변화와 유사한 흐름을 보이고 있다.

무역 의존도는 절대치로 볼 때 독일과 네덜란드가 판이하게 나타난다. 상대적 소국으로서 네덜란드는 무역에 의존하는 경향이 높은 만큼 그 수치는 독일의 두 배에 가깝다. 그러나 세계화의 속도를 의미하는 무역 의존도 변화를 보면, 네덜란드가 다소 큰 폭의 변화를 보이면서도 두 나라가 공통적으로 다른 나라들에 비해 매우 큰 폭으로 증가해 왔다. 1960년대 후반 이후 1970년대까지 15년간에 비해 1980년대에 세계화 수치가 상승한 정도는 독일이 16이었고 네덜란드가 19였다. 그리고 통일 직후 내수 증가의 영향으로 1990년대 내내 독일의 무역 의존도는 하락했지만 2000년대 이후에는 다시 급격히 상승 중이다. 네덜란드는 1990년대 초반에 다소 주춤했을 뿐 지속적으로 상승해 왔으며 2000년대 초반에 50%를 넘어 2000년대 후반에는 61.8%에 이르고 있다.

독일은 이른바 후발 자본주의 국가로서 16세기 중반 통일과 함께 산업화가 시작되고 새로운 국가 체제를 갖추기 시작했다. 또한 같은 시기에 사회 보험의 형태로 사회 보장 제도가 실시된 것으로도 잘 알려져 있다. 사민주의 정치도 일찍부터 발전해 사민주의 노동자 계급 정당[28]이 가장 일찍 창당된 국가이기도 하다.

수백 개의 제후국들로 분열된 나라를 통일하면서 독일은 연방제를 통해 지역 간 갈등을 해결해 왔다. 이 연방제는 제2차 세계 대전 이후에 다시 부활하여 동서독 통일 후 현재까지 지속되고 있다. 바이에른 (Bayern) 주처럼 지역주의가 강한 지역은 기민연(CDU)과 기사연(기독사회연합, CSU: Christlich-Soziale Union in Bayern)의 연합[29]과 연방주들 간 협력을 통해 연방 국가에 효과적으로 통합되어 있다. 다만 통일 이후 사회 경제적 통합의 지체로 인해 구동독 지역과 구서독 지역의 갈등이라는 새로운 지역주의가 부상했다. 1980년대에는 68혁명운동의 영향으로 형성된 녹색당이 탈물질주의 진영을 대변하면서 점차 성장

---

28) 1863년 페르디난트 라쌀(Ferdinand Lassalle)이 창당한 독일노동자총연합(ADAV: Allgemeiner Deutscher Arbeiterverein).
29) 기민연과 기사연은 조직적으로 별개의 독자적 정당들이다. 전자는 바이에른 주에서 정치 활동을 수행하지 않고, 후자는 바이에른을 제외한 다른 연방주들에서 정치 활동을 수행하지 않으면서, 두 정당은 항상적으로 선거를 비롯한 모든 정치 활동에서 연합한다.

해 새로운 균열 축을 대표했다. 하지만 그 밖에 종족, 종교, 언어 등 다른 사회 균열들은 존재하지 않아 상대적으로 동질적인 사회가 형성되었다.

독일의 정치 제도는 물론 현실 사회주의 국가인 동독과 자본주의 국가인 서독이 판이하게 달랐다. 그러나 동독이 소멸하고 서독에 흡수됨으로써 통일 독일이 서독의 전통을 이어 가고 있으므로 이 책에서는 서독에 대해서만 언급한다.[30] 서독은 제3제국이라 불리는 나치 정권 시기의 단일제를 거쳐 제2차 세계 대전 이후 연방제를 다시 도입해 의전상 역할에 한정된 국가 원수가 존재하는 의회 중심제 연방 정부를 채택했다. 내각의 수장인 연방 총리는 총리 민주주의(Kanzlerdemokratie)라 불릴 정도로 강력한 권한을 가지고 연방을 통치한다.

의회는 양원제이지만 제2의회 혹은 상원에 해당하는 연방평의회(Bundesrat)가 연방주들의 입장을 대변하기 위해 국민들로부터 선출되는 의원들이 아니라 주 정부가 파견하는 정부 대표들로 구성되는 준(準)의회이다. 따라서 연방평의회는 연방주 이해관계가 얽힌 사안에 대해서만 입법권을 가지며, 다른 모든 권한은 국민들로부터 직접 선출되는 제1의회 혹은 하원에 해당하는 연방의회(Bundestag)에 귀속된다. 독일 연방의회 의원들은 이른바 '인물화 비례 대표제(personalisierte Verhältniswahl)'로 불리는, 지역구 직접 출마로 보완된 정당 명부 비례 대표제로 선출된다.[31]

---

30) 학자에 따라 현실 사회주의 체제에도 코포라티즘이 존재한다는 주장을 하는 경우가 있지만, 이 책의 입장은 기본적으로 코포라티즘을 자본주의 체제에 고유한 것으로 규정하기 때문에 구동독에 대해서는 언급하지 않는다.
31) 우선 연방 전체를 전체 의석의 반수(半數)에 해당하는 선거구로 나누어 명부 등

독일 코포라티즘의 중요한 행위자인 사민당(SPD: Sozialdemo-kratische Partei Deutschlands)은 당을 창당한 라쌀(Ferdinand Lassalle)의 영향을 받아 맑스주의자들의 급진화 시도가 실패한 후 현재까지 라쌀주의(Lassalleanism)의 맥락에서 현대화하는 궤적을 밟았다.[32] 라쌀주의는 의회주의적 혁명 전략을 통해 사회 복지 국가를 거쳐 궁극적 사회주의 사회를 건설하려는 경향이며, 이것은 제2차 세계 대전 이후 사회주의 국가라는 궁극적 목표도 포기하고 의회를 통한 개혁 추진으로 사회 복지 국가를 수립한다는 현대 사민주의로 이어졌다.

1949년 연방 공화국 수립 후 통일 이전까지 서독 연방의회 선거에서는 대부분 과반수를 넘는 득표율을 얻는 정당이 없는 상태에서 진

재 외에 개별적으로 직접 출마한 후보들에게 투표한 제1기표들 중 1위 득표를 한 후보들을 정당 후보 명부와 무관하게 우선적인 당선자로 규정한다. 그러나 전체 의석 배분에서는 정당 후보 명부에 투표한 주별 제2기표를 기준으로 하여 각 주의 전체 의석률을 정하며, 제1기표로 1위를 한 개별 출마 후보들은 단지 각 정당 후보 명부에서 0순위로 편입된다. Andersen, Uwe und Wichard Woyke(Hg.), 2003, *Handwörterbuch des politischen Systems der Bundesrepublik Deutschland*(Opladen: Leske+Budrich), S. 693–698 참조.

32) 최초의 독일 사민주의 정당은 1863년 라쌀이 창당한 독일노동자총연합(ADAV: Allgemeiner Deutscher Arbeiterverein)이며, 이 당은 1869년 창당된 맑스주의 정당인 사민주의노동자당(SDAP: Sozialdemokratische Arbeiterpartei)과 1875년 독일사회주의노동자당(SAP: Sozialistische Arbeiterpartei Deutschlands)으로 합당했다. 독일사회주의노동자당은 1891년 현재 당명인 사민당으로 개명할 즈음 맑스주의가 강화되기도 했지만, 곧 수정주의 논쟁을 거치면서 점차 라쌀주의자들이 다수파로서 당권을 장악했다. 그에 따라 맑스주의자들인 스파르타쿠스단(Spartakusbund)은 1918년 탈당해 이듬해 독일공산당(KPD: Kommunistischen Partei Deutschlands)을 건설했다. 이후 독일공산당(KPD)은 나치 정권에 의해 해산되었다가 1968년 이후 현재의 공산당(DKP: Deutsche Kommunistische Partei) 등 여러 소수 공산주의 단체들(K-Gruppe)로 재조직되었지만 더 이상 독일 정당 정치에서 유의미한 존재가 아니다. 정병기, 2002a, 「라쌀의 국가관과 독일사민당에 대한 라쌀주의의 영향과 의미」,《한국정치학회보》제36집 2호(한국정치학회), 285–301쪽 참조.

보적 중도 정당[33]인 기민/기사연과 좌파 정당인 사민당이 양대 정당의 지위를 점하면서 제3의 정당들이 각축하는 삼당제 혹은 양당 중심 다당제를 보여 왔다.[34] 삼당제는 우파 정당인 자민당(자유민주당, FDP:

---

33) 이 책에서 좌파와 우파라는 개념은 진보와 보수라는 개념과 구분하여 사용한다. 좌파와 우파는 자유 시장 자본주의라는 정치 경제 체제와 관련된 개념으로서 이 체제를 극복하려는 세력과 유지하려는 세력을 구분하는 개념이다. 이때 자유 시장 자본주의 체제의 극복은 사회주의를 목표로 하기도 하지만 사회 복지 국가라는 혼합 경제 체제의 수립을 의미할 수도 있다. 반면, 진보와 보수는 당대의 정치 사회적 지배 질서, 즉 권력 관계를 혁파하려는 세력과 유지하려는 세력을 구분하는 개념이다. 그리고 중도는 좌파와 우파의 구분과 관련되는 것으로 사회 복지 국가까지는 아니더라도 중산층을 강조하는 등 자유 시장 경제를 보다 형평성 있게 운영하려는 입장을 의미한다.

이 개념들은 상호 결합이 가능해 각각 진보적 좌파, 진보적 우파, 진보적 중도 및 보수적 좌파, 보수적 우파, 보수적 중도라는 개념들로 연결될 수 있다. 당대의 기득권 세력에 대항해 정치 사회적 권력 관계를 변화시키되 이를 자유 시장 자본주의의 극복이나 유지 혹은 형평성 제고와 결합시키면 각각 진보적 좌파, 진보적 우파, 진보적 중도가 되며, 당대의 정치 사회적 권력 관계를 유지하면서 자유 시장 자본주의의 극복, 유지, 형평성 제고를 도모한다면 각각 보수적 좌파, 보수적 우파, 보수적 중도가 된다. 하지만 자본주의 체제에서 정치 사회적 권력 관계를 유지하면서 자본주의 체제를 극복하는 것은 사실상 불가능하므로 보수적 좌파는 자본주의 체제가 아니라 현실 사회주의 체제에서 존재했던 정통 공산주의 세력이라고 할 수 있다. 또한 정도의 차이는 있지만 상당한 수준의 사회 복지를 구가하고 있는 서유럽에서는 (특히 이 책의 분석 대상 국가들에서는) 자유 시장 자본주의를 유지하면서 권력 관계 변화를 추구하는 진보적 우파의 존재도 가능하지 않다. 진보적 우파는 독재 국가에서 부르주아 민주주의 질서를 수립하려는 자유주의적 저항 세력에 적합한 개념이기 때문이다. 서유럽에는 오히려 자유 방임적 시장 체제의 성격을 강화하려는 세력들이 존재한다. 이 경우에는 예외적으로 자유주의 우파라는 개념을 사용한다. 따라서 서유럽 정당 정치에서 유용한 개념들은 보수적 우파와 자유주의 우파 및 진보적 중도와 보수적 중도이다. 보수적 우파는 프랑스 드골주의 정당이 대표적이며, 자유주의 우파는 각국의 자유당이나 자유민주당 등의 명칭을 가진 정당들이 해당한다. 그리고 진보적 중도로는 독일의 사회적 시장 경제를 완성한 종전 직후 시기의 기민연과 이탈리아의 개혁적 기독 민주주의 정당들을 예로 들 수 있고, 보수적 중도는 이탈리아 기민당을 비롯한 전통적 기독 민주주의 정당들을 예로 들 수 있다.

34) 정병기, 2011a, 「통일 독일 구동독 지역 정당체제: 연방주별 특수성이 반영된 새로

Freie Demokratische Partei)이 유일하게 제3당으로 의회에 진출해 연립 상대로서 활동하던 1980년대 초반까지의 시기에 해당하며, 양당 중심 다당제는 녹색당(Grüne)이 제4당으로서 의회에 진입한 1983년부터 통일 이후 구동독 통일사회당(독일사회주의통일당, SED: Sozialistische Einheitspartei Deutschlands)의 후신인 민사당(민주사회주의당, PDS: Partei des Demokratischen Sozialismus)이 의회에 진입해 2007년 이후 좌파당(Linke)으로 점차 세력을 확대해 가는 오늘날에 이르는 시기에 해당한다.

통일 이전 서독의 정부는 기민/기사연과 사민당의 양대 정당들을 중심으로 연립 정부로 성립되었으며, 이러한 경향은 통일 이후에도 유지되고 있다.[35] 그중 통일 이전과 이후에 각각 한 차례씩 양대 정당의 대연정이 수립되기도 했지만, 대부분 기민/기사연 주도 연정과 사민당 주도 연정이 주기적으로 정권을 교체하는 가운데, 삼당제 시기에는 자민당이 결정 투표(casting vote)를 행사하며 항상 연정에 참여해 왔다. 하지만 통일 이후에는 사민당과 녹색당의 적녹 연정과 기민/기사연과 자민당의 흑황 연정이 교체해 가는 양상으로 변했다.

운 다양성」, 《한국정치학회보》 제45집 4호(한국정치학회), 319-344쪽; Parties and Elections in Europe, http://www.parties-and-elections.eu/germany.html(검색일: 2014. 07. 17.); Parties and Elections in Europe, http://www.parties-and-elections.eu/germany2.html(검색일: 2014. 07. 17.) 참조.

35) Gabriel, Oscar W. and Frank Brettschneider(eds.), 1994, *Die EU-Staatten im Vergleich: Strukturen, Prozesse, Politikinhalte*(Opladen: Westdeutscher Verlag), S. 597; Parties and Elections in Europe, http://www.parties-and-elections.eu/germany1.html(검색일: 2014. 07. 17.) 참조.

3. 약성 코포라티즘 국가: 프랑스와 이탈리아

주지하다시피 프랑스는 대혁명을 통해 근대 국가의 한 전형을 이룩한 나라이다. 하지만 나폴레옹에 의한 제정 복귀와 거듭된 정치 체제 변화로 격동의 두 세기를 겪어 왔다. 게다가 제2차 세계 대전 시기에는 독일의 침공을 받아 국토의 3분의 2를 할양하고 비시(Vichy) 정부[36]의 반(半)주권 국가를 경험하기도 했다. 따라서 현재 프랑스의 정치 제도는 제2차 세계 대전 종전 후 새로운 제헌 의회를 통해 1946년 수립된 제4공화국과 함께 시작되어 1958년 개헌을 거쳐 등장한 제5공화국에서 완성되었다.

제4공화국에서 드골(Charles De Gaulle)이 이끄는 정당이 제1당으로 등장하지만 제헌 의회는 대통령의 권한 축소와 국민 의회의 절대적 우위를 인정하는 양원제를 채택했다. 제4공화국 시기에는 군소 정당 분립에 따른 정국 불안정이 지속되었고, 특히 1953년 드골이 은퇴한 뒤 이 불안정은 더욱 심화되었다.[37] 경제적으로는 악성 인플레이션으로 심각한 상황에 처했고 대외적으로는 식민지 독립 운동에 직면해 강력한 정부 주도적 정책이 요구되었는데, 특히 알제리 문제가 정부의 불안정을 심화시켰다. 그에 따라 드골이 다시 프랑스 정치의 전면에 등장해 강력한 정부를 통해 정치를 안정시키려는 목적으로 제5공화국을 수립했다.

---

36) 비시 정부는 1940년 6월 독일이 프랑스를 점령한 후 남부 도시 비시(Vichy)를 수도로 하고 앙리 페탱(Henri Pétain)을 수반으로 수립된 친독 정부를 말한다. 독일에 할양하지 않은 3분의 1의 프랑스 남부 지역을 관할했으며, 1944년 프랑스가 해방되자 독일의 패퇴와 함께 붕괴하였다.

37) 홍성민, 2004, 「프랑스의 정치발전과 역사적 배경」, 유럽정치연구회(편), 『유럽정치』(서울: 백산서당), 138–140쪽 참조.

의회 중심제와 비례 대표제를 채택했던 제4공화국과 달리 제5공화국은 의회의 권한을 약화시키고 대통령의 권한을 강화한 이원 정부제를 채택하는 한편, 대통령과 의회 선거에서 모두 다수 대표제를 채택했다. 제5공화국 수립은 프랑스 대혁명에서 유래하는 인민 주권 이론과 이를 구현한 국민 투표제를 도입한 공화주의 전통에 입각했다.[38] 이른바 '선출된 독재'라 부를 정도로 대통령의 권한을 강화한 중앙 집권제를 구현했지만 이원 정부제라는 독특한 준대통령제로 인해 프랑스 정치는 매우 특수한 동거 정부(cohabitaion)를 생겨나게 했다.

대통령은 국민 직선으로 선출되고 실질적 권한을 가진 국가 원수이며, 총리는 대통령에 의해 임명되어 내치를 담당하는 내각 수반이다. 하지만 총리는 의회의 불신임에 의해 해임되며 실질적으로 의회 다수당 대표가 차지한다. 따라서 프랑스 정부는 대통령이 속한 정당과 의회 다수당이 일치할 경우에는 강력한 대통령제로 작동하지만, 의회 다수당과 대통령 소속 정당이 일치하지 않을 때에는 내각 책임제처럼 기능한다.[39]

---

38) 장훈, 2004, 「프랑스의 정치제도와 정치과정」, 유럽정치연구회(편), 『유럽정치』(서울: 백산서당), 144-145쪽 참조.

39) 프랑스 제5공화국 헌법 이념은 양두정(dyarchie)을 허용하지 않으므로 동거 정부는 예외적 정치 관행의 문제로 볼 수 있다. 그러나 제5공화국 헌법 체계상 동거 정부의 등장을 근본적으로 해결할 수는 없으며(동거 정부 문제를 해소하기 위해 2000년 개헌을 통해 대통령의 임기를 7년에서 5년으로 줄였지만 논리적으로 동거 정부 성립의 가능성은 여전히 존재한다), 동거 정부의 단점들은 오로지 책임 정치의 구현이라는 정치 행위를 통해 해결이 가능하다는 입장이 설득력을 갖는다. Passelecq, Olivier, 2001, "La cohabitation et les auteurs de la constitution de 1958," Frédéric Rouvillois(sous la direction de), *La cohabitation, fin de la République?*(Paris: Office d'Édition Impression Librairie), pp. 51-52; Denquin, Jean-Marie, 2001, "Existe t-il des remèdes à la cohabitation," Frédéric Rouvillois(sous la direction de), *La cohabitation, fin de la République?*(Paris:

프랑스도 독일처럼 사회 문화적 동질성으로 인해 계급/계층 균열 외에 다른 균열은 사회적으로든 정치적으로든 유의미하지 않다. 게다가 독일과 같은 지역 균열도 거의 없어 단일제 국가가 안정적으로 유지되고 있다. 다만 비례 대표제를 채택하지 않았음에도 불구하고 이데올로기 스펙트럼이 매우 넓어 정당 체제가 복잡하고 내각 유지 기간이 짧다는 점에서 불안정하다고 볼 수 있다. 그러나 제4공화국에서와 같은 불안정은 대통령제 도입에 힘입어 적지 않게 해소되었다.

프랑스 제5공화국의 의회 제도는 상원과 하원이 권한을 달리하는 불균형 양원제라는 제4공화국 양원제를 이어받았다. 임기와 선출 방식도 달라 6년 임기의 하원은 국민 직선으로 선출되며, 9년 임기의 상원은 하원 의원, 지역 의회 의원, 시 의회 의원 등으로 구성되는 선거인단에 의해 간선으로 선출된다. 양원은 입법에서 대개 비슷한 권한을 보유하지만, 내각 불신임권은 하원에만 속하며 예산 법률안이나 사회 보장 재정 관련 법률안은 하원에 먼저 제출되어야 한다.

프랑스를 특징짓는 절대 다수 대표제는 대통령 선거와 하원 의원 선거에 적용된다. 대통령 선거는 1차 투표에서 절대 다수 득표자가 없을 경우 2주일 후 상위 두 후보를 두고 결선 투표가 실시된다. 이와 달리 하원 의원 선거는 1차 투표에서 전체 유권자의 25% 이상 득표한 절대 다수 득표자가 없을 경우, 1주일 후 전 유권자의 12.5% 이상 득표자의 입후보를 허용하는 가운데 2차 투표를 실시한다. 하지만 하원 의원 선거 2차 투표도 대개 3위 이하의 진출 후보가 없거나 있더라도 기권함으로써 상위 두 후보를 두고 실시되어 사실상 결선 투표로 기능한다.

Office d'Édition Impression Librairie), pp. 175–185 참조.

프랑스 정당 체제는 이데올로기적으로 매우 다원화된 경향을 띤다. 이것은 다수 대표제임에도 불구하고 군소 정당 후보들이 당선될 수 있는, 유권자들의 이념적 파편화에 기본적으로 기인한다. 특히 좌파 정당들이 공산당(PCF: Parti Communiste Français)이나 사회당(PS: Parti Socialiste)으로 응집되어 있었던 반면, 우파 정당들은 하나의 강력한 구심점 없이 분열되었으며 해산과 창당을 거듭해 왔다는 점에서 특수하다.[40] 또한 주로 중도나 진보적 중도로 분류되는 사민주의 국가들의 보수주의자들과 달리 프랑스의 드골주의자들은 보수주의자임과 동시에 우파로 분류된다는 점에서도 특이하다.

구체적으로 보면, 공산당 세력이 매우 강력했다는 점에서 이탈리아와 유사하지만 이미 1980년대 이후 급격하게 약화되어 연합 상대로 기능하기 어려워졌다는 점에서는 이탈리아와 다르다. 1978년 이후 사회당 지지율이 공산당 지지율을 넘어선 이후 좌파 진영의 무게 중심은 사회당으로 옮겨 갔다. 2002년 이전에는 대개 양대 정당의 지지율 합계가 60%를 넘는 경우가 거의 없는 가운데 좌·우·중도 정당들이 각축하는 4당 중심의 다당제를 유지했다. 하지만 1980년대 중반 이후 극우 정당인 민족전선(FN: Front National)이 점차 강화되고 2000년대에는 중도 정당들이 급속히 약화된 반면, 사회당이 더 성장하고 우파 정당들이 대중운동연합(UMP: Union pour un Mouvement Populaire)으로 통합함으로써 양당 중심 다당제로 전환했다.

정권 교체는 좌파와 우파 간에 이루어졌지만, 단독 정부의 경험은

---

40) Parties and Elections in Europe, http://www.parties-and-elections.eu/france. html(검색일: 2014. 05. 19.); Parties and Elections in Europe, http://www. parties-and-elections.eu/france2.html(검색일: 2014. 05. 19.) 참조.

많지 않다.[41] 우파들이 분열되어 있다는 특징으로 인해 단독 정부는 주로 사회당 정부였으나, 50여 년에 걸친 제5공화국 기간 동안 좌파 정부 기간은 20년이 채 되지 않아 이탈리아처럼 우파 정부가 지배적이었다고 할 수 있다. 그러나 유럽에서 대개 우파 정당들이 정권을 장악한 1980년대와 1990년대 초반에 사회당이 정권을 장악함으로써 프랑스는 이탈리아뿐 아니라 유럽 대부분 국가들과 또 다른 특수성을 보이기도 했다.

공산당의 영향력이 강력했고 국민들과 정당 체제의 이데올로기 스펙트럼이 대단히 넓다는 점에서 이탈리아는 프랑스와 유사하다. 주요 선거 제도로 프랑스는 다수 대표제를 채택했고 이탈리아는 비례 대표제를 채택했다는 점에서 정당 체제의 이러한 유사성은 제도적 요인보다 역사적 경험과 정치 문화적 요인에 의해 더 크게 영향 받았다고 할 수 있다.

이탈리아는 독일처럼 통일이 늦어 통일 국가가 19세기 중반에 건설되었으며 전국 차원의 산업화도 통일 국가 형성과 함께 가속되었다. 역시 독일처럼 20세기 초중반에 파시즘 통치를 겪었으며, 제2차 세계 대전 이후 비로소 자유 민주주의 체제를 수립해 현대 정치 체제를 완성했다. 그럼에도 불구하고 1980년대 후반 세계 5대 경제 강국으로 부상한 경이로운 경제 발전을 이룩했으며, 1990년대에는 지각 변동이라고 일컬을 정도로 급격한 개혁 정치를 시도해 이후 정치 체제는 헌법의 근간이 바뀌지 않았음에도 '제2공화국'[42]이라고 불리게 되었다.

---

41) Parties and Elections in Europe, http://www.parties-and-elections.eu/italy1. html(검색일: 2014. 05. 19.) 참조.
42) 헌법 개정을 통한 권력 구조 변경이 이루어지지 않아 공식적으로 공화국 명칭이 바뀌지 않았으므로 '제1공화국'과 '제2공화국'은 따옴표로 묶어 사용한다.

이탈리아는 프랑스처럼 단일제 국가 형태를 취하지만, 강력한 소수 종족과 언어 집단이 존재할 뿐 아니라 남부와 북부의 경제적 괴리가 있어 지역 균열이 심각하다.[43] 독일어를 사용하는 주민이 일부 거주하는 트렌티노-알토 아디제(Trentino-Alto Adige)와 슬라브 어를 사용하는 프리울리-베네치아 줄리아(Friuli-Venezia Giulia), 프랑스 어를 일부 사용하는 발레 다오스타(Valle d'Aosta), 그리고 오랜 독립 왕국의 역사를 가진 두 섬, 사르데냐(Sardegna)와 시칠리아(Sicilia)라는 5개 지역이 특별자치법에 따라 연방제 국가의 연방주에 준하거나 더 강력한 자치권을 부여받았다. 그러나 이 지역들은 대개 당해 지역 내에서 활동하는 독립적인 지역주의 정당을 가지고 있어 전국 선거에서 중요한 정치 균열을 형성하지 않는다. 오히려 전국적인 지역주의 정치 균열은 경제적 발전과 정치적 차별에서 기인하는 남부 · 북부 지역 갈등이다. 특히 이 지역 갈등은 1980년대 기민당(DC: Democrazia Cristiana) 정권의 급격한 남부 기지화로 인해 북부의 독립 내지 연방제 도입을 주장하는 북부동맹(LN: Lega Nord)의 등장으로 가시화되었다.

이탈리아의 의회 제도는 프랑스처럼 양원제이며, 상원은 지역의 이해를 대변하는 의회가 아니라 하원과 마찬가지로 모든 법안 제정에 관여하는 입법 기구이다.[44] 이처럼 프랑스와 달리 이탈리아는 균형 양원제를 채택하고 있어, 내각 구성은 양원에서 다수당을 차지해야 가능하며, 양원은 임기가 동일할 뿐 아니라 입법과 정부 견제에서 동일

---

43) 정병기, 2000a, 「이탈리아 정치적 지역주의의 생성과 북부동맹당(Lega Nord)의 변천」, 《한국정치학회보》 제34집 4호(한국정치학회), 397-419쪽 참조.

44) 이탈리아 정치제도에 대해서는 정병기, 2002b, 「이탈리아」, 강명세 · 고상두 · 김정기 · 방청록 · 석철진 · 이규영 · 이수형 · 이호근 · 정병기 · 한규선 · 한종수 · 홍기준, 『현대 유럽 정치』(서울: 동성사), 113-142쪽 참조.

한 권한을 보유하고 있다.

이탈리아의 정부 형태는 국가 원수인 대통령이 의전상 역할에 한정되는 의회 중심제라는 점에서 프랑스보다 독일에 가깝다. 그러나 총리의 권한은 상대적으로 약해 내각의 의장일 뿐 독일처럼 강력한 통치자의 위상을 갖고 있지는 않다. 그로 인해 실제 정치 과정에서 대통령의 역할은 때에 따라 내각 책임제 국가에서 나타나는 의전상 역할을 초월하기도 한다. 의회와 정부의 '조정자'라는 헌법상 규정에 근거해 이탈리아 대통령은 특히 정치 위기 시에 효력을 발휘하는데, 이탈리아 정치의 지각 변동기였던 1990년대 초반 내각 구성과 과도 정부의 정치에 영향력을 행사했던 스칼파로(Oscar Luigi Scalfaro) 대통령의 경우가 대표적 예이다.[45]

'제1공화국' 선거 제도는 다기표 방식에 따라 하나의 정당과 그 정당 명부 후보들 중 3~4명을 선택하는 '선위 투표(voto di preferenza)'를 가진 정당 명부식 비례 대표제였다.[46] 그러나 정당 지도자들의 밀실 공천으로 이루어진 명부 비례 대표제가 '제1공화국' 부정부패의 주요 요인 중 하나로 지목됨으로써 '제2공화국'에서는 국민들이 후보들을 직접 선출하는 다수 대표제를 근간으로 하는 제도로 변경되었다. 1993년에 도입되어 2005년까지 실시된 선거 제도는 상·하원 모두 25%의 의석에 대해 비례 대표제 선출 방식을 유지하되, 나머지 75% 의석에 대해서는 1구 1인 단순 다수제를 채택한 혼합 제도를 적용했다. 하지만 단순 다수제를 근간으로 하는 혼합 제도는 득표율과 의석

---

45) Fabbrini, Sergio, 1998, "Due anni di governo Prodi. Un primo bilancio istituzionale," *Il Mulino*, a. 47, n. 378, pp. 657-672 참조.

46) 선거 제도에 관해서는 정병기, 2012c, 「이탈리아 '제2공화국' 선거연합 정치의 주요 요인과 특징」, 《한국정치학회보》 제46집 4호(한국정치학회), 73-99쪽 참조.

률의 불일치 및 연합에 따른 하향 공천 등으로 당원 및 지지자나 유권자의 의사가 왜곡되는 또 다른 폐해를 낳았고, 그에 따라 2005년에 다시 전면 비례 대표제로 회귀했다. 2005년 이후의 현행 선거 제도는 봉쇄 조항 외에 추가 의석 할당제를 통해 안정적 다수를 확보하는 장치로 보완한 전면 비례 대표제이다(Ministero dell'Interno 2006; Floridia 2008, 325 참조).[47] 추가 의석 할당제는 1위를 한 정당이나 선거 연합에 하원에서 전국 단위로 총 의석의 54%를 배정하고, 상원에서는 주별로 총 의석의 55%를 확보토록 하는 장치이다.

이탈리아 '제1공화국' 정당 체제는 1960년대의 극단적 다당제를 거쳐 1970년대에는 기민당과 공산당이 핵심 역할을 수행하면서도 제3의 정당들이 연립 상대로서 유효할 뿐만 아니라 정권 교체를 허용하지 않는다는 점에서 불완전 양당제로 정초되었다.[48] 그러나 이 양당제는 1970년대 후반부터 세속화가 시작되고 1980년대 후반 가톨릭-보수주의와 사회-공산주의라는 양대 하부 정치 문화(subculture politiche)가 해소될 뿐 아니라 특히 유권자들의 정당/정치 혐오증이 강화됨으로써 해체되어 오다가 1993년 선거 제도 변화로 인해 최종적으로 해체되었다.

이후 시작된 '제2공화국'에서는 선거 제도의 미정착과 또 한 차례의 변화로 인해 정당 체제도 변화를 계속하고 있다. 이탈리아 정당 정

---

47) Ministero dell'Interno, 2006, *Le leggi elettorali, Pubblicazione 1*(Roma: Ministero dell'Interno); Floridia, Antonio, 2008, "Gulliver Unbound, Possible Electoral Reforms and the 2008 Italian Election: Towards an End to 'Fragmented Bipolarity'?," *Modern Italy*, vol. 13, no. 3, pp. 317-332.
48) 이탈리아 정당 체제에 대해서는 정병기, 2011b, 「이탈리아 정당체제의 변화: '제2공화국' 경쟁적 양당제로의 재편」, 《지중해지역연구》 제13권 1호(부산외국어대학교 지중해지역원), 213-246쪽 참조.

치에서 무엇보다 주목할 만한 사실은 다당제 속에서 형성된 선거 연합이 선거법상 정당에 준하는 행위자로 인정받고 선거 시기뿐만 아니라 선거 이후 정치에서까지 실질적인 주체로 행위한다는 점이다. 선거 연합은 '제2공화국' 첫 선거인 1994년과 제2차 선거법 개정 후 두 번째 선거인 2008년 총선 이후부터 좌파, 우파, 중도파가 각각 연합을 결성해 서너 개의 연합체들로 구성되었다.[49] 반면 그 중간 시기에는 단순 다수제의 제도적 제한으로 인해 중도-좌파 연합과 중도-우파 연합이라는 양대 연합으로 재편되었다. 중도-좌파 연합은 공산당의 후신인 좌파민주당[PDS: Partito Democratico della Sinistra; 2007년 이후 중도 정당들과 통합해 민주당(PD: Partito Democratico)으로 개명]을 중심으로 좌파 정당들과 진보적 중도 정당들이 결합한 연합체였던 반면, 중도-우파 연합은 베를루스코니(Silvio Berlusconi)가 창당한 전진이탈리아[FI: Forza Italia; 2009년 네오파시스트 정당과 통합해 자유국민당(PdL: Popolo della Libertà)으로 개명했다가 다시 분당해 FI로 회귀]를 중심으로 우파 정당들과 보수적 중도 정당들이 결합한 연합체였다.

이탈리아 정부는 프랑스보다도 더 존속 기간이 짧아 이른바 '통치 불가능성'의 사례로 언급되기도 한다. 그러나 이와 같이 평균 존속 기간이 1년이 채 안 될 정도로 짧았던 '제1공화국'조차 평화적 정권 교체를 위협하는 정치적 위기를 겪지는 않았으며, 심지어 경제 기적을 달성할 정도로 안정적이어서 '불안정 속의 안정'이라는 역설의 사례가 되기도 한다. 기민당 단독 정부가 15차례 있었지만 그 기간은 총 10년 정도에 불과해 이탈리아 정치도 프랑스 정치와 유사하게 연립 정

---

49) Parties and Elections in Europe, http://www.parties-and-elections.eu/italy. html(검색일: 2014. 05. 20.); Parties and Elections in Europe, http://www. parties-and-elections.eu/italy2.html(검색일: 2014. 05. 20.) 참조.

부에 의해 대부분 규정된다.[50] 프랑스 및 독일과 다른 점은 총선으로 구성된 정부에서는 동거 정부나 대연정에서 보는 것처럼 양대 진영의 범연립 정부가 거의 없었다는 점이다. 예외적으로 2013년 선거에서 민주당과 자유국민당이 대연정이라고 할 만한 연립 정부를 구성했지만, 이것도 베를루스코니가 전진이탈리아로 다시 분당해 나감으로써 사실상 대연정의 의미가 크게 퇴색했다.

또한 이탈리아는 '제1공화국' 반세기 동안 기민당이 헤게모니를 장악했다는 점에서 특수하다. 좌우 정권 교체는 '제2공화국'에 들어선 1996년에 좌파민주당에 의해 처음으로 이루어졌다. 물론 1960년대 후반에 사회당이 연립 정부에 참가하기는 했지만 이때 사회당은 공산당에 대한 차이를 선명히 하고자 이미 중도 정당으로 노선을 변경한 것으로 간주된다. 연립 정부 구성에서 또 한 가지 특이한 것은 네오파시스트 정당인 민족연맹(AN: Alleanza Nazionale)이 프랑스 민족전선과 달리 우파 정당들과 중도-우파 연합을 형성해 정부에 참가한다는 점이다.

이탈리아 기민당은 보수적 우파인 프랑스 드골주의 정당과 달리 가톨릭과 반공에 기반한 보수적 중도였다. 다만 그 보수성이 더욱 짙고 좌우 이데올로기적으로는 우파에 가까운 중도라고 할 수 있다. 이탈리아의 자유주의 우파 정당들은 군소 정당의 위상을 가지고 있으며, 공산당도 프랑스 공산당과 달리 지속적으로 제1당을 위협하는 제2당의 지위를 누리고 있다. 그람시(Antonio Gramsci) 사상에 입각한 이탈리아 공산당의 이념도 프랑스 공산당과는 달리 일찍 유로코뮤니

---

50) Parties and Elections in Europe, http://www.parties-and-elections.eu/italy1. html(검색일: 2014. 05. 20.) 참조.

즘을 설파하고 스탈린주의와 결별해 의회주의 노선을 추구하면서 이탈리아 정치 체제를 떠받치는 중요한 기둥의 하나로 기능했다. '제2공화국'으로 전환하는 과정에서 기민당은 세속화와 동구권 몰락으로 가톨릭과 반공 이념의 존재 이유가 사라지자 정풍 운동의 대상이 되어 1994년 해산되고 말았지만, 공산당은 부정부패에 심각하게 연루되지 않고 동구 현실 사회주의에 대한 차별성을 확보하고 있었기 때문에 비록 당명 개정과 통합을 거쳐 공산주의 이념을 벗어나기는 했지만 그 세력과 맥락이 지금까지 존속하고 있다. 그리고 정통 스탈린주의자들과 전통 그람시주의자들은 재건공산당(PRC: Partito della Rifondazione Comunista)으로 분당해 2000년대 중반까지는 5~10% 정도의 지지율을 유지하면서 주요 연합 세력으로 활동하기도 했다.

프랑스는 비교적 일찍 산업화 과정을 거친 선진 자본주의 국가일 뿐 아니라 근대화 과정에서 정치적 중앙 집권도 일찍 이루어졌다. 그에 따라 독일 등 후발 자본주의 국가들처럼 국가의 영향력과 개입이 강하게 나타난 반면, 이에 대응할 만한 대기업들은 크게 성장하지 못했다.[51] 물론 19세기까지는 중상주의와 자유주의 경제 사상이 상당할 정도로 발전해 있었다.

프랑스에서 국가 주도 경제의 성립은 1930년대 좌파 정권의 국유화를 통해 시작되었고 제2차 세계 대전 종전 후 2차 국유화 등을 통해 본격적으로 국가가 경제 정책을 주도함으로써 자리를 잡았다. 그리고 이러한 경제 정책에 힘입어 1950년대와 1960년대에 프랑스 경제는 유례없는 고속 성장을 이어 감으로써 국민들의 지지를 공고히 했

---

51) 국가 주도 경제에 관해서는 이재승, 2004, 「프랑스 정치경제의 구조와 흐름」, 유럽정치연구회(편), 『유럽정치』(서울: 백산서당), 167-186쪽 참조.

다. 물론 1970년대의 세계 경제 위기는 국제 수지를 악화시키는 등 프랑스에도 심각한 영향을 미쳐 국가 주도 경제 정책에 대한 재고가 요구되었다. 그에 따라 1970년대 후반에는 가격 통제를 철폐하고 규제를 완화하는 등 자유 시장적 성격을 강화하려는 정책이 실시되었다. 하지만 이 정책도 국가 주도형 경제를 근본적으로 변화시키는 데까지 나아가지는 못했으며, 1980년대에는 사회당 정부가 출범해 다시 국가 주도적으로 사회주의적 개혁을 실시했다.

1980년대 사회당 정부는 사회 복지를 확대하고 국유화 정책을 지속하고자 했다. 그러나 재정 압박이 심해지는 가운데 유럽 통합이 재가동되고 유럽 통화 통합을 수용하기로 결정함으로써 긴축 정책으로 돌아설 수밖에 없는 상황에 처했다. 결국 1980년대 후반에는 사유화와 국유화를 모두 중단하고 현상 유지를 목적으로 하는 이른바 'ni-ni(no-no)' 정책으로 후퇴했으며, 1990년대 들면서는 사유화를 추진하는 'et-et(and-and)' 정책으로 전환해 국가 주도 경제가 크게 약화되기 시작했다.

프랑스의 사회 복지도 대부분의 유럽 국가들처럼 제2차 세계 대전 종전 직후 체계화되기 시작했다.[52] 종전 직후 프랑스에서 실시된 사회 보장 정책의 성격은 독일 비스마르크 모델과 영국 베버리지 모델의 중간에 위치한다고 볼 수 있다. 이후 지속적인 제도적 보완과 특히 1980년대 사회당 정부의 사회 보장 확대를 통해 프랑스 사회 복지 제도는 영국적 성격을 완전히 벗어나 내륙 유럽적 성격을 획득했다. 곧, 독일처럼 사회에 존재하는 다양한 위험들에 대해 의무적 보험 가입을

---

52) 사회 복지 정책에 관해서는 김수행 · 정병기 · 홍태영, 2006, 『제3의 길과 신자유주의: 영국, 독일, 프랑스를 중심으로』, 개정판(서울: 서울대학교출판부), 프랑스 부분 참조.

통하여 사회적 안전망을 형성하는 조합주의적 복지 제도를 완성해 독일에 버금가는 수준을 달성했다.

　이탈리아는 유럽 내에서 독일, 영국, 프랑스에 이어 제4대 경제 대국이며 세계적으로도 비유럽 국가로는 미국과 일본만을 앞세운 6위의 경제 대국이다.[53] 특히 1950년대와 1960년대 초반의 경제 기적과 1980년대 및 1990년대의 경제 개혁과 안정은 세계를 놀라게 했다. 이탈리아의 경제 체제도 정치의 영향력이 강하다는 점에서 프랑스와 유사하다. 그러나 국가적 차원에서 정부가 주도하는 것이 아니라, 정치적 이해관계에서 정당이 주도한다는 점에서 프랑스와 다르다. 이탈리아 '제1공화국'에서 정치는 경제와 사회 전반에 침투해 있었는데, 그것은 파벌로 구성된 기민당과 그 주요 연합 정당들이 정부 속의 정부를 구성해 실질적으로 국가 정책을 좌우하며 경제와 사회에 개입하는 식으로 운영되었다. 그리고 공산당과 사회당도 그 한편을 차지하고 있었다고 간주되며, 그중 공산당이 상대적으로 덜 연루되어 이후 정풍 운동으로부터 심각한 타격을 받지 않았을 뿐이다. 이러한 이탈리아 정치 경제는 후견주의(clientelismo)나 정당 지배 체제(partitocrazia)로 규정된다. 복지 제도 역시 조합주의적 복지 국가라는 점에서는 내륙 유럽의 복지 국가로 분류되지만, 그 제도화 수준이 상대적으로 낮아 후견주의적으로 운영되었다.

　이탈리아 경제 체제의 기본적인 성격은 프랑스의 국가 주도형과 달리 수출 중심적인 개방 경제 체제로서 자유주의 경제 질서에 더 가깝다. 다만 독일처럼 뒤늦은 통일과 산업화 추진 및 파시즘 정권의 유산

---

53) 이탈리아 경제의 흐름에 대해서는 김학노, 2004, 「이탈리아 정치경제의 역사적 흐름과 구조」, 유럽정치연구회(편), 『유럽정치』(서울: 백산서당), 357-386쪽 참조.

에서 비롯된 전통적 국가 개입의 성격이 이어져 온다는 점에서 영미 자유주의 국가들과 유사하지는 않다. 1950/60년대 경제 기적도 물론 이러한 국가 개입적 경제 정책의 성과이다. 당시 정부는 사회 간접 자본을 확충하고 수출 주도 산업화를 강력하게 추진함으로써 경제 성장을 추동했기 때문이다. 하지만 무역 의존도가 상대적으로 매우 낮은 상태에서 시작되어 개방화 이후에도 절대적으로 높아지지는 않았으며, 국가 개입도 자유 시장 경제의 대립 축으로 전개된 것이 아니었다. 또한 케인스주의 정책도 본격적으로 추진되지는 않았을 뿐 아니라 정치적 이해관계에 입각해 추진된 이러한 경제 발전 정책은 남부 저발전을 심화시켜 새로운 지역주의 갈등을 전면화시키는 부정적 효과를 가져오기도 했다.

이탈리아는 1970년대의 경제 위기를 상대적으로 잘 극복해 1980/90년대에는 경제 개혁에 이어 정치 개혁도 추진함으로써 경제 안정을 이룩하고 '제1공화국'의 질곡을 괄목상대할 정도로 벗어날 수 있었다. 특히 유럽 통화 통합의 영향을 받아 한때 유럽통화제도(EMS: European Monetary System)에서 축출되기도 했으나 1990년대 중반의 개혁을 통해 유럽통화동맹(EMU)에 성공적으로 가입했다. 그러나 이러한 개혁 조치들은 프랑스의 경우처럼 시장 경제 질서를 강화하는 방향으로 이루어졌으며, 현재까지도 이 기조는 유지되고 있다.

최근 프랑스와 이탈리아의 주요 사회 경제 지표들도 이러한 변화를 반영하고 있다. 〈표 4-3〉에서 나타나듯이, 1990년대 초반에 다시 성장률이 둔화된 프랑스 경제는 1990년대 후반에 잠시 회복세를 보이기도 했으나(2.2%에서 3.6%로 상승) 오늘날까지 하락 추세를 벗어나지 못했다. 이탈리아 경제도 마찬가지로 1990년대 후반의 성공적인 개혁 정치를 통해 잠시 회복되었으나(1.0%에서 1.9%로 상승) 다시 둔화의 흐

〈표 4-3〉 **프랑스와 이탈리아의 주요 사회 경제 지표(연도별 평균)**

경제 성장률(GDP 성장률)					
구 분	1985~89	1990~94	1995~99	2000~04	2005~12
프랑스	3.1	1.2	2.3	2.1	0.9
이탈리아	3.1	1.0	1.9	1.4	−0.3

소비자 물가 지수					
구 분	1985~89	1990~94	1995~99	2000~04	2005~12
프랑스	91.0	105.3	102.7	103.8	105.9
이탈리아	84.5	111.2	105.7	105.3	107.6

* 1985~94: 1990년도=100; 1995~99: 1995년도=100; 2000~04: 2000년도=100; 2005~12: 2005년도=100

무역 의존도					
구 분	1985~89*	1990~94	1995~99	2000~04	2005~12
프랑스	17.8	17.7	19.9	21.6	20.8
이탈리아	16.2	16.2	20.5	21.3	22.5

** 1966~79년에 대한 1980년대의 세계화 변화: 프랑스 +12%, 이탈리아 +6%. 안재흥(2002), 400쪽.

실업률					
구 분	1985~89	1990~94	1995~99	2000~04	2005~12
프랑스	10.1	10.4	11.9	9.0	8.8
이탈리아	11.5	10.8	11.5	9.2	7.8

출처: 통계청, 「국제통계연감」, 1996, 1999, 2003, 2005, 2010, 2013.

름으로 복귀했다. 소비자 물가 지수도 두 나라 모두 1990년대 후반에 안정되는 듯했으나 이후 다시 지속적으로 상승하고 있다. 앞서 살펴본 국가들 중에서 이와 유사한 흐름을 보이는 국가는 네덜란드뿐이다. 소비자 물가 지수의 변화는 고찰 대상 국가들에서 모두 유사하게 나타났지만, 경제 성장률과 함께 비교해 보면 스웨덴, 노르웨이와 독일이 다른 흐름을 보이기 때문이다.

하지만 실업률의 변화에서 프랑스와 이탈리아는 서로 다른 양상을 보일 뿐만 아니라 상술한 어떤 나라와도 유사한 경향을 보이지 않는다. 프랑스는 2000년대 들어서야 실업률이 감소하기 시작해 그 추세를 이어 가는 반면, 이탈리아는 전반적인 감소 추세 속에서 1990년대 후반에 잠시 상승했다. 이러한 특징은 정부의 노동 시장 정책 및 그와 연관된 노동자들의 대응을 통해 설명할 수 있다. 특히 고용 문제는 코포라티즘의 핵심 주제인 만큼 이후 각국 코포라티즘 변화를 추적하면서 명확하게 규명할 것이다.

세계화 수준을 가늠할 수 있는 무역 의존도는 경제 정책의 특성과 밀접히 관련된다. 우선 1960년대 후반 및 1970년대에 비해 1980년대에 이루어진 세계화의 지수 변화를 보면, 프랑스는 +12이고 이탈리아는 +6에 불과하다. 곧, 프랑스와 이탈리아의 1980년대 세계화 속도는 노르웨이보다는 높지만 비교 대상 국가들 중에서는 가장 낮은 수준이었다. 1990년대 이후에도 이러한 흐름은 이어졌다. 물론 앞서 말했듯이 안재홍의 연구에서 인용한 이 수치와 〈표 4-3〉의 수치들이 각각 산정 기준이 달라 동일한 선상에서 비교할 수는 없다. 따라서 1990년대 이후는 〈표 4-3〉 내에서만 비교하는 것을 다시 상기할 필요가 있다.

우선 프랑스의 경우, 국가 주도형 경제 질서를 유지하면서 국유화 등을 꾸준히 추진하다가 1990년대에 가서야 유럽 통합과 세계화에 적극적으로 대응한 만큼 그 영향은 1990년대 후반에 가서야 나타났다. 하지만 그 변화도 미미한 수준에 그쳐 1990년대 후반과 2000년대 초반에만 각각 2%p 안팎의 증가를 나타내는 데 불과했다. 그리고 이탈리아와 마찬가지로 그 절대치는 다른 나라들에 비해 상대적으로 월등히 낮아 20% 안팎에 머물고 있다. 하지만 그 변화에 있어 이탈리아는

1990년대 후반 경제 개혁의 영향으로 1990년대 전반에 비해 4.3%p가 상승했을 뿐 아니라 이후에도 지속적으로 높아지고 있다. 역시 이러한 변화는 이후 코포라티즘의 변화와 연결하여 그 영향을 살펴볼 것이다.

4. 요약과 비교

코포라티즘의 강도에 따라 세 집단으로 나누어 살펴본 여섯 나라들은 소속 집단에 따라 성격을 달리하기도 하지만 같은 집단에 속하더라도 성격이 많이 다른 경우도 없지 않다(〈표 4-4〉 참조). 상대적으로 강성 코포라티즘 국가인 스웨덴과 노르웨이가 유사한 성격을 띤 반면, 중성 코포라티즘 국가인 독일과 네덜란드는 다소 이질적으로 나타나고, 약성 코포라티즘 국가군에 해당하는 프랑스와 이탈리아는 상대적으로 가장 이질적인 성격을 보인다.

우선 스웨덴과 노르웨이는 단일제 입헌 군주국이며, 양원제에서 단원제로 이행한 경험을 공통적으로 가지고 있다. 의회 중심제 정부 형태와 비례 대표제 선거 제도를 채택하고 있다는 점도 동일하며, 친근로자 국민 정당의 장기 집권이 이루어져 왔다는 점에서도 유사하다.

하지만 정당 체제는 사뭇 다르게 전개되어 왔는데, 스웨덴이 4당 중심 다당제를 지속하면서도 1990년대 이후 각각 이데올로기 스펙트럼의 좌우에 위치한 양대 정당이 강화되어 온 것과 달리, 노르웨이는 1970년대 이후에는 이전의 좌파와 중도파로 구성된 양당 중심 다당제를 벗어나 3당 중심 다당제로 전환했다.

독일과 네덜란드는 불균형 양원제와 의회 중심제를 채택하고 있다는 점에서 공통적이지만, 독일이 연방제와 인물화 비례 대표제를 도입한 반면 네덜란드는 단일제와 순수 비례 대표제를 도입했다는 점에서 다르다. 두 나라는 특히 네덜란드의 복합적 성격으로 인해 프랑스와 이탈리아에 못지않게 차이점도 크게 나타난다. 하지만 정당 체제와 집권 경향은 구체적 차이에도 불구하고 큰 흐름에서 공통점을 보인다. 정당 체제는 제2차 세계 대전 이후 일정 기간 동안 3당 중심 다당제로 시작해 점차 4당 이상의 극단적 다당제로 전환해 왔으며, 집권 경향은 좌파가 주도하는 연정과 진보적 중도가 주도하는 연정이 번갈아 가며 정부를 구성하는 흐름이었다.

처음부터 다당제였을 뿐 아니라 점차 그 경향이 강화됨으로 인해 두 나라는 모두 단독 정부의 경험이 거의 전무하다. 다만 독일의 경우는 통일이라는 특수한 요인이 작용하고 1990년대 후반 이후에는 좌파 연정(사민당과 동맹90/녹색당의 적녹 연정)과 중도-우파 연정(기민/기사연과 자민당의 흑황 연정)이 교차 집권하는 경향으로 바뀌었으며, 네덜란드에서는 2010년 이후 자민당이 기민당 및 노동당과 번갈아 연정을 구성했다. 특히 연정 구성 형태는 1990년대 후반 이전에 독일에서 자민당이 기민/기사연 및 사민당과 번갈아 구성했다는 점을 고려하면 변화의 방향은 반대였다고 할 수 있다. 한편 독일에서는 양대 정당의 대연정이 가능했고 네덜란드에서도 대연정뿐만 아니라 양대 정당을 포괄하는 다수당 연정을 여러 차례 경험했다.

프랑스와 네덜란드는 공통점만큼이나 차이점도 많다. 단일제 국가이고 양원제를 채택하고 있다는 점에서 두 나라는 공통적이다. 그러나 프랑스는 불균형 양원제인 반면 이탈리아는 균형 양원제일 뿐 아니라, 프랑스는 비례 대표제를 거쳐 절대다수제를 채택한 반면 이탈리아는 비례 대표제를 사용하다가 1993~2005년 동안 혼합 제도(75%

〈표 4-4〉 정치·경제·사회적 배경 비교

구분	정치적 배경	경제적 배경	사회적 배경
스웨덴	■ 단일제, 단원제 (1971년 이후) ■ 의회 중심제, 비례 대표제 ■ 4당 중심 다당제, 1990년대 이후 좌우 양대 정당 강화 ■ 좌파(사민당) 장기 집권	■ 최고 수준 복지 국가 ■ 유도 국가적 경제 개입 ■ 1990년대 초반 경제 성장률 급감 ■ 1995년 유럽연합 가입, 유로존 미가입 ■ 1990년대 후반 세계화의 상대적 심화	■ 동질적 사회로서 단선적 사회 균열 구조(계급/계층) ■ 1990년대 초반 실업률 악화 ■ 고도로 발전된 합의 민주주의 문화 ■ 정부의 유도 국가적 개입
노르웨이	■ 단일제, 단원제 (2009년 이후) ■ 의회 중심제, 비례 대표제 ■ 초기에는 좌파와 중도의 양당 중심 다당제였으나 1970년대 이후 3당 중심 다당제로 전환 ■ 좌파(노동당) 장기 집권	■ 최고 수준 복지 국가 ■ 유도 국가적 경제 개입 ■ 2000년대 경제 성장률 지속적 감소 ■ 유럽연합과 유로존 모두 미가입 ■ 2000년대 초반 세계화의 상대적 심화	■ 동질적 사회로서 단선적 사회 균열 구조(계급/계층) ■ 1990년대 초반 실업률 대 폭 상승, 그러나 전반적으 로 낮은 실업률 유지 ■ 고도로 발전된 합의 민주주의 문화 ■ 정부의 유도 국가적 개입
독일	■ 연방제, 불균형 양원제 ■ 의회 중심제, 인물화 비례 대표제 ■ 초기에 3당제였고 1980년 대 초반 이후 좌파와 중도의 양당 중심 다당제 (통일 이전 4당, 통일 이후 5당)로 전환 ■ 주로 좌파(사민당) 주도 연 정과 진보적 중도(기민/기 사연) 주도 연정의 교차 집권 ■ 대연정 경험	■ 스칸디나비아 국가에 버금가는 복지 수준 ■ 유도 국가적 성격 있으나 강한 자율 경제 토대 ■ 1990년대 후반 이후 경제 성장률 둔화 ■ ECSC 결성 때부터 유럽 통합 주도 ■ 2000년대 이후 세계화 속도 크게 상승	■ 지역 균열과 계급/계층 균열 존재. 그 밖에는 동질적 문화 ■ 1990년대 후반에서 2000 년대 초반까지 높은 실업률 ■ 고도로 발전된 합의 민주주의 문화 ■ 정부의 유도 국가적 개입 이 이루어지나 강도가 낮 고, 노사 자율 협상에 기반
네덜란드	■ 단일제, 불균형 양원제 ■ 의회 중심제, 비례 대표제 ■ 초기에 3당 중심 다당제였으 나 1960년대 중반 이후 4당 이상 극단적 다당제로 전환 ■ 주로 좌파(노동당) 주도 연 정과 진보적 중도(기독 민 주주의 정당) 주도 연합의 교차 집권 ■ 양대 정당을 포괄하는 연정 경험	■ 스칸디나비아 국가에 버금가는 복지 수준 ■ 수출 비중이 높은 고도의 개방 경제 ■ 2000년대 이후 경제 성장률 급감 ■ ECSC 결성 때부터 유럽 통합 참여 ■ 2000년대 이후 세계화 속도 크게 상승	■ 종교, 지역, 계급/계층 등 복합적 사회 균열 구조 ■ 2000년대 후반 실업률 반 등, 그러나 전반적으로 낮은 실업률 유지 ■ 고도로 발전된 합의 민주 주의 문화 ■ 정부의 강력한 유도 국가 적 개입

프랑스	■단일제, 불균형 양원제 ■제4공화국 시기에 의회 중심제와 비례 대표제였다가 제5공화국에서 이원 정부제와 절대 다수 대표제로 전환 ■4당 중심 다당제이나 2000년대 이후 좌우 양당 강화 ■좌파(사회당) 정부와 우파(드골주의 정당) 정부의 교차 집권 ■예외적인 좌우 연정 경험	■상대적으로 높은 수준의 복지 수준 ■국유화 수준 높은 국가 주도형 경제, 1990년대 이후 국가 주도성 약화 ■2000년대 이후 경제 성장률이 지속적으로 감소 ■1952년 ECSC 결성 때부터 독일과 함께 유럽 통합 주도 ■이탈리아와 함께 세계화 수준이 가장 낮지만 부침하면서도 지속적으로 상승	■동질적 사회임에도 심각한 이데올로기적 파편화 ■2000년대 이후 실업률 감소 추세로 전환 ■합의 민주주의 문화와 대립 및 갈등의 문화가 공존 ■제도화되어 상대적으로 강력한 정부 직접 개입
이탈리아	■단일제, 균형 양원제 ■의회 중심제, 비례 대표제 (1993~2005, 75% 단순 다수제) ■'제1공화국' 시기에 좌파와 보수적 중도의 양당 중심 다당제였으나 '제2공화국'에서 중도-좌파와 중도-우파의 양대 연합 중심 다당제로 전환 ■'제1공화국' 시기에 보수적 중도(기민당)가 장기 집권했으나 '제2공화국'에서 중도-좌파 연합과 중도-우파 연합이 교차 집권 ■대연정 혹은 좌우 연정 경험(거의) 전무	■후견주의 등으로 인한 파행적 복지 제도 운영 ■수출 중심의 개방적 자유주의 경제를 추구하는 정파성 강한 국가 주도형 경제 ■1990년대 이후(후반에 잠시 반등) 경제 성장률의 지속적 감소 ■1952년 ECSC 결성 때부터 유럽 통합에 참여 ■프랑스와 함께 세계화 수준이 가장 낮지만 1980년대 후반 이후 지속적으로 상승	■종족·언어적 소수 지역 존재, 남북 지역 갈등 심각, 심각한 이데올로기적 파편화 ■2000년대 이후 실업률 감소(1990년대 후반 일시 상승) ■합의 민주주의 문화와 대립 및 갈등의 문화가 공존 ■정부의 잦은 직접 개입 시도

의 단순 다수제)를 경험한 후 다시 비례 대표제로 복귀했다. 정당 체제와 관련해서는, 프랑스가 스웨덴처럼 4당 중심 다당제를 유지해 오면서 2000년대 이후 좌우 양대 정당(사회당과 대중운동연합)이 강화되는 경향을 보인 반면, 이탈리아는 '제1공화국' 시기에 좌파(공산당)와 보수적 중도(기민당)의 양당 중심 다당제였다가 '제2공화국'에서 좌파민주당과 전진이탈리아가 각각 주도하는 중도-좌파 연합과 중도-우파

연합이 양극을 형성하는 정당 연합에 의한 양극 체제가 형성되었다. 물론 2005년에 다시 비례 대표제로 복귀한 후 연합도 다시 네 개로 확대되는 등 분극화되는 징조를 보이기도 한다.

집권 추세와 관련해서는, 프랑스에서 좌파인 사회당 단독 정부나 사회당이 주도하는 연립 정부와 드골주의 정당과 이후 대중운동연합의 단독 정부 혹은 주도적 연립 정부가 교차 출범하는 경향을 보여 온 반면, 이탈리아에서는 '제1공화국' 시기에 보수적 중도인 기민당이 장기 집권해 왔고 '제2공화국'에 와서야 좌파민주당이 주도하는 중도-좌파 연합과 전진이탈리아가 주도하는 중도-우파 연합의 교차 집권이 가능해졌다.

이와 같이 정치적 배경을 보면, 코포라티즘이 강할수록 하원의 권한이 강하거나 단원제를 채택하고 비례 대표제를 도입한 경우가 많은 것으로 나타난다. 하지만 스웨덴과 노르웨이도 오랫동안 양원제를 채택했었다는 점을 고려하면 의회 형태가 코포라티즘과 직접 관련이 있다고 할 수는 없다. 코포라티즘의 강도와 정당 체제의 분극성도 큰 관련성은 없지만, 코포라티즘이 강한 나라일수록 친근로자 국민 정당인 좌파 정당이 단독 집권을 비롯해 집권 경험이 많고 연정일 경우에는 대립하는 양대 정당이 연립 정부에 함께 참여하는 경우가 빈번하다. 곧, 친근로자 국민 정당이 장기적으로 강력하게 집권하거나 아니면 다양한 의견이 정치적으로 표출되면서도 이데올로기적 대립이 약해 양대 진영의 타협이 잘 이루어지는 정치적 환경을 가진 나라일수록 코포라티즘이 더 잘 기능한다고 할 수 있다.

코포라티즘은 흔히 산업 자본주의가 발달해 세계적으로 확산된 이후 발생한 경제적 대공황기에 형성되었다고 한다. 이것은 곧 코포라티즘의 형성과 변형이 공황을 극복하기 위해 등장한 케인스주의 경제 정책의 부침과 관련된다는 것을 의미한다.[54] 코포라티즘의 형성이 케인스주의 정책의 확산과 관련된다면, 그 변화는 케인스주의의 변화나 포기 혹은 신자유주의적 전환과도 관련된다.[55] 여섯 개 나라들의 경제적 배경도 이러한 맥락에서 정리할 수 있다.

스웨덴과 노르웨이는 정부의 유도 국가적 경제 개입을 통해 유럽뿐 아니라 세계에서 최고 수준을 자랑하는 복지 국가를 이룩했다. 그러나 시기를 다소 달리하기는 하지만 점차 경제 성장률이 둔화되면서 신자유주의적 세계화의 바람을 맞아 왔다. 1990년대 초반에 경제 성장률이 급감한 스웨덴은 1990년대 후반에 세계화 속도가 빨라졌으며, 2000년대 들어 경제 성장률이 지속적으로 감소하기 시작한 노르웨이는 세계화도 상대적으로 심화되는 상황을 맞이했다.

유럽 통합과 관련해 스웨덴과 노르웨이는 유사하게 미온적으로 대응해 아직 유로존에 가입하지 않았다. 다만 1995년에 스웨덴은 유럽연합에 가입해 유럽 통합에 다소 적극적으로 대응하려는 모습을 보이고 있다.

독일과 네덜란드도 높은 복지 수준을 구가하지만 스칸디나비아 국가에 비해서는 버금가는 수준에 머문다. 이 나라들도 유도 국가적 경제 개입이 이루어지지만, 독일은 민간 자율 경제에 토대를 둔 측면이 강하며 네덜란드는 상대적 소국으로서 수출 지향성이 강한 개방 경제를 추구해 왔다. 스웨덴과 노르웨이의 경우처럼 두 나라도 시기적으로 차이가 있지만 점차 세계 경제 위기의 영향을 받아 경제 성장률

---

54) 구춘권, 2006, 「코포라티즘의 전환과 노동관계의 유럽화」, 《국제정치논총》 제46집 4호(한국국제정치학회), 247쪽.
55) 임운택, 2005, 「유럽통합과정에서 노사 관계의 구조조정: 경쟁적 코포라티즘에 대한 비판적 고찰」, 《산업노동연구》 제11권 1호(한국산업노동학회), 90~92쪽 참조.

이 감소하고 신자유주의적 흐름에 휩쓸렸다. 독일과 네덜란드는 각각 1990년대 후반과 2000년대 이후에 경제 성장이 둔화되었고 2000년대 이후에는 공통적으로 세계화 속도가 크게 상승하기 시작했다. 다만 네덜란드는 수출 의존도가 절대적으로 높은 개방 경제 체제였으며 1980년대에 급격하게 추진된 세계화가 한동안 소강상태로 돌아섰다가 다시 빨라졌다.

유럽 통합과 관련해 독일과 네덜란드는 1952년 관세 동맹으로 형성되어 유럽 통합의 효시가 된 유럽석탄철강공동체(ECSC)에서부터 회원으로 가입해 적극적으로 대응해 왔다. 물론 독일은 최강국으로서 프랑스와 함께 유럽 통합을 주도한다는 점에서 단순한 대응의 차원은 아니다. 그리고 이탈리아는 네덜란드보다는 강국인 반면 독일과 프랑스에 대해서는 상대적 열세의 입장에서 유럽 통합에 대응했다는 점도 지적할 필요가 있다. 하지만 이 네 나라들은 공통적으로 유럽 통합에 적극적으로 대응했다는 점에서 이론의 여지가 없다.

프랑스와 이탈리아는 정치적 배경에서처럼 경제적 배경에서도 공통점만큼 차이점이 많다. 두 나라도 독일 및 네덜란드처럼 내륙 유럽의 보수적·조합주의적 복지 국가로서 높은 수준의 복지를 구가한다. 그러나 다른 한편으로는 프랑스 복지 국가가 영국형과 독일형의 혼합형으로 분류되기도 하는 것처럼 독일에 비해 상대적으로 보장 수준이 낮은 것으로 언급되기도 한다. 게다가 이탈리아 복지 제도는 후견주의적 운영에 의해 파행적으로 운영되어 왔다.

경제 체제에서 프랑스는 국가 주도형으로서 국유화 수준이 높지만 1990년대 이후 그 성격은 약화되어 가고, 2000년대 이후에는 경제 성장률이 급감하는 한편 세계화 속도가 크게 상승하기 시작했다. 이와 달리 이탈리아는 수출 중심의 개방적 자유주의 경제를 추구하며 정당에 의해 좌우되는 정파성이 강한 국가 주도성을 띠었다. 물론 이러한 성격은 '제2공화국'에 와서 크게 개선되고 있지만, 경제 성장률은 1990년대 후반에 일시 반등한 후 1990년대 이후 다시 하락하고 있다. 프랑스와 이탈리아는 여섯 국가들 중에서 세계화 수준이 가장 낮아 3분의 1 내지 2분의 1 수준에 머문다. 그러나 프랑스가 다소 부침을 거듭하기는 하지만, 두 나라 모두 1980년대 이후 세계화 수준은 지속적으로 상승하는 추세에 있다.

위에서 본 것처럼 코포라티즘은 무엇보다 복지 수준과 밀접한 관계가 있다. 코포라티즘이 강력하게 작동하는 나라일수록 복지 수준이 높게 나타나기 때문이다. 그러나 경제의 국가 주도성 강도와 세계화 정도 및 유럽 통합 대응 양상은 코포라티즘의 강도와 직접 관련이 없다. 이 요소들은 코포라티즘의 강도가 아니라 이후 고찰할 코포라티즘의 성격 및 그 변화와 관련해 중요한 설명 요인이 될 것이다. 그와 관련해 국가 주도성은 민간의 참여를 유도하는 개입 방식이 중요하고, 세계화는 속도가 의미를 가질 것이며, 유럽 통합 대응은 세계화와 함께 신자유주의적 전환의 요인으로 나타날 것이다.

사회적 배경에서 중요한 것은 사회의 동질성 여부와 합의 민주주의 문화이다. 정부의 개입 양상도 이와 관련되며, 실업률 추세는 노사 관계에 영향을 미치는 중요한 요인이면서도 코포라티즘의 결과이기도 하지만 역시 코포라티즘의 강도와 밀접히 관련된다. 우선, 강성 코포라티즘 국가인 스웨덴과 노르웨이는 단선적 사회 균열 구조를 가진 동질적 사회로 간주된다. 그에 따라 정부의 노사 관계 개입도 유도 국가적 경제 개입처럼 노사의 자율을 보장하는 방향으로 이루어진다. 두 나라 모두 1990년대 초반에 실업률이 악화되기는 했지만, 가장 낮은 실업률을 유지하고 있다.

독일과 네덜란드는 종족과 언어 등에서 커다란 이질성이 거의 없어 상대적으로 동질적 문화를 갖추었지만 지역이나 종교와 같은 균열이 계급/계층 균열처럼 정당 조직으로 표출되고 있어 스웨덴과 노르웨이에 비해 복합적인 균열 구조를 가지고 있다. 그러나 두 나라는 연방제나 양보와 타협의 오랜 전통을 통해 갈등을 조정하고 있으며, 케인스주의적 동의 구조가 가능할 정도로 사회적으로 합의 민주주의적 문화가 발달해 있다. 독일과 네덜란드는 각각 노사 자율성을 토대로 하거나 광범위하게 보장하는 범위에서 유도 국가적 개입을 하고 있지만, 노동 시장에서 커다란 차이를 보이고 있다. 두 나라는 1980년대 후반 동일하게 높은 실업률을 보였지만 1990년대 후반부터는 아주 상반되는 경향을 보였다. 곧, 독일이 등락을 거듭하며 여전히 높은 수준을 유지하고 있는 반면, 네덜란드는 이미 1990년대 후반에 급격한 감소를 보여 2000년대 후반에 다시 소폭 높아지기는 했지만 스웨덴, 노르웨이처럼 전반적으로 낮은 상태를 유지하고 있다.

프랑스와 이탈리아는 사회적 배경에서도 다른 국가군에 비해 차이점이 상대적으로 많다. 두 나라는 이데올로기적 파편화가 심해 합의 민주주의가 존재함에도 불구하고 대립과 갈등의 문화도 함께 존재한다는 점에서 동일하다. 그러나 프랑스는 상대적으로 동질적인 사회인 반면 이탈리아는 언어적 소수 지역이 존재하고 남북 지역 간 갈등이 심각하다는 점에서 다르다. 또한 경제에 대한 국가 주도의 전통에서 본 것처럼 노사 문제에서도 정부는 직접 개입을 자주 시도한다는 점에서 같지만, 프랑스의 경우가 더 법제화된 방식으로 강력하게 전개된다는 점에서 다르다. 두 나라의 실업 문제는 다른 국가군에 비해 가장 심각해 1980년대 후반 이후 지속적으로 10%를 넘다가 2000년대 들어서야 10% 이하로 내려갔다. 하지만 2000년대 이전의 상황은 달라 프랑스의 실업률이 지속적으로 악화되었던 반면, 이탈리아의 실업률은 부침을 거듭했다.

이와 같이 사회적 배경에서 코포라티즘은 사회 균열 구조가 덜 복합적이어서 사회가 동질적일수록 강하며 이데올로기적 파편화가 심하지 않고 합의 민주주의가 발달할수록 잘 기능한다. 경제적 배경에서와 달리 노사 문제에 대한 정부 개입은 직접 개입보다 노사 자율을 보장하는 유도 국가적으로 이루어질수록 코포라티즘이 강하게 작동한다. 실업률도 코포라티즘이 강한 나라일수록 낮은 것으로 나타났다.

정치 · 경제 · 사회적 배경을 전체적으로 정리해 보면, 다음과 같은 성격이 강할 경우에 코포라티즘도 더 강하게 작동한다고 할 수 있다. 첫째, 다당제이지만 좌파 정당의 단독 집권 경험이 많고 연립 정부일 경우에는 대립하는 양대 정당이 함께 참여하는 경우가 빈번하다. 둘째, 복지 수준이 높고 실업률이 낮다. 셋째, 민간 참여를 유도하고 노사 자율성을 보장하는 유도 국가적 정부 개입이 이루어진다. 그 밖에 다른 요소들은 코포라티즘과 직접 관련이 없으며, 경제 성장률과 소비자 물가 지수 및 세계화는 다음 장부터 다루어질 코포라티즘의 성격 변화와 관련될 것으로 추측된다.

NO!

5

CORPORATISM

사회 코포라티즘의
전개와 주요 내용

제5장에서는 사회 코포라티즘의 주요 내용과 역사적 변천을 개괄한다. 우선 앞 장에서 다룬 정치 · 경제 · 사회적 배경에 따라 사회 코포라티즘이 초기에 수요 조절 코포라티즘으로 형성되고 이후 변화해 가는 과정을 간략히 서술한다. 특히 공급 조절 코포라티즘으로 전환해 가는 양상에 초점을 둔다.

다음으로 이 변천 과정에서 나타난 핵심적 사건이나 협약의 주요 내용을 다룬다. 이 내용들도 제6장과 제7장에서 정당 정치적 요인과 구조적 요인에 따라 주요 변화들을 분석하는 배경 지식으로 작용하기 때문이다.

서술은 제4장과 마찬가지로 강성, 중성, 약성이라는 세 코포라티즘 국가군으로 나누어 진행한다. 구체적으로 동일 국가군 내에서뿐만 아니라 다른 국가군의 유사한 나라들과도 비교하는 방식으로 전개한다.

1. 강성 코포라티즘 국가: 스웨덴과 노르웨이

스웨덴 사회 코포라티즘의 기원은 1912년 설치된 사회이사회(Social Board)까지 거슬러 올라간다.[1] 사회이사회는 노동 계급의 출현에 의해 야기된 사회적 문제들을 다루기 위해 설치되었는데, 이 이사회에 노동 조합과 사용자 단체가 각각 두 명의 대표를 파견하였다. 또한 사회이사회 설치 이후 곧이어 산재 보험을 다루는 보험위원회와 노동 시간 관련 문제를 다루는 노동위원회가 노사 참여 기구로 설치되었다.

그러나 '노사정 삼자 간 정치적 협상과 교환이 제도화되거나 장기적으로 기능하는 사회·정치적 운영 원리와 과정'이라는 의미의 현대 코포라티즘은 사민당이 집권한 1930년대의 산업 평화 분위기에서 태동되어 1938년 체결된 살트셰바덴(Saltsjöbaden) 협약 이후 본격화되기 시작했다.[2] 1930년대에 이르기까지 스웨덴은 국제적으로 높은 수준의 노사 갈등을 겪고 있었기 때문이다. 코포라티즘의 핵심 행위자가 된 중앙 집중적이고 포괄적인 상급 조직들이 성장하는 이면에 숨어 있었던 것은 바로 이러한 갈등이었다.[3]

사실 살트셰바덴 협약도 노사정의 삼자 협약이 아니기 때문에 코포라티즘 작동 기제라고 할 수는 없다. 노동자 대표 조직과 사용자 대

---

1) Fulcher, James, 2003, 「역사적 관점에서의 스웨덴: 스웨덴 모델의 흥망성쇠」, Stefan Berger·Hugh Compston, 『유럽의 사회협의제도』, 조재희·김성훈·강명세·박동·오병훈 역(서울: 한국노동연구원), 386-388쪽 참조.

2) '살트셰바덴 협약'이라는 명칭은 협약이 체결된 스웨덴 동남부 해변 도시인 살트셰바덴의 이름을 딴 것이다. 그 밖에 스웨덴 코포라티즘에 대해서는 정병기, 2004b, 「세계화 시기 코포라티즘 정치의 전환: 스웨덴과 네덜란드의 예를 통해 본 통치 전략적 성격과 정치 체제적 성격」, 《한국정치연구》 제13집 1호(서울대학교 한국정치연구소), 203-229쪽을 주로 참조.

3) Fulcher(2003), 385쪽.

표 조직이 산업 평화에 관심을 갖고 그 제도화를 위한 노사 협상에 국가 개입을 배제한다는 원칙에 합의한 것이었기 때문이다. 하지만 이후 코포라티즘 형성의 중요한 토대가 되었다는 점은 분명하다.

살트셰바덴 협약의 기본 정신은 다음 세 가지로 요약된다:[4] 첫째, 노사 관계를 대립 관계에서 협력 관계로 전환하며 노사 문제는 노사가 자발적으로 해결한다. 둘째, 국민 복지를 향상시키고 산업 평화를 유지하기 위해 노사의 역할을 상호 인정한다. 셋째, 하지만 사회 전체의 이익이 노사의 부분 이해관계보다 중요하므로 제3자의 권리가 침해되어서는 안 된다.

이러한 정신에 따라 살트셰바덴 협약은 '책임이 따르는 자유(freedom under responsibility)'라는 원칙을 세우고 노사의 권리와 노사 분규의 해결 기제를 명기했다. 우선, 노사의 권리와 관련해 사용자에게는 고용 및 해고의 권한을 부여하고 노동자에게는 파업과 단체 교섭의 권한을 인정하였다. 이어 노사 분규의 해결과 관련해서는 협상을 의무화하고 협상 절차를 제시하였으며 파업이나 직장 폐쇄는 협상이 실패한 경우에만 사용하도록 규정하고 제3자의 개입도 제한하였다. 그리고 노조가 단체 교섭을 이행하지 않을 경우에는 경영자가 노동자를 해고하거나 작업장 복귀를 명할 수 있도록 규정했다.

또한 살트셰바덴 협약은 구체적 실행 기구로서 노동시장협의회를 구성토록 했다. 이 협의회에는 노사 각 세 명씩의 대표들이 파견되어 작업장의 노동 관행과 분쟁 관련 문제를 논의하였다. 노동시장협의회는 중재와 협상의 혼합 기능을 수행하는 기구로서, 법적 구속력은 없

---

4) 살트셰바덴의 정신과 내용에 대해서는 김순양, 1999, 「스웨덴 사회협약모델의 성공 요건 분석」, 《한국행정학보》 제33권 3호(한국행정학회), 221쪽을 참조.

지만 실제로 광범위한 영향을 미쳐 왔다.

살트셰바덴 협약은 이와 같이 법적 구속력이 없음에도 불구하고 노사 자율 협상의 기본 원칙과 노동시장협의회라는 기구를 통하여 이후 스웨덴 노사 관계의 토대를 형성해 실질적인 영향을 미쳤다. 하지만 이 협약은 사민당 정부가 원한 삼자 협상을 노사가 거부하기 위해 맺은 협약으로서 오히려 반(反)코포라티즘적 협약이라고도 할 수 있다.

그러나 당시 집권당인 사민당이 산업 평화의 제도화에 적극적이어서 1934년에 발생한 건설 부문 노동 쟁의를 입법화의 방식으로 해결하기 위하여 노사 관계에 개입해 압력을 가했다는 점에 주목할 필요가 있다.[5] 다시 말해 그 이전에는 노동 쟁의를 평화적으로 해결하기 위한, 노사 관계의 제도적 토대나 사회 문화적 토대가 충분히 갖추어지지 않았다는 점을 상기해야 한다. 이러한 상황에서 1932년 사민당 집권으로 노동 측은 사회적 힘의 균형 내에서 자본에 대해 상대적 우위를 점하게 되었고, 자본 측은 정부의 강력한 개입을 피하기 위해 노동 측과 타협을 시도하게 되었다고 볼 수 있기 때문이다. 또한 이에 대해 노동 측도 입법화를 비롯한 장기적 제도화의 관점에서 이루어지는 국가 개입을 수용하는 대신 노동 현장을 비롯한 일차적·단기적 노사 관계에 대한 자율성을 목표로 자본 측과 타협을 모색했다고 할 수 있다. 곧, 살트셰바덴 협약을 통해 스웨덴 코포라티즘의 시민 사회적 토대가 갖추어졌다는 것이다.[6]

---

5) 강명세, 2004, 「스웨덴 정치경제 모델의 특징과 변화」, 유럽정치연구회(편), 『유럽정치』(서울: 백산서당), 435-452쪽; 안재홍, 2004, 「근대로의 이행과 스웨덴 정치」, 유럽정치연구회(편), 『유럽정치』(서울: 백산서당), 413-434쪽 참조.

6) 안재홍, 1995, 「스웨덴 모델의 형성과 노동의 정치경제」, 《한국정치학회보》 제29집 3호(한국정치학회), 493-523쪽; 안재홍, 1998, 「근대화, 개인화의 정치경제 그리고 노동운동의 대응: 스웨덴 사례의 이론적 해석」, 《한국정치학회보》 제32집 1호(한국

다른 한편 앞 장에서 밝혔듯이 스웨덴에서 노동과 자본의 타협을 가능하게 만든 가장 중요한 다른 요인 중 하나는 의회주의적인 사민당이 노동 운동의 주도권을 잡았다는 것이다. 특히 제2차 세계 대전 이후 사민당은 완전 고용과 사회 개혁 등을 가져오는 경제 성장을 통해 노동의 지위를 강화하고자 노력했다. 그리고 이러한 성장 전략은 제2차 세계 대전 종전 후 일정한 성공을 거두어 1960년대를 거치면서 노사정의 긴밀한 협력을 통해 이른바 '스웨덴 모델'로 불리는, 노사 관계와 사회 보장이 제도화된 복지 국가를 구축할 수 있게 되었다.

그중에서도 특기할 만한 것이 '렌-마이드너 모델(Rehn-Meidner Model)'인데, 이 모델은 스웨덴 코포라티즘 형성의 또 다른 토대이자 핵심적 계기이다. 스웨덴 일반노총(LO: Landsorganisationen i Sverige) 소속 경제학자인 렌(Gösta Rehn)과 마이드너(Rudolf A. Meidner)에 의해 마련된 렌-마이드너 모델은 1951년 일반 노총 총회에서 발표되고 이듬해 노사 협정을 거쳐 1956년부터 국가 정책으로 연결됨으로써 약 30년 가까이 스웨덴 모델의 골격을 이루었다. 이 모델은 독창적인 것이 아니라 당시까지 유럽 각국의 노동조합에서 논의되고 제안되었던 아이디어를 수정한 것이라는 지적도 있지만 스웨덴의 실정에 적절히 맞추었으며, 그렇기 때문에 스웨덴 노사 관계의 핵심 정책으로 선택되고 실행될 수 있었다.

렌-마이드너 모델은 연대 임금 정책, 엄격한 거시 경제 정책, 적극적 노동 시장 정책이라는 세 가지 요소로 이루어졌는데, 그 내용은 다음과 같다: 첫째, 연대 임금 원칙에 따라 육체 노동자의 평균 임금을 기준으로 숙련도에 따른 임금 격차를 최대한 축소한다. 둘째, 평균 임

정치학회), 333–335쪽 참조.

금을 감당하지 못하는 한계 기업은 엄격한 거시 경제 정책에 따라 시장에서 도태시키며, 임금 비용이 축소되는 경쟁력 있는 기업의 초과 이윤은 국민추가연금(ATP: Allmän Tilläggspension)[7]에 적립한다. 그리고 국민추가연금은 노동조합과 정당 및 사용자 단체 간 합의를 통해 정책 산업 투자, 기술 개발, 노동 계급의 임대 주택 건설, 보조 연금 등의 용도로 활용한다. 셋째, 한계 기업의 도산으로 발생하는 실업자는 정부 주도의 적극적 노동 시장 정책을 통해 흡수한다.[8]

렌-마이드너 모델이 스웨덴 사회 코포라티즘의 핵심 기제였다는 점은 이론의 여지가 없다. 이 모델은 임금 정책과 기업 정책 및 노동 시장 정책을 한 보따리로 묶어 선순환 고리를 형성해 상호 보완적으로 작동함으로써 1960년대와 1970년대 초반 스웨덴의 완전 고용과 구조 조정에 크게 기여했다는 평가를 받는다.[9]

그러나 1970년대 중후반 스웨덴에서는 새로운 세계 경제 공황의 여파로 임금 협상의 분산화 또는 기업화를 중심으로 자본의 공세가 강화되고 사민당이 40여 년 만에 실각함으로써 새로운 변동이 시작되었다. 사민당은 신자유주의적 세계화를 수용하면서 케인스주의를 포기했고, 1980년대에 재집권한 이후에도 신자유주의적 정책을 지속했다. 게다가 1991년에 보수 연정이 집권한 이후에는 수요 조절 코포라

---

7) 국민추가연금은 근로 수입의 정도에 따라 연금액이 결정되는 제도이다. 16세부터 65세까지의 근로 수입이 부가 연금 계산의 근거가 되는데, 생계비 지수를 초과한 연소득 부분은 매년 연금 가산 점수로 축적되고, 정년퇴직 후 전 근로 기간 중에서 수입이 가장 높은 15년간 평균 수입의 60%가 추가 연금으로 지급된다.

8) 강명세(2004); 김인춘, 2004a, 「스웨덴 사민주의의 마지막 보루 '복지국가'」, 유럽정치연구회(편), 『유럽정치』(서울: 백산서당), 453-475쪽 참조.

9) 송호근, 1998, 「'시장의 시대'와 조합주의: 우리에게 조합주의는 유용한가?」, 《사상》 여름호(사회과학원), 103쪽.

티즘에 종지부를 찍고 심지어 사회 코포라티즘 정치 자체를 위협하는 법안들이 통과되기 시작했다.

노르웨이에서도 코포라티즘은 스웨덴처럼 1930년대에 태동했다. 하지만 코포라티즘과 관련된 중대한 전환(decisive breakthrough)은 스웨덴보다 빨라 이미 1900년대 후반에 이익 집단이 정부 기구에 참여함으로써 생겨났다.[10] 1930년대에는 이미 코포라티즘적 기구가 설립되어 공공 정책에 대한 거대 이익 집단 영향력이 강화되는 이른바 영속적 전환(permanent breakthrough)이 일어났다. 그리고 사회 코포라티즘 형성의 마지막 단계는 제2차 세계 대전 이후인데, 이 시기는 코포라티즘적 공공 기구들이 대폭 증가했으므로 확정적 전환(definitive breakthrough)의 단계로 간주된다.

스웨덴의 1930년대처럼 국가 개입에 대해 노사가 함께 대항한 역사는 노르웨이에서 1907년에 시작되었다.[11] 1906년에 노사 양측은 상업부가 제안한 법안을 통해 국가의 강제 조정이 시도되었을 때 이를 수용했지만, 이듬해 의회(Storting)가 이를 확대 실시하려 했을 때는 반대했다. 그러나 이러한 반대는 스웨덴처럼 노사 양자 협약으로 연결되지 않고, 정부가 제안한 위원회에 참여하는 방향으로 전개되었다. 노

---

10) 노르웨이 코포라티즘의 중대한 전환 및 이어지는 영속적 전환과 혁명적 전환에 대한 논의는 Nordby, Trond, 1994, *Korporatisme på norsk 1920~1990*(Oslo: Universitetsforlaget), pp. 43-52; Blom-Hanse, Jens, 2000, "Still Corporatism in Scandinavia? A Survey of Recent Empirical Findings," *Scandinavian Political Studies*, vol. 23, no. 2, p. 161에서 재인용. 노르드비는 노조가 정부 기구에 참여한 중대한 전환의 시기를 제1차 세계 대전 중으로 보지만, 노르웨이 노조는 제1차 세계 대전 이전인 1900년대 초에 이미 정부 기구에 참여한 경험을 가지고 있다. 따라서 중대한 전환은 제1차 세계 대전 이전에 시작되었다고 보아야 한다.

11) Meyer, Kurt Bernd, 2005, *Der Wandel der Arbeitsbeziehungen in Dänemark und Norwegen*(Frankfurt am Main: Peter Lang), S. 110-112 참조.

사 양측은 고위 법조인이 이끌고 독립적인 전문가들이 다수를 이룬 위원회에 직접 참여하면서 다수 의견에 따라 국가 조정에 동의하는 한편 국가 강제 조정에 대해서는 반대한 것이다.

이러한 정부 주도의 위원회 기구가 코포라티즘적 성격을 띤 기구로 발전한 것은 1930년대였다. 그리고 이것은 스웨덴처럼 노동당의 집권과 의회주의 노선 확립을 토대로 한 것이었다. 곧, 1935년에 노동당과 농민당의 연정이 위기 정책을 제안하자 노사 상급 단체들이 처음으로 협력과 갈등 해결의 구속 규정에 합의했다. 그에 따라 1935년에 산업 평화 협약이 체결되었고, 이를 바탕으로 노사 관계 안정, 경제 구조 조정을 위한 경제·통화 정책이 실시되었으며, 국가가 민간 부문에 개입하여 신용 규모와 이자율을 정하고 직접 임금과 투자를 규제하는 이른바 신용 사회주의(credit socialism) 모델이 발전하기 시작했다.[12]

제2차 세계 대전 종전 후 노르웨이 노동당 정부는 친노조적인 오슬로 학파 경제학자들이 주도하는 정책에 따라 전통적 국가 행정을 보완하면서 경제 발전 조정을 위한 세 단계 기구를 설립했다. 이 기구들은 이후 노르웨이 코포라티즘의 핵심으로 간주되며, 그에 걸맞게 '코포라티즘 피라미드'라 불린다. 경제조정평의회, 부문협의회, 생산협의회가 그것인데, 그 주요 활동 내용은 다음과 같다.[13]

첫째, 경제조정평의회는 국가 차원의 삼자 협의 기구로서 임금과 노동 조건 형성에서 핵심 역할을 수행한다. 이 평의회의 기원은 런던 망명 정부 시기에까지 소급되지만, 이 평의회 수립을 통해 노동당

---

12) 김인춘, 2002, 「세계화 시대 북유럽 조합주의의 변화와 혁신: 스웨덴, 덴마크, 노르웨이 비교분석」, 《경제와 사회》 통권 제53호(비판사회학회), 189쪽.

13) Meyer(2005), S. 250-252 참조.

은 종전 후 바로 명령 경제와 조정 경제 대신 '지시적 계획(indikative Planung)'에 기초한 체계를 확립했다. 특히 게르하르드센(Einar H. Gerhardsen) 정부는 이 평의회를 의회에 대한 압력 수단으로 활용하면서 정치와 행정에서 코포라티즘적 기구들의 참여를 확대해 경제 민주화를 이루고자 했다.

둘째, 부문협의회는 산업 부문 내에서 노사 간 협의를 통해 주어진 업무를 수행하면서 국가와 협력하는 기구이다. 이 협의회는 기존 기업의 확대와 구조 조정, 새 기업 창출, 비생산적 기업의 폐쇄, 기업의 기술적·조직적 합리화의 가능성 실험 등을 담당해 관할 국가 기구와 협력을 수행한다. 그러나 경제조정평의회와 달리 결정권이 없고 정부 부처에 자문하는 역할에 한정되었다.

셋째, 생산협의회는 부문협의회처럼 노사 간 협력에 초점을 두지만 다른 한편으로는 부문협의회와 달리 국가 기구에 자문하는 기구가 아니다. 생산협의회는 경영진 대표와 노동자 대표들로 구성되며 생산은 경영자의 권한에 속하므로 생산에 대한 결정권 없이 자문 역할만 수행한다.

이러한 제도적 장치에 토대를 두고 노르웨이는 상대적으로 오랫동안 강력한 수요 조절 코포라티즘을 유지해 왔다. 심지어 중도-우파 정권이 출범하고 2년이 지난 후인 1999년에 이루어진 협약들도 '연대 대안(Solidarity Alternative)'이라는 이름으로 소득 정책에 대한 노사정 간 협조를 통해 임금 자제와 고용 창출을 가져왔으며, 2000년에도 각종 삼자 위원회를 통해 중앙 임금 합의를 일정하게 계속해 왔다.[14]

그러나 연대 대안 협약은 이미 임금 협약의 탈집중화 경향을 내포

---

14) 김인춘(2002), 194쪽.

하기도 했으며, 그와 더불어 노사 간 협력도 약화되었다. 2004년 연금 협상 과정에서 노조가 직장 연금(occupational pension)에 대한 동의를 주장했으나 사용자가 거부해 교착 상태에 이른 것이 그 대표적 예이다.[15] 특히 2000년대에는 노동당의 정체성도 변화해 노르웨이의 수요 조절 코포라티즘도 중대한 변화의 경향에 노출되기 시작했다.

노르웨이 코포라티즘이 오랫동안 강력한 수요 조절 코포라티즘을 유지해 왔다는 점에는 상술한 것처럼 이견이 거의 없다. 그러나 그 작동 방식과 변화의 성격에 대해서는 여러 관점이 제기되어 간략히 정리하고 넘어갈 필요가 있다.[16] 그 논의들을 대별하면, 일치 테제(congruence thesis), 탈조직화 테제(disorganization thesis), 순환 테제(cyclical thesis)로 묶을 수 있다.

헤디(Headey)[17]와 코슨(Cawson)[18] 및 초기 슈미터(Schmitter)[19]로 대표되는 일치 테제는 코포라티즘을 임금 조정 등과 같은 공공 정책에

---

15) Rommetvedt, Hilmar, 2005, "Norway: Resources Count, But Votes Decide? From Neo-corporatist Representation to Neo-pluralist Parliamentarism," *West European Politics*, vol. 28, no. 4, p. 745.

16) 노르웨이 코포라티즘 논의에 대해서는 정병기, 2012b, 「노르웨이 코포라티즘: 정당 정치적 요인과 구조적 요인에 따른 성격 변화」, 《국가전략》 제18권 3호(세종연구소), 133–156쪽 참조.

17) Headey, Bruce W., 1970, "Trade Unions and National Wage Politics," *Journal of Politics*, vol. 32, pp. 407–439.

18) Cawson, Alan, 1986, *Corporatism and Political Theory*(Oxford: Blackwell).

19) Schmitter, Philippe C., 1977, "Modes of Interest Intermediation and Models of Societal Change in Western Europe," *Comparative Political Studies*, vol. 10, no. 1, pp. 7–38; Schmitter, Philippe C., 1979, "Still the Century of Corporatism," Philippe C. Schmitter and Gerhard Lehmbruch(eds.), *Trends Toward Corporatist Intermediation*(Beverly Hills & London: Sage Publications), pp. 7–52; Schmitter, Philippe C., 1983, "Democratic Theory and Neocorporatist Practice," *Social Research*, vol. 50, no. 4, pp. 885–928.

대해 책임을 지는 이익 집단에 의해 특징되고 포괄적 · 중앙 집중적 국가에 의해 인정받는 이해관계 조정 기제로서 다양한 변화에도 불구하고 그 본질적 성격이 일치하는 동일한 기제로 간주한다. 일치 테제는 코포라티즘이 수요 조절 기제로서 강력하게 작동한 시기에 국한해 노르웨이 코포라티즘을 설명할 수 있다. 곧, 노르웨이에서도 "코포라티즘 기제의 효과와 작동 빈도가 감소했을 뿐 사라지지는 않았으며, 몰락하는 것처럼 보이는 것은 그 작동 효과와 빈도가 나타내는 정도의 차이일 뿐"이라고 설명한다.[20]

일치 테제는 무엇보다 1980년대 이후 노르웨이 코포라티즘의 변화를 설명하지 못한다. 이 테제에 따르면, 노르웨이에서 정치 체제가 다원주의로 전환되지 않는 한 그 대조적 체제의 표현인 사회 코포라티즘 기제는 존속해야 하기 때문이다.

탈조직화 테제는 사회 코포라티즘의 변화를 종언론으로 해석한다. 래시와 어리(Lash and Urry)가 『조직 자본주의의 종말』이라는 단정적 제목의 단행본[21]에서 주장했고 롬메트베트(Rommetvedt)[22]와 외스테루드(Østerud) 등[23]이 노르웨이 코포라티즘 설명에서 선보인 이 테제에 따르면, 코포라티즘은 점차 사라지고 탈규제적 신자유주의 체제

---

20) Lijphart, Arend, 1999, *Patterns of Democracy*(New Haven: Yale University Press), p. 173.

21) Lash, Scott and John Urry, 1987, *The End of Organized Capitalism*(Cambridge: Polity Press).

22) Rommetvedt(2005).

23) Østerud, Øyvind and Per Selle, 2006a, "Power and Democracy in Norway: The Transformation of Norwegian Politics," *Scandinavian Political Studies*, vol. 29, no. 1, pp. 25-46; Østerud, Øyvind and Per Selle, 2006b, "The eroding of representative democracy in Norway," *Journal of European Public Policy*, vol. 13, no. 4, pp. 551-568.

가 들어선다. 일치 테제가 코포라티즘의 변화에 관심을 거의 갖지 않았던 것과는 대조적으로, 탈조직화 테제는 코포라티즘의 변화에 대해 종식이라는 극단적 언명을 내세운다. 신자유주의 체제의 등장은 시장 규제 기제의 하나인 코포라티즘의 존속과 양립할 수 없다고 판단하기 때문이다. 특히 롬메트베트의 연구에 의하면, 노르웨이 코포라티즘은 1950~60년대에 절정을 구가했다가 1970년대에 분절된 국가 체제(segmented state)를 거쳐 1980년대 이후에는 신다원주의(neo-pluralism)로 전환되었다.[24] 그는 무엇보다 1980년대 이후 노르웨이에서는 공공 기구, 평의회, 위원회 등 집합적 협의 기제들이 급속히 줄어들고 단체들과 의회·행정부 간 접촉이 증가하는 것을 증거로 제시하며, 이 시기 이후 노르웨이 정치를 '신다원주의적 의회주의'(neo-pluralist parliamentarism)라고 규정하며 코포라티즘의 종언을 확신했다.

그러나 롬메트베트의 연구는 집합적 협의 기구들의 수적 감소가 이 기제들의 효율화를 위한 구조 조정을 반영하지 못했을 뿐만 아니라, 이익 집단들과 정부·의회의 접촉 빈도도 집합적 협의를 위한 접촉과 개별적 접촉을 분리해 산출한 것이 아니었다. 이 자료들만으로는 코포라티즘의 종언이라고 단정할 만한 증거로 충분하다고 할 수 없다. 물론 효율화를 위한 구조 조정과 집합적 협의를 위한 접촉을 따로 측

---

24) Rommetvedt(2005), pp. 742-743; 크리스티안센(Christiansen)과 공동 집필한 논문에서도 동일한 주장을 제기했으며, 테센(Thesen)과 공동 집필해 이후 발표한 논문에서도 같은 주장을 반복했다. Christiansen, Peter Munk and Hilmar Rommetvedt, 1999, "From Corporatism to Lobbyism? Parliaments, Executives, and Organized Interests in Denmark and Norway," *Scandinavian Political Studies*, vol. 22, no. 3, pp. 195-220; Rommetvedt, Hilmar and Gunnar Thesen, 2007, "Norwegian Organisations, Political Contacts and Influence," Den 15. nasjonale fagkonferansen i statsvitenskap(Norwegian Political Science Conference), Trondheim, 3-5 January 2007 제출 논문.

정할 수 있는 자료를 구하지 못해 롬메트베트의 결론을 정면으로 뒤집을 수는 없다. 그러나 이러한 지적만으로도 증거 능력이 훼손되는 것은 사실이다.

탈조직화 테제 자체도 코포라티즘을 중앙 집중적인 집합적 협의에 한정함으로써 수직적으로 분권된 중앙 협의(전국 차원의 중앙 협의와 산별·지역 차원의 중앙 협의를 분리)나 수평적으로 분산된 중앙 협의(산별 중앙 협의나 이슈별 중앙 협의 등을 분리)를 간과하는 오류를 범했다. 분권화되거나 분산된 협의에서도 정부 차원이 개입한다면 이것도 코포라티즘에 포함된다고 보아야 한다.

마지막으로 순환 테제는 위 두 가지 주장을 종합했는데, 코포라티즘의 장기적 존속성에 주목했다. 슈미터가 1990년대 후반에 코포라티즘의 변화에 관심을 가지고 그로트(Grote)와 함께 발표한 논문[25]에서 제기한 이 테제는 사회 코포라티즘을 국가주의와 다원주의의 중간에 위치한 특정한 구조적 기제라고 보았다. 그러나 그 작동 방식은 사회 상황에 따라 변하고 그것을 반영한 구조로 형성되므로 사라지는 것이 아니라 순환적으로 변할("Coporatist Sisyphus") 뿐이라고 주장했다.

기본적으로 노르웨이 코포라티즘이 그대로 존속하지도 않고 소멸되지도 않았다는 점에서 순환 테제의 주장은 설득력을 갖는다. 하지만 그 변화의 모습과 성격을 정확히 제시하지 않음으로써 코포라티즘 변화와 관련된 문제를 충분히 해결하지 못했다.[26] 코포라티즘의 변화에 대해서는 순환적으로 존재하는 것이 아니라 변형된다는 점에 초점

---

25) Schmitter, Philippe C. and Jürgen R. Grote, 1997, "The Corporatist Sisyphus: Past, Present and Future," EUI Working Paper SPS no. 97/4(Brussels: EU).

26) Traxler, Franz, 2004, "The Metamorphoses of Corporation: From Classical to Lean Patterns," *European Journal of Political Research*, vol. 43, p. 572.

을 두어 더 심도 있게 추적할 필요가 있다.

2. 중성 코포라티즘 국가: 네덜란드와 독일

네덜란드는 합의 민주주의뿐만 아니라 '협의 경제'로도 유명하다.[27] '국가 중심적 협의 경제(etatist concertation economy)'로도 불리는 네덜란드의 경제 체계는 국가 주도적이고 중앙 집중적인 사회 코포라티즘 정치의 성격을 띠었다. 이러한 협의 모델은 해안 간척지를 형성하기 위한 국민들의 협동에 역사적 기원을 두고 있다고 알려져 있다. 그렇지만 좀 더 구체적인 기원은 나치 독일의 점령 기간에 노동과 자본의 대표가 비밀 회동을 통해 전후 경제 재건을 위한 사회 동반자 관계를 형성하기로 합의한 데 있다.[28] 그 직접적인 결실로 나타난 것이 제2차 세계 대전 이후 네덜란드 사회 코포라티즘의 양대 핵심 기제의 하나로 작동해 온 양자 협의 기구인 '노동재단(StAR: Stichting van de Arbeid)'의 설립(1945년)이다.[29] 그리고 이와 같이 자발적 합의에 기초

---

27) 네덜란드 코포라티즘의 변천에 대해서는 정병기, 2014b, 「네덜란드의 사회협약 창출능력 사례연구」, 『사회대타협을 위한 사회협약 창출능력 국제사례와 우리나라에의 시사점』, 한국보건사회연구원 주최 학술회의(6월 13일, 코엑스 3층 회의실) 발표 자료집, 37-40쪽을 재구성. 정병기, 2004b, 「세계화 시기 코포라티즘 정치의 전환: 스웨덴과 네덜란드의 예를 통해 본 통치전략적 성격과 정치체제적 성격」, 《한국정치연구》 제13집 1호(서울대학교 한국정치연구소), 203-229쪽과 정병기(2004c)도 참조.

28) Van Ruysseveldt, Joris and Jelle Visser, 1996a, "Weak Corporatisms Going Different Ways? Industrial Relations in the Netherlands and Belgium," Joris Van Ruysseveldt and Jelle Visser(eds.), *Industrial Relations in Europe: Traditions and Transitions*(London, etc.: Sage Publications), pp. 211-212.

29) 노동재단과 사회경제평의회에 대해서는 Visser, Jelle and Anton Hemerijck,

144

한 경제적 협의가 1950년에는 정부의 본격적인 개입과 지원으로 확대되어 삼자 협의체적 산업 관계로 제도화되기 시작했다. 그 법제적 표현이 네덜란드 코포라티즘 정치의 핵심 기제인 '사회경제평의회(SER: Sociaal-Economische Raad)'이다.

사회경제평의회를 통해 국가는 완전 고용과 사회 복지의 확장 정책을 대가로 강력한 임금 가이드 정책에 의한 임금 자제를 요구했고, 노동재단도 이를 지지해 왔다. 구체적으로 보면, 국가조정평의회(CvR: College van Rijksbemiddelaars)가 경제 전망치와 임금 권고안을 제시하면 사회경제평의회가 검토하여 노동재단과 노동부에 사회경제평의회 권고안 형태로 임금 인상안을 다시 제안한다. 정부는 이 자료를 바탕으로 노동재단과 정부의 정례 간담회를 통해 임금 관련 협의를 거친 후 최종 가이드라인을 공표해 왔다.[30] 1950년대 이전 시기가 양자 협의 체계에서 삼자 합의의 사회 협약 체계로 이전한 시기라면, 노동당이 집권한 후 한두 해가 지난 다음인 1950년대는 노사정 삼자의 사회 협약이 제도화된 시기였다.

적어도 십여 년을 넘는 기간 동안 사회 보장과 완전 고용을 대가로 임금 자제 정책은 유지되어 왔다. 그러나 완전 고용을 토대로 영향력이 확대된 노동조합들은 1960년대 초가 되자 노동자들의 강력한 임금 인상 요구에 부응해 당시 유럽에서 가장 낮은 수준에 머물렀던 임금 수준을 더 이상 수용하려 하지 않았다. 그에 따라 실제 1960년대는 임금 폭등의 시기로 기록되었다.

이 시기를 거친 후 정부는 1970년에 '임금협상법'을 제정해 임금을

1997, 'A Dutch Miracle': Job Growth Welfare Reform and Corporatism in the Netherland(Amsterdam: Amsterdam University Press)를 참조.
30) Van Ruysseveldt and Visser(1996a), pp. 212-213.

동결 혹은 제한할 수 있는 권한을 다시 장악함으로써 이후 1982년까지 다섯 차례에 걸쳐 임금 결정 과정에 개입할 수 있었다.[31] 그러나 정부의 시도는 강력한 파업에 부딪혀 번번이 실패하였다. 이 시기는 유럽 전역에서 자발적 파업 투쟁이 달아오르던 시기였고, 네덜란드의 1970년대도 다른 유럽 국가들에서와 마찬가지로 노동조합의 투쟁이 고조되었다. 그러나 다른 한편으로 이 시기는 두 차례의 유가 파동에 따른 충격을 직접적 계기로 하여 자본주의의 축적 위기가 시작된 때이기도 했다. 자본 측은 신자유주의적 구조 조정을 준비하고 있었고, 노동 진영은 새로운 도전에 대해 효과적인 대책을 강구하지 못한 채 직종과 지위에 따른 분열의 조짐을 보이기 시작했다.

그에 따라 노동 시장의 탈규제화와 유연화가 급속히 진행되는 가운데 노동조합은 급격한 조직률 하락과 힘의 약화를 피하지 못했다. 더욱이 오랜 복지 국가 전통에서 1970/80년대의 경제 위기는 국가 재정의 파탄을 경고하고 있었다. 결국 자본의 신자유주의적 구조 조정 공세와 정부의 재정 위기 해소 및 노동조합의 영향력 회복이라는 각자의 요구로 인해 기존의 코포라티즘은 위기를 맞게 되었다.

성공적인 수요 조절 코포라티즘을 구가했던 네덜란드 사회 협약 체제는 1980년대에 위기에 처한 후 기존 성격을 탈피하기 시작해 1994년 노동당의 재집권 후 공급 조절 코포라티즘으로 완전히 전환했으며 2000년대에 다시 위기에 처했다. 1982년 노동당이 다시 실각한 후 출범한 루버스(Lubbers) 보수-자유주의 연립 정부는 1980년대 내내 집권하는 동안 급속한 세계화 전략을 구사하면서 건전 재정 회복, 기업의 채산성 향상, 일자리 공유(work-sharing)를 통한 고용 안정 등 산업 전

---

31) 김용철(2000), 7쪽.

반에 걸친 정부 주도 구조 조정의 필요성을 강조하기 시작했다. 그 결과는 경제 불황 타개를 위해 기존의 사회 협약 체제를 탈피하는 것이었다.

이러한 정부의 정책은 노사 간 자율 교섭의 영역을 더욱 좁힌다는 의미에서 노동과 자본에 모두 충격적인 것이었다. 실업률 증가와 조직률 하락에 직면한 노동조합은 자신의 노동 시간 단축 제안과 자본이 요구하는 임금 자제를 교환하고 실업률을 최소화하여 조직률의 회복을 꾀하였고, 자본 측도 기업의 인사 관리 및 영업 전략에 직접 영향을 미칠 수 있는 정부의 물가 및 임금 동결에 부정적이어서 노동과의 자율적 협상을 선택하였다. 새 정부의 정책에 대해 재빨리 대응한 노동과 자본은 같은 해 11월 24일 노동재단의 결정을 통해 이른바 '바세나르 협약(Wassenar Accord)'[32]을 체결하였다. 이것이 이른바 '네덜란드 병'을 치유한 새로운 '네덜란드 모델'의 시작을 알리는 첫 협약이었다. 그리고 1993년에 이를 내용적으로 구체화한 '신노선 협약(Een Nieuwe Koers Accord)'이 체결되어 임금 자제와 단체 교섭의 분권화를 촉진함으로써 사회 협약 체제의 본격적 전환의 전조를 알렸다.

바세나르 협약의 핵심 내용은 다음 세 가지로 집약된다.[33] 첫째, 노동자 대표는 물가 연동 임금제의 폐지 등 임금 인상 억제에 협력하는 대신, 사용자 대표는 정규직의 주간 노동 시간 단축과 고용 확보를 약속함으로써 고용을 창출하고 경제를 회생시킨다. 둘째, 정부는 임

---

32) '바세나르 협약'은 당시 사용자 단체 대표였던 판 펜(Chris van Veen)이 살던 헤이그 시 한 지역인 바세나르(Wassenar)의 명칭을 따서 명명된 것이다. 이 저택에서 판 펜은 사용자 측 대표로서 노조 지도자 빔 콕(Wim Kok)과 협약을 체결하였다. Visser and Hemerijck(1997), pp. 81~82 참조.

33) 김용철(2000).

금 억제와 노동 시간 단축에 대응하여 기업에 각종 세금과 사회적 부담을 줄여 주고 보조금을 지급함으로써 생산과 고용의 확대를 유도한다. 셋째, 기존의 중앙 수준 노사 교섭을 산별 혹은 부문별 교섭으로 전환시킨다.

'신노선 협약'은 기본적으로 바세나르 협약을 계승한 것으로서, 노조의 노동 시간 단축과 파트타임 노동자 보호를 수용하되 공급 조절 측면을 더욱 강화시켜 유연화를 확대했다. 곧, 노조는 추가적인 노동 시간 단축에 기초한 고용 확보를 통해 유연화에 대처하였고, 사용자는 직업 훈련 제도의 확충을 통해 노동자의 고용 가능성을 높이는 데 주안점을 두었으며, 정부는 파트타임 노동자들을 위한 사회 보장 제도의 정비와 확충으로 이들의 합의를 보완했다. 일례로 정부는 임금과 휴가 및 연금에 대해 파트타임 노동과 풀타임 노동 간의 격차를 해소하기 위해 노력했다.[34]

1994년 노동당 재집권 이후에도 네덜란드 사회 협약 체계는 수요 조절 코포라티즘으로 회귀하는 것이 아니라 공급 조절 코포라티즘을 완성하는 경로를 밟았다. 노동당 연립 정부는 변화된 환경에서 사회 협약 체제를 포기하기보다 새로운 형태로 지속시키고자 한 것이다. 그에 따라 1996년 노동 시장의 유연성을 강화함과 동시에 파트타임 노동자 등 비정규직 노동자의 사회 보장 체계의 강화를 가져온 '유연화와 보장에 관한 협약(Flexibiliteit en Zekerheid Accord)' 및 그 후 일련의 '유연 안정성(flexicurity)'에 관한 협약과 법령들이 이 협약의 맥락에서 이루어진 것으로 전형적인 공급 조절 코포라티즘의 성격을 띤다.[35]

---

34) 전창환, 2003, 「네덜란드 사회경제모델과 네덜란드 연금제도」, 《경제학 연구》 제51집 2호(한국경제학회), 217쪽.

35) Wilthagen, Ton, 1998, "Flexicurity: A New Paradigm for Labour Market Policy

1996년 이후 일련의 조치들은 1999년 발효된 '유연성과안정성에관한법(Wet Flexibiliteit en Zekerheid)'과 2000년 발효된 노동시장조정법(Wet Aanpaasing Arbeidsduur: 파트타임노동보호법)으로 대표된다.[36] 이러한 일련의 조치들은 노동 시장의 유연화 진전에 대해 파트타임 노동자들의 사회 안전망을 확충하는 것이었다. '유연 안정성'에 관한 이 협약과 조치들은 이미 전 단계에 시작되고 강화된 노동 비용 감축과 유연화 및 그 결과를 기정사실로 인정하는 가운데 그 부작용들을 흡수하는 형태였다.[37]

그러나 2002년 보수-자유주의 정부의 재출범으로 네덜란드 코포라티즘은 다시 위기를 맞고 있다. 유연 안정화 정책에서 안정화 조치들은 퇴색되고 정부는 노사 협약을 법제도화로 뒷받침하지 않음으로써 코포라티즘적 사회 협약을 위협하고 있기 때문이다.

독일은 이탈리아와 더불어 국가 코포라티즘의 전형적인 국가였다.[38] 그러나 제2차 세계 대전 이후에는 나치 통치에 대한 철저한 역사적 성찰을 통해 국민들뿐만 아니라 주변 피해국에 대해서도 반성과 사과를 거듭해 일본과 좋은 대조를 이루고 있기도 하다. 정치 사회와 시민 사회의 변화도 눈에 띄게 이루어져 노사 관계의 자율성을 보장하고 케인스주의적 합의 정치를 구현해 왔다. 특히 1960년대 말과 1970년대 초중반에는 사민당 주도의 연립 정부를 통해 사회 코포라티즘이 본격적으로 시도되었다. 이른바 '독일 모델'이 독일의 특수한

Reform?," WZB Discussion Paper FS I 98-202 참조.

36) 전창환(2003) 참조.

37) Wilthagen(1998).

38) 독일 코포라티즘의 변천에 대해서는 정병기, 2004c, 「세계화 시기 코포라티즘의 신자유주의적 변형: 독일과 네덜란드의 예」, 《국제정치논총》 제44집 3호(한국국제정치학회), 197-215쪽을 재구성.

제도적 특성과 정책적 특수성으로 인해 분명한 사회 코포라티즘의 형태를 구성했다.

당시 독일의 사회 코포라티즘은 1966/67년의 경기 후퇴에 대한 대응으로 사민당과 기민/기사연의 대연정이 '경제안정및성장촉진법'을 도입해 경제 개입을 시도한 데에서 비롯되었다. 그에 따라 1967년 6월에 연방의회는 가격 안정, 완전 고용, 외부 재정 균형, 적절한 경제 성장을 국가 정책의 4대 경제 목표로 설정하면서 정부로 하여금 5개년 재정 계획을 세우도록 하고 협주행동(Konzertierte Aktion)의 도입을 규정하였다.[39]

협주행동은 독일 사회 코포라티즘의 핵심 조절 기제였다.[40] 협주행동은 당시 경제 장관이었던 카를 실러(Karl Schiller)가 경제 전문가 위원회, 연방 은행, 사용자 연합, 노련 등 관련 6개 부문의 대표들을 소집하여 거시 경제적 목표와 구조 정책 및 소득 정책에 관해 토론하고 협의한 것을 말한다. 실러는 관련 단체들의 자발적 참여를 통해 사용자 측으로부터 가격 안정을 보장받고 노동자 측으로부터는 임금 인상의 양보를 얻어 내어 인플레이션 억제와 안정적인 경제 성장을 이루고자 했다. 이에 대해 사용자 측은 조세 부담 인하와 공공 비용 절감을 요구했고 노동자 측은 실업 문제 해결과 정책 참여를 주장했다. 그러나 1970년대 초·중반 협주행동은 형식화된 후 사용자 측의 탈퇴에 이어 노동계 역시 탈퇴해 파국을 맞았다.

1980년대에는 기민/기사연과 자민당의 신보수-자유주의 정권이 등

---

39) Hancock, M. Donald, 1989, *West Germany: The Politics of Democratic Corporatism*(Chatham, NY: Chatham House Publishers, Inc.), p.104.

40) 김수행·정병기·홍태영, 2006, 『제3의 길과 신자유주의: 영국, 독일, 프랑스를 중심으로』(서울: 서울대학교출판부), 독일 편 참조.

장한 이후 독일도 네덜란드와 같이 코포라티즘의 위기를 초래하는 사회 경제적 변화 양상[41]을 피해 갈 수 없게 되었다. 산업 구조의 변화와 세계화의 영향으로 노사 관계의 변화가 초래되었는데, 기업 혹은 노동자 그룹 수준에서 노동과 자본 간의 교환 합의인 생산성 연합(productivity coalitions)이 코포라티즘에 대한 대안으로 제기되었다. 노동 측이 경영 측과 협력하여 기업의 생산성 향상을 위해 노력하고 그 대가로 고용 안정과 기업의 정책 결정 과정에 참여할 수 있는 기회를 보장받으려는 경향이 확대되어 간 것이다. 특히 국가 코포라티즘과 달리 사회 코포라티즘과 관련해서는 제도화의 경험을 갖지 못한 독일에서 이러한 사회 경제적 변화가 코포라티즘의 위기를 넘어 종언론의 대두를 불러왔다.

코포라티즘 종언론을 종식시킨 것은 전통적 사회 코포라티즘의 새로운 등장이 아니었다. 1996년 흑황 연정 시기에 제1차 '일자리 동맹'으로 알려진 '노동과 생산 기지의 공고화를 위한 동맹(Bündnis für Arbeit und Standortssicherung)'이 노사정 간에 체결되었지만 코포라티즘의 종언론을 종식시키기에는 많이 부족했다. 반면, 1998년 사민당이 집권하고 적녹 연정이 성립된 후 제2차 '일자리 동맹'으로 알려진 '일자리와 교육 및 사회 정의를 위한 동맹(Bündnis für Arbeit, Ausbildung und soziale Gerechtigkeit)'이 체결되고 2002년 적녹 연정의 재출범 이후에도 지속된 사회 협약 정치는 한때 기존 사회 코포라티즘의 부활을 예측하게 하기도 했다.[42]

협주행동에 버금가는 코포라티즘 정치의 시도로 간주되는 이 동맹

---

41) 김용철, 2000, 「신자유주의와 코포라티즘의 관리기제: 네덜란드의 경험과 한국의 노사정협의체제」, 한국정치학회 연례학술회의 발표 논문, 3-4쪽.
42) 김수행 외(2006) 참조.

은 노조가 먼저 제안한 것이었다. 당시 노조는 이를 통해 일자리와 소득의 공평한 분배, 환경 에너지 정책, 교육, 사회 보장 제도와 조세 정책, 재산세 및 유럽 정책 등 일곱 가지에 대한 실질적 논의 기구로서 새로운 형태의 '고용 협약'이 이루어져야 한다고 주장했다.[43] 그리고 적녹 연정은 이에 호응해 사용자 측을 포함하는 삼자 협력을 시도했다. 그러나 이것은 '제3의 길'과 '신중도'로 포장된 사민당의 변화를 반영해 수요 조절 정책을 벗어난 것으로서 공급 조절 정책의 성격을 띠었다. 이와 같은 공급 조절 코포라티즘으로의 전환은 더 구체적으로 적녹 연정의 임금 단협 정책과 연금 및 의료 보험 정책에서도 나타났다.

우선, 임금 단협과 관련된 적녹 연정의 노동·고용 정책은 일반 임금 수준의 하락, 일괄 단체 협약에 따른 단협안의 보편적 적용 폐지, 부문 내 또는 부문 간 임금 격차 확대, 지역 간 임금 격차 확대라는 네 가지 성격을 띠었다.[44] 그리고 연금 관련 개혁 조치들 중 중요한 것은 '직장 연금(Betriebliche Altersversorgung)'을 통해 법적 연금 제도를 보완케 한 것이었다. 그에 따라 2002년부터 직장 평의회나 노조가 사용자와 협상을 통해 연금의 크기와 종류를 선택하게 되었다.[45] 의료 보험과 관련해서도 적녹 연정은 의료 보험의 민영화 수준을 높여 거주지별로 의료 보험 수가를 협약으로 결정할 수 있도록 했다. 이를 통해 의료 보험의 구체적 내용을 보험 기금과 의사 단체에 일임해 결

---

43) *Frankfurter Rundschau*, 1999. 06. 20.

44) Heine, Michael and Hansjörg Herr, 1999, "Die beschäftigungspolitischen Konsequenzen von 'Rot-Grün'," *Prokla: Zeitschrift für kritische Sozialwissenschaft*, Jg. 29, H. 3, S. 377–394.

45) *Die neue Rente: Solidarität mit Gewinnen*, Broschüre vom Bundesministerium für Arbeit und Sozialordnung, 2001; "Reform der Alterssicherung: Günstige Bedingungen fur Betriebsrenten," *Sozialpolitische Informationen*, 2001. 04.

과적으로는 보험 가입자의 참여권과 결정권을 제약했다.[46]

'일자리 동맹'은 1960년대 말과 1970년대 초·중반 협주행동의 경험을 살려 노사정 간 새로운 고용 협약을 추진하려 했던 것으로 보인다. 그러나 그 내용은 협주행동의 수준에 미치지 못할 뿐만 아니라 그 성격을 완전히 달리하는 것이었다. 비록 제도화되지는 못했지만 협주행동은 수요 조절 사회 코포라티즘으로서 완전 고용, 노사 관계 안정, 사회 복지 확대를 주요 의제로 삼았다. 반면, 적녹 연정의 새로운 코포라티즘 시도는 재취업 기회의 제공과 경제 성장 과실의 공정한 분배 등을 이슈로 삼기는 했지만 우선적으로 사회 복지 감축과 노동 시장의 유연성 확보 및 생산성 증대를 통해 국제 경쟁력을 강화하고자 하는 공급 조절 코포라티즘 시도였다.

이러한 '일자리 동맹'의 성격을 구체적으로 살펴보면 다음과 같다:[47] 첫째, 노동과 산업의 경쟁력을 위한 생산성 협정으로서, 산업 현장에서 노동자들이 자신들의 이해관계 관철을 위해 사용자와 교섭하고 협의하는 기제가 아니라, 공급 측 행위자인 기업의 경쟁력 제고를 위해 노동자들의 협조를 조직화하는 시도였다. 둘째, 국제적 압력에 대응해 경제 성장에 유용하도록 사회 정책과 소득 정책을 재조정하려는 목적을 가졌다.[48] 따라서 '일자리 동맹'은 분배 정책이나 각종 사회

---

46) 정병기, 2001, 「사회(복지)국가의 형성·재편과 노동조합의 대응: 독일과 이탈리아 비교」, 《사회복지와 노동》 제3호(복지동인), 285–317쪽; *Pressemitteilungen*, no. 74, 2001, Bundesministerium für Gesundheit.

47) Zuege, Alan, 1999, "Das Trugbild vom 'Dritten Weg'," Klaus Dörre, Leo Panitch und Bodo Zeuner, u. a., *Die Strategie der 'Neuen Mitte': Verabschiedet sich die moderne Sozialdemokratie als Reformpartei?*(Hamburg: VSA), S.89–90; 김수행 외(2006) 참조.

48) 취게(Zuege)는 이를 두고 개방 경제적 코포라티즘(open-economy corporatism)이라고 부른다. Zuege(1999), S. 89–90 참조.

정책 등 노동자들의 생활 조건과 밀접한 국가 정책에 있어 노동자들이 자신들의 이해관계를 대변하는 통로가 아니라, 국가의 경쟁력 제고를 위해 노동자들의 양보를 조직화하는 기제라는 의미를 가졌다. 셋째, 다른 한편 모든 사회생활 영역에 대한 참여를 확대함으로써 경쟁력뿐만 아니라 제반 분배 조건도 개선하려는 코포라티즘적 사회 조정 혹은 코포라티즘적 사회 통치(corporatist social governance)를 시도했다. 여기에서 말하는 사회 통치는 산업 현장에서 노사 관계 차원이나 노동자들의 생활 조건을 직접적으로 규정하는 사회·경제 정책적 차원을 넘어서는 개념이다. 곧 정부가 '일자리 동맹'을 통해 일자리와 경쟁력 및 교육에까지 이르는 노동자들의 모든 사회생활 영역에 개입함으로써 전 사회적 이슈들을 제도화된 노동자 조직을 통해 통치한다는 발상이라 할 수 있다.

물론 '일자리 동맹'이 시도한 코포라티즘적 사회 통치는 관료적 독재 정치에서 의회의 활동을 정지시키고 통치자가 직접 대중을 동원하는 기제로 사용되는 국가 코포라티즘적 통치와는 엄격히 구별된다. 특히 독일처럼 노사 관계의 자율성이 확보된 나라에서 국가 개입이나 코포라티즘적 통치는 상당한 제약을 갖고 있다. 노사의 자율적 협력을 기본으로 삼고 국가의 개입은 유도 국가적으로 제한된 범위와 방식으로만 이루어질 수 있기 때문이다. 또한 비단 독일에서뿐 아니라 사회 코포라티즘은 본질적으로 완전 고용과 소비 성장을 통해 자본의 축적을 일정하게 제약하는 기능을 수행하는 한편, 노동자 계급 조직의 내부에 이윤 동기를 수용케 하고 확대하는 기능도 함께 수행한다. 독일 적녹 연정의 코포라티즘 통치 시도는 그중 전자의 기능이 심각하게 제한되고 후자의 기능이 중심이 되었다고 할 수 있다.

3. 약성 코포라티즘 국가: 프랑스와 이탈리아

프랑스 코포라티즘 정치는 제2차 세계 대전 기간 독일 나치 정권이 세운 비시(Vichy) 정부(1940~44)에서 처음 시작된 것으로 주로 이야기된다.[49] 그것은 독일과 이탈리아에서 현대 코포라티즘의 변천이 국가 코포라티즘에서 사회 코포라티즘으로 전개된 것에 착안했기 때문이다. 그러나 프랑스도 국가 코포라티즘이 도입되기 전에 사회 코포라티즘을 먼저 경험했다는 점에 유념할 필요가 있다. 1920년대 중반 이후 들어선 중도-좌파 정부들이 노동조합의 요구 사항을 수용하기 시작했으며, 1925년 좌파연합(Cartel des Gauches) 정부에 의해 국가경제위원회(CNE: Conseil National Économique)가 성립되어 1936년 인민전선(Front Populaire) 정부 출범 후에 법으로 제도화되었다.[50]

그러나 국가경제위원회는 당시의 생디칼리즘적 전통과 계급 적대적 노사 관계로 인해 더 이상 발전하지 못하고 협의와 자문을 담당하는 기구에 머물렀으며, 좌파 혹은 중도-좌파 정부의 실험적 차원을 넘어서지 못했다. 게다가 이러한 사회 코포라티즘의 경험은 비시 정부에서 국가 코포라티즘 실험으로 후퇴했다. 권위주의적 비시 정부는 자율적 노사 단체들의 활동을 억압하고 국가의 강력한 통제와 동원을 지향하는 파시즘 통치의 수단으로 코포라티즘을 이용했다.

---

49) 프랑스 코포라티즘의 변천에 대해서는 정병기, 2014a, 「프랑스 코포라티즘: 동시적 교환과 제한된 일반적 교환의 사회협약 정치」, 《지중해지역연구》 제16권 3호(부산외국어대학교 지중해지역원), 1~24쪽을 주로 참조.

50) 프랑스 코포라티즘의 기원에 대해서는 Milner, Susan, 2003, 「프랑스에서의 사회협의 경험에 대한 역사적 조망: 불가능한 파트너십」, Stefan Berger · Hugh Compston, 『유럽의 사회협의제도』, 조재희 · 김성훈 · 강명세 · 박동 · 오병훈 역(서울: 한국노동연구원), 137~157쪽 참조.

이 국가 코포라티즘은 전후 민주주의 국가 수립과 함께 사라졌음은 물론이다. 그러나 전후에도 국가 재건의 필요성으로 인해 코포라티즘 요소들은 지속되었으며, 다만 코포라티즘에서 권위주의적 성격이 사라지고 국가주의도 다른 형태로 전환되었다. 밀너(Milner)가 기술 관료주의로 명명하는 이 국가주의 및 그와 연관된 새로운 코포라티즘은 현대화 정책을 둘러싸고 우파와 좌파의 조화를 이루어 냈다.[51]

자문 협의 기구의 경험은 1946년 제4공화국 헌법에 경제사회위원회(CES: Conseil Éonomique et Social)로 다시 살아났다.[52] 제4공화국에서 이 기구는 정부 자문 기구로서 중앙 무대를 장악한 적이 없었다. 하지만 1958년 제5공화국 헌법 기구로 재규정되었을 때는 자율적인 자기 위탁 활동권(autosaisine)을 부여 받고 의회에 대해서도 자문 역할을 수행하게 되었다. 이어 1984년과 2008년에 걸친 두 차례의 개편을 통해 경제사회위원회는 현재의 경제사회환경위원회로 확대되어 '직업 집단들 간의 협력을 증진시키고 정부 정책에 대한 직업 단체들의 참여를 보장하기 위해 정부에 의해 설치된 헌법 기구이자 자문 협의회'로 자리매김되었다. 경제사회(환경)위원회[53]의 위상에서 특기할 점은 자문 협의 기구라는 점 외에도 노사의 이해관계를 반영하고 조정하는 기구가 아니라 모든 직업 집단들의 이해관계를 반영하는 기구라는 점이다.

---

51) Milner(2003), 148쪽.
52) 경제사회위원회의 조직과 기능 및 역할에 대해서는 손영우, 2005, 「이익 집단의 정치제도화에 대한 연구: 프랑스의 경제사회위원회를 중심으로」, 《시민사회와 NGO》 제3권 2호(한양대학교 제3섹터연구소), 193-220쪽 참조.
53) 경제사회위원회와 경제사회환경위원회(2008년 이후)를 통칭하기 위해서 편의상 경제사회(환경)위원회로 기술한다.

프랑스에서 코포라티즘 정치는 경제사회(환경)위원회 같은 제도적 장치를 통한 경로 외에도 노사정 삼자 협의와 노사의 직접적인 정치적 요구를 통해 이루어져 왔다. 강성 및 중성 코포라티즘 국가에 비해 프랑스 코포라티즘의 제도화 수준은 낮은데, 그것은 무엇보다 그 핵심 기제인 경제사회(환경)위원회가 노사정 대표들을 중심으로 조직된 기구가 아니기 때문이다. 따라서 프랑스 코포라티즘은 비제도적 삼자 협의와 노사의 정치적 요구에 대한 정부의 대응을 통해 더 자세히 살펴볼 필요가 있다. 이때 삼자 협의는 제도적 경로와 무관한 임의적 조치를 의미하며, 직접적인 정치적 요구는 노동자들의 시위나 파업을 통한 압력 행사를 뜻한다. 이러한 방식들은 주로 노사 단체 협상보다는 정치적 의제나 제도적 해결의 성격을 강하게 띤 사안을 두고 취해진 수단들이었다.

프랑스 최초의 삼자 협약은 1936년 인민전선 정부 시기의 마티뇽 협약(l'Accord Matignon)이었다.[54] 이 협약은 임금 인상, 노동 시간 단축(주당 40시간 노동), 유급 휴가, 선출직 노동 대표제의 도입 등 노동자들에게 기념비적 합의를 도출한 것으로 평가된다. 그리고 이와 어깨를 나란히 할 정도로 중요한 의미를 갖는 삼자 협약은 68혁명운동의 결과로 체결된 1968년 그르넬 협약(l'Accord de Grenelle)이었다.[55] 이 협약도 기본급 인상, 최저 임금제, 근로 시간 단축, 파업 기간 임금 지급 등과 함께 노동조합의 조직과 활동을 보장하고 확대했다는 의미를 갖는다. 이 협약들은 모두 후속 입법을 통해 제도화되는 경로를 밟았다.

---

54) 선학태, 2006, 『사회협약정치의 역동성: 서유럽 정책협의와 갈등조정 시스템』(파주: 한울아카데미), 298쪽.
55) Supiot, Alain, 2011, 『프랑스 노동법』, 박제성 역(서울: 오래), 89쪽.

반면, 노사 관계에 더 직접 관련되는 사안들에서는 정부가 노사 간 양자 협상을 유도해 단체 협상을 체결하게 한 후 이를 입법으로 수용해 왔다. 물론 1982년 모루아(Pierre Mauroy) 정부가 가격과 임금을 동결하기로 결정한 예와 같이 정부의 일방적인 개입이 이루어지는 경우도 적지 않았다. 그러나 1990년대 이후 프랑스 국가주의는 부아예(Boyer)가 파악한 것처럼 정부가 협상을 유도하는 이른바 '유도 정부(government inspired)'의 방식으로 변해 갔다.[56]

그러나 이후 사회 협약 정치는 협약을 체결하는 단계로까지 발전하지 못하고 주로 협의 수준에 머물렀다. 다만 이 협의가 '유도적' 국가주의의 성격에 따라 입법으로 연결되었을 뿐이다. 이것은 그르넬 협약의 입법화를 계승해 1982년에 노조 설립의 자유를 모든 사업으로 확대한 오루법(Lois Auroux: 당시 제정을 주도한 노동부 장관의 이름을 땀)이 다른 한편으로는 노사 협상을 강화하고 국가 개입을 축소한 것에서 잘 드러난다.[57]

그에 따라 삼자 협의는 정부의 임의에 의해 임시적으로 이루어지게 되었는데, 주로 긴급한 사안들에 대한 논의를 위해 정부가 소집하는

---

56) Boyer, Robert, 1997, "French Statism at the Crossroads," Colin Crouch and Wolfgang Streeck(eds.), *Political Economy of Modern Capitalism: Mapping Convergence and Diversity*, translated from the French by Simon Lee(London, Thousand Oaks, CA and New Delhi: Sage Publications), pp. 71-101.

57) 오루법은 구체적으로 임금 및 노동 시간 협상의 연례 개최를 의무화하고(특히 기업 차원), 5년마다 직업 분류 토의를 사용자에게 의무화했으며, 종업원들의 의사 표현권(Droit d'expression)을 강화했다. Van Ryusseveldt, Joris and Jelle Visser, 1996b, "Contestation and the State Intervention Forever? Industrial Relations in France," Joris Van Ruysseveldt and Jelle Visser(eds.), *Industrial Relations in Europe*(Heerlen, London, Thousand Oaks, CA and New Delhi: Open University of the Netherlands and Sage Publications), pp. 115-116 참조.

사회정상회담(le sommet social)의 형태로 진행되었다.[58] 사회정상회담은 비단 사회당 내각 때뿐만 아니라 우파 내각 시기에도 개최되었다. 특히 1995~97년 시라크(Jacques Chirac) 대통령과 쥐페(Alain Juppe) 총리가 주도하는 우파 단점 정부[59] 시기에 여러 차례 사회정상회담이 소집되어 청년 실업 문제와 노동 시간에 대해 노사의 의견이 개진되었다. 또한 쥐페 정부를 이은 조스팽(Lionel Jospin) 내각도 동거 정부 상황에서 사회정상회담을 이용해 실업, 근무 시간 및 임금에 관해 노사의 의견을 물었다.

유도 정부적 특징도 1990년대 이후에는 좌우파를 막론하고 프랑스 노동 정치의 주요한 특징으로 정착되기 시작했다.[60] 시라크를 이은 사르코지(Nicolas Sarkozy) 대통령의 우파 단점 정부 시기인 2008년에 체결된 '노동 시장 현대화를 위한 노사 협약(Accord du 11 janvier 2008 sur la modernisation du marché du travail)'과 그 입법화 및 올랑드 (François Hollande) 대통령의 좌파 단점 정부 시기인 2013년에 '기업의 경쟁력과 고용 안정성, 임금 근로자들의 경력을 위한 새로운 경제 및 사회 모델'을 위한 협약과 2014년 현재 앞두고 있는 입법화가 대

---

58) Parsons, Nick, 2003, 「1990년대의 프랑스: 역사의 무게와의 투쟁」, Stefan Berger · Hugh Compston, 『유럽의 사회협의제도』, 조재희 · 김성훈 · 강명세 · 박동 · 오병훈 역(서울: 한국노동연구원), 166쪽 참조.

59) 의회 다수당(혹은 다수 연합)이 행정부를 장악한 여당(혹은 여당 연합)과 일치하는 경우를 단점 정부라고 부르고, 일치하지 않는 경우를 분점 정부라고 칭한다. 이원 정부제를 채택하고 있는 프랑스에서 단점 정부와 분점 정부는 대통령이 소속된 정당(혹은 정당 연합)과 내각을 구성한 정당(혹은 정당 연합)의 일치 여부로 가름된다. 따라서 분점 정부는 동거 정부의 형태로 나타난다.

60) 손영우는 이러한 맥락에서 사르코지 정부를 평가했다. 손영우, 2008, 「프랑스 사르코지 정부의 노동개혁 내용과 특징: 신자유주의와 노사합의」, 《노동사회》 제129호 (한국노동사회연구소, 2월), 116-117쪽 참조.

표적 예이다.[61] 2008년 협약은 근로 계약 해지 제도 도입, 구체적 업무를 정한 근로 계약, 해고 근로자의 기존 권리 유지, 25세 미만 근로자 고용 정책 등을 다루었으며, 그 후속 협약의 성격을 가진 2013년 협약은 정리 해고 요건 완화를 핵심으로 불안정 고용(precarious employment) 방지 조치, 직업 변동 예측, 경제 위기 시 고용 유지 조치 개선, 정리 해고 절차 개정을 다루었다.

사실 프랑스 코포라티즘을 직접 다룬 연구들은 많지 않다.[62] 프랑스 내부에서는 치욕적 시기인 비시 정부 시기의 국가 코포라티즘 모델을 이후 시기에 적용하기를 꺼리는 학문적 풍토가 이어져 왔으며,[63] 프랑스 외부에서도 실제 프랑스 노동 정치의 특수성이 코포라티즘 이론적 접근을 어렵게 만든다고 보고 코포라티즘의 존재를 부정해 왔다. 그러므로 프랑스 역시 약한 형태로나마 코포라티즘 정치가 이루어져 왔다고 보는 이 책의 관점을 뒷받침하기 위해 기존 연구 경향들을 간략히 언급하고 넘어갈 필요가 있다.

학술적으로는 프랑스 외부의 경향이 중요하다. 그중 밀너(Milner)와 파슨스(Parsons)가 대표적인데,[64] 두 사람은 각각 좌우파 간 극심한 이

61) 두 협약에 대해서는 이정원, 2008, 「프랑스의 노동시장 현대화를 위한 노사협약」, 《국제노동브리프》 제6권 2호(한국노동연구원, 2월), 75–80쪽; Pernot, Jean-Marie, 2013, 「프랑스 노동시장 개혁을 위한 협약인가?」, 《국제노동브리프》 제11권 3호(한국노동연구원, 3월), 26–35쪽 참조.

62) 프랑스 코포라티즘 연구 경향에 대해서는 정병기(2014a) 참조.

63) Muller, Pierre et Guy Saez, 1985, "Néo-corporatisme et crise de la réspresentation," François Arct(ed.), *La réspresentation*(Paris: Economica), p. 122; 심창학, 1998, 「프랑스적 조합주의: 제2차 세계대전 직후의 공무원 사회보장 제도 개혁과정을 중심으로」, 『연세사회과학연구』 제4호(연세대학교 사회과학연구소, 11월호), 149쪽.

64) Milner, Susan, 2003, 「프랑스에서의 사회협의 경험에 대한 역사적 조망: 불가능한 파트너십」, Stefan Berger · Hugh Compston, 『유럽의 사회협의제도』, 조재희 ·

념적 대립과 노동조합의 파편화 및 급진성을 주요 이유로 프랑스에는 코포라티즘의 토대가 결여되었다고 보았다. 이 입장들의 공통점은 프랑스 사회 협약 정치를 코포라티즘이 아니라 국가주의(étatisme)로 설명한다는 것이다. 곧, 국가의 강력한 개입이 이루어지는 한편, 사용자와 노조는 정부의 개입을 자율성 침해로 보거나 정부의 조정을 계급화해로 간주해 거부하면서 정부를 로비나 양자 협상의 대상으로 상대하려 한다는 것이다.[65]

그러나 프랑스의 노동 정치도 노동 시장 집단과 협의하지 않은 채 정부나 의회의 결정만으로 이루어지지는 않는다. 제도적 협의 기구인 경제사회(환경)위원회가 헌법 기관으로 존재하며, 사회적 협의 관행인 사회정상회담이 작동함으로써 정부의 노동 정책이나 의회의 노동 입법에 노동자와 사용자의 의사가 반영되고 있다. 그 반영의 양상과 성격이 코포라티즘이 상대적으로 강력한 국가들과 다를 뿐이다. 따라서 프랑스 노동 정치의 국가주의도 코포라티즘을 부정하는 것이 아니라 프랑스 코포라티즘의 특수한 측면을 설명하는 개념으로 이해해야 한다.

프랑스 코포라티즘을 다룬 드문 연구자 중의 한 사람으로서 게치(Goetschy)[66]는 1980년대 프랑스 사회 협약 정치를 연구해 그 양면성을 잘 파악했다. 곧, 상급 노조의 현장성 부족, 상급 노조 간 분열, 파

김성훈 · 강명세 · 박동 · 오병훈 역(서울: 한국노동연구원), 137-157쪽; Parsons, Nick, 2003, 「1990년대의 프랑스: 역사의 무게와의 투쟁」, Stefan Berger · Hugh Compston, 『유럽의 사회협의제도』, 조재희 · 김성훈 · 강명세 · 박동 · 오병훈 역(서울: 한국노동연구원), 159-178쪽.

65) Van Ruysseveldt and Visser(1996b), p. 90 참조.

66) Goetschy, Janine, 1987, "The Neo-Corporatist Issue in France," Ilja Scholten(ed.), *Political Stability and Neo-Corporatism: Corporatist Integration and Societal Cleavages in Western Europe*(London, Beverly Hills, CA, Newbury Park, CA and New Delhi: Sage Publications), pp. 177-194.

업권의 파편화 등이 코포라티즘 정치의 작동을 방해하지만, 사회당 정부의 성립, 국가 개입 전통, 정치적 노조의 존재, 노조의 정부 접근 용이성 등이 코포라티즘 정치를 촉진한다는 것이다. 하지만 게치도 프랑스 코포라티즘 정치의 구체적 성격을 규명하는 데에는 관심을 갖지 않았다.

우리 국내에서도 심창학이 '프랑스적 조합주의'라는 개념으로 프랑스 코포라티즘의 존재를 주장했다.[67] 그는 제2차 세계 대전 직후 공무원 사회 보장 제도의 개혁 과정을 분석해 국가와 시민 사회 사이에서 작동하는 행정부의 역할을 강조하며 프랑스식 코포라티즘을 내세웠다. 그러나 공공 부문에서는 정부가 곧 사용자 단체이므로 노사정 관계가 명확히 구분되지 않음에도 불구하고 정부의 코포라티즘적 조정 대상을 국가와 시민 사회로 규정함으로써, 노사정 간 협의의 형태로 정부가 노사 관계를 조정하는 코포라티즘의 핵심을 비껴갔다.

이와 달리 손영우의 최근 논문[68]은 바카로(Baccaro)[69]의 논의를 빌려 계급 이해 대표 체계의 특별한 구조로서의 코포라티즘과 정치 협력 과정으로서의 협의(concertation)를 구분해, 이익 대표 체계로서의 코포라티즘은 사라지고 있지만, 정치 협력 과정으로서의 협의는 발전하고 있다고 주장했다. 그의 연구는 물론 프랑스 사회 협약 정치를 코포라티즘으로 보지 않고 새로운 의미의 '협의'로 설명하고 있다. 그

---

67) 심창학(1998).

68) 손영우, 2012, 「세계화시대, 정부의 정책적 자율성과 노동조합운동: 프랑스의 노동시간단축 정책 도입 사례」, 《국제지역연구》 제16권 4호(한국외국어대학교 국제지역연구센터), 23-52쪽.

69) Baccaro, Lucio, 2003, "What is Alive and What is Dead in the Theory of Corporatism," *British Journal of Industrial Relations*, vol. 41, no. 4, pp. 683-706.

러나 그가 말하는 '협의'라는 정치 협력 과정은 비록 이익 대표 체계의 코포라티즘에는 포함되지 않을지라도 갈등 조정 과정으로서의 코포라티즘에는 포함된다고 볼 수 있다. 따라서 그의 논의도 코포라티즘 정치의 구체적 논의로 발전될 필요가 있다.

이탈리아는 같은 라틴 문화권에 속한다는 점에서 프랑스와 유사한 점이 많다. 그렇지만 서유럽에서 가장 높은 산으로 해발 5000미터에 가까운 몽블랑을 사이에 두고 험준한 알프스 산맥을 국경으로 하고 있어 차이점도 일찍부터 적지 않게 형성되었다. 게다가 로마 1000년의 호흡을 간직한 나라인 만큼 코포라티즘의 역사도 독일보다 오래된 국가 코포라티즘에서 출발한다.[70]

이탈리아 코포라티즘은 1926년 무솔리니(Benito Mussolini)가 야당을 해체하고 반정부 신문을 폐쇄 조치하는 등 일당 독재 체제를 강화함과 동시에 국가 코포라티즘을 법제화한 로코법(Logge Rocco: 당시 법 제정을 주도한 법무 장관의 이름을 땀)을 통해 시작되었다. 이 법에 따른 이탈리아 코포라티즘은 국가 코포라티즘의 전형으로 간주되며, 독일 등 이후 파시즘 정권들이 이 모델을 따랐다.

로코법의 주요 내용은 복수 노조 금지, 위원장 취임에 대한 국가의 승인, 집행부 해산이나 조합 인가 취소에 대한 국가의 권리, 복수 사용자 단체 금지, 파업과 직장 폐쇄의 금지 등 노사 관계에 대한 국가의 통제를 공식화한 것이었다. 무솔리니 정부는 국가경제부와 노동부를 통합해 조합부(Ministero delle Corporazioni)를 신설하고, 이듬해 공포된 노동 헌장을 통해 파시스트 당원과 파시스트 노조원의 우선 채

---

70) 이탈리아 국가 코포라티즘에 대해서는 양동안, 2005, 『민주적 코포라티즘: 한국에 필요한 국가운영체제』(서울: 현음사), 167-172쪽 참조.

용을 규정하고 공인된 단일 노사 단체에 의한 단체 교섭을 강제함으로써 이탈리아를 '조합 국가(Lo Stato Corporativo)'라고 선언했다. 게다가 무솔리니는 전국조합평의회를 설치해 형식적으로 국가 경제 정책을 준비하고 조정하는 역할을 부여했으나, 자신이 의장을 겸하고 사용자 단체와 노동자 단체의 대표를 정부가 임명하게 하는 등 실질적으로는 파시스트당의 경제 정책에 대한 자문 역할에 한정시켰다. 이어 1934년에는 새 조합법(Diritto corporativo)을 제정해 모든 경제 인구를 22개의 조합으로 재조직했으며, 1939년에는 유명무실해진 하원을 해산하고 전국조합평의회로 하여금 하원 역할까지 대신하게 했다.

이러한 국가 코포라티즘의 경험은 전후 이탈리아에서도 프랑스에서처럼 부정적으로 작용해 코포라티즘 자체가 약하게 현상하게 되었다. 그 결과 이탈리아 사회 코포라티즘은 제도화 수준이 낮고 정치·사회적 협상과 일시적 회담을 통해 이루어졌다. 전후 이탈리아의 사회 코포라티즘은 1957년 국가경제노동위원회(CNEL: Consiglio nazionale dell'economia e del lavoro)의 수립과 함께 시작되었다.[71] 물론 적지 않은 사람들이 이탈리아 사회 코포라티즘은 1970년대 중반 공산당의 각외 연합 정치 시기나 1983년 최초의 삼자 협약인 스코티(Scotti) 협약에서 시작되었다고 본다.[72] 이 주장들은 국가경제노동위원

---

71) Pedersin, Roberto, 2004, 「이탈리아 국가경제노동위원회(Cnel)의 기능 및 사회적 협의」, 《국제노동브리프》 제2권 5호(한국노동연구원), 88~94쪽; 정병기, 2000b, 『이탈리아 노동운동사』(도서출판 현장에서 미래를) 제7장 참조.

72) 이탈리아 사회 코포라티즘이 시작된 시기를 김종법과 정승국 등은 1970년대 중반으로 보며, Garonna and Pisani 등은 1980년대로 본다. 김종법, 2007, 「노사정 갈등의 해결모델로서 이탈리아 코포라티즘과 산별협약: 복수노조 시대의 한국 노사갈등협력체제 구축을 위한 비교연구」, 《이탈리아어문학》 제22권(이탈리아어문학회), 19~55쪽; 정승국, 1998, 「이탈리아 국가와 노동의 정치적 교환과 '사회적 합의' 구조의 역동적 변화」, 《노동사회》 제26호, 80~93쪽; 정승국, 2003, 「이탈리아 코

회가 프랑스의 경제사회(환경)위원회처럼 노사정 삼자 간의 코포라티즘적 기구가 아니라 노사 이외의 다른 사회단체들도 포함하는 다양한 이익 집단들의 정치적 이해 대변 기구라는 판단에서 비롯된다.

국가경제노동위원회가 노사정 간 코포라티즘적 기구가 아닌 것은 사실이다. 그렇지만 이탈리아 국가경제노동위원회는 노사 대표들이 다수를 차지하는 가운데 전문가와 비영리 단체 및 자영업자 대표들을 포함할 뿐이어서 프랑스의 경제사회(환경)위원회처럼 다양한 이해관계들을 대폭 포괄하는 것도 아니다. 전국과 지방의 소득 정책 및 분권화된 사회적 협의를 중요한 임무로 하며 다양한 입법과 행정에 대해 자문 활동을 수행하고 있어 비록 의결 기능과 집행 기능까지 갖춘 코포라티즘이 아니라, 자문 활동을 통해 정치·사회적 협상으로 진행되는 코포라티즘 정치를 추동하는 기능을 수행하는 기구 정도로 평가할 수 있다.

1970년대에도 물론 코포라티즘이 온전히 작동했다고 보기는 어렵다. '역사적 타협(compromesso storico)'이라 불리며 공산당 각외 연합에 의해 지지 받는 기민당 주도 연정의 정치적 타협 정치가 코포라티즘 성립의 좋은 토양을 제공했다. 하지만 타협보다는 투쟁을 통한 정치적 해결을 강조해 온 노조 전통에 의해 코포라티즘은 노조의 정치적 직접 협상이라는 굴절된 형태로 나타났다. 곧, 공식적 협약을 체결하지 않은 상태에서 정부는 사회 개혁 정책을 실행하고 노조는 임금 인상 요구를 자제하며 사용자는 이를 묵인하는 방식이었다.

포라티즘의 발전과 위기』(서울: 한국노총중앙연구원); Garonna, Paolo and Elena Pisani, 1986, "Italian Unions in Transition," Richard Edwards, Paolo Garonna and Franz Tödtling(eds.), *Unions in Crisis and Beyond: Perspectives from Six Countries*, Dover, Mass. and London: Auburn House Publ., pp. 114–172 참조.

하지만 1970년대 말 정당들 간의 정치적 타협이 깨어짐에 따라 노사와 정부의 정치적 협약도 파기되었다. 이러한 상황에서 경제 위기는 지속되었고, 그 위기 의식은 1983년 최초의 노사정 삼자 협약의 체결로 연결되었다. 협약을 추진한 노동부 장관(Vincenzo Scotti)의 이름을 따 스코티 협약(L'accordo Scotti)이라고 불리는 이 협약을 통해 노사정은 인플레이션 감축, 임금 인상 자제, 물가 연동 임금제(Scala mobile) 조정 비율의 축소, 기업 조세 부담의 경감 등에 합의하고, 노동 시장과 국민 보건 체계, 임금 보조 기금과 연금 제도를 규율하는 새로운 법을 입안할 것에 동의했다.[73] 스코티 협약은 이탈리아 사회 코포라티즘의 효시라고는 할 수 없지만, 최초의 공식적 삼자 협약으로서 당시까지 추동되어 온 코포라티즘 정치의 가시적 결과물이라고 할 수 있다. 그러나 협약의 합의 내용들이 실질적으로 입법에 의한 제도화로 충분히 연결되지 못했다는 점에서 코포라티즘의 제도화로 보기에는 한계가 있다.

이탈리아 코포라티즘의 제도화는 1993년 7월 협약에서 찾을 수 있다.[74] 이 협약은 노사정 삼자 합의를 통해 물가 연동 임금제를 완전히 폐지하고 소득 정책 제도를 도입했는데, 무엇보다 중요한 것은 이탈리아 산업 관계를 처음으로 입법으로 제도화하고 노사정 협의를 정례화했다는 것이다. 곧, 정부와 노조 연합체 및 사용자 단체들이 임금, 물가, 공공요금, 투자 등 소득·고용·경제 정책, 사회 정책, 재정 정

---

73) Altieri, Bellina et al., 1983, *La vertenza sul costo del lavoro e le relazioni industriali*(Milano: Franco Angeli) 참조.
74) 정병기, 2007b, 「이탈리아」, 민주노총 산별특위, 『산별노조 운동과 민주노총: 산별노조 시기에 민주노총 위상과 조직개편 전략』(서울: 전국민주노동조합총연맹), 154-209쪽 참조.

책, 연금, 노동 시장, 지역 개발 정책, 보건 체계, 연구 개발 정책, 공공 투자, 학교 교육, 직업 교육 등에 관해 협약을 체결하도록 법으로 규정되었다.

1993년 협약을 계기로 이후 노사정 합의는 지속적으로 창출되어 왔다.[75] 좌파민주당 중심의 중도-좌파 연립 정부가 출범한 1996년에는 일자리 창출을 정책에서 최우선하는 고용 협약이 체결되었고, 1997년의 연금 개혁 합의를 거쳐 1998년에는 재차 고용 창출을 위해 조세 부담을 경감하고 노동 비용을 감축하는 합의가 이루어졌다. 특히 1998년 협약은 지방 차원에서도 사회적 협의가 경제·사회 정책의 결정 과정에서 정식 절차로 자리 잡을 수 있는 계기를 마련했다.

이제 노사정 협의는 비단 중도-좌파 정부에서만 이루어지는 것이 아니게 되었다. 실제 중도-좌파 정부가 출범하기 전인 1995년에도 연금 개혁 합의가 이루어졌으며, 정부 교체 이후인 2002년에도 경제 발전과 고용 창출을 위해 재정, 노동 시장, 연금 제도 등을 개편하기로 한 노사정 합의가 이루어졌다.

그러나 베를루스코니(Silvio Berlusconi)의 중도-우파 정부의 정책이 본격화되면서 이탈리아 신자유주의 정치가 강화된 2002년 이후에는 코포라티즘적 합의 정치가 다시 후퇴하기 시작했다. 베를루스코니 정부는 사회적 협의(social concertation)의 위상을 사회적 자문(social consultation)으로 격하시켰다. 중도-우파 정부가 노사 당사자들과 직접적인 관계를 더 중시하고 노사의 합의나 노사정 삼자의 공동 협의를 상대적으로 경시했다는 점에서 코포라티즘의 발전이 지속되지 못

75) 김승호·김영두·김종진·유형근·인수범, 2007, 『노동운동의 재활성화 전략』(서울: 한국노동사회연구소·프리드리히 에버트 재단) 114–115쪽.

했다고 해석할 수도 있다. 그러나 2000년대 초반을 지나면서 나타난 현상은 늦게 형성된 이탈리아 사회 코포라티즘의 심각한 약화와 최소한 공급 조절 측면의 강화라는 질적 변화로 연결된 것으로서 본질적으로 그 성격을 달리하는 것이었다.

이러한 경향은 중도-좌파 정부의 재등장 이후에도 쉽게 돌이킬 수 없는 경향으로 자리 잡았다. 2007년 보험, 복지, 노동 시장과 관련해 탈집중화와 규제 완화 및 유연화를 확대하는 협약이 제안되어 우여곡절 끝에 노동자 및 연금 생활자 투표를 통해 통과된 것은 이를 잘 반영하는 사례이다.[76] 이것은 코포라티즘의 성격이 공급 조절 경향으로 더욱 변해 갔음을 의미할 뿐만 아니라, 노동조합이 협상과 협의를 통해 합의에 도달한 것이 아니라 투표를 통해 결과에 승복하는 방식으로 결정되었다는 점에서는 코포라티즘적 협의도 온전히 작동되지 않았음을 뜻한다.

4. 요약과 비교

노벨 문학상을 수상한 카네티(Elias Canetti)는 군중의 광기에 대해 깊이 천착한 저서 『군중과 권력』에서 유럽 주요 국가들의 국민성을 군중의 상징으로 파악해 재미있는 비유를 한 바 있다. 그 비유에 따르면, 영국은 바다, 네덜란드는 둑, 독일은 군대, 프랑스는 대혁명, 스

---

76) Sircana, Giuseppe, 2008, "La transizione difficile: Il sindacato nella seconda Repubblica(1992~2008)," Vallauri, Carlo, 2008, *Storia dei sindacati nella società italiana*, seconda edizione(Roma: Ediesse), pp. 183-219 참조.

위스는 산, 스페인은 투우사, 유대인은 모래로 상징된다.[77] 그중 특히 네덜란드와 독일의 비유는 코포라티즘의 역사에도 적용할 수 있다.

　네덜란드는 평화로운 시기에는 둑을 쌓고 외침을 당했을 때는 둑을 파괴해 방어해 온 역사를 통해 바다에 대항하는 둑으로 표현되며, 독일은 명령에 따라 흔들림 없이 '진군하는 숲'과 같은 군대로 비유된다. 공통적으로 중성 코포라티즘 국가에 속하지만 그중에서도 네덜란드가 상대적으로 타협과 협상의 전통이 강해 독일에 비해 코포라티즘 강도가 높은 것은 둑을 쌓아 가는 협력의 과정과 관련된다고 볼 수 있다. 독일의 경우는 타협과 협상보다는 정해진 규율에 맞추어 집단적으로 움직이는 전통을 가지고 있어 노사 관계의 법제화 수준이 높지만 정치·사회적 협약의 관행은 제도화 수준으로 발전되지 못했다.

　한편 카네티는 프랑스를 대혁명에 비유하는 한편 이탈리아에 대해서는 뚜렷한 상징을 제시하지 않았다. 프랑스 대혁명이 구체적으로 보이는 시각적 이미지는 바스티유 감옥 습격이다. 구체제(ancien régime)의 상징이었던 바스티유 감옥을 습격해 대혁명으로 이끈 것은 독일의 경우와 정반대로 규율에 대한 존중이 아니라 규율을 벗어나고 파괴하는 정치·사회적 행위였다. 프랑스의 코포라티즘은 이처럼 법제화된 방식이 아니라 정치·사회적 행위로 표출되는 성격이 강했다. 이탈리아도 이 점에서는 마찬가지이다. 카네티가 특별한 비유 없이 설명한 이탈리아의 특징은 로마의 부활이 실패해 뚜렷한 상징이 없다는 것이었다. 프랑스처럼 특정한 제도적 기제 없이 정치·사회적 행위로 표출되면서도 1990년대에 가서는 이를 제도화로 귀결시킨 것이 이

---

77) Canetti, Elias, 2002, 『군중과 권력』, 강두식·박병덕 역(서울: 바다출판사), 223-237쪽.

탈리아 코포라티즘 정치의 특징이다.

아쉽게도 스웨덴과 노르웨이에 대해 카네티는 침묵했다. 아마도 세계사적으로 중요한 영향을 미친 강대국의 역사를 갖지 못한 나라들이기 때문일 것이다. 그러나 코포라티즘과 관련해 스웨덴과 노르웨이만큼 중요한 나라는 없다. 대부분의 학자들이 인정하다시피 가장 강력한 코포라티즘 국가로서 이 분야의 전범이 된 까닭이다. 스웨덴의 상징은 단연코 노벨상이다. 사회 코포라티즘의 역사에서 노벨상감이라고 할 수 있다. 노르웨이도 그에 못지않은 국가로서 오랜 사회 코포라티즘의 전통을 가진 나라이다. 마치 여느 노벨상과 달리 유독 노벨평화상만은 노르웨이에서 선정하고 시상하는 것도 이것에 비유할 수 있다. 스웨덴과 노르웨이는 합의 민주주의적 배경과 제도적 기제 및 정치·사회적 행위라는 세 측면에서 모두 사회 코포라티즘이 발전된 나라였다. 하지만 최근 노벨상의 위상이 옛날 같지 않은 것처럼 두 나라의 코포라티즘도 약화되어 가고 있다.

구체적으로 여섯 나라들의 코포라티즘이 전개된 역사와 주요 내용을 비교해 보면 〈표 5-1〉과 같다. 우선, 스웨덴과 노르웨이에서 코포라티즘의 기원은 제1차 세계 대전 이전 정부 기구에 노사가 참여한 경험으로 거슬러 올라간다. 하지만 이 경험들은 노사가 핵심 이해관계 집단으로 참여하고 정부가 조정한다는 의미가 아니라, 정부가 노사의 이해관계를 자문의 형식으로 반영하기 위해 정부 정책 기구에 노사 대표를 초대하는 형태여서 현대적 의미의 코포라티즘은 아니었다.

이 두 나라의 현대적 사회 코포라티즘은 역시 공통적으로 1930년대 들어 형성되기 시작했다. 스웨덴에서는 1938년 살트셰바덴 협약이 최초의 계기였고, 노르웨이에서는 1935년 산업 평화 협약이 출발점이 되었다. 그러나 이 두 협약들도 여전히 사회 코포라티즘의 온전한 형성으로 보기는 어렵다. 살트셰바덴 협약은 삼자 협약이 아니라 노사 간 양자 협약이라는 점에서 그 자체로 코포라티즘 기제가 아니었고, 산업 평화 협약도 정부가 제안한 위기 정책에 대해 노사가 동의하는 방식이어서 처음부터 작동한 삼자 협의 기제가 아니었다. 그럼에도 불구하고 전자는 스웨덴 코포라티즘의 시민 사회적 토대를 갖추게 하는 중요한 계기였고, 후자는 노르웨이 신용 사회주의 모델을 구축하는 데 기여함으로써 이후 코포라티즘의 기본 이념으로 연결되었다는 점에서 큰 의미를 갖는다.

스웨덴 사회 코포라티즘의 핵심 기제는 1950년대 후반에 채택되어 1970년대 후반까지 실현된 렌-마이드너 모델이었다. 스웨덴은 이 모델을 통해 다양한 위원회를 갖춘 삼자 합의를 통해 연대 임금 정책과 엄격한 거시 경제 정책 및 적극적 노동 시장 정책을 오랫동안 유지해 왔다. 노르웨이도 제2차 세계 대전 종전 후 1990년대까지 경제조정평의회, 부문협의회, 생산협의회로 구성된 코포라티즘 피라미드 기구를 통해 국가 행정을 보완하면서 경제 발전을 조정하는 단계적 코포라티즘 협의 체제를 유지했다.

그러나 이와 같이 강력한 코포라티즘 정치를 구현해 온 스웨덴과 노르웨이도 변화를 피할 수는 없었다. 스웨덴은 1970년대 후반부터 케인스주의를 포기했고, 1980년대를 거치면서 신자유주의적 정책으로 전환해 1990년대에는 수요 조절 코포라티즘 정치에 종지부를 찍고 사회 코포라티즘 정치 자체를 위협하는 법안들을 제정하기 시작했다. 노르웨이 역시 1990년대 후반 연대 대안 협약을 거치면서 임금 협약의 탈집중화 경향이 시작되고 2000년대에는 삼자 협의뿐 아니라 노사 협력도 약화되는 등 수요 조절 코포라티즘이 후퇴하는 중대한 변화가 나타나기 시작했다.

〈표 5–1〉 사회 코포라티즘의 전개와 주요 내용 및 변화

구분	주요 기구와 협약	주요 방식과 내용	변화
스웨덴	■1938년 살트셰바덴 협약 ■1950년대 렌-마이드너 모델 채택 ■1990년대부터 코포라티즘 약화 법안들 제정 ■다양한 위원회 운영	■노사 자율 협력을 통해 시민 사회적 토대 형성 ■1950년대부터 연대 임금 정책, 엄격한 거시 경제 정책, 적극적 노동 시장 정책을 오랫동안 유지 ■1980년대 신자유주의 정책 시작	■(정부 기구 참여로 시작→) 노사 양자 협약→강력한 수요 조절 코포라티즘→수요 조절 코포라티즘 약화
노르웨이	■1935년 산업 평화 협약 ■제2차 세계 대전 종전 후 코포라티즘 피라미드(경제 조정평의회, 부문협의회, 생산협의회) ■1999년 연대 대안 협약	■노사 관계 안정 및 경제 구조 조정 정책과 신용 사회주의 모델을 토대로 발전 ■종전 후에 국가 행정을 보완하면서 경제 발전을 조정하는 단계적 협의 체제 지속 ■2000년대 노사 및 삼자 협의 약화	■(정부 기구 참여로 시작→) 단계적 협의 기제에 토대를 둔 강력한 수요 조절 코포라티즘→수요 조절 코포라티즘 약화
네덜란드	■1945년 노동재단 ■1950년 사회경제평의회 ■1982년 바세나르 협약 ■1993년 신노선 협약 ■1996년 유연화와 보장에 관한 협약	■노사 협력을 토대로 제도화된 삼자 협의 체제 구축 ■1980년대에 다시 임금 인상 자제와 노동 시간 단축, 고용 창출 및 경제 회생을 위한 노사 협력을 토대로 유도적 정부 개입의 체제로 변화 ■1990년대 후반에 노동 시장 유연화와 비정규 노동 보호를 위한 유연 안정화를 위한 협의로 전환	■노사 양자 협약→노사 협력 중심의 수요 조절 코포라티즘→노사 협력 중심의 공급 조절 코포라티즘
독일	■1960년대 말 협주행동 ■1990년대 말 일자리와 교육 및 사회 정의를 위한 동맹	■1960년대 말 노사의 자발적 참여를 통해 가격 안정, 임금 인상 자제, 인플레이션 억제, 안정적 경제 성장을 시도 ■1990년대 말 생산성 향상을 위한 생산성 협정, 국가의 경쟁력 제고를 위한 사회 정책 및 소득 정책의 재조정, 그리고 이를 위한 노사 동의의 동원	■(국가 코포라티즘 경험→) 늦게 형성됐고 제도화 수준이 낮으며 자문과 동의에 한정된 수요 조절 코포라티즘→역시 제도화 수준이 낮고 자문과 동의에 한정된 공급 조절 코포라티즘

프랑스	▪1925년 국가경제위원회 ▪1936년 마티뇽 협약 ▪1946년 경제사회위원회 (2008년 이후 경제사회환 경위원회) ▪1968년 그르넬 협약 ▪1990년대 이후 사회정상 회담	▪제도적으로 노사는 다양 한 사회 집단들 중의 하나 로 포괄됨 ▪1930년대와 1960년대 후 반 임금 인상과 근로 조건 개선 등을 위한 협약 체결 ▪1990년대 이후 유도 국가 적 방식의 정부 개입으로 전환해 협의 차원에 한정 ▪정부가 소집하는 사회정 상회담의 개최를 통해 노 사 동의 동원을 시도	▪(국가 코포라티즘 경험→) 제도화 수준이 낮고 유도 국가적 개입 성격이 강한 수요 조절 코포라티즘→ 역시 제도화 수준이 낮고 유도 국가적 개입의 성격 이 강한 공급 조절 코포라 티즘
이탈리아	▪1957년 국가경제노동위원 회 ▪1970년대 말 EUR 노선 ▪1983년 스코티 협약 ▪1993년 7월 협약	▪자영업자와 비영리 단체 및 전문가들이 참여해 노사 의 영향력이 상대적으로 약 한 국가 협의 기제 ▪노조와 사용자가 개별적 으로 정부와 협상을 벌이는 정치적 직접 협상 ▪1993년 삼자 협의의 제도 화 ▪1996년 이후 일자리 창출 을 중시하는 협의 시작 ▪2000년대 이후에는 노동 시장 유연화를 위한 노사 동 의 동원이 시도되고 삼자 협 의가 자문 기능으로 축소	▪(국가 코포라티즘 경험→) 제도화 수준이 낮고 정치적 협상의 성격이 강한 수요 조 절 코포라티즘→제도화된 유연한 수요 조절 코포라티 즘→자문 기능으로 축소된 제도적 공급 조절 코포라티 즘

    독일과 네덜란드는 중성 코포라티즘 국가군에 함께 속하지만 코포
라티즘 작동 방식은 유사하면서도 다르게 현상했다. 독일의 사회 코
포라티즘이 노사 자율성을 근간으로 하면서 정부의 개입이 최소화된
유도 국가의 성격을 띤다면, 네덜란드의 사회 코포라티즘은 정부 개
입 시도가 강하게 이루어지는 가운데 노사가 이에 대해 대응하는 가
운데 상호 협력해 가는, 더 적극적이면서도 때로는 간접적인 차원에
머물러 부침하는 유도 국가적 성격을 갖고 있다. 그에 따라 독일 코포

라티즘의 제도화 수준은 매우 낮은 반면, 네덜란드 코포라티즘의 제도화 수준은 높게 나타난다.

네덜란드에서 사회 코포라티즘 형성의 계기는 제2차 세계 대전 중 독일에 의해 점령당한 기간에 노사가 비밀 회동을 통해 사회 동반자 관계를 형성하기로 합의한 전통을 이어받아 종전 직후 양자 협의 기구인 노동재단이 설립된 것이다. 그리고 이를 토대로 1950년에는 정부가 함께하는 사회경제평의회가 창설되어 코포라티즘의 중요한 양자 협의 기구로 기능하기 시작했다. 이 기구를 통해 제도화된 네덜란드 사회 코포라티즘은 1970년대 말까지 수요 조절 기능의 작동을 구가했다.

그러나 1982년 바세나르 협약을 통해 정부 개입이 다시 약화되고 노사 자율 협상이 강화되어 정부의 직접 개입은 간접 개입의 유도 국가적 성격으로 변했으며, 1993년 신노선 협약이 이를 재확인했다. 정부 조정의 성격도 1990년대 후반에는 1996년 '유연화와 보장에 관한 협약'에서 나타나듯이 유연 안정화를 내용으로 하는 공급 조절 코포라티즘으로 완전히 전환했으며, 이조차도 2000년대에는 다시 위기에 처했다.

독일의 사회 코포라티즘 시도는 나치즘 정권의 국가 코포라티즘이라는 부정적 경험으로 인해 매우 늦게 이루어졌다. 1960년대 말에 시작해 1970년대 초반까지 실현된 협주행동이 최초의 사회 코포라티즘 정치였다. 협주행동은 노사의 자발적 참여를 통해 가격 안정, 임금 인상 자제, 인플레이션 억제, 안정적 경제 성장을 시도한 수요 조절 코포라티즘 시도로서 당시 적황 연정에 의해 나름대로 강력하게 추진되었다. 그러나 이것이 제도화로 이어지지는 않았으며 자문 기능에 한정되어 일시적 경험으로 끝나고 말았다.

그 후 1990년대 말에 와서야 코포라티즘은 재시도되었다. 특히 적녹 연정에 의해 시도된 제2차 '일자리 동맹'인 '일자리와 교육 및 사회 정의를 위한 동맹'이 대표적인데, 적녹 연정은 이 삼자 협의를 통해 생산성 향상을 위한 생산성 협정을 체결하고 국가의 경쟁력 제고를 위해 사회 정책 및 소득 정책을 재조정하는 것을 목표로 노사의 동의를 얻으려 했다. 그러나 이 시도 역시 정부의 정책에 대한 노사의 동의를 동원하고 자문을 구하는 데 한정되었다. 게다가 1998년의 삼자 협의 시도는 1960년대 말의 협주행동과 달리 케인스주의에 입각한 것이 아니라 사회 복지 제도 감축과 노동 시장 유연화 등 신자유주의적 사회 경제 정책에 대한 동의를 구하는 사회 통치적 의미가 강했다.

사회 코포라티즘이 가장 약한 프랑스와 이탈리아도 유도 국가적 성격을 띤다는 점에서는 독일 및 네덜란드와 유사하다. 그러나 그 내용은 크게 달라 기본적으로 대립과 갈등의 노동 정치가 강하게 작용한다. 또한 약성 코포라티즘 국가군 내부에서도 프랑스는 정부의 직접적 개입이 강한 반면, 이탈리아는 정부와 노동계의 대립이 강하게 나타나는 차이를 보인다. 또한 두 나라가 동일하게 국가 코포라티즘의 경험을 가지고 있지만 이탈리아가 자국 정치 체제에 의한 자생적 경험이었다면 프랑스는 나치즘에 의해 강제로 이식된 경험이라는 점에서도 독일과 네덜란드의 차이와 유사하다.

물론 프랑스의 사회 코포라티즘은 1925년 국가경제위원회라는 경험을 가지고 있다. 하지만 이것은 실험적 시도였을 뿐 아니라 그나마 국가 코포라티즘으로 인해 단절되었다. 새로운 시도는 1946년 경제사회위원회 수립으로 나타났는데, 이 기구 역시 정부 자문 기구로서 사회 경제 정책에서 중요한 기능을 수행하지 못했다. 특히 경제사회위원회는 1958년 제5공화국에서 역할과 권한이 다시 확대되고 1984년과 2008

년에 걸친 두 차례의 개편을 거쳐 경제사회환경위원회로 개편되어 중요한 자문 협의 기구로 기능하고 있다. 하지만 이 위원회도 노사의 이해관계를 반영하고 조정하는 기구가 아니라 모든 직업 집단들의 이해관계를 반영하고 정부가 직접 참여하지 않는다는 점에서 노사 문제에 관한 삼자 협의를 핵심으로 하는 고유 코포라티즘 기구는 아니다.

프랑스의 사회 코포라티즘은 이러한 제도화된 기구 밖에서 이루어지는 정치·사회적 협상과 노사의 직접적인 정치적 요구들을 통해 전개되었다. 프랑스 최초의 삼자 협약인 1936년 마티뇽 협약과 1968년 그르넬 협약은 노동자들의 이해관계가 강하게 반영된 대표적 협약들로 그 내용들은 입법화로 이어지기도 했다. 하지만 1990년 이후 상황은 달라져 정부는 강력한 개입보다 노사 협상을 유도하는 유도 국가적 방향으로 전환했으며 개입이 필요한 중대 사안이 있을 때는 사회 정상회담을 활용했다. 코포라티즘 정치의 내용도 변해 노동 시장 현대화와 기업의 경쟁력 강화를 조건으로 고용 안정을 추구하는 공급 조절적 성격을 띠어 가기 시작했다.

이탈리아에서 프랑스 경제사회(환경)위원회에 조응하는 협의 기구는 1957년에 설치된 국가경제노동위원회다. 이 위원회는 비록 프랑스의 경제사회(환경)위원회만큼 다양한 사회단체를 포괄하지는 않기 때문에 상대적으로 노사의 이해관계를 더 반영한다고 할 수 있지만, 역시 노사정 삼자 간 협의 기구가 아니라는 점에서 고유한 코포라티즘 기구는 아니다. 다만 자문 활동을 통해 정치·사회적 협상으로 진행되는 코포라티즘 정치들을 추동하는 기능을 수행하는 기구라는 의의를 갖는다.

1970년대 말 EUR 노선으로 알려진 노동계의 정부 개혁 정책 대응도 코포라티즘 정치의 성립으로 이어지는 중요한 계기였다. 그러나 이 대응 전략도 노조의 정치적 직접 협상이라는 방식으로서 코포라티즘으로 간주되기에는 굴절된 성격이 강했다. 비록 이탈리아 코포라티즘의 제도화로 연결되지는 못했지만 코포라티즘 정치의 정치·사회적 행위의 가시적 결과로 나타난 것은 1983년 스코티 협약이었다. 이 협약을 통해 노사정은 인플레이션, 임금, 노동 시장, 복지 제도 등 여러 사회 경제 정책들을 포괄하는 합의를 도출했기 때문이다.

이탈리아 코포라티즘의 제도화는 1993년 7월 협약을 통해 이루어졌다. 이 협약은 노사정 협의를 법규화하고 정례화했으며, 실제 이 협약에 따라 1990년대에는 여러 차례 삼자 협약이 체결되었다. 그러나 상대적으로 안정된 제도화 단계에 도달하기는 했지만 2000년대 중도-우파 정부의 등장 이후 그 기능이 다시 자문 기능으로 축소되는 과정을 겪었으며, 협약의 내용도 이미 1990년대 후반부터 점차 변하기 시작해 2000년대 이후에는 노동 시장 유연화를 위해 노사의 동의를 동원하려는 공급 조절 코포라티즘으로 변해 갔다. 이탈리아 코포라티즘도 자문 역할에 한정된 제도적 공급 조절 코포라티즘이라는 큰 흐름에 휩쓸려 간 것이다.

6

사회 코포라티즘의 정당 정치적 요인과 통치 전략적 성격

이 장은 코포라티즘 정치에 구체적이고 직접적으로 영향을 미치는 요인 중 정당 정치적 요인을 다룬다. 정당 정치적 요인은 주도 정당의 이데올로기적 성격과 지지율 및 주도 정당의 정체성 변화로 대표된다. 이때 주도 정당은 사회 코포라티즘 형성을 주도한 정당을 의미한다. 그리고 그 이데올로기적 성격의 고찰은 사회 코포라티즘 형성을 주도한 정당의 성격을 밝히기 위함이며, 정체성 변화 고찰은 이후 사회 코포라티즘 변화에 대한 주도 정당의 영향을 밝히기 위함이다.

반면, 지지율의 변화는 사회 코포라티즘 형성 이후 최종 변화에 이르기까지 모든 전개 과정에 영향을 미친다. 제3장 분석 틀 소개에서 보조적으로 활용하겠다고 밝힌 연정 요인도 비록 다른 요인에 비해 덜 강력하기는 하지만 코포라티즘의 형성과 변화의 모든 과정에 영향을 미친다. 따라서 두 요인은 코포라티즘 정치의 전 과정에 걸쳐 필요한 부분에서 언급한다.

서술은 우선 앞서와 같이 여섯 국가들을 강성, 중성, 약성의 국가군으로 묶은 세 절로 나누어 이루어진다. 그리고 각 절은 다시 두 개의 항으로 나누어 사회 코포라티즘 형성 과정을 주도 정당의 이데올로기적 성격을 통해 고찰한 다음, 사회 코포라티즘의 변화 과정을 주도 정당의 정체성 변화와 연결해 살펴본다. 지지율은 두 가지 과정에 모두 영향을 미치므로 각 절의 제1항에서 통계치를 제시하지만 그에 대한 설명은 각 항에서 필요한 부분에 한정한다.

무엇보다 이 장은 코포라티즘을 추동하는 정당의 성격에 주목한다. 그러므로 이 정당의 성격을 제대로 이해하기 위해 주요 개념들을 미리 알아 둘 필요가 있다. 이론을 다룬 장에서 이미 설명한 것처럼 사회 코포라티즘을 추동하는 정당들은 사회주의 계급 정당이 아니라 친근로자 국민 정당이다. 하지만 친근로자 국민 정당은 반드시 계급 정당에서 시작되었다고는 할 수 없어도 사회주의 정당에서 출발한 것은 사실이다. 이 사회주의라는 개념은 처음부터 다양한 의미를 함축했다.

사실 사회주의 논의를 이데올로기적으로 깊이 있게 전개하려면 별도의 단행본이 필요할 만큼 대단히 복잡하다. 여기에서는 사회주의 정당의 차이를 설명하는 데 필요한 만큼 범박한 수준으로 정리하는 것에 만족한다.

사회주의는 크게 혁명적 사회주의, 개혁적 사회주의, 유토피아적 사회주의로 나눌 수 있다. 물론 이러한 명칭이 처음부터 존재했던 것은 아니며 경쟁하는 두 진영의 이론 논쟁을 통해 형성되었다. 유토피아적 사회주의는 프롤레타리아 혁명을 위한 계급적 분화와 물질적 조건이 무르익지 않은 상태에서 피억압 계층의 욕구에 따라 공상적 대안을 제시하는 이념으로 이후 무정부주의로 연결되었다. 이 흐름은 공상적 사회주의라고도 번역되며 맑스주의자들로부터 비과학적 투쟁과 전망을 제시한다고 비판받았다. 그에 대응해 맑스주의자들은 자신들의 이념을 과학적 사회주의로 자처하며 파리 코뮌에서 대안적 사회를 구상함으로써 공산주의(코뮌주의)로 정착해 갔다.

반면 개혁적 사회주의는 독일의 라쌀주의자들이 형성한 것으로 의회주의적 전술을 통해 사회주의 사회를 건설하고자 하는데, 이 사회주의 사회는 맑스주의자들이 상정하는, 국가가 소멸된 무계급 사회와 달리 국가가 윤리적 총체로서 존속하는 국가 안의 무계급 사회라는 일종의 국가 사회주의를 의미했다. 이 흐름은 의회주의적·개량주의적 사회주의라고도 부르며, 제2차 세계 대전 이후 현대 사민주의의 뿌리가 되어 오늘날 사민주의라고 하면 개혁적 사회주의를 이어받은 이념을 의미한다. 하지만 개혁적 사회주의 정당도 초기에는 무계급 사회를 지향하는 프롤레타리아 계급 정당의 정체성을 명확히 했다. 이후 목표 집단을 프롤레타리아 계급만이 아니라 이를 포괄하는 민중으로 설정함으로써 국민 정당으로 변했고, 이때 '국민'의 개념이 현대 자본주의 사회에서 근로자를 주축으로 한다는 점에서 친근로자 국민 정당으로 규정된다.

1. 강성 코포라티즘 국가: 스웨덴과 노르웨이

1) 주도 정당의 성격과 사회 코포라티즘의 형성 및 전개

사회 코포라티즘은 스웨덴에서 1938년에 합의된 양자 협약인 살트셰바덴 협약을 계기로 시민 사회적 토대가 마련된 후 1950년대 렌-마이드너 모델로 완성되었고, 노르웨이에서는 1935년에 체결된 산업 평화 협약을 통해 태동한 후 신용 사회주의 모델을 거쳐 제2차 세계 대전 종전 후 코포라티즘 피라미드 구조로 현상했다.[1] 이 시기들은 모두 좌파 정당들이 집권한 시기였다는 공통점을 갖는다. 1930년대라는 이른 시기에 코포라티즘의 토대가 형성된 것은 이 시기 두 나라의 좌파 정당이 이미 혁명적 계급 정당이 아니라 친근로자 국민 정당이었다는 점과 관련된다. 또한 제2차 세계 대전 이후 완성 혹은 공고화된 것도 좌파 정당의 이러한 성격과 사회적 기반 위에서 가능했다.

물론 스웨덴 노조는 1914년에 구성된 실업위원회에 참여해 정부의 노동 시장 정책과 관련된 행정 책임을 수행한 바 있다.[2] 그러나 당시이 기구는 우파 정부에 의해 장악되어 있어서 코포라티즘적 의사 결정과 집행 기능을 갖춘 기구로 발전하기에는 한계를 가질 수밖에 없었고 그에 따라 1926년 노조가 탈퇴했다. 노조가 다시 실업위원회에 참가한 것은 사민당이 집권한 후인 1934년이었는데, 이때에도 사민당 정부가 만든 실업 보험 계획의 행정 업무를 맡았다.

스웨덴 사민당의 친근로자 국민 정당성은 이미 1891년 제2차 전당 대회에서 "노동 계급의 현재적 관심을 고려하는 민중의 당"이라는 선언을 통해 공개적으로 표출되었다. 비록 "노동 계급"이라는 개념을 사용했지만, 그 '계급'의 구체적 모습은 특정 계층이 아니라 피지배층 일반을 의미하는 '민중'이었다. 스웨덴 사민당이 추진하는 혁명 전략도 이러한 정체성을 반영했다. 역시 '사회주의 혁명'이라는 수사를 사용했지만, 그 '혁명'은 '반드시 도래하지만 먼 미래의 일'로서 '우선적

---

1) 스웨덴, 노르웨이, 독일, 네덜란드의 정당 정치적 요인에 대한 정병기, 2004a, 「서유럽 코포라티즘의 성격과 전환: 통치전략성과 정치체제성」, 《한국정치학회보》 제38집 5호(한국정치학회), 333–334쪽 참조.

2) Fulcher, James, 2003, 「역사적 관점에서의 스웨덴: 스웨덴 모델의 흥망성쇠」, Stefan Berger · Hugh Compston, 『유럽의 사회협의제도』, 조재희 · 김성훈 · 강명세 · 박동 · 오병훈 역, 서울: 한국노동연구원, 387–388쪽.

으로 현재적 삶의 개선이라는 물질적 토대를 갖춘 다음'에 가능한 것이었다.[3]

이후 1917년 공산주의 정파들이 탈당해 나간 후 사민당의 개혁적 사회주의 경향은 더욱 공고해졌다. 그에 따라 사민당은 1932년 집권하면서 사회주의적 용어를 대폭 삭제하였고 각종 산업과 자원의 공기업화 계획을 유보하였다.[4] 사민당은 복지 국가 목표를 달성하기 위해 산업의 수익성에 의존하고 스웨덴 경제의 국제 경쟁력을 유지할 수밖에 없다고 천명했다. 이러한 이데올로기적 성격은 '인민의 집(forkhem)으로서의 사회'라는 개념으로 요약된다. 인민이 서로를 한 가정의 구성원처럼 대하는 사회를 지칭하는 은유로 사용된 이 '인민의 집' 사상은 사민당이 더 이상 노동 계급의 정당이 아니라 전체 인민의 정당임을 의미했다.

1930년대를 거치면서 이 '인민의 집' 사상은 현대 사민주의에 가까워졌다. 이제 스웨덴 사민당의 입장에서 볼 때, 민간 기업들이 국민의 복지를 위해 행동한다는 전제를 충족하는 한, 시장은 효율적으로 활성화되어야 한다.[5] 경제 정책의 주요 목표는 완전 고용, 경제 성장, 국민 소득과 사회 안전의 공정한 분배로 설정되었고, 노동 시장이 책임감 있게 움직이면 국가는 개입하지 않는 것이 원칙으로 정해졌다. 하지만 이것이 지켜지지 않을 경우, 예를 들어 실업, 인플레이션, 낮

---

3) 안재홍, 1998, 「근대화, 개인화의 정치경제 그리고 노동운동의 대응: 스웨덴 사례의 이론적 해석」, 《한국정치학회보》 제32집 1호(한국정치학회), 322–323쪽.

4) Fulcher(2003), 391쪽.

5) Visser, Jelle, 1996, "Corporatism beyond Repair? Industrial Relations in Sweden," Joris Van Ruysseveldt and Jelle Visser(eds.), *Industrial Relations in Europe*(Heerlen, London, Thousand Oaks, CA and New Delhi: Open University of the Netherlands and Sage Publications), pp. 175–204.

은 성장, 산업 갈등 등이 심각할 경우에 국가는 적극적으로 개입하려 한다.

이러한 스웨덴 사민당의 노선은 일찍부터 의회주의 전략을 통한 사회 복지 국가 건설을 지향하는 개혁주의를 규정한 것이다. 그에 따라 계급의 소멸을 위해 시장을 철폐하는 것이 아니라 민중의 처지를 개선하기 위해 적극적인 노동 시장 개입과 이에 따르는 행정 영역의 확대를 추구했다. 이것은 역설적으로 스웨덴 노동조합들로 하여금 시민 사회의 위축에 따라 자신들의 영역을 상실할 수 있다는 위기감을 느끼게 했다.

마찬가지로 사민당 정부의 적극적 개입 정책은 사용자 단체의 반발을 가져와 사용자 단체는 정부보다 노조와 연계를 강화하기 시작했다. 그리고 당시 정부의 개입을 껄끄러워 했던 노조도 이에 호응해 국가 규제를 노사 합의에 의한 노사 공동 규제로 대체하고자 했다. 이러한 맥락에서 맺어진 것이 살트셰바덴 협약이었고, 이것이 이후 스웨덴 노사 협의의 토대가 되었다. 그러나 이 협약은 정부의 개입을 전적으로 부정하는 것이 아니라, 오히려 대립과 갈등으로 치닫던 노사 관계를 협력 관계로 전환했다는 의미가 더 강하다. 다시 말해, 이전에는 노조와 사민당 정부의 긴밀한 관계 외에는 협의 문화가 존재하지 않았던 반면, 이 협약을 계기로 삼자 협의가 가능해지는 전환이 이루어지게 되었다는 것이다.

제2차 세계 대전 이후 1970년까지 사민당은 45%를 넘는 지지율을 가진 헤게모니 정당으로 정국을 주도했으며, 이후 점차적인 실표에도 불구하고 1976년까지 정권을 유지했다(〈표 6-1〉과 〈표 6-2〉 참조). 이와 같이 공고한 사회적 기반을 가진 사민당은 정치적으로 보다 온건해지면서 노사 양자와 코포라티즘적 관계를 구축하고자 노력했다.[6] 곧, 1948년과 1949년에 정부는 물가 상승과 임금 인상을 억제하기 위해 사용자들과 안정화 협정을 체결하였고, 1949년에는 노조로부터 임금 동결에 관한 협정을 얻어 냈다. 1949~55년 기간에는 각료 및 공무원들의 경제 정책 논의 과정에 노사 지도자들을 초청해 '목요 클럽'이라는 주례 회동을 가졌다. 특히 정부는 사용자 측의 협력과 신뢰를 회복하기 위해 노력했으며, 그 반대급부로 사용자 측은 1953년에 반(反)코포라티즘적인 '경영자 클럽'을 해체했다.

1950년대 후반 총선에서 크게 승리한 사민당은 정부의 위상을 강화해 코포라티즘을 유지하되 정부의 개입 강도를 높였다. 사용자와 농민, 노동조합 및 협동조합의 대표들이 초청된 코포라티즘적 협의는 총리 관저인 하프순드(Harpsund)에서 연례 회의로 이루어졌고, 이후 사회 경제 정책들은 렌-마이드너 모델에 따라 수립되고 집행되었다. 특히 1955년부터 1964년까지 진행된 하프순드 회의를 통한 정치는 '하프순드 민주주의'라는 이름으로 불리기도 한다.

이러한 협의 정치는 1960년대 중·후반 이후 1970년대 초반까지 경제계획평의회(1962년 설립)라는 더 공식적인 기구를 통해 실현되었다. 이 기구는 정부가 '하프순드 민주주의'에 대한 비판에 대응해 보다 지속적이고 장기적인 경제 계획을 다루는 협의를 위해 설치한 기구였다. 물론 하프순드 연례 회의뿐 아니라 경제계획평의회도 자문 역할에 한정되었다는 비판이 없지는 않다. 그럼에도 불구하고 이 협의들은 총리가 관할하는 기구에서 잦은 회동을 통해 이루어졌으며, 협의

---

6) 제2차 세계 대전 이후 1960년대 중반까지 이루어진 협의 정치에 대해서는 Fulcher(2003), 392-393쪽 참조.

<표 6–1> 스웨덴 의회 선거 결과(%)

연도	사민당	온건 연합당[1]	녹색 환경당[2]	자유 국민당	중도당[3]	민주당	기독 민주당[4]	좌파당[5]	기타	투표 참여율
1948	46.1	12.3	–	22.8	12.4	–	–	6.3	0.1	82.7
1952	46.1	14.4	–	24.4	10.7	–	–	4.3	0.1	79.1
1956	44.6	17.1	–	23.8	9.4	–	–	5.0	0.1	79.6
1958	46.2	19.5	–	18.2	12.7	–	–	3.4	0.0	77.4
1960	47.8	16.5	–	17.5	13.6	–	–	4.5	0.1	85.9
1964	47.3	13.7	–	17.0	13.2	1.9	–	5.2	1.5	83.9
1968	50.1	12.9	–	14.3	15.7	1.5	–	3.0	2.6	89.3
1970	45.3	11.5	–	16.2	19.9	1.8	–	4.8	0.4	88.3
1973	43.6	14.3	–	9.4	25.1	1.8	–	5.3	0.5	90.8
1976	42.7	15.6	–	11.1	24.1	1.4	–	4.8	0.3	91.8
1979	43.2	20.3	–	10.6	18.1	1.4	–	5.6	0.8	90.7
1982	45.6	23.6	1.7	5.9	15.5	1.9	–	5.6	0.2	91.5
1985	44.7	21.3	1.5	14.2	12.4		–	5.3	0.6	89.9
1988	43.2	18.3	5.5	12.2	11.3	2.9	0.0	5.8	0.7	86.0
1991	37.7	21.9	3.4	9.1	8.5	7.1	0.1	4.5	7.6*	86.7
1994	45.4	22.2	5.0	7.2	7.7	4.1	0.3	6.2	0.7	86.8
1998	36.6	22.7	4.5	4.7	5.1	11.8	0.4	12.0	2.3	81.4
2002	39.9	15.3	4.6	13.4	6.2	9.1	1.4	8.4	1.7	80.1
2006	35.0	26.2	5.2	7.5	7.9	6.6	2.9	5.9	2.8	82.0
2010	30.7	30.1	7.3	7.1	6.6	5.6	5.7	5.6	1.4	84.6

1) 온건연합당(M): 1948 우파조직(HR), 1952~68 우파당(HP)
2) 녹색환경당(MP): 1982~91 환경당(MP)
3) 중도당(C): 1948~56 농민동맹(BF), 1985 중도(C)
4) 기독민주당(KD): 1964 기독민주통합(KDS), 1988~91 기독민주사회당(KDP)
5) 좌파당(V): 1948~64 공산당(SKP), 1968~88 공산주의좌파당(VKP)
* 신민주당(ND) 6.7%

출처: Parties and Elections in Europe, http://www.parties-and-elections.eu/sweden2.html(검색일: 2014. 07. 03.)

〈표 6-2〉 스웨덴 역대 총리와 집권당

연도	총리	집권당
1945~1946	Hansson(사민당)	사민당
1946~1948	Erlander(사민당)	사민당
1948~1952	Erlander(사민당)	사민당
1952~1956	Erlander(사민당)	사민당, 농민동맹
1956~1958	Erlander(사민당)	사민당, (농민동맹)[1]
1958~1960	Erlander(사민당)	사민당
1960~1964	Erlander(사민당)	사민당
1964~1968	Erlander(사민당)	사민당
1968~1969	Erlander(사민당)	사민당
1969~1970	Palme(사민당)	사민당
1970~1973	Palme(사민당)	사민당
1973~1976	Palme(사민당)	사민당
1976~1978	Fälldin(중도당)	중도당, 온건연합당, 자유국민당
1978~1979	Ullsten(자유국민당)	자유국민당
1979~1982	Fälldin(중도당)	중도당, 자유국민당, (온건연합당)[2]
1982~1986	Palme(사민당)	사민당
1986~1988	Carlsson(사민당)	사민당
1988~1991	Carlsson(사민당)	사민당
1991~1994	Bildt(온건연합당)	온건연합당, 중도당, 자유국민당, 기독민주당
1994~1996	Carlsson(사민당)	사민당
1996~1998	Persson(사민당)	사민당
1998~2002	Persson(사민당)	사민당
2002~2006	Persson(사민당)	사민당
2006~2010	Reinfeldt(온건연합당)	온건연합당, 중도당, 자유국민당, 기독민주당
2010~현재	Reinfeldt(온건연합당)	온건연합당, 중도당, 자유국민당, 기독민주당

1) 1957년 농민동맹이 연정 탈퇴
2) 1981년 온건연합당이 연정 탈퇴

출처: Parties and Elections in Europe. http://www.parties-and-elections.eu/sweden1.html(검색일: 2014. 07. 03.)

결과가 실제 정책에 반영된 비율이 낮지 않은 것으로 알려졌다.

그러나 1976년 사민당이 실권한 후 상황은 변했다. 사민당이 실표를 거듭해 사회적 기반을 상실하기도 했지만, 당시의 세계 경제 위기가 작용한 측면도 적지 않았다. 하지만 당시 출범한 중도-우파 연정은 과거 사민당 정부와 달리 연합 정부로서 정치적으로 분열되어 있었기 때문에 과거와 효과적으로 단절할 수 없었고 마찬가지로 이미 제도화된 코포라티즘을 폐기할 수도 없었다. 다양한 위원회들을 비롯한 코포라티즘 기제들은 과거 사민당 정부 시기만큼 강력하지 못했을 뿐 지속적으로 작동했다.

노르웨이 코포라티즘의 토대를 형성한 '중대한 전환'은 스웨덴보다 빨라 1900년대 초에 시작되었다.[7] 하지만 이 시기 노르웨이 정부는 스웨덴과 마찬가지로 우파 정부에 의해 장악되어 있어 노조의 정부 기구 참여가 코포라티즘으로 이어지지는 못했다. 다만 정부 정책 결정 과정에 노동자들의 이해관계가 처음으로 반영되기 시작했다는 의미에서 '중대한 변화'로 간주될 뿐이다.

노르웨이는 제2차 세계 대전 이전까지 보수주의 정치와 자유당 지배를 겪었으며, 노동당의 배타적 지배권이 확립된 것은 제2차 세계 대전 이후이다.[8] 하지만 노동당이 코포라티즘 형성에 획기적으로 기여할 정도로 의미 있게 집권한 것은 이미 1935년이었다.[9] 비록 농민당의 지지를 얻어 집권한 것이기는 했지만 이를 통해 전반적인 자유

---

7) 노르웨이 코포라티즘의 정당 정치적 요인에 대해서는 정병기, 2012b, 「노르웨이 코포라티즘: 정당정치적 요인과 구조적 요인에 따른 성격 변화」, 《국가전략》 제18권 3호(세종연구소), 140–145쪽을 발전시킴.

8) Christensen, Tom, 2003, "Narratives of Norwegian Governance: Elaborating the Strong State Tradition," *Public Administration*, vol. 81, no. 1, p. 167.

9) 1928년 첫 노동당 정부가 성립되었지만 2주밖에 유지되지 못했다.

당 지배 질서에 균열을 낼 수 있었다. 그리고 이를 기반으로 노동당은 제2차 세계 대전 이후 배타적 지배권을 획득했으며, 이를 통해 사회 코포라티즘의 확정적 수립을 가능하게 했다. 곧, 제2차 세계 대전 이후 노르웨이에서는 노동당이 장기 집권하면서 국가의 경제 운용과 사회 조정의 기본 정책을 일관되고 체계적으로 집행함으로써 국가 정치경제 체제를 확립하고 이를 유지하는 권한을 지속적으로 독점하기 시작했다고 할 수 있다.[10]

노르웨이 노동당은 개혁적 사회주의 정당으로서 1887년에 창당되어 처음부터 실용적 노선을 선택했다. 1919~27년 사이에 코민테른 가입과 탈퇴를 두고 분당을 겪기도 했으나 1927년에 다시 통합해 1930년대에는 실용적 노선으로 회귀하면서 케인스주의적 개입주의를 선택했다. 곧, 1932년에 노총(LO)과 함께 위기 강령을 제정해 국가의 위기 관리를 주장했고, 1933년 선거에서 '전 국민을 위한 일자리 창출'을 슬로건으로 채택했다. 이어 1938년에는 사회주의 인터내셔널에 가입함으로써 제1차 세계 대전 직후의 "막간 혁명극(das revolutionäre Zwischenspiel)"을 최종적으로 마감했다.[11] 그 후 이른바 '게르하르드센(Gerhardsen) 시기'(1945~65)[12]의 황금기를 거쳐 1970년대까지 이 이

---

10) 김수진, 2007, 『노동지배의 이념과 전략: 스칸디나비아 사회민주주의의 성장과 쇠퇴』(서울: 백산서당), 107쪽.

11) Meyer, Kurt Bernd, 2005, *Der Wandel der Arbeitsbeziehungen in Dänemark und Norwegen*(Frankfurt am Main: Peter Lang), S. 90.

12) 1951~55년 토르프(Oscar Torp, 노동당)가 총리를 맡았고, 1963년에는 두 달간 보수당(Høyre), 중도당(Senterpartiet), 자유당(Venstre), 기독국민당(Kristelig Folkeparti)의 연정이 출범하기도 했으나, 나머지 모든 기간에는 게르하르드센(Einar Gerhardsen)이 총리로 정부를 이끌었다. 이 시기에 게르하르드센은 복지국가를 완성하는 등 현대 노르웨이의 틀을 구축해 '국부(国父)'로 불리게 되었다. Tuchtenhagen, Ralph, 2009, Kleine Geschichte Norwegens(München: C. H.

념과 정책을 그대로 유지했다.

　제2차 세계 대전 종전 이후 노르웨이 노동당은 1970년대가 지나도록 40%가 넘는 득표율을 획득하면서 헤게모니 정당의 위치를 지켰다 (〈표 6-3〉 참조). 다만 1973년에 35.4%로 떨어졌는데, 이것은 일차적으로 유럽공동체(EC) 가입 문제에 대한 대응에 기인했다. 당시 유럽공동체 가입에 반대하는 국민 다수의 여론과 달리 노동당은 찬성 입장을 취했던 것이다. 그러나 제2당인 우파당도 지지율이 떨어져 17.4%에 그침으로써 노동당은 다시 집권할 수 있었다(〈표 6-4〉 참조). 특히 1960년대 초반까지 유지된 45% 이상의 지지율은 노동당의 코포라티즘 정치 실현의 중요한 사회적 기반이 되었다.

　제2차 세계 대전 직후 게르하르드센이 이끄는 노동당 정부는 완전 고용, 경제 성장, 소득 균등화를 경제 정책의 3대 목표로 설정해 시급한 경제 재건을 위하여 통제 및 계획 경제를 실시했다.[13] 1949년 노동당이 채택했던 새 프로그램인 '원칙과 지침(Grunnsyn og retningslinjer)'을 볼 때, 이 정책은 포괄적 사회화 같은 정통 사회주의 정책을 의미하는 것은 아니었다.

　노르웨이 노동당이 내건 민주적 사회주의는 "모든 인민에게 보다 풍요롭고 풍족한 삶을 대등하게 누릴 수 있는 조건을 제공하기 위한 지속적 사회 개혁"이라는 케인스주의적으로 수정된 사회주의로서 "한마디로 계획에 의한 사회 발전"을 의미했다.[14] 이러한 의미에서 적어도 제2차 세계 대전 이후 노르웨이 노동당은 더 이상 프롤레타리아트

　　Beck), S. 164.
13) Hodne, Fritz, 1983, *The Norwegian Economy, 1920~1980*(London: Croom Helm), p. 141.
14) 김수진(2007), 127쪽.

의 계급적 이익 관철을 통해 사회주의 혹은 공산주의 사회로 이행하려는 계급 정당이 아니라, 처음부터 전 인민의 공동선이 존재한다고 보고 이 공동선을 추구하는 친근로자적 국민 정당이었다.

케인스주의적 전통 사민주의 국민 정당으로서 노르웨이 노동당은 케인스주의 요소를 경제 운용에 적극 도입했으며, 경제 계획을 수립하는 과정에 정부와 주요 사회 집단의 집합적 조정 양식을 수립했다. 그리고 조정 양식에 따라 최상층부에 정부와 전국 규모 이익 집단 조직의 대표들로 경제조정평의회(Det økonomiske samordningsrådet)가 구성되고, 중간 단위에 부문협의회가 수립되었으며, 사업장 단위에 생산협의회가 설치되었다.[15] 이를 통해 이후 1982년까지 노사정 삼자 협의에 의해 구체적인 임금 수준이 결정되었으며, 1973년에는 임금 억제를 위한 삼자 협의가 도입되는가 하면 1978~80년에는 가격 및 임금 동결의 긴축 정책도 실현되었다.[16]

특히 경제조정평의회, 부문협의회 및 생산협의회로 구성된 피라미드 구조는 노르웨이 사회 코포라티즘의 제도적 장치로서 간헐적인 중도-우파 정부 기간에도 코포라티즘이 존속할 수 있도록 했다. 심지어 두 차례에 걸쳐 상대적으로 장기간 유지된 1965~71년 중도-우파 정부 기간에도 이 피라미드 구조는 작동했다.

---

15) Hodne(1983), pp. 140–143.
16) 김인춘, 2002, 「세계화 시대 북유럽 조합주의의 변화와 혁신: 스웨덴, 덴마크, 노르웨이 비교분석」, 《경제와 사회》 통권 제53호(비판사회학회), 192쪽.

〈표 6-3〉 노르웨이 의회 선거 결과(%)

	노동당	진보당[1]	우파당	중도당[2]	기독국민당	좌파당	사회주의좌파당[3]	공산당	환경녹색당	기타	투표참여율
1945	41.0	–	17.0	8.0	7.9	13.8	–	11.9	–	0.4	76.4
1949	45.7	–	18.3	7.9	8.5	13.1	–	5.8	–	0.7	82.0
1953	46.7	–	18.6	9.1	10.5	10.0	–	5.1	–	0.0	79.3
1957	48.3	–	18.9	9.3	10.2	9.7	–	3.4	–	0.2	78.3
1961	46.8	–	20.0	9.4	9.6	8.8	2.4	2.9	–	0.1	79.1
1965	43.1	–	21.1	9.9	8.1	10.4	6.0	1.4	–	0.0	85.4
1969	46.6	–	19.7	10.3	9.4	9.4	3.5	1.0	–	0.1	83.8
1973	35.4	5.0	17.4	11.0	12.2	3.5	11.2		–	4.3	80.2
1977	42.2	1.9	24.8	8.6	12.4	3.2	4.2	0.4	–	2.3	82.9
1981	37.1	4.5	31.7	6.7	9.4	3.9	4.9	0.3	–	1.5	82.0
1985	40.7	3.7	30.4	6.6	8.3	3.1	5.5	0.2	–	1.5	84.0
1989	34.4	13.0	22.1	6.5	8.5	3.2	10.0	0.8	0.4	1.1	83.2
1993	36.9	6.3	17.0	16.7	7.9	3.6	7.9	0.0	0.1	3.6	75.9
1997	35.1	15.3	14.3	8.0	13.7	4.4	6.0	0.1	0.2	2.9	78.3
2001	24.3	14.6	21.2	5.6	12.4	3.9	12.5	0.1	0.2	5.2	75.5
2005	32.7	22.1	14.1	6.5	6.8	5.9	8.8	0.0	0.1	3.0	77.1
2009	35.4	22.9	17.2	6.2	5.5	3.9	6.2	0.0	0.3	2.4	75.7
2013	30.8	16.3	26.8	5.5	5.6	5.2	4.1	0.0	2.8	2.9	78.0

1) 진보당(FRP): 1973 Anders Lange당(ALP)
2) 중도당(SP): 1945~57 농민당(BP)
3) 사회주의좌파당(SV): 1961~69 사회주의인민당(SF), 1973 사회주의선거동맹(SV)

출처: Parties and Elections in Europe, http://www.parties-and-elections.eu/norway2.html(검색일: 2014. 07. 04.)

〈표 6-4〉 노르웨이 역대 총리와 집권당

연도	총리	집권당
1945	Gerhardsen(노동당)	노동당, 우파당, 농민당, 좌파당, 공산당
1945~1949	Gerhardsen(노동당)	노동당
1949~1951	Gerhardsen(노동당)	노동당
1951~1953	Torp(노동당)	노동당
1953~1955	Torp(노동당)	노동당
1955~1957	Gerhardsen(노동당)	노동당
1957~1963	Gerhardsen(노동당)	노동당
1963	Lyng(우파당)	우파당, 중도당, 기독국민당, 좌파당
1963~1965	Gerhardsen(노동당)	노동당
1965~1969	Borten(중도당)	중도당, 우파당, 기독국민당, 좌파당
1969~1971	Borten(중도당)	중도당, 우파당, 기독국민당, 좌파당
1971~1972	Bratteli(노동당)	노동당
1972~1973	Korvald(기독국민당)	기독국민당, 중도당, 좌파당
1973~1976	Bratteli(노동당)	노동당
1976~1977	Nordli(노동당)	노동당
1977~1981	Nordli(노동당)	노동당
1981	Brundtland(노동당)	노동당
1981~1985	Willoch(우파당)	우파당
1985~1986	Willoch(우파당)	우파당, 기독국민당, 중도당
1986~1989	Brundtland(노동당)	노동당
1989~1990	Syse(우파당)	우파당, 기독국민당, 중도당
1990~1993	Brundtland(노동당)	노동당
1993~1996	Brundtland(노동당)	노동당
1996~1997	Jagland(노동당)	노동당
1997~2000	Bondevik(기독국민당)	기독국민당, 중도당, 좌파당
2000~2001	Stoltenberg(노동당)	노동당
2001~2005	Bondevik(기독국민당)	기독국민당, 우파당, 좌파당
2005~2009	Stoltenberg(노동당)	노동당, 사회주의좌파당, 중도당
2009~2013	Stoltenberg(노동당)	노동당, 사회주의좌파당, 중도당
2013~현재	Solberg(우파당)	우파당, 진보당

출처: Parties and Elections in Europe, http://www.parties-and-elections.eu/norway1.html(검색일: 2014. 07. 04.)

1978~80년 긴축 정책에 대한 합의는 경제 호황에도 불구하고 계속된 임금 자제에 대한 노동자들의 저항에 따라 1973년에 이루어진 임금 상승에 기인한 것이었다. 이 임금 상승이 지속되면서 이듬해 임금 폭등 현상이 발생해 사용자와 정부가 또 다른 삼자 협상을 강력히 요구했고, 그에 따라 1975~77년에 다시 임금 자제 협약이 체결되어 가격 동결과 임금 동결을 동시적으로 교환하는 긴축 정책에 대한 합의가 도출되었다. 이 합의는 어디까지나 임금 폭등에 따른 임금 자제에 국한될 뿐, 노동 시장 유연화와 교섭 구조의 탈집중화 같은 공급 조절 코포라티즘의 핵심 내용으로 이어진 것이 아니었다.

2) 주도 정당의 정당 정체성 변화와 사회 코포라티즘의 변화

스웨덴의 1990년대는 코포라티즘 위기의 시기로 알려졌으며, 노르웨이에서도 2000년대에 코포라티즘 위기의 징조가 보이기 시작했다. 두 나라 모두 비록 시기는 다르지만 코포라티즘의 아성이 무너지기 시작한 것이다. 이 위기에는 우파 정당의 집권이 주요 배경으로 작용했지만, 다른 한편으로 친근로자 국민 정당의 약화와 그에 따른 정체성의 변화가 주요 원인이 되기도 했다.

스웨덴 사민당(S)은 1976년 총선 결과 약 반세기 만에 실각한 후 선거 전략 중심의 포괄 정당(catch-all party)으로 변해 갔다. 노르웨이 노동당(AP)도 1981년 실권하자 정체성과 정책을 재고하기 시작했다. 이러한 변화들이 사회 코포라티즘의 변화를 가져왔다고 할 수 있다. 그러나 다른 나라들과 달리 특히 강력한 수요 조절 코포라티즘을 오래 유지해 온 만큼 그 변화도 쉽사리 공급 조절 코포라티즘으로 전환하는 것으로 나타나지는 않았다.

스웨덴 수요 조절 코포라티즘을 가능하게 한 사민주의 노동 시장

체제는 1970년대까지 잘 작동해 탈규제의 압력을 거의 받지 않았다. 이러한 체제는 적극적 노동 시장 정책, 중앙 집중적 노사 관계 시스템, 공공 부문 고용 창출로 높은 수준의 안정적인 고용 효과를 거두었다. 그러나 스웨덴에서도 1980년대 이후에는 급격한 임금 상승, 둔화된 경제 성장, 높아진 실업률 등으로 노동 시장 개혁의 필요성이 대두되었다.[17]

실권을 경험한 후 1982년 재집권한 스웨덴 사민당도 국제적 신자유주의 담론의 영향을 받았는데, 특히 재경부 장관 펠트(Kjell-Olof Feldt)가 사민당 지도부의 묵인하에 스웨덴식 '제3의 길'을 통해 신자유주의적 선회를 추진했다.[18] 이 '제3의 길' 정책은 신자유주의 경제 정책과 동일하다고 할 수는 없지만, 수출 확대와 국제 경쟁력 강화를 위한 화폐 평가 절하를 주요 내용으로 함으로써 케인스주의 경제 정책으로부터 벗어난 것은 분명했다.[19]

---

17) 김인춘, 2004b, 「세계화, 유연성, 사민주의적 노동시장체제: 스웨덴 사례」, 《한국사회학》 제38집 5호(한국사회학회), 150쪽.

18) Ryner, J. Magnus, 2002, *Capitalist Restructuring, Globalization and the Third Way: Lessons from the Swedish Model*(New York: Routledge); 주은선, 2006, 「스웨덴 복지정치의 기반 변화: 코포라티즘의 폐기, 혹은 변형?」, 《사회보장연구》 제22권 1호(한국사회보장학회), 254~255쪽.

19) 이것을 두고 자본 이동 자유화와 환율 안정 및 재정·통화 정책 자율성을 동시에 추구할 수 없다는 '3위 일체 불가능성(impossible trinity)'의 질곡에 빠진 것으로 설명하기도 한다. 국제 금융의 세계화 속에서 스웨덴은 금융 시장 자유화를 실시했고 이로 인해 스웨덴 모델을 지탱해 주던 저금리 신용 정책 역시 사용할 수 없게 되었기 때문이다. 곧, 신자유주의적 세계화를 수용함에 따라 환율 안정과 재정·통화 정책의 자율성이 동시에 추구될 수 없게 되었다는 것이다. '3위 일체 불가능성'에 대해서는 Obsfeld, Maurice, 2000, "International Macroeconomics: Beyond Mundell-Fleming Modell," A paper represented at the First Annual Research Conference of International Monetary Fund, November 9~10, Washington D. C., http://emlab.berkeley.edu/users/obstfeld/ftp/mundell-fleming/mundell-fleming.

물론 이러한 변화는 노사 관계 모델보다 복지 모델의 수정에서 더 적극적으로 나타났다.[20] 하지만 사민당이 중간층 지지를 확대하기 위해 노조를 멀리하기 시작하면서 노조와의 관계를 악화시켰다. 심지어 임노동자 기금, 조세 개혁, 공공 부문 개혁, 에너지 정책 등 주요 정책을 둘러싼 1980년대 사민당과 노조의 갈등은 이른바 '장미 전쟁'으로 불릴 정도로 심각한 수준에 이르기도 했다.[21]

이러한 상황에서 1980년대 중반에는 노사 갈등도 심화되어 중앙 교섭조차 중단되었다. 그에 따라 펠트 장관은 1990년에 중앙 단협을 통해 임금 인상을 낮은 수준으로 조정하고 노사 중재 제도를 강화시키는 제도 개혁을 제안하면서 정부 개입을 강력하게 시사했다.[22] 결국 사민당과 노조의 갈등에 더하여 사용자 단체가 참여를 거부함으로써 대부분의 삼자 협의 기구들이 작동하지 않게 되었다.

이어 정부는 1990~91년 2년간 임금 인상 동결에 관한 법률을 의회에 제출했지만 부결되어 새 사민당 당수인 카를손(Ingvar Carlsson)이 이끄는 새 정부로 교체되었다. 새 정부도 렌베르이(Bertil Rehnberg)를 의장으로 하고 단체 교섭 전문가들로 구성된 렌베르이 그룹

---

pdf; Cohen, Benjamin, 1993, "The Triad and the Unholy Trinity: Lessons for the Pacific Region," Richard Higgot, Richard Leaver and John Ravenhill(eds.), *Pacific Economic Relations in the 1990s: Cooperation or Conflict?*(Boulder: Lynne Reiner), pp. 133-158 참조.

20) 조돈문·신광영, 1997, 「스웨덴 모델의 미래: 사회민주당의 계급연합 전략과 지지 기반의 변화」, 《산업노동연구》 제3권 2호(한국산업노동학회), 157-158쪽.

21) 신광영, 2000, 「스웨덴 계급 타협의 형성과 위기」, 《한국사회학》 제34집 4호(한국사회학회), 918쪽.

22) 1990년대 초반 노동 정책에 대해서는 인수범, 1998, 「스웨덴 1990년대 단체교섭구조와 노사관계변화: 정부 주도 '중앙교섭'의 대두와 '노조 간 연대'의 확대」, 《노동사회》 제21호(한국노동사회연구소), 102-113쪽을 참조.

(Frhandlingsgruppen, FHG 또는 Rehnberg Group)을 조직해 이후 노사 관계와 코포라티즘에 중요한 영향을 미쳤다.

렌베르이 그룹은 조직 직후 제안한 1990~91년간 임금 인상 자제 합의에는 실패했다(민간부문교섭카르텔 PTK가 거부). 하지만 1991년 1월에서 1993년 3월에 이르는 기간 동안 고임금 그룹의 임금을 동결하고 저임금 그룹의 임금만 1.1% 인상한다는 내용의 모범 협약안에 대한 동의를 얻는 데는 성공했다. 또한 물가 연동 임금제와 임금 부상 (wage drift) 연계제를 폐지하는 데 대한 합의도 도출해 냈다. 곧 렌베르이 그룹은 정부의 직접 개입을 대신하는 '중재 기구'로서 당시 소득 정책을 이끌었다고 할 수 있다.

이러한 중재 기구는 1995년 사민당이 다시 집권했을 때 에딘 그룹 (Eden Group)이란 명칭으로 다시 부활했다. 이것은 교섭의 분권화가 새로운 중앙 중재로 이어짐으로써 '분권화된 중앙 교섭' 또는 '중앙에서 조정되는 분권화'라고 불리기도 한다.[23] 그러나 카를손 정부는 유럽연합 가입을 적극적으로 추진하기 시작했으며, 이 정책은 1991~94년 중도-우파 정부에도 이어졌다. 그에 따라 스웨덴은 1995년에 유럽연합에 가입했는데, 유럽연합 가입은 1995년 다시 집권한 사민당의 신자유주의적 정책 전환을 더욱 촉진하는 방향으로 작용했다.[24]

그럼에도 불구하고 1990년대 스웨덴 코포라티즘의 심각한 후퇴는 사민당 집권기가 아니라 우파 집권기에 일어났다.[25] 공공 행

---

23) 인수범(1998), 111-112쪽.

24) Vandenberg, Andrew and David Hundt, 2011, "Corporatism, Crisis and Contention in Sweden and Korea during the 1990s," *Economic and Industrial Democracy*, vol. 33, no. 3, pp. 463-484 참조.

25) 1990년대 삼자 협의에 대해서는 Pestoff, Victor A., 2003, 「1990년대의 스웨덴: 정책협의 및 사회적 파트너십의 소멸과 1998년의 갑작스런 부활」, Stefan

정 부문 코포라티즘의 핵심 제도인 평대표제(Lekmannastyrelser, lay representation)를 비롯해 1990~91년에 진행된 정책 협의를 위한 부문 포럼 등의 삼자 협의 기구들은 1992년 법률에 의해 폐지되었다. 하지만 많은 코포라티즘 기제들은 오랜 제도화 수준에 바탕을 두고 있어 중도-우파 정권 시기에도 명맥을 유지할 수 있었다. 특히 노동재판소(Labor Court)와 연금보험기금(Pension Insurance Funds), 노동시장이사회(AMS) 등 노사 관계의 주요 제도들이 존속되었다.

1995년 사민당이 다시 집권했을 때 코포라티즘은 다른 형태로 복구되었다. 1998년 후반 사회적 자문과 정책 조율에 대한 관심이 부활했고, 이른바 '성장을 위한 동맹'이라 부르는 협의가 시작되었다. '성장을 위한 동맹'은 성장과 고용을 위한 장기적 조건들의 형성을 촉진하고, 필요한 변화들이 정부 단독보다는 노동 시장의 파트너들과 정부 사이의 합의를 통해 달성되는 방식을 탐색하는 것을 목표로 했다.

또한 2000년 사민당 정부는 국가조정사무소(National Conciliator's Office)를 대체하는 새로운 강력한 중앙중재위원회(Median Authority)를 설립해 노사가 합의하지 못한 쟁점들을 조정하고 임금 결정과 관련된 사항을 담당하도록 했다. 이 위원회는 임금 통계를 작성하는 업무와 더불어 협력 협약 체결을 유도하는 역할을 함께 수행해, 2001년 말까지 중앙중재위원회에 등록된 협력 협약 체결은 전체 근로자의 50%에 적용되는 총 16건에 달했다.[26]

현재 스웨덴 코포라티즘은 2006년 사민당이 재차 실권한 이후 또다시 1990년대 초반과 같은 질곡에 빠져들고 있다. 하지만 스웨덴 코

Berger · Hugh Compston, 『유럽의 사회협의제도』, 조재희 · 김성훈 · 강명세 · 박동 · 오병훈 역(서울: 한국노동연구원), 405-425쪽을 참조.
26) 김인춘(2004b), 164쪽.

포라티즘의 위기가 비단 중도-우파 정부의 출범에만 기인하는 것은 아니다. 1980년대 이후 사민당의 정체성 변화에도 그 원인이 있기 때문이다. 스웨덴 코포라티즘은 공급 조절 코포라티즘으로 전환하는 것이 아니라 수요 조절 코포라티즘의 약화가 그 자체의 존속 위기로 이어진다는 점에서 특수하다.

스웨덴 사민당에 비해 노르웨이 노동당은 신자유주의 혹은 '제3의 길'로의 정체성 변화가 미약하다.[27] 하지만 노르웨이에서도 공급 조절 코포라티즘의 징후가 나타났으며, 그것은 노동당의 정체성 변화와 구조적 변화가 시작된 이후였다.

노르웨이 노동당의 정체성 변화는 1970년대 후반에 시작된 경제 위기와 탈산업화 및 세계화를 경험함으로써 1980년대부터 가시화됐다. 물론 1970년대 초반의 유전 개발이 노르웨이의 경제와 복지를 더 오래 지탱하는 데 기여한 것은 사실이다. 특히 1973년 18.7%였던 공공 부문 고용이 1983년 25.1%로 증가한 것은 유전 개발에 따른 국유 기업의 확대와 긴밀한 관계가 있다. 노르웨이가 1970년대 초반 제1차 세계 경제 위기를 극복한 것도 유전 개발의 효과였다. 그러나 1970년대 후반 장래 석유 소득에 대한 기대로 인해 지나치게 증대된 국가 채무가 보편적 소득 정책의 실패와 중첩됨으로써 노르웨이는 사뭇 다른 측면에서 제2차 세계 경제 위기를 맞았다. 그에 따라 1978년 순외채가 GDP의 47%에 달해 노르웨이는 크로네(Krone)를 평가 절하하고 임금을 동결하는 긴축 정책을 폈다.[28]

게다가 1970년대 이후 도래한 탈산업화와 지속적인 득표율 감소

---

27) 노르웨이 사민당의 정체성과 코포라티즘의 관계에 대한 내용은 정병기(2012b), 142–145쪽을 재구성.
28) 김인춘(2002), 190쪽.

(〈표 6-3〉 참조) 및 그에 따른 1981년 정권 상실(1981~86)은 노동당으로 하여금 당의 정체성과 정책을 재고하게 만들었다.[29] 1980년대에 노동당은 공적 영역 및 개인의 자유에 대해 심각한 논쟁을 벌였는데, 이 논쟁은 1981년 강령 개정과 맞물렸다. 새 강령을 통해 노동당은 당의 노선을 더욱 실용주의적으로 바꾸고 노동 운동을 자유 운동이라고 정의했다. 이제 노동당 강령이 추구하는 덕목은 노동이 아니라 자유이며, 평등과 연대는 자유 다음의 가치로 설정되었다.

이후 논쟁은 1980년대 후반 영국과 독일 등의 '제3의 길' 논쟁으로부터도 영향을 받아 국가와 시장의 관계 및 공적 영역과 사적 영역의 관계에 대한 이른바 '자유 논쟁(freedom debate)'으로 이어졌다. 가장 첨예한 이슈는 거대 공공 부문의 가치와 긴밀한 대(對) 노조 관계였다. '자유 논쟁'의 결과는 노동자를 포함한 생산자보다 소비자를 중시하는 방향으로 나타났다. 그 구체적인 조치로 1992년에 노동당은 노조의 단체 당원제를 폐지하기로 결정하고 이를 1996년에 실현했다. 이러한 변화는 2001년 선거에서 실제 공약으로 제기되면서 마감되었다. 곧, 노동당은 자유를 최고의 덕목으로 하고 평등과 연대를 주장하는 공약과 정책으로 이 선거에 임했다.

그러나 약 20년에 걸친 노동당 정체성의 변화는 2001년 선거에서 유권자들의 선택을 받지 못했다. 노동당은 역대 최저 득표율을 얻어 다시 실권했으며, 많은 표가 진보당으로 옮겨 갔다(〈표 6-3〉 참조). 특히 노동자들과 노조원들의 노동당에 대한 실망은 매우 커서 1970년대 후반 64%에 달했던 지지율이 점차 낮아져 2000년대 초반에는 그

---

29) Heidar, Knut, 2005, "Norwegian Parties and Party System: Steadfast and Changing," *West European Politics*, vol. 28, no. 4, pp. 820-822 참조.

절반에 가까운 33%까지 떨어졌다.[30] 때문에 노동당은 노조와의 관계를 온전히 청산할 수 없었고, 그에 따라 노동당과 노조는 현재까지도 상호 영향을 미치고 있다.

순드베르그(Sundberg)의 연구[31]에 따르면, 1990년대 스칸디나비아 국가들 중에서 사민주의 정당의 집행부와 사민당 의원들이 노조원 배경을 가진 비율이 여전히 높은 국가는 노르웨이뿐이었다. 또한 노동조합(특히 LO) 주요 인사를 노동당 집행위원회 구성원으로 선출하던 전통도 2002년에 없어졌다가 노조의 요구에 따라 2005년에 다시 재개되었다. 뿐만 아니라 당서기를 비롯한 노동당 지도자들은 노조 총이사회(general council)에 출석하는 한편,[32] 노동당과 노조는 '협력위원회'를 통해 사회 경제 현안에 대해 협의하고 토론하며 정보를 교환한다.[33] 2005년 선거에서 노동당이 다시 30% 선을 넘어 사회주의좌파당(SV) 및 중도당(SP)과 연합함으로써 가까스로 재집권에 성공할 수 있었던 것도 어느 정도 이러한 흐름에 기인했다고 볼 수 있다.

그러나 노르웨이 노동당도 비록 영국과 독일 및 네덜란드 사민주의 정당에 비해 덜 우경화되었다고는 하지만,[34] 코포라티즘 정치에 영향을 미칠 정도의 성격 변화는 겪었다. 사실 1986년 재집권한 노동당은

---

30) Allern, Elin Hausgsgjerd, Nicholas Aylott and Flemming Juul Christiansen, 2007, "Social Democrats and Trade Unions in Scandinavia: The Decline and Persistence of Institutional Relationships," *European Journal of Political Research*, vol. 46, p. 626.

31) Sundberg, Jan, 2003, *Parties as Organised Actors: The Transformation of the Scandinavian Three-Front Parties*(Helsinki: Finnish Society of Sciences and Letters), p. 118.

32) Allern et al.(2007), p. 615.

33) Heidar(2005), p. 822.

34) 김인춘(2002), 192-193쪽; 정병기(2004a), 332-333쪽.

1988년 삼자 협의를 재개해 1990년과 1992년에도 이어 갔으며, 1996년에 노동법위원회를 통해 노조의 권한을 강화하여 노사 관계와 단협 체계를 더욱 중앙화하는 방향으로 나아갔고, 1997년과 2001년 실권을 거쳐 2000년과 2005년 재집권한 후 각종 삼자 위원회를 통해 중앙 임금 합의를 계속해 왔다.

하지만 중앙 임금 합의를 일정하게 지속하면서도 1988년에는 임금 자제와 노동 시장 유연화를 내용으로 하는 '연대 대안(Solidari-tetsalternativet)' 정책을 입안했으며, 1990년에도 지역 및 산별 차원의 협상을 제한해 미시적으로 분산하는 입법에 대한 합의를 유도했다.[35] 또한 1992년에는 삼자 협정을 통해 '가치 창출 포럼(Forum for the Creation of Values)'이라는 산업 혁신 포럼과 고용위원회(NEC)를 설립해 연대 대안 정책을 실행에 옮겼다.

이어 2000년에는 통신 공사 텔레노르(Telenor)의 지분 17%를 민간에 매각하고, 지배적 국영 석유 회사인 스타트오일(Statoil)도 일부 사유화했다.[36] 사회단체가 참여하는 국가 차원의 위원회도 1979년 490개였으나 2005년에는 186개로 축소되었는데, 그중 65.8%에 해당하는 200개가 노동당 집권기인 1986~97년에 감소한 것이다.[37] 곧, 1980년대 후반부터 노르웨이 코포라티즘은 협상의 분산화와 노동 시장 유연화 및 작고 강한 국가를 지향하는 공급 조절 코포라티즘의 징후를 보

35) Kahn, Lawrence M., 1998, "Against the Wind: Bargaining Recentralisation and Wage Inequality in Norway 1987~91," *The Economic Journal*, vol. 108, no. 448, p. 609.

36) Christensen(2003), p. 170.

37) Christensen(2003), p. 198; Rommetvedt, Hilmar, 2005, "Norway: Resources Count, But Votes Decide? From Neo-corporatist Representation to Neo-pluralist Parliamentarism," *West European Politics*, vol. 28, no. 4, p. 8.

이기 시작했다고 할 수 있다.

2. 중성 코포라티즘 국가: 네덜란드와 독일

1) 주도 정당의 성격과 사회 코포라티즘의 형성 및 전개

네덜란드와 독일의 코포라티즘 주도 정당은 스웨덴과 노르웨이처럼 각각 사민당과 노동당이다. 두 나라에서 모두 사회 코포라티즘은 스웨덴 및 노르웨이에서보다 늦어 제2차 세계 대전이 끝난 후에 태동했다. 물론 구체적 시기는 다소 다른데, 독일에 비해 네덜란드가 다소 빨라 1950년대에 삼자 협약이 제도화된 반면 독일에서는 1960년대 후반에서야 삼자 협의가 시작되었다. 이 시기들은 공통적으로 사민당과 노동당이 친근로자 국민 정당의 정체성을 가지고 집권한 때였다.[38]

---

38) 독일 사민당과 코포라티즘에 대해서는 정병기, 2003a, 「'제3의 길'과 유럽사민주의의 변천: 독일사민당, 영국노동당, 프랑스사회당, 이탈리아좌파민주당의 비교」, 맑스코뮤날레 조직위원회(편), 『Marx Communnale: 지구화 시대 맑스의 현재성』, 제2권. 서울: 문화과학사. 50–69쪽; 정병기, 2003b, 「신자유주의와 '제3의 길': 영국, 독일, 프랑스의 비교」, 《현장에서 미래를》 제83호(한국노동이론정책연구소), 128–156쪽; 정병기, 2004c, 「세계화 시기 코포라티즘의 신자유주의적 변형: 독일과 네덜란드의 예」, 《국제정치논총》 제44집 3호(한국국제정치학회), 197–215쪽을 주로 참조하고, 네덜란드 노동당과 코포라티즘에 대해서는 정병기, 2004b, 「세계화 시기 코포라티즘 정치의 전환: 스웨덴과 네덜란드의 예를 통해 본 통치 전략적 성격과 정치 체제적 성격」, 《한국정치연구》 제13집 1호(서울대학교 한국정치연구소), 203–229쪽; 정병기(2004c); 정병기, 2014b, 「네덜란드의 사회협약 창출능력 사례연구」, 『사회대타협을 위한 사회협약 창출능력 국제사례와 우리나라에의 시사점』, 한국보건사회연구원 주최 학술회의(6월 13일, 코엑스 3층 회의실) 발표 자료집, 31–62쪽을 주로 참조.

네덜란드의 사회 코포라티즘이 제도화된 것은 1945년 노동재단이 설립되고 1950년 사회경제평의회가 설치된 종전 직후 시기이다.[39] 그러나 양보와 타협의 문화라는 조건을 고려하면, 사회 코포라티즘의 사회 문화적 조건은 네덜란드가 프랑스 지배로부터 독립한 후 1917년에 평화헌법(Pacificatie)을 제정한 시기에 형성되기 시작했다. 이 헌법에 따라 네덜란드는 비례 대표제, 보통 선거, 유권자의 투표 의무를 주요 골자로 하는 국가 체계를 확립해 이른바 합의 민주주의의 성격들을 갖추게 되었기 때문이다. 다시 말해, 사회적 힘 관계를 의회에 반영시키고 모든 사회 집단을 정책 결정 과정에 참여시킴으로써 이질적 하위 정치 공동체(pillar)들이 타협과 협상을 통해 정책적 합의를 이끌어 낼 수 있게 하고, 또 이를 통해 사회 균열로 인한 정치적 갈등을 해소하는 제도와 관행을 만들어 가기 시작했다.

하지만 정당 정치적 요건으로서 친근로자 국민 정당의 집권은 제2차 세계 대전 후 네덜란드가 자유 민주 국가로 다시 건설된 이후였다. 그리고 이 집권은 독일과 마찬가지로 단독 정부가 아니라 연립 정부의 형태였다. 종전 직후 사회민주노동당(SDAP: Sociaal Democratische Arbeiders Partij)으로 정권에 참여한 후 1946년 첫 총선에서 노동당(PvdA, 28.3%)은 가톨릭국민당(KVP, 30.8%)에 이어 근소한 차이로 제2당을 차지해 대연정을 이루었기 때문이다. 다음 선거인 1948년 선거에서도 노동당은 총리를 배출했지만 제1당이 되지는 못했다. 하지만 1952년에는 제1당이 되어 연정 주도 정당으로 성장했다(〈표 6-5〉, 〈표 6-6〉 참조).

---

39) 김용철, 2002, 「네덜란드의 정치 문화와 코포라티즘」, 《시민과 세계》 제2호(참여연대), 367쪽 참조.

〈표 6-5〉 네덜란드 의회(하원) 선거 결과(%)

정당 연도	기독 민주당[1]	노동당	자유 독일어당[2]	자민당	민주주의 66	녹색 좌파당	개혁정치 정당[3]	사회당	기타
1946	51.5 (30.8)	28.3	–	6.4	–	–	2.1	–	11.7
1948	53.4 (31.0)	25.6	–	7.9	–	–	3.1	–	10
1952	48.9 (28.7)	29.0	–	8.8	–	–	3.1	–	10.2
1956	50.0 (31.7)	32.7	–	8.8	–	–	3.0	–	5.5
1959	49.1 (31.6)	30.4	–	12.2	–	–	2.9	–	5.4
1963	49.2 (31.9)	28.0	–	10.3	–	–	3.2	–	9.3
1967	44.5 (26.5)	23.6	–	10.7	4.5	–	3.6	–	13.1
1971	36.8 (21.9)	24.6	–	10.3	6.8	–	4.2	–	17.3
1972	31.3 (17.7)	27.4	–	14.4	4.2	–	4.0	–	18.7
1977	31.9	33.8	–	18.0	5.4	–	3.1	0.2	7.6
1981	30.8	28.3	–	17.3	11.0	–	4.0	0.3	8.3
1982	29.3	30.4	–	23.1	4.3	–	4.2	0.5	8.2
1986	34.6	33.3	–	17.4	6.1	–	3.1	0.3	5.2
1989	35.3	31.9	–	14.6	7.9	4.1	4.1	0.4	1.7
1994	22.2	24.0	–	19.9	15.5	3.5	4.8	1.3	8.8
1998	18.4	29.0	–	24.7	9.0	7.3	5.0	3.5	3.1
2002	27.9	15.1	–	15.4	5.1	7.0	1.7	5.9	21.9
2003	28.6	27.3	–	17.9	4.1	5.1	1.6	6.3	9.1
2006	26.5	21.2	5.9	14.6	2.0	4.6	1.6	16.6	7
2010	13.7	19.6	15.5	20.4	6.9	6.6	1.7	9.9	5.7
2012	8.5	24.7	10.1	26.5	8.0	2.3	1.7	9.6	8.6

1) 기독민주당(CDA): 기독민주당[1972년까지 가톨릭국민당(KVP), 반혁명당(ARP), 기독역사당
   (CHU)], 괄호 안은 기독민주주의 정당들 중 1972년까지 제1당이었던 가톨릭국민당(KVP)
2) 자유독일어당(PVV): 반이슬람 우파 포퓰리즘 정당
3) 개혁 정치 정당: 캘빈주의 세 정당. 개혁정치연합(RPF), 개혁정치연합(GPV), 정치개혁당(SGP)

출처: Parties and Elections in Europe, http://www.parties-and-elections.eu/netherlands.html (검색일: 2014.
      05. 17.); Parties and Elections in Europe, http://www.parties-and-elections.eu/netherlands2.html (검색
      일: 2014. 05. 17.

〈표 6-6〉 **네덜란드 역대 총리와 집권당**

연도	수상(집권당)	연립 정당
1945~1946	Schermerhorn (자유사상민주동맹)	자유사상민주동맹, 사민주의노동당, 가톨릭국민당, 반혁명당
1946~1948	Beel(가톨릭국민당)	가톨릭국민당, 노동당
1948~1952	Drees(노동당)	노동당, 가톨릭국민당, 기독역사당, (자민당), (반혁명당)[1]
1952~1956	Drees(노동당)	노동당, 가톨릭국민당, 반혁명당, 기독역사당
1956~1958	Drees(노동당)	노동당, 가톨릭국민당, 반혁명당, 기독역사당
1958~1959	Beel(가톨릭국민당)	가톨릭국민당, 반혁명당, 기독역사당
1959~1963	de Quay(가톨릭국민당)	가톨릭국민당, 반혁명당, 기독역사당, 자민당
1963~1965	Marijnen(가톨릭국민당)	가톨릭국민당, 반혁명당, 기독역사당, 자민당
1965~1966	Cals(가톨릭국민당)	가톨릭국민당, 반혁명당, 노동당
1966~1967	Zijlstra(반혁명당)	반혁명당, 가톨릭국민당
1967~1971	de Jong(가톨릭국민당)	가톨릭국민당, 반혁명당, 기독역사당, 자민당
1971~1973	Biesheuvel(반혁명당)	반혁명당, 가톨릭국민당, 기독역사당, 자민당, (민주사회주의자 70)[2]
1973~1977	den Uyl(노동당)	노동당, 가톨릭국민당, 반혁명당, 민주주의66, 급진당
1977~1981	van Agt(기민당)	기민당, 자민당
1981~1982	van Agt(기민당)	기민당, 민주주의66, (노동당)[3]
1982~1986	Lubbers(기민당)	기민당, 자민당
1986~1989	Lubbers(기민당)	기민당, 자민당
1989~1994	Lubbers(기민당)	기민당, 노동당
1994~1998	Kok(노동당)	노동당, 자민당, 민주주의66
1998~2002	Kok(노동당)	노동당, 자민당, 민주주의66
2002~2003	Balkenende(기민당)	기민당, 핌포르퇴인 명부[4], 자민당
2003~2007	Balkenende(기민당)	기민당, 자민당, (민주주의 66)[5]

2007~2010	Balkenende(기민당)	기민당, 노동당, 기독연합
2010~2012	Rutte(자민당)	자민당, 기민당
2012~현재	Rutte(자민당)	자민당, 노동당

1) 1951년 반혁명당이 자민당으로 개명
2) 1972년 '민주사회주의자 70'이 연정 탈퇴
3) 1982년 노동당이 연정 탈퇴
4) LPF: Pim Fortuyn이 이끄는 포퓰리즘 정당
5) 2006년 '민주주의 66'이 연정 탈퇴

출처: Parties and Elections in Europe, http://www.parties-and-elections.eu/netherlands1.html(검색일: 2014. 05. 17.)

네덜란드의 사회주의 정당은 19세기 말 혁명적 사회주의 정당인 사회민주노동당(SDAP)으로 창당되었다. 이후 사회민주노동당은 점차 개혁적 사회주의 경향으로 온건화하면서 1946년에 사회 자유주의 정당인 자유사상민주동맹(VDB: Vrijzinnig Democratische Bond) 및 진보적 프로테스탄트 정당인 기독민주연합(CDU: Christelijk-Democratische Unie)과 합당해 오늘날의 노동당(PvdA)으로 재창당되었다. 노동당은 전통 사민주의 정당으로 정체성을 확립하고 케인스주의 정책을 추진하는 친근로자 국민 정당임을 천명했다.

이러한 재창당 과정은 계급/계층적 갈등과 종교적 갈등 등 복잡한 사회 균열 구조들을 반영한 정치 균열, 즉 사회주의와 자유주의 및 기독 민주주의를 하나의 정당으로 통합해 냈다는 의미도 갖는 것이었다. 그리고 이것은 네덜란드 사회 코포라티즘의 중요한 정치 경제적 배경인 '합의 민주주의'를 하나의 정당 차원에서 실현한 것으로 네덜란드 좌파 정당의 특수성으로 간주할 만하다. 그러나 물론 이러한 통합도 좌파 지형 내에서 이루어짐으로써 자유주의와 기독 민주주의에서도 각각 진보적 색채를 띤 사회 자유주의 정당과 진보적 프로테스

탄트 정당이 통합에 참여해 친근로자적 정체성을 유지했다.

네덜란드는 지정학적 특징과 무관하지 않게 반도 외 내륙 국가들과 스칸디나비아 반도 국가들의 성격을 함께 띠었다. 코포라티즘의 형성에서도 독일처럼 중간 정도의 강도를 보이지만, 노사 양자 협약에서 시작되었다는 점에서는 스웨덴 및 노르웨이도 유사하다. 그 구체적인 기원은 나치 독일의 피점령 기간에 노동과 자본의 대표가 비밀 회동을 통해 전후 경제 재건을 위한 사회 동반자 관계를 형성하기로 합의한 것이었다.[40] 이 양자 협의의 직접적인 결실이 1945년 설립된 노동재단이며, 이 양자 협의가 정부의 본격적인 개입과 지원으로 확대되어 삼자 협의체적 산업 관계로 제도화된 것이 1950년에 설립된 사회경제평의회다.

이것은 제2차 세계 대전 직후 노동당이 참가한 네덜란드 정부가 신속한 경제 재건을 위해 정부의 광범위한 개입을 감행하는 등 자본에 대한 국가의 상대적 자율성을 충분히 확보했기에 가능했다. 네덜란드 정부는 사회 경제적 문제에 대한 개입의 강도가 상대적으로 강한 전통을 가지고 있어, 사회 코포라티즘의 형성은 오히려 노사가 자율적 교섭과 참여를 주장해 정부로부터 인정받는 경로를 취하는 특이한 성격을 띠었다. 실제 종전 직후 네덜란드 정부는 '노동 관계에 대한 특별 명령'을 발효시켰고 그에 따라 임금 형성 과정은 국가에 의해 통제되고 주도되었다. 하지만 이것은 사회 코포라티즘이라기보다 정부가 국가 재건의 명분을 가지고 상대적으로 자본에 더 힘을 실어 주는 국

---

40) Van Ruysseveldt, Joris and Jelle Visser, 1996a, "Weak Corporatism Going Different Ways? Industrial Relations in the Netherlands and Belgium," Joris Van Ruysseveldt and Jelle Visser(eds.), *Industrial Relations in Europe: Traditions and Transitions*(London, etc.: Sage Publications), pp. 211-212.

가 코포라티즘의 잔여적 성격을 유지한 것으로 볼 수 있다.

이러한 경제적 여건이 코포라티즘 정치에 변화를 일으킬 정도로 충분히 개선된 것은 1940년대 후반을 지나서였다. 그에 따라 노동당이 주도하는 연정이 출범할 수 있었고, 노동당 주도 연정은 국가의 엄격한 임금 가이드 정책을 받아들이는 것을 전제하고 모든 사회 경제적 이슈들에 대한 전국적 노동 조직들에 정책 참여 권한을 부여했다. 이를 통해 사회 동반자들 간의 협력을 목적으로 하는 법적 기구를 생성시켜 산업 관계의 안정과 평화를 꾀하고자 했는데, 이 기구가 바로 1950년에 출범한 사회경제평의회이다.

이후 적어도 10여 년을 넘는 기간 동안 사회 보장과 완전 고용을 대가로 임금 자제 정책은 유지되어 왔다. 특히 노동당이 연정을 주도한 첫 번째 기간인 1948~58년은 네덜란드 사회 코포라티즘의 전성기였다. 또한 노동당이 다시 주도 정당으로 연립 정부를 수립한 1973~77년 기간에도 정부는 삼자 협상을 적극적으로 추진할 수 있었다(〈표 6-6〉 참조). 1950년대와 1970년대는 물론 노동당이 제1당으로서 지지율을 유지한 기간이기도 했다(〈표 6-5〉 참조).

반면 1958년 이후 1990년대 초반까지 노동당이 연정에 소수당으로 참가하거나(1965~66, 1989~94) 전혀 참가하지 못함으로써 사회 코포라티즘은 점차 약화되었다. 특히 1958~73년은 대립과 투쟁의 시기로 이야기되기도 한다. 노동당 집권과 사회 코포라티즘 기간에 완전 고용을 토대로 한 노동조합의 영향력 증대와 노동자들의 임금 상승 욕구가 낮은 임금 수준을 더 이상 수용하려 하지 않았기 때문이다. 결국 1963년에는 정부의 임금 가이드라인이 철회되고, 정부 중재 기구가 보유하고 있던 임금 결정권이 노동재단에 위임되었다. 그럼에도 노동재단을 통한 노사 간의 중앙 집중적 임금 결정 기제조차 교착 상태에 빠져들었고, 노동자들의 임금 인상 요구는 실질적인 힘을 발휘하였다.

그러나 이미 노동재단과 사회경제평의회로 제도화된 사회 코포라티즘은 사라지지 않았다. 이 코포라티즘 전통에 기반해 1970년 중도-우파 정부는 '임금협상법'을 제정해 임금을 동결 혹은 제한할 수 있는 권한을 다시 장악했다. 이 시도는 물론 정부와 노동계의 협의가 충실히 이행되지 못해 노조의 강력한 반대에 부딪힘으로써 번번이 실패하기도 했다. 하지만 1973~77년 노동당의 재집권 기간을 거치면서 정부는 1982년까지 다섯 차례에 걸쳐 임금 결정 과정에 개입할 수 있었다.[41]

이후 1980년대는 오랜 경제 위기와 세계화 및 그로 인한 노동 시장의 급속한 탈규제와 유연화로 국가 재정이 위태로워지고 노동조합이 약화되는 시기였다. 노동당은 1982~89년 기간 동안 정부에 참가하지 못했으며, 코포라티즘도 제도적 기제로서 존속했지만 실제 작동하지는 못했다. 1989~94년에는 노동당이 소수당으로 연정에 참가했지만 지지율 하락과 오랜 야당 정치 및 연정 내 소수당 정치의 경험으로 인해 노동당 정체성의 변화가 예고되고 있었다.

네덜란드 코포라티즘은 이와 같이 잦은 정권 교체로 말미암아 제도화 수준이 높으면서도 실질적인 작동이 제한되는 특성을 띠었다. 하지만 다른 한편으로 잦은 정권 교체에도 불구하고 제도화 수준이 높을 뿐 아니라 우파가 주도하는 정부에서도 제한적이나마 작동한 것은 좌우파가 함께 참가하는 범연합 정부가 드물지 않게 수립되고 항상적으로 타협이 가능한 합의 민주주의 정치에 기인한다고 할 수

---

41) 김용철, 2000, 「신자유주의와 코포라티즘의 관리기제: 네덜란드의 경험과 한국의 노사정협의체제」, 한국정치학회 연례학술회의 발표 논문, 7쪽.

있다.

독일 사회 코포라티즘은 1966/67년 협주행동으로 처음 시작되었다. 이것은 당시의 경기 후퇴에 대한 대응으로 사민당과 기민/기사연의 대연정이 '경제안정및성장촉진법'을 도입해 경제에 개입할 것을 시도한 데에서 비롯되었다. 비록 대연정이었지만 사민당이 종전 후 처음 집권했다는 정치적 배경이 중요하게 작용했을 뿐 아니라, 사민당이 오랜 세월에 걸쳐 친근로자 국민 정당으로 변한 것과도 긴밀하게 관련된다.

독일 사민당은 1863년 개혁적 사회주의를 표방한 라쌀주의 정당(독일노동자총연합, ADAV)으로 출발해 1969년 창당되어 혁명적 사회주의를 추구한 맑스주의 정당(사민주의노동자당, SDAP)과 1875년에 사회주의노동자당(SAP)이라는 명칭으로 통합해 계급 정당의 성격을 강화했다. 이어 1891년 에어푸르트(Erfurt) 전당 대회를 전후해서는 당시 프로이센 정부의 사회주의자 탄압이 실패로 드러나고 경제 침체로 인해 노동자 생활이 악화됨에 따라 맑스주의 진영의 세력이 더욱 강화되었다. 곧, 에어푸르트 강령은 자본주의적 생산 양식에 대한 대안과 혁명적 노동자 운동이라는 투쟁 목표를 제시하면서 노동자 계급에 의한 정치권력의 장악과 생산 수단에 대한 사적 소유의 폐지를 명확히 제기하였다. 물론 이 강령도 실천 강령에서는 라쌀주의를 그대로 답습했고, 이념 부분에서도 변형된 맑스주의로 현상했다는 지적이 있다.[42] 그렇지만 사회주의노동자당의 1875년 고타(Gotha) 강령에 비해서는

---

42) 박호성, 1994, 『노동운동과 민족운동』(서울: 역사비평사), 63-64쪽; Oncken, Hermann, 1923, *Lassalle: Eine politische Bibliographie*(Stuttgart und Berlin: Deutsche Verlagsanstalt), S. 526; Schmid, Carlo, 1973, *Europa und die Macht des Geites*, Bd. 2(Berlin, München und Wien: Scherz), S. 280.

분명 좌선회의 모습을 보인 것이 사실이다.

그러나 곧 이어 제1차 세계 대전까지 지속된 수정주의 논쟁을 계기로 독일 사민당은 계급 정당을 유지하지만 개혁적 사회주의로 회귀했다. 심지어 수정주의 논쟁 이후의 사민당은 라쌀주의가 담보하고 있던 온건한 혁명성조차 상실해 혁명적 사회주의자들이 탈당하게 되는 계기를 제공했다. 결국 1918년 맑스주의자들이 탈당함으로써 독일 사민당은 맑스주의의 전통에서 혁명적 성격을 수정하는 과정이 아니라 라쌀주의의 전통에 맑스주의를 접목하려던 노력이 실패하는 궤적을 밟게 되었다.[43]

코포라티즘과 관련해 더욱 중요한 변화는 이러한 궤적에서 더 나아가 계급 정당의 성격까지 탈각하는 과정이었다. 1950년대 전후 복구가 마무리되는 시점에서 독일 사민당은 산업 프롤레타리아를 기반으로 하는 계급 운동 노선으로는 집권이 불가능하다는 판단을 하게 된 것이 계기였다. 그에 따라 사민당은 1959년 고데스베르크(Godesberg) 전당 대회에서 개정한 강령을 통해 친근로자 국민 정당화를 공식 선언했다. 또한 1966년 대연정 참가로 국민 정당화는 더욱 구체성을 띠어 갔는데, 그것은 근본적으로 맑스주의 계급관과 자본주의 극복을 포기한 것이었다. 하지만 물론 스웨덴이나 노르웨이의 좌파 정당들처럼 자본주의 질서를 수용하는 한도에서 친근로자적 이념과 정책을 포기한 것은 아니었으며, 그것은 케인스주의적 사회 경제 정책으로 표출되었다.

실제 1950년대 중반까지 사민당 지지율은 상승 흐름을 타고 있었

---

43) 정병기, 2002a, 「라쌀의 국가관과 독일사민당에 대한 라쌀주의의 영향과 의미」, 《한국정치학회보》 제36집 2호(한국정치학회), 285–301쪽 참조.

지만 30% 안팎이었고, 원내 정당이 되지 못한 공산당 외에 다른 좌파 정당들도 전무한 상황이었다. 다시 말해 좌파 정당들의 연합으로서도 집권이 불가능한 처지였다. 이러한 상황에서 1959년 친근로자 국민 정당화는 유권자들에게 긍정적으로 다가갔다. 〈표 6-7〉에서 보듯이, 사민당은 1961년 선거에서 1957년 득표율보다 4.4%p 높은 36.2%를 얻었으며, 이후 1972년까지 역사상 최고 득표율인 45.8%에 도달하기 까지 꾸준히 기록을 경신해 갔다.

반면 기민/기사연의 지지율은 1950년대 말 이후 다소의 부침은 있 었지만 전반적으로 하락했다. 그에 따라 당시 의회에 진출한 유일한 제3당인 자민당은 매우 큰 폭으로 5~15% 범위에서 등락을 거듭했 음에도 불구하고 대연정 시기가 아닌 한 지속적으로 결정 투표권을 가진 연합 상대로 기능했다. 이러한 연합 정치의 구도에서 사민당은 1966~69년까지 기민/기사연과 대연정을 이루었고 1969~82년 동안 자민당과 연립 정부를 구성했다(〈표 6-8〉 참조).

1960년대 말과 1970년대 초반에 진행된 협주행동은 사민당의 이러 한 국민 정당화와 연정 참가를 기반으로 가능했다. 협주행동은 당시 사민당 소속 경제 장관이었던 카를 실러(Karl Schiller)가 경제전문가위 원회, 연방은행, 사용자 단체, 노조 등 관련 6개 부문의 대표들을 소 집하여 거시 경제적 목표와 구조 정책 및 소득 정책에 관해 토론하고 협의한 사회 코포라티즘적 조절 기제였다.[44]

실러는 관련 단체들의 자발적 참여를 통해 사용자 측으로부터 가 격 안정을 보장받고 노동자 측으로부터는 임금 인상 양보를 얻어 내

---

44) 김수행 · 정병기 · 홍태영, 2003, 『제3의 길과 신자유주의: 영국, 독일, 프랑스를 중 심으로』(서울: 서울대학교출판부, 2003), 독일 편 참조.

<표 6-7> 독일 의회(연방의회) 선거 결과(정당 명부 제2기표, %)

연도	기민/기사연	사민당	자민당	동맹90/녹색당[1]	공산당[2]	민사당/좌파당[3]	제국당/민족당[4]	공화당[5]	중도당[6]	기타[7]	투표참여율
1949	31.0	29.2	11.9	–	5.7	–	1.8	–	3.1	17.3	78.5
1953	45.2	28.8	9.5	–	2.2	–	1.1	–	0.8	12.5	86.0
1957	50.2	31.8	7.7	–	–	–	1.0	–	–	9.4	87.8
1961	45.3	36.2	12.8	–	1.9	–	0.8	–	–	3.0	87.7
1965	47.6	39.3	9.5	–	1.3	–	2.0	–	–	0.3	86.8
1969	46.1	42.7	5.8	–	0.6	–	4.3	–	0.0	0.5	86.7
1972	44.9	45.8	8.4	–	0.3	–	0.6	–	–	0.1	91.1
1976	48.6	42.6	7.9	–	0.3	–	0.3	–	–	0.2	90.7
1980	44.5	42.9	10.6	1.5	0.2	–	0.2	–	–	0.1	88.6
1983	48.8	38.2	7.0	5.6	0.2	–	0.2	–	–	0.1	89.1
1987	44.3	37.0	9.1	8.3	–	–	0.6	–	0.1	0.7	84.3
1990	43.8	33.5	11.0	5.1	–	2.4	0.3	2.1	–	1.8	77.8
1994	41.5	36.4	6.9	7.3	–	4.4	–	1.9	0.0	1.7	79.0
1998	35.1	40.9	6.2	6.7	–	5.1	0.3	1.8	–	3.8	82.2
2002	38.5	38.5	7.4	8.6	–	4.3	0.4	0.6	0.0	1.8	79.1
2005	35.2	34.2	9.8	8.1	–	8.7	1.6	0.6	0.0	1.8	77.7
2009	33.8	23.0	14.6	10.9	–	11.9	1.5	0.4	–	3.9	70.8
2013	41.5	25.7	4.8	8.4	–	8.6	6.0*	0.2	–	4.8	71.5

1990년까지 서베를린 제외

1) 동맹90/녹색당: 1990~94년 구동독 지역의 동맹90(Bündnis 90)과 선거연합, 1998년 이후 합당
2) 공산당: 1949~53년 독일공산당(KPD: Kommunistische Partei Deutschlands), 1961~65년 독일
   평화연합(DFU: Deutsche Friedensunion), 1969년 민주진보행동(ADF: Aktion Demokratischer
   Fortschritt), 1972~83년 독일공산당(DKP: Deutsche Kommunistische Partei)
3) 민사당/좌파당: 2005년 선거대안당(WASG) 출마자를 포함한 좌파당.민사당 명부(Linkspartei.PDS
   혹은 Linke.PDS); 2009년 좌파당(Die Linke)
4) 제국당/민족당: 1949~61년 독일제국당(DRP: Deutsche Reichspartei), 1965년 이후 독일민족민주
   당(NPD: Nationaldemkratische Partei Deutschlands),
5) 공화당: 공화주의자들(REP: Die Republikaner)
6) 중도당: 독일중도당(Zentrum: Deutsche Zentrumspartei)
7) 1949년 바이에른당(BP: Bayernpartei) 4.2%; 1949, 1953, 1957, 1961년 독일당(DP: Deutsche
   Partei) 4.0%, 3.3%, 3.4%; 1953년과 1957년 전독일블록/실향민연맹(GB/BHE: Gesamtdeutscher
   Block/Bund der Heimatvertriebenen und Entrechteten) 5.9%, 4.6%
* NPD 1.3%, AfD(Alternative für Deutschland) 4.7%

출처: 독일연방선관위(http://www.bundeswahlleiter.de) 자료; Parties and Elections in Europe, http://www.
parties-and-elections.eu/germany.html(검색일: 2014.07.17.); Parties and Elections in Europe, http://
www.parties-and-elections.eu/germany2.html(검색일: 2014.07.17.).

〈표 6-8〉 독일(서독) 역대 총리와 집권당

연도	총리	연립 정부
1949~1953	Adenauer(기민연)	기민/기사연, 자민당, 독일당(DP)
1953~1957	Adenauer(기민연)	기민/기사연, 자민당, 독일당, 실향민연맹(BHE)
1957~1961	Adenauer(기민연)	기민/기사연, 독일당
1961~1963	Adenauer(기민연)	기민/기사연, 자민당
1963~1966	Erhard(기민연)	기민/기사연, 자민당
1966~1969	Kiesinger(기민연)	기민/기사연, 사민당
1969~1972	Brandt(사민당)	사민당, 자민당
1972~1974	Brandt(사민당)	사민당, 자민당
1974~1976	Schmidt(사민당)	사민당, 자민당
1976~1980	Schmidt(사민당)	사민당, 자민당
1980~1982	Schmidt(사민당)	사민당, 자민당
1982~1983	Kohl(기민연)	기민/기사연, 자민당
1983~1987	Kohl(기민연)	기민/기사연, 자민당
1987~1990	Kohl(기민연)	기민/기사연, 자민당
1990~1994	Kohl(기민연)	기민/기사연, 자민당
1994~1998	Kohl(기민연)	기민/기사연, 자민당
1998~2002	Schröder(사민당)	사민당, 동맹'90/녹색당
2002~2005	Schröder(사민당)	사민당, 동맹'90/녹색당
2005~2009	Merkel(기민연)	기민/기사연, 사민당
2009~현재	Merkel(기민연)	기민/기사연, 자민당

출처: Parties and Elections in Europe, http://www.parties-and-elections.eu/germany1.html (검색일: 2014. 07. 17.)

어 인플레이션 억제와 안정적 경제 성장을 이루고자 했다. 그에 대해 사용자 측은 조세 부담 인하와 공공 비용 절감을 기도했고 노동자 측은 실업 문제의 해결과 정책 참여를 요구했다.

독일의 초기 사회 코포라티즘의 결과는 일정한 성공을 거둔 것으로 평가되었다. 1967년 봄에 62만 9000명이던 실업자가 같은 해 10월에는 34만 1000명으로 감소했으며, 이해의 경제 성장률도 5%에 이르렀다.[45] 또한 공동결정법이 확대되었고 중하층 국민들의 교육 기회도 넓어졌다.

그러나 1972년 실러 장관이 사임한 후 협주행동은 형식화되었으며, 1974년 이후에는 노동 시장 파트너들에게 국내외적 상황을 알리는 데에만 이용되었다. 이것은 1974년에 출범한 슈미트(Helmut Schmidt) 총리 내각이 브란트(Willy Brandt) 총리 내각과 달리 전통 사민주의로부터 일정하게 벗어나기 시작해 탈케인스주의적 경향을 보였다는 점과 관련된다. 그리고 이것은 1976년 이후 지지율 변화를 통해 연립 정부 내 연합 정당들 간 역관계의 변화로 뒷받침되었다.

〈표 6-7〉에 나타났듯이, 1976년 선거에서 기민/기사연(48.6%)은 다시 사민당(42.6%)을 추월해 제1당을 차지했으며, 이것은 1980년에도 마찬가지였다(기민/기사연 44.5%, 사민당 42.9%). 그럼에도 불구하고 자민당은 기민/기사연과 연합을 구성하지 않고 사민당과 연합을 구성해 적황 연정을 출범시켰다. 이것은 연립 정부 내 자민당의 위상이 크게 강화되었음을 의미한다. 게다가 독일 연방 정부의 통치는 부처 관할 원칙이 적용됨에도 불구하고 정치적 성격이 뚜렷한 이슈나 정책 노선에 대해서는 총리가 주도하는 가운데 내각 회의를 통해 집단적으로 결정하는 방식으로 이루어진다는 점에도 주목해야 한다. 곧 연립 정부의 정책 결정에서 자민당의 자유주의 노선의 영향력이 강화되었다는 것이다.

이와 같이 사민당 정부의 정책 변화로 인해 독일의 삼자 협의는 형식화되었고, 이에 대해 노조의 불만과 비판은 거세어졌다. 이러한 상

---

45) Hancock, M. Donald, 1989, *West Germany: The Politics of Democratic Corporatism*(Chatham, NY: Chatham House Publishers, Inc.), p. 104.

황에서 사용자 단체는 1976년 결정된 공동결정법 확대에 불복해 헌법
재판소(BVG)에 위헌 소송을 제기하고 협주행동 탈퇴를 선언하였다.[46]
결국 노동조합들도 용도 폐기된 것과 다름없는 협주행동에서 탈퇴함
으로써 독일에서 최초의 사회 코포라티즘은 파국을 맞게 되었다.

2) 주도 정당의 정당 정체성 변화와 사회 코포라티즘의 변화

1980년대와 1990년대에 걸쳐 오랜 야당 생활을 거치면서 독일 사
민당은 재집권을 위해 케인스주의와 전통 사민주의를 벗어나 새로운
정체성을 모색했으며, 네덜란드 노동당도 1980년대의 야당 시기를 거
치면서 정체성 변화를 추구했다. 이른바 '제3의 길'로 통칭되는 좌파
정당들의 이러한 변화는 1990년대 사회 코포라티즘의 변화로 연결되
었다.

네덜란드 노동당과 독일 사민당의 변화는 친근로자 국민 정당의
기존 노선에서 '친근로자' 성격의 완화를 노정했으며, 코포라티즘과
관련해서는 수요 조절 코포라티즘에서 공급 조절 코포라티즘으로 전
환해 가는 것을 의미했다. 하지만 '제3의 길'이라는 정체성 변화는 두
정당에서 비록 동일한 개념으로 표현되지만 그 말맛(nuance)뿐만 아
니라 내용에서도 커다란 차이를 보였으며, 그로 인해 코포라티즘 전
환의 구체적 내용과 시기도 매우 달랐다.

네덜란드는 1990년대 후반에 코포라티즘 기제를 다시 작동시켰다.
하지만 그것은 더 이상 수요 조절 방식이 아니라, 노동 비용 감축과
유연화 및 그 결과를 기정사실로 인정하는 가운데 그 부작용들을 흡
수하는 형태인 이른바 '유연 안정화'를 위한 공급 조절 코포라티즘이

---

46) Hancock(1989), p. 138.

었다. 그 정당 정치적 배경에는 물론 1994년 네덜란드 노동당이 신자유주의적 세계화를 적극적으로 수용하고 그에 대응하기 위해 '제3의 길' 노선을 선택한 노선 변화가 있었다.

하지만 네덜란드 노동당의 정체성 변화는 1990년대 독일 사민당처럼 당내 논쟁을 거쳐 정체성 변화를 강령적으로 명시한 후 집권하는 순서를 밟지 않았다. 네덜란드 노동당의 변화는 1989~94년의 연정 기간을 거치면서 강령적 변화라기보다는 연합 정치의 산물로서 정책적 변화의 성격이 강했다. 네덜란드 노동당의 강령 변화는 진행 중인 정책적 변화를 1994년 주도 정당으로 재집권한 이후 특히 사회 복지 국가 개혁과 공기업 사유화 정책을 중심으로 이를 추인하는 방식으로 온건해지는 경로를 밟았다. 그리고 이러한 변화는 2005년 강령 개정을 통해 고용, 사회 안전망, 복지 및 교육과 보건을 주요 과제로 설정함으로써 중도(좌파)성을 강화하는 방향으로 나타났다.

이러한 노동당 정체성 변화가 코포라티즘의 변화를 직접 야기한 것은 아니었다. 네덜란드 코포라티즘의 변화는 1982년 보수-자유주의 정부가 집권한 이후 이미 시작되었으며, 노동당은 정체성 변화 이후 이를 수용하고 더 구체화시켜 나갔다. 이러한 특수성은 앞에서 설명했듯이 독일과 달리 네덜란드는 스칸디나비아 국가들에서처럼 강력한 코포라티즘 체제를 갖지는 않았지만 제도화 수준이 높아 보수-자유주의 정부들이 이를 나름의 방식대로 작동시켰다는 사실에 기인한다.

1982년에 출범한 보수-자유주의 연정은 신자유주의 정책을 추구하면서 사용자 단체와 노동조합에 대하여 정부 정책에 부합하는 코포라티즘의 조정을 요구하기 시작했다. 그리고 이러한 요구가 수용되지 않을 경우에는 의회 중심으로 국정을 운영할 것이며, 임금 문제에 대한 노사 합의를 도출하지 못하면 임금 동결 조치를 취하겠다고 위협했다.[47] 이것은 이미 제도화된 코포라티즘적 사회 협약 정치를 폐지할 수는 없지만 최소한 노사 양자 교섭을 중심으로 하는 체계로 변화시키려는 시도였다. 실제 그해 11월 정부는 노동재단 및 사회경제평의회의 자문 및 협의를 생략하고 일방적으로 긴축 프로그램을 추진하기 시작했다.[48]

그에 대한 노사의 대응으로 나타난 것이 1982년 바세나르 협약이었는데, 이 협약은 상술한 바와 같이 노사 양자 간에 체결된 것으로서, 정부가 공식적으로 참가하지는 않았지만 협약 체결에 앞서 준강제적으로 협의를 종용하고 체결 과정에서도 행정적·재정적으로 적극 지원했다. 따라서 비록 양자 협약의 형태를 띠기는 했지만 이 협약을 비롯해 이후 이 협약에 영향을 받아 체결된 네덜란드 사회 협약들도 코포라티즘의 재등장 혹은 재강화로 보기에 충분하다. 다만 노사정 삼자 간의 일반적 교환의 형태라기보다 노사 양자 간의 동시적 교환이 이루어지면서 정부가 이를 유도하고 지원하는 형태로 이루어졌다는 점에서 특수할 뿐이다.

1980년대 말 유럽 경제의 호황으로부터도 힘입어 네덜란드 경제는 개선되었다. 노동자들의 임금 인상 자제는 철회되어 노사가 다시 대립 국면으로 전환했고, 1989년 조기 총선을 통해 노동당이 대연정 참여로 정권에 복귀했다. 그에 따라 비록 호전되기는 했지만 만족할 정도로 개선되지 못한 상황에서 노동당의 정부 참여를 반긴 노동계는 다시 임금 인상 자제로 태도를 변경했다. 1992년 사회경제평의회는 임금 결정은 노사가 맡고 재정과 통화 정책은 정부가 맡으며 노동 시

---

47) 양동안, 2005, 『민주적 코포라티즘: 한국에 필요한 국가운영체제』(서울: 현음사), 288쪽.
48) 선학태, 2011, 『사회적 합의제와 합의제 정치』(광주: 전남대학교출판부), 213쪽.

장 정책은 정부와 노사가 공동으로 책임지는 새로운 구상을 건의했고, 이후 이 방향으로 코포라티즘 정치가 전환하기 시작했다.[49]

이후 적어도 2000년대 초반까지 코포라티즘 체계는 사라지거나 약화되는 것이 아니라 다른 방식으로 유지되었다. 예를 들어, 1970년 제정된 임금협상법이 1987년에 개정되어 임금 제한 조치를 국가 경제가 심각한 위기에 처할 때에만 사용할 수 있도록 제한했지만, 전체적으로 코포라티즘적 국가 개입이 약화되지는 않았다.[50] 임금의 동결 혹은 삭감을 명령할 수 있는 권한을 장관이 보유하는 등 정부의 노동 정책 개입의 권한은 일정한 영역에서는 더 강화되기도 해 일견 모순적인 개입주의 성격을 띠었기 때문이다.

대연정 통치 시기에 바세나르 협약은 1993년 신노선 협약으로 이어졌다. 신노선 협약은 경기 후퇴와 일자리 상실을 배경으로 정부의 압력과 유도 및 지원을 받아 체결되었다는 점에서 바세나르 협약과 동일하다. 반면 일자리 창출의 조건으로 이윤 축적을 강조하고 실업 증가를 막기 위해 일자리 재분배를 강조한 바세나르 협약과 달리, 비록 일자리의 창출과 재분배를 주요 목표로 삼기는 했지만 노동 비용 억제를 내부적으로는 낮은 인플레이션과 내수 확대 지원 및 공공 재정 개선과 결합시키고 대외적으로는 무역 흑자 및 강한 통화 정책과 결합시켰다.[51]

신노선 협약은 자본 측이 주장하는 임금 자제와 노동계가 주장하는 노동 시간 단축 및 일자리 창출이 교환된 정치적 교환으로 이루어졌다. 물론 일차적으로는 노사 간 양자 협약이라는 점에서 동시적 교

49) 양동안(2005), 293쪽 참조.
50) Van Ruysseveldt and Visser(1996a), p. 214 참조.
51) Visser(1998), p. 282.

환이다. 하지만 실질적으로 제도적 보장이 필요한 내용을 포함하고 있고 이 내용들이 정부에 의해 뒷받침되어 이후 삼자 합의로 발전되었다는 점에서 일반적 교환이라고 할 수 있다.

　무엇보다 신노선 협약이 가장 중점을 두었던 실업 해소가 큰 성공을 거두었다는 점에서 '네덜란드 기적'은 주목을 받았다. 물론 이것은 1982년 바세나르 협약에서부터 시작된 정책의 결실이었다. 그 정책은 분권화된 협약과 노동 유연화[52]에 기초했으며, 정부의 역할이 간접적·유도적으로 작용했다. 처음에는 반대했던 노조들도 점차 이를 수용하면서 코포라티즘 정치가 되살아났지만, 그것은 기존의 수요 조절 코포라티즘의 전환을 야기하는 것이었다.

　수요 조절 코포라티즘이 공급 조절 코포라티즘으로 완전히 전환한 것은 1996년 유연 안정성 협약(Flexicurity Accord)에서였다. 이 협약이 체결된 시기는 1994년 노동당 재집권을 통해 노동당 주도 연정이 수립된 때였다. 1994년 총선 후 네덜란드노동운동연합(FNV) 전 의장 빔 콕(Wim Kok)을 수상으로 하여 수립된 자줏빛(purple) 연정(노동당, 자민당, 민주주의66)은 근 100년 이래 기독 민주주의 정당이 참여하지 않은 최초의 정부였으며 1998년 재집권을 거쳐 2002년까지 유지되었다.[53] 두 자유주의 정당(자민당, 민주주의66)은 노동당이나 기민당에 비

---

52) 노동 유연화 정책은 크게 시간 유연화와 계약 유연화로 이루어졌다. 전자는 해고·고용의 수단보다 회사 내부에서 노동 시간 유연화, 파트타임 활용, 임시 실업 등의 방법을 먼저 모색하는 것으로 기업 내부의 유연성을 주로 도모하는 것이며, 후자는 고용 계약 자체를 유연하게 변형해 정규직은 물론 파트타임이나 임시직과 같은 비정규직을 보다 쉽게 채용하고 해고할 수 있도록 하는 방식으로 기업 외부 노동 '시장'의 유연성을 주로 추구하는 전략을 말한다. 김학노, 2004, 「네덜란드 모델」의 성과와 한계,《한국정치학회보》제38집 3호(한국정치학회), 427쪽.
53) 자줏빛 연정에 대해서는 Slomp, Hans, 2003, 「1990년대의 네덜란드: 폴더 모델의 '유연한 사회합의주의'를 향하여」, Stefan Berger · Hugh Compston, 『유럽의 사회

해 하위 문화 뿌리가 약했으며 사회경제평의회에 대표된 조직과 강력한 연계를 갖지 않았다. 새로운 연립 정부에서 특히 우파 자유주의 정당인 자민당은 모든 주요 사회 경제 법안과 관련해 사회경제평의회에 자문을 구하는 정부의 의무를 없앨 기회라고 믿었다. 그러나 자줏빛 연정은 노동당이 제1당을 차지한 정부로서 두 자유주의 정당의 요구를 수렴하면서도 노동당의 요구가 관철되는 정책을 실현했다.

자줏빛 연정의 개혁은 두 방향으로 추진되었다. 첫째, 효율성을 높이고 도덕적 해이를 방지하기 위해 재정적 인센티브와 제한된 경쟁 체제를 도입하고, 둘째, 네덜란드 복지 국가의 실행과 관리에 관여하는 다양한 정책 행위자들의 역할과 책임을 재조직하는 것이었다.[54] 이를 위해 자줏빛 연정은 이전 정부에 비해 더욱 주도적인 노력을 경주했는데, 그 방식은 '더 많은 시장과 더 작은 정부'임과 동시에 '더 많은 정부 주도와 더 적은 정책 협의'라는 일견 모순된 성격을 띠었다. 자유주의 정당들의 주장에 따라 1995년에 사회경제평의회의 특권이 폐지되었으며, 그 결과 1996년부터는 정부가 사회경제평의회에 자문을 구하는 것이 더 이상 의무적이지 않게 되었다.[55] 이것은 바세나르 협약 이후 진행된 코포라티즘의 위기와 전환이 폐지로 진행될 조짐으로 비치기도 했다.

협의제도』, 조재희 · 김성훈 · 강명세 · 박동 · 오병훈 역(서울: 한국노동연구원), 329쪽 참조.

54) Visser, Jelle and Anton Hemerijck, 1997, 'A Dutch Miracle': Job Growth, Welfare Reform and Corporatism in the Netherlands(Amsterdam: Amsterdam University Press), p. 146.

55) Vergunst, Noël, 2010, The Institutional Dynamics of Consensus and Conflict: Consensus Democracy, Corporatism and Socio-economic Policy-making and Performance in Twenty Developed Democracies(1965~1998)(Saarbrücken: Lambert Academic Publishing), p. 134.

그러나 노동당과 노동계의 대응에 의해 연정은 유연화에 안정화를 결합함으로써 새로운 코포라티즘적 조정 기제로 전환하는 것을 최종 선택했다. 1994년 노동 시간에 근거한 차별이 불법화되었고, 비례 원칙을 도입함으로써 전체 노동 시간에 비례하여 총임금의 차이는 있을지라도 시간당 임금은 동일하게 하였다.[56] 이어 정규직이 가지고 있는 안정성과 비정규직이 가지고 있는 유연성을 조정해 풀타임 일자리에서는 보다 많은 유연성을 추구하는 한편 임시직과 파트타임 일자리에는 법적 보호 수준을 강화했다.

공급 조절 코포라티즘의 법제화에도 불구하고 2000년대 초반이 지나면서 네덜란드 코포라티즘의 작동은 약화되는 조짐을 보이기 시작했다. 이것은 1980년대처럼 2002년 이후 노동당이 다시 실각하고 보수-자유주의 정부가 들어선 데 따른 것이었다. 2002년 총선에서 승리한 기민당 주도 연정은 노조와 대립하면서 임금 동결, 사회 보장 지출 삭감, 조기 퇴직 등 강력한 조치를 단행했다.[57] 이후 네덜란드 사회 협약 정치는 더 이상 정부가 노사 합의를 입법화시켜 주는 방식으로 작동하지 않게 되었다. 비록 입법화로 연결되지는 않지만 네덜란드 코포라티즘 정치는 유연 안정화 전략에서 다시 유연화 전략으로 전환하는, 일면 1980년대와 유사한 코포라티즘의 위기 및 전환에 들어섰다고 볼 수 있다. 1980년대가 수요 조절 코포라티즘의 위기 및 전환의 시기였다면 2002년 이후는 공급 조절 코포라티즘의 위기 및 전환의 시기라고 할 수 있다.

독일 코포라티즘의 역사는 네덜란드에 비해 정당 정치적 요인이 더

---

56) 유연 안정화 정책의 내용에 대해서는 김학노(2004), 427–428쪽을 참조.
57) 선학태(2011), 220쪽.

선명하게 드러난다. 그중 사민당의 정당 정체성 변화가 영국과 연계되고 또 영국처럼 뚜렷하게 나타난 것도 독일이다. 실제 독일 사민당이 친근로자 국민 정당의 속성을 포기한 것은 1989년 베를린 강령에서 시작되어 1999년 블레어-슈뢰더 성명(Blair-Schröder-Papier)을 통해 완성되었다. 이를 통해 사민당은 당의 사회적 기반을 중간층으로 이동하면서 신자유주의적 이념과 정책을 수용했다.

'신중도'로 불리는 독일 사민당의 '제3의 길'이 시작된 베를린 강령은 '사회적 정의'를 "재산과 소득 및 권력의 분배에서 더 많은 평등을 요구"하는 것으로 규정하였다.[58] 그러나 이 강령에서 언급되는 '사회적 정의'는 구체적인 정치적 실천 목표로 제시된 것이 아니라 추상적 규범으로만 제시된 것이었다. 물론 1960년대 말 집권기에 평화 정당의 성격을 획득한 이후 경제적 분배와 평등을 넘어 탈물질주의 가치들을 수용해 현대 사회의 새로운 문제점들을 보다 적극적으로 제기했다는 점에서 이 강령은 진일보한 것으로 평가될 수 있다. 그러나 다른 한편으로 이 강령은 경제적 사안들뿐만 아니라 새로운 가치들에서조차 경쟁 및 시장의 개념과 타협하기 시작했음을 드러냈다.

더욱이 통일 이후 1990년대에는 이러한 정의 개념의 사용이 줄어들다가 1998년 연방의회 선거 당시에는 언급조차 되지 않았다.[59] 추상적 규범으로 제시된 '민주적 사회주의'가 정책적 실천으로 이어지면

---

58) Grundsatzprogramm der Sozialdemokratischen Partei Deutschlands, Beschlossen vom Programm-Parteitag der Sozialdemokratischen Partei Deutschlands am 20. Dezember 1989 in Berlin, geändert auf dem Parteitag in Leipzig am 17.04.1998, S.12.

59) Jun, Uwe, 2000, "Die Transformation der Sozialdemokratie: Der Dritte Weg, New Labour und die SPD," *Zeitschrift für Politikwissenschaft*, Jg.10, Nr.4, S.1518.

서 일정한 모순을 일으켰다고 할 수 있다. 블레어-슈뢰더 성명은 베를린 강령과 현실 정부 정책 간의 괴리를 후자에 맞추는 방향으로 해소한 것으로서 '현대적 경제 정당'화로의 노선 변화를 완성한 것이었다. 이른바 '현대적 사민주의자들'은 '제3의 길'로 포장된 '신중도'를 "21세기를 위한 현대적 통치"라고도 불렀다. 그 실질적 내용은 경제적 지구화를 옹호하고, 재정 안정과 조세 부담 경감이라는 '워싱턴 합의(Washington Consensus)'를 자발적으로 수용하며, '사회적 시장 경제'라는 '라인 자본주의(rheinischer Kapitalismus)'도 거부하고 케인스주의적 복지 국가도 거부할 뿐만 아니라, 노동 운동으로부터 사민당을 단절시키고자 한 것이었다.[60]

독일 사민당과 적녹 연정의 '제3의 길'은 명백히 고전적 분배 정책과의 결별을 의미했다. 곧 분배의 결과가 아니라, 부(富) 자체의 증가로 인해 가난한 사람들의 소득도 증가한다는 이른바 '엘리베이트 효과'를 강조했다.[61] 그 전략은 성장과 경쟁력이 될 수밖에 없으며, 결과적으로 경제력과 시장의 역할에 의지하고 그 강화와 확장을 위해 또 다른 형태의 물신화된 "권력 환상(Machtillusion)"[62]으로 현상하는 것

---

60) Mahnkopf, Birgit, 2000, "Formel 1 der neuen Sozialdemokratie: Gerechtigkeit durch Ungleichheit. Zur Neuinterpretation der sozialen Frage im globalen Kapitalismus," *Prokla: Zeitschrift für kritische Sozialwissenschaft*, Jg. 30, Nr. 4, S. 489-491.

61) Dörre, Klaus, 1999, "Die SPD in der Zerreißprobe: Auf dem 'Dritten Weg'," Klaus Dörre, Leo Panitch und Bodo Zeuner, u. a., *Die Strategie der 'Neuen Mitte': Verabschiedet sich die moderne Sozialdemokratie als Reformpartei?*(Hamburg: VSA), S.10.

62) Narr, Wolf-Dieter, 1999, "Gegenwart und Zukunft einer Illusion: 'Rot-Grün' und die Möglichkeiten gegenwärtiger Politik," *Zeitschrift für kritische Sozialwissenschaft*, Jg. 29, Nr. 3, S. 374.

이었다. 다시 말해 '신중도'와 '제3의 길'로 천명된 현대적 국민 정당은 국가 경제의 국제 경쟁력을 강조하는 '민족적 경쟁 정당'이자 시장 원리를 신봉하는 '현대적 경제 정당'을 일컫는 것이었다.

1998년 사민당의 집권과 적녹 연정의 성립은 '일자리와 교육 및 사회 정의를 위한 동맹'을 통해 기존 사회 코포라티즘을 부활시킬 것으로 기대되기도 했다. 그러나 '제3의 길'과 '신중도'로 포장된 사회 조절 정책은 이미 수요 조절 정책을 벗어난 지 오래였다. 기존 사회 코포라티즘은 적실성을 상실한 수요 조절 코포라티즘으로 치부되면서, 슘페터식 공급 조절 코포라티즘으로 대체되기 시작했다.

독일 적녹 연정의 정책을 전체적으로 조망하면,[63] 경제 정책에서 탈규제, 사유화, 조세 인하를 중심으로 하고, 사회 정책에서 재정 적자 해소와 복지 제도의 효율화 및 감축을 추진해 왔다고 할 수 있다. 국가와 기업의 경쟁력 제고를 강조하는 탈규제 정책을 대폭 수용한 점이 경제 정책의 구체적인 내용이라면, 이른바 '근로를 촉진하는 국가'를 추구하며 실업을 해소한다는 명분 아래 열악한 일자리조차 복지 혜택의 조건으로 강제한 것이 사회 정책의 실상이었다.

또한 2002년 재집권에 성공한 사민당-녹색당 연합은 적녹 연정 2기 출범에 즈음하여, 연정의 정책 목표는 '개혁과 지속 가능한 경제 발전 및 사회 통합'에 기반을 두고 있다면서, 어려운 경제 여건에도 불구하고 독일이 지켜 온 복지 국가의 길에서 벗어나지 않을 것이라고 밝혔다. 그러나 구체적 내용은 곧이어 발표된 재정, 경제, 고용에 관한 정책 기획에서 보이듯이 국제 경쟁력 강화를 위한 '개혁'을 통해서만 복지 국가가 유지될 수 있다는 것이었다. 그에 따라 재정 절약을 비롯

---

63) 김수행 외(2006), 187-207쪽 참조.

한 복지 국가의 감축이 지속되어 왔을 뿐만 아니라, 적녹 연정의 핵심적 사회 정책의 하나인 고용 창출 정책은 임시 노동과 비정규직 노동에 집중되었다. 이와 같이 '개혁, 정의, 지속 가능 발전'을 목표로 '노동 시장 개혁과 경제 회생'에 중점을 둔다는 2기 적녹 연정의 정책 기조도 1기의 사회 경제 정책을 지속했으며, 특히 재정 정책과 관련해서는 긴축 정책을 한층 강화한 것이었다. 그 대표적 프로젝트가 이른바 '아겐다 2010'으로 나타났다.[64]

적녹 연정의 정책 중 임금 단협 정책과 연금 및 의료 보험 정책을 대표적으로 살펴보면, 공급 조절 코포라티즘적 전환이 명확하게 드러난다. 적녹 연정의 연금 관련 개혁 조치 중 이미 시작된 중요한 변화는 '직장 연금(Betriebliche Altersversorgung)'을 통해 법적 연금 제도를 보완케 한 것이었는데, 그로 인해 구체적 사안에 대한 결정뿐만 아니라 연금 기구 및 규모의 선택에 대한 사용자의 권한이 커지게 되었다. 의료 보험과 관련해서도 적녹 연정은 구체적 내용을 보험 기금과 의사 단체에 일임함으로써 보험 가입자의 참여권과 결정권을 제약하는 결과를 가져왔다.[65]

결국 적녹 연정이 재시도한 사회 코포라티즘은 1960/70년대의 협주행동과 달리 공급 조절 코포라티즘의 성격을 명확히 한 것이었다. 게다가 이러한 시도도 제2기 적녹 연정 말기에는 노사의 호응을 얻지

---

64) *Koalitionsvertrag von Oktober 2002: Erneuerung, Gerechtigkeit, Nachhaltigkeit für ein wirtschaftlich starkes, soziales und ökologisches Deutschland. Für eine lebendige Demokratie*; 정병기, 2003c, 「독일 적녹연정의 '아겐다 2010'과 신자유주의 정치」,《현장에서 미래를》제93호(한국노동이론정책연구소), 57~68쪽 참조.

65) 정병기, 2001, 「사회(복지)국가의 형성·재편과 노동조합의 대응: 독일과 이탈리아 비교」,《사회복지와 노동》제3호(복지동인), 285~317쪽 참조; *Pressemitteilungen*, no. 74, 2001(Bundesministerium für Gesundheit).

못함으로써 폐기되기에 이르렀다. 그것은 제도화 수준이 낮은 상태에서 이를 주도해 나갈 정당 정치적 요인조차 사라진 데 따른 것이라고 할 수 있다.

3. 약성 코포라티즘 국가: 프랑스와 이탈리아

1) 주도 정당의 성격과 사회 코포라티즘의 형성 및 전개

프랑스와 이탈리아의 대표적 좌파 정당들은 상대적으로 더 급진적으로 알려져 있다. 그중에서도 이탈리아는 공산당으로 출발해 혁명적 사회주의 경향이 뚜렷했다. 반면 프랑스 사회당은 다양한 정파들의 통합체로 출발해 복잡한 성격을 띠었다. 그 정체성 변화도 이러한 측면들을 반영해 상대적 급진성이라는 공통점 안에서도 특수성이 더 강하게 드러났으며 오늘날의 모습을 띠기까지 여러 차례에 걸쳐 나타났다.

하지만 사회 코포라티즘과 관련된 변화는 다른 나라들과 마찬가지로 '제3의 길'이라는 큰 흐름 속에 엮을 수 있는 1980년대 이후 시작되어 1990년대에 공식화된 것이었다. 그리고 이러한 변화는 역시 다른 나라들과 마찬가지로 집권 경험과 연관되었다.

현재 프랑스 사회당의 모태가 되는 사회주의 정당은 20세기 초 여러 사회주의 조직들의 통합체로 건설되었다.[66] 혁명적 세력으로 분류

---

66) 프랑스 사회당의 변화와 프랑스 코포라티즘에 대해서는 김수행·정병기·홍태영, 2006, 『제3의 길과 신자유주의: 영국, 독일, 프랑스를 중심으로』, 개정판(서울: 서울대학교출판부), 프랑스 편; 정병기, 2003a, 「제3의 길과 유럽사민주의의 변천: 독일사민당, 영국노동당, 프랑스사회당, 이탈리아좌파민주당의 비교」, 맑스코뮤날레 조직위원회(편), 『Marx Communnale: 지구화 시대 맑스의 현재성』, 제2권, 서울: 문화과학사, 50–69쪽; 정병기, 2003b, 「신자유주의와 '제3의 길': 영국, 독일, 프랑

되는 맑스주의자 쥘 게드(Jules Guesde)와 블랑키스트 바이양(Édouard M. Vaillant)이 이끌던 '프랑스 사회주의당(PSdF: Parti socialiste de France)'과, 라쌀주의자들과 유사하게 공화국을 통한 사회주의 건설을 주장하는 개혁적 사회주의자인 조레스(Jean Jaurès)가 이끌던 '프랑스 사회당(PSF: Parti Social Français)'이 통합하여 탄생한 '인터내셔널 프랑스 지회(SFIO: Section Française de l'Internationale Ouvrière)'가 그것이다. 그러나 '프랑스 사회주의당' 내에 두 계파가 존재해 실질적으로 '인터내셔널 프랑스 지회'는 세 입장의 절충으로 생겨났다.

제1차 세계 대전을 전후해 유럽은 혁명적 열기로 들끓었다. 그로 인해 독일에서와 마찬가지로 프랑스에서도 혁명적 사회주의자들은 1920년 투르(Tours) 전당 대회에 즈음해 '인터내셔널 프랑스 지회'로부터 분리해 공산당을 창당했고, 이를 계기로 '인터내셔널 프랑스 지회'는 개혁적 사회주의로 전환했다. 이때부터 조레스와 블룸(Léon Blum)의 노선을 중심으로 한 프랑스 사회주의자들은 자신들을 좌파로부터는 공산주의 세력과 구별 짓고 우파로부터는 공화주의 세력과 구별 짓게 되었다.[67]

프랑스 사회주의 진영의 또 다른 중요한 변화는 1970년대에 일어났다. 사실상 이 변화는 1969년 알포르빌(Alfortville) 전당 대회를 통해 기존의 '인터내셔널 프랑스 지회'가 사회당(PS)으로 재창당되었을 때 이미 예견된 것이었다. 이후 사회당은 1971년 에피네(Epinay) 전당

스의 비교」, 《현장에서 미래를》 제83호(한국노동이론정책연구소), 128~156쪽; 정병기, 2014a, 「프랑스 코포라티즘: 동시적 교환과 제한된 일반적 교환의 사회협약 정치」, 《지중해지역연구》 제16권 3호(부산외국어대학교 지중해지역원), 1~24쪽을 주로 참조.

67) Bergounioux, Alain et Bernard Manin, 1989, *Le régime social-démocrate*(Paris: Presses universitaires de France) 참조.

대회를 거쳐 1974년에는 다양한 사회주의 정당들을 통합하고 중도파를 이끄는 미테랑(François Mitterrand)을 중심으로 점차 온건화 노선을 밟아 갔다. 물론 당 내에는 슈베느망(Jean-Pierre Chevènement)을 중심으로 한 '맑스주의 연구 집단(CERES: Centre d'études, de recherches et d'éducations socialistes)'이 좌파를 형성하고, 제3공화국의 급진공화당(Parti Radical) 세력을 이끌던 로카르(Michel Rocard)의 급진 공화파가 우파를 형성하고 있었다.

특히 1974년 급진 공화파의 합류는 사회당 노선의 중대한 변화를 의미했다. '인간의 권리에 기반한 사회주의'를 강조하는 미테랑 계파는 중도파라고 하지만 사실상 개인의 자유, 민주주의와 의회주의의 결합, 특권의 해소 등을 구체적 목표로 내세움으로써 공화주의에 더 가까웠다.[68] 게다가 1978년 선거에서 처음으로 공산당보다 높은 지지율(공산당 20.6%, 사회당 22.6%, 〈표 6-9〉 참조)을 얻은 것을 계기로 공산당에 대한 차별성을 더 분명히 하면서 집권을 향한 온건화가 더욱 탄력을 받았다. 그에 따라 로카르 정파가 더 강화되어 "반자코뱅적, 지방 분권적, 자주 관리적" 사회주의를 표방하며, 긴축 정책, 인플레이션 억제, 유럽과 세계에 대한 개방화를 주장하게 되었다.[69]

하지만 더 중요한 변화는 좌파인 슈베느망 정파에서 비롯되었는데, 슈베느망은 1984년 '현대 공화국(République moderne)'이라는 새로운 정파를 만들고 '맑스주의 연구 집단'의 명칭을 '사회주의와 공화

68) Portelli, Hugues, 1984, "L'intérgration du Parti socialiste à la Cinquiéme République," *Revue française de science politique*, a. 34, n. 4/5, pp. 816–827; Bergounioux, Alain et Gérard Grunberg, 1992, *Le long remords du pouvoir: Le Parti socialiste français 1905~1992*(Paris: Fayard), p. 259.
69) Rocard, Michel, 1979, *Parler vrai*(Paris: Seuil), pp. 117–118.

<표 6-9> 프랑스 의회(하원) 선거 결과(제5공화국, 1차 투표, %)

연도	공산당	사회당[1]	중도정당[2]	드골정당[3]	민족전선	생태정당[4]	기타	투표 참여율
1958	18.9	15.7	10.8	20.6	–	–	34.0	77.2
1962	21.9	12.7	19.3	36.0	–	–	10.1	68.9
1967	22.5	19.3	17.3	38.5	–	–	2.4	81.1
1968	20.0	16.6	12.4	46.4	–	–	4.6	80.0
1973	21.3	17.7	16.7	37.0	–	–	7.3	81.2
1978	20.6	22.6	23.9	23.0	0.8	2.1	7.0	82.8
1981	16.2	37.5	21.7	21.2	0.2	1.1	2.1	70.5
1986	9.8	31.2	15.5	27.0	9.9	1.2	5.4	78.3
1988	11.3	37.0	18.5	19.2	9.8	0.4	3.8	65.7
1993	9.2	17.6	19.1	20.4	12.4	7.6	13.7	68.9
1997	9.9	23.5	14.7	16.8	14.9	6.3	13.9	67.9
2002	4.8	24.1	4.9	33.3*	11.3	4.5	17.1	64.4
2007	4.3	24.7	7.6	39.5**	4.3	3.3	16.3	60.2
2012	–	29.4	4.0	27.1	13.6	5.5	20.4	57.2

1) 사회당: 1958/1962 인터내셔널프랑스지회(SFIO), 1967/68 민주사회주의좌파연맹(FGDS), 1973 사회당(PS)
2) 중도정당: 1958/62 대중공화주의자운동(MRP), 1967 민주센터(CD), 1968 근대민주진보(PDM), 1973 개혁운동(MR), 1978 이후 프랑스민주연합(UDF), 2007 민주운동(MoDem), 2012 민주운동(MoDem)과 신중도(NC)
3) 드골정당: 1958 신공화국연합(UNR), 1962 신공화국연합-민주노동연합(UNR-UDT), 1967~68 공화국수호연합(UDR), 1978~97 공화국공회(RPR); 2002 대통령다수연합(UMP); 2007 이후 대중운동연합(UMP)
4) 생태정당: 1993 및 2012 녹색당(LV)과 생태세대(GE)의 합계; 기타 연도는 녹색당(LV)
* 2002년 총선: 드골정당(RPR)는 자유민주연합(DL: Démocratie Libérale)과 함께 '대통령 다수 연합'(UMP: Union pour la majorité presidentielle)으로 연립(577석 중 377석 확보)
** 2007년 총선: 대통령다수연합(UMP)이 대중운동연합(UMP: Union pour un Mouvement Populaire)으로 전환

출처: Parties and Elections in Europe, http://www.parties-and-elections.eu/france.html(검색일: 2014. 05. 19.); Parties and Elections in Europe, http://www.parties-and-elections.eu/france2.html(검색일: 2014. 05. 19.).

국(Socialisme et République)'으로 변경하고 우선회를 준비하기 시작했다. 그에 따라 1987년 릴(Lille) 전당 대회에서부터는 이 정파도 사회주의를 '먼 미래의 일'로 치부하고 현재적·현실적으로 공화국만을 쟁점

으로 삼았다. 이러한 사회당의 변화는 코포라티즘과 관련해 직접적인 영향을 미치는 1990년대의 정체성 변화를 알리는 전조였다.

그리고 이 변화는 사실상 지속적인 선거 승리로 연결되어 사회당은 마침내 1981년에 집권했고 이후 1994년까지 장기 집권을 이어 갔다. 이원 정부제라는 특수성을 고려하면 내치를 총리가 맡으므로 코포라티즘과 관련해 중요한 기간은 동거 정부 기간인 1986~88년 및 1993~94년을 제외한 1980년대와 1990년대 초였다(〈표 6-10〉 참조). 또한 이 기간은 사회당이 30% 이상의 지지율을 확보하고 때로는 40%에 가까운 지지율을 획득해 역사상 사회적 기반이 가장 튼튼한 시기이기도 했다. 곧, 1970년대 말에 시작된 변화로 사회당은 친근로자 국민 정당의 정체성을 갖추고 굳건한 사회적 기반을 토대로 집권에 성공했으며, 이것이 프랑스 사회 코포라티즘 형성의 핵심적인 정당 정치적 요건으로 작용했다고 할 수 있다.

물론 프랑스도 스웨덴이나 노르웨이처럼 제2차 세계 대전 이전에 사회 코포라티즘을 경험했다. 1925년 국가경제위원회(CNE)가 설립되어 1930년대에 법제화된 것이 그것이다. 이 경험은 1925년 좌파 연합의 집권과 1936년 인민전선의 집권이라는 정당 정치적 배경이 있어서 가능했다. 하지만 국가경제위원회가 당시의 적대적 노사 관계로 인해 제대로 발전하지 못해 실험적 차원에 머물렀으며 이후 비시 정권을 거치면서 오늘날의 사회 협약 정치로 연결되지 못했다. 때문에 프랑스의 현대적 사회 코포라티즘 정치는 제2차 세계 대전 이후의 새로운 시도를 통해 살펴봐야 한다.

프랑스에서 노사 이해관계를 국가 정책에 반영하려는 노력은 1946년 제4공화국에서 설치된 경제사회위원회(CES)에서 첫 선을 보였으며, 이 위원회는 1958년 제5공화국에서도 헌법 기구로 존속되었다.

〈표 6-10〉 프랑스 역대 총리와 집권당(제5공화국)

연도	대통령	총리[1]	집권당
1959~1962	de Gaulle (신공화국 연맹)	Debré	신공화국연맹, 국민공화운동, 급진당, 사회당, 독립당
1962		Pompidou	신공화국연맹, 국민공화운동, 급진당, 사회당, 독립당
1962~1968		Pompidou	신공화국연맹, 공화국수호연맹, 공화국독립당
1968~1969		Couve de Murville (공화국수호연맹)	신공화국연맹, 공화국수호연맹, 공화국독립당
1969~1972	Pompidou (공화국수호 연맹)	Chaban-Delmas	공화국수호연맹, 진보현대민주, 공화국독립당
1972~1973		Mesmer	공화국수호연맹, 중도민주진보, 공화국독립당
1973~1974		Mesmer	공화국수호연맹, 중도민주진보, 공화국독립당
1974~1976	Giscard d'Estaing (프랑스민주 연합)	Chirac (공화국수호연맹)	공화국수호연맹, 중도민주진보, 공화국독립당, 급진당
1976~1981		Barre(무소속)	공화국수호연맹, 공화국연합, 중도민주진보, 중도민사당, 급진당, 공화국독립당
1981	Mitterrand (사회당)	Mauroy	사회당
1981~1984		Mauroy	사회당, 공산당
1984~1986		Fabius	사회당
1986~1988		Chirac(공화국연합)	공화국연합, 중도당: 동거 정부
1988~1991		Rocard	사회당
1991~1992		Cresson	사회당
1992~1993		Bérégovoy	사회당
1993~1994		Balladur (공화국연합)	공화국연합, 프랑스민주연합: 동거 정부
1995~1997	Chirac (공화국 연합)	Juppé(공화국연합)	공화국연합, 프랑스민주연합
1997~2002		Jospin(사회당)	사회당, 공산당, 녹색당 등: 동거 정부
2002~2006		Raffarin(자민당)	대통령다수당연합(대중운동연합)[2]
2006~2007		Villepin	대중운동연합
2007~2012	Sarkozy (대중운동 연합)	Fillon	대중운동연합
2012~2014	Hollande (사회당)	Ayrault	사회당, 녹색유럽생태당, 급진좌파당
2014~현재		Valls	사회당, 급진좌파당

1) 소속 정당 표시가 없는 경우는 대통령 소속당과 동일
2) 대통령다수연합(UMP): 공화국연합과 자유민주연합의 연합체. 2002년 11월 대중운동연합으로 단일정당화.

출처: Parties and Elections in Europe, http://www.parties-and-elections.eu/france1.html(검색일: 2014.05.19.).

더 나아가 이 기구는 제4공화국 당시에는 중앙 정치에서 중요한 역할을 수행할 수 없었지만 제5공화국에서는 자율적 활동권을 보장받고 의회에 대해서도 자문 역할을 수행하는 등 일정한 의미를 갖는 코포라티즘 기구로 성장할 수 있었다.

특히 사회당 집권기인 1984년부터 시작된 개혁을 통해 경제사회위원회는 직업 집단들 간 협력을 증진시키는 중요한 자문 협의회의 위상을 확보하기 시작했다. 하지만 노사 집단을 다양한 이익 집단들 중의 하나로 참여시키고 자문 역할에 한정시켰다는 점에서 완전한 의미가 아니라 제한된 의미에서만 일반적 교환의 기제였다. 그러므로 프랑스의 제도적 코포라티즘 기제는 정치적 실천을 통해 보완되어야만 했다.

실제 프랑스에서 노사 이해관계의 정치적 대변은 경제사회위원회 같은 제도적 장치를 통한 경로 외에도 노사정 삼자 협의와 노사의 직접적인 정치적 요구들을 통해 이루어져 왔다. 이때 삼자 협의는 제도적 경로와 무관한 임시적 조치를 의미하며, 직접적인 정치적 요구는 노동자들의 시위나 파업을 통한 압력 행사를 뜻한다. 이러한 방식들은 주로 노사 단체 협상보다는 정치적 의제나 제도적 해결의 성격을 강하게 띤 사안을 두고 취해진 수단들이었다.

프랑스 최초의 삼자 협약도 물론 1936년 인민전선 정부 시기의 마티뇽 협약으로까지 거슬러 올라간다. 하지만 앞에서 밝힌 것처럼 제2차 세계 대전 이후 현대 프랑스만 고찰하면, 1968년 그르넬 협약이 최초로 중요한 협약이다. 이 협약은 사회당 집권기가 아니라 우파 집권기에 체결되었다는 점에서 특이하다. 그것은 여느 나라들과 달리 68 혁명운동이 노학 연대로 신속하게 연결된 프랑스의 특수성에 기인하는 것으로서 노동자들의 요구에 대한 정부와 자본의 양보라는 성격이 강했다. 그렇지만 68혁명운동이 지속되지 못함으로써 이 협약의 법제화는 오랜 시간을 거쳐야 했다. 그중 의미 있는 후속 입법화는 사회당이 집권한 1982년에 제정된 오루법(Lois Auroux)이었는데, 이 법은 노조 설립의 자유를 모든 사업장으로 확대하는 한편 노사 협상을 강화했다.

이후 프랑스의 코포라티즘은 정부가 노사 간 양자 협상을 유도해 단체 협상을 체결하게 한 후 이를 입법으로 수용하는 방식으로 자리 잡았다. 이러한 맥락에서 삼자 협의는 정부의 임의에 의해 임시적으로 이루어지게 되었고, 긴급한 사안들에 대해서는 정부가 소집하는 사회정상회담으로 진행되었다. 이것은 노사가 제도화와 입법화라는 장기적 전망이 불투명한 상태에서 동시적 교환의 형태로 이루어진 정치적 교환의 정치를 의미한다.

상대적으로 제2차 세계 대전 이후 프랑스의 코포라티즘은 사회당 집권이라는 명확한 정당 정치적 요인이 드러나지는 않았다. 갈등과 대립의 성격이 강한 노사 관계에서 노사 집단을 다양한 이해관계 집단의 하나로 수용해 완화된 형태로 이해관계 조정에 통합시키는 한편 강력한 사회적 요구에 의해 삼자 협상을 진행하는 방식으로 이루어져 왔다. 때문에 우파 정부일 경우라도 이러한 제도적 장치와 사회적 요구를 무시할 수 없었다. 하지만 일반적 교환과 동시적 교환이 동시에 작동하면서 협약의 내용을 입법화를 통해 장기적으로 보장하는 정치적 교환이 완성되는 코포라티즘은 역시 사회당 집권기에 가능했다고 할 수 있다.

이탈리아 코포라티즘을 추동하는 친근로자 국민 정당은 여러 정파들의 통합체였던 '인터내셔널 프랑스 지회'와 달리 혁명적 사회주의 정당인 이탈리아 공산당에 뿌리를 두고 있다. 물론 이탈리아 공산당도 먼저 건설되었던 사회당(PSI: Partito Socialista Italiano)으로부터 분리해 나온 것이었다. 하지만 사회당은 그 이후 비록 명칭은 변경했지만 오늘날까지 존속하고 있기 때문에 공산당의 뿌리라고 보기는 어렵다. 그것은 독일 공산당이 1910년대 말에 사민당을 탈당해 개혁적 사회주의에 대한 차별성을 분명히 한 것과 유사하다.

이탈리아 공산당은 사회당을 탈당한 혁명적 사회주의자인 보르디가(Amadeo Bordiga)와 그람시(Antonio Gramsci) 등에 의해 1921년에 설립되어 일정한 노선 변화를 겪은 후 1991년에 좌파민주당(PDS)으로 개명하여 점차 사민주의화되어 왔다.[70] 이탈리아 공산당도 창당 이후 세 차례에 걸쳐 중요한 노선 변화를 겪었다. 그러나 코포라티즘의 형성과 관련된 것은 세 번째 변화인 1970년대 말의 '역사적 타협(compromesso historico)'과 1990년대 초의 당명 개정 및 탈공산주의화이다. 그중에서도 탈공산주의화는 친근로자 국민 정당화를 완성한 것으로서 사회 코포라티즘 형성에 핵심적인 요인이었다.

이탈리아 공산당의 1차 노선 변화는 1944년 톨리아티(Palmiro Togliatti)가 귀국한 후 살레르모(Salermo)에서 대중 정당(mass party)화를 선언하면서 정치 전략과 사회 전략을 구분한 것이 계기였다. 곧, 사회 전략에서는 반독점과 산업 노동자에 핵심을 두지만, 정치 전략에서는 민주주의 수호를 위한 반파시즘 투쟁을 중심으로 여러 진보 정당들을 규합하는 것을 목표로 삼았다. 이는 계급 정당 노선을 고수하되 당의 구조와 전술을 개방하려는 노력이었다.

---

70) 이탈리아 민주당(공산당, 좌파민주당)의 변화와 코포라티즘에 대해서는 각각 정병기(2003a); 정병기, 2007b, 「이탈리아」, 민주노총 산별특위, 『산별노조 운동과 민주노총: 산별노조 시기에 민주노총 위상과 조직개편 전략』, 서울: 전국민주노동조합총연맹, 154-209쪽을 주로 참조.

2차 노선 변화는 1956년 이탈리아 공산당 제8차 전당 대회에서 시작되었다. 2차 노선 변화도 톨리아티의 주도로 시작된 것이었는데, 주요 내용은 탈스탈린화를 통해 "사회주의로 가는 이탈리아의 길(via italiana al socialismo)" 노선을 정립한 것이다. 2차 노선 변화는 1차 노선 변화와 달리 유로코뮤니즘(eurocommunism)의 초석이 되는 한편, 1980년대에까지 이르는 장기적 변화의 계기로 직접 작용하기도 하였다.

3차 노선 변화는 유로코뮤니즘의 본격화로 알려진, 1970년대 말 베를링게르(Enrico Berlinguer) 당수의 '역사적 타협'이다. 중산층 및 중도 세력과 동맹하는 것을 목표로 규정한 '역사적 타협' 전략은 1977~79년 간 각외 연합 형성으로 구체화되었다.[71] 1976년 총선에서 공산당은 역사상 가장 높은 득표율인 34.4%를 얻어 비록 집권하기에는 충분치 못했지만 기민당 정부를 위협할 정도의 세력을 확보했으며, 반대로 기민당은 점차 지지율을 상실해 공산당의 지지 없이는 집권이 거의 불가능한 상황이 도래한 것이 그 중요한 배경이었다(〈표 6-11〉, 〈표 6-12〉 참조).

각외 연합은 공산당이 의회 내에서 정부 불신임 투표를 포기하는 대가로 기민당 정부가 긴축 정책에 공산당의 사회 개혁 정책을 수용한다는 정책 연합의 형태였다. 각외 연합으로 나타난 '역사적 타협' 전략은 유로코뮤니즘의 일환으로서 "소비에트 사회주의와 자유방임 자본주의 간 제3의 길"을 추구하는 전략으로 이해된다. 그러나 유로코뮤니즘의 '제3의 길'은 독일이나 프랑스의 '제3의 길'과는 달리 맑스주의와 레닌주의를 이은 그람시주의의 테두리를 벗어나지는 않았다.

---

71) Brütting, Erhard(ed.), 1997, *Italien-Lexikon*(Berlin: ESV); Carrillo, Santiago, 1977, *'Eurokommunismus' und der Staat*(Hamburg and Berlin: VSA) 참조.

이탈리아 노조들도 양보 노선으로 선회하여 EUR 노선으로 일컬어지는 전략을 통해 정부의 긴축 정책을 수용하고 임금 인상 투쟁을 자제하는 대신 공산당과 개혁 세력의 개혁 정책을 기대하고 지원했다. EUR 노선은 정부가 참여 혹은 유도하는 삼자 협의로 이어지지 않았다는 점에서 코포라티즘이라고 할 수는 없지만 이탈리아 사회 코포라티즘의 가능성을 보여 준 사건이었다고 할 수 있다.

이탈리아 사회 코포라티즘의 시초는 1957년 국가경제노동위원회(CNEL)의 수립이다. 하지만 국가경제노동위원회는 의결 기능과 집행 기능을 갖추지 못해 온전한 코포라티즘 기제는 아니었고 정치·사회적 협상을 보조하는 자문 기구였다. 1970년대의 '역사적 타협'도 타협 정치를 통해 코포라티즘 성립의 좋은 토양을 제공했지만 사실상 대립과 투쟁을 중심으로 해 온 노조에 의해 코포라티즘적 삼자 협상 대신 노조와 정부의 정치적 협상으로 표출되었다. 1983년 최초의 노사정 삼자 협약의 체결로 간주되는 스코티 협약(L'accordo Scotti)도 합의 내용들이 입법에 의한 제도화로 충실히 연결되지 못해 코포라티즘의 제도화로 보기는 어려웠다.

이탈리아 코포라티즘의 제도화는 친근로자 국민 정당화를 완성한 좌파민주당(PDS)의 집권 이후였다. 공산당이 당명에서 '공산주의'를 삭제하고 좌파민주당으로 개명한 것은 일차적으로 1987년 선거에서 또다시 패배한 것에 대한 대응이었다. 이미 이탈리아 사회의 세속화와 기민당 지지의 남부화에도 불구하고 기민당은 점차적 지지율 하락에서 반등하여 득표율을 제고한 반면(1983년 32.9%, 1987년 34.3%), 공산당은 하락 추세를 벗어나지 못했기 때문이다(1983년 29.9%, 1987년 26.6%; 〈표 6-11〉 참조). 게다가 1980년대 말 급격한 동구 변화라는 외부적 요인도 함께 작용해 동구권에 대한 차별성을 더욱 분명히 할 필

연도	기민당	공산당1)	사회당	사민당	재건공산당	공회당	자유당	네오파시스트2)	녹색당3)	북부동맹4)	기타5)	투표참여율
1948	48.5	31.0		7.1	–	2.5	3.8	2.0	–	–	5.1	92.2
1953	40.1	22.6	12.8	4.5	–	1.6	3.0	5.8	–	–	9.6	93.8
1958	42.4	22.7	14.2	4.5	–	1.4	3.5	4.8	–	–	6.5	93.8
1963	38.3	25.3	13.8	6.1	–	1.4	7.0	5.1	–	–	3.0	92.9
1968	39.1	26.9	14.5		–	2.0	5.8	4.5	–	–	7.2	92.8
1972	38.7	27.1	9.6	5.1	–	2.9	3.9	8.7	–	–	4.0	93.2
1976	38.7	34.4	9.6	3.4	–	3.1	1.3	6.1	–	–	3.4	93.4
1979	38.3	30.4	9.8	3.8	–	3.0	1.9	5.3	–	–	7.5	90.6
1983	32.9	29.9	11.4	4.1	–	5.1	2.9	6.8	–	–	6.9	89.0
1987	34.3	26.6	14.3	2.9	–	3.7	2.1	5.9	2.5	0.5	7.2	88.7
1992	29.7	16.1	13.6	2.7	5.6	4.4	2.8	5.4	2.8	8.7	8.2	87.2
	국민당6)	좌파민주당		전진이탈리아				민족연맹				
1994	11.1	20.4	2.2	21.0	6.0	–	–	13.5	2.7	8.4	14.7	86.1
1996	6.8	21.1	–	20.6	8.6	–	–	15.7	2.5	10.1	14.6	82.9
2001	14.5	16.6	–	29.5	5.0	–	–	12.0	2.2	3.9	16.3	81.2
	월계수연맹											
2006	31.3			23.7	5.8	–	–	12.3	2.1	4.6	20.2	83.6
	중도기민연7)	민주당		자유국민	좌파-무지개연합							
2008	5.6	33.2	1.0	37.4	3.1	–	–	2.4	3.1	8.3	9.0	80.5
	시민의선택8)	민주당		자유국민당	시민혁명9)		오성운동	삼색햇불당	생태좌파자유			
2013	8.3	25.4	–	21.6	2.2	–	25.6	0.1	3.2	4.1	9.5	75.2

1) 공산당: 1991 이전 공산당(PCI), 1991~97 좌파민주당(PDS), 1997~2006 좌파민주당(DS)
2) 네오파시스트: 1972 이후 군주주의자들과 통합. 1994년 선거에서 이탈리아사회운동당(MSI)을 주축으로 결성된 선거 연합인 민족연맹(Alleanza Nazionale)이 선거 이후 단일 정당화
3) 녹색당: 녹색연합(Verdi), 2001년에는 민주사회당(SDI)과 선거 연합 해바라기(Girasole)를 결성
4) 북부동맹: 1987 롬바르디아동맹(Lega Lombarda), 1992 이후 북부동맹(Lega Nord)
5) 1968~87년 동안 급진당(Radicali)과 프롤레타리아 민주당(DP)가 4~5%를 유지
6) 국민당(PPI): 2001년 선거에서 민주당(Democratici), 이탈리아혁신당(RI), 유럽민주연합(UDEUR)과 선거 연합 마르게리타(Margherita)를 결성
7) 중도기민연: 중도기독민주연합(UDC). 2002년 기독민주센터(CCD), 기독민주연합(CDU), 유럽민주당(Democrazia Europea)이 통합해 창당

8) 시민의 선택(SC): 이탈리아를 위해 몬티(Monti)와 함께하는 시민의 선택(Scelta Civica con Monti per l'Italia)
9) 시민혁명(RC): 재건공산당(PRC), 신공산당(PdCI), 녹색연합(Verdi), 가치이탈리아당(IdV), 오렌지운동(Movimento Arancione)의 선거 연합

출처: Ministero dell'Interno; Parties and Elections in Europe, http://www.parties-and-elections.eu/italy.html
  (검색일: 2014. 05. 20.); Parties and Elections in Europe, http://www.parties-and-elections.eu/italy2.
  html(검색일: 2014. 05. 20.)

〈표 6-12〉 이탈리아 역대 총리와 집권당

연도	총리	연립 정부
1948~1950	de Gasperi(기민당)	기민당, 사민당, 공화당, 자유당
1950~1951	de Gasperi(기민당)	기민당, 사민당, 공화당
1951~1953	de Gasperi(기민당)	기민당, 공화당
1953	de Gasperi(기민당)	기민당
1953~1954	Pella(기민당)	기민당
1954	Fanfani(기민당)	기민당
1954~1955	Scelba(기민당)	기민당, 사민당, 자유당
1955~1957	Segni(기민당)	기민당, 사민당, 자유당
1957~1958	Zoli(기민당)	기민당
1958~1959	Fanfani(기민당)	기민당, 사민당
1959~1960	Segni(기민당)	기민당
1960	Tambroni(기민당)	기민당
1960~1962	Fanfani(기민당)	기민당
1962~1963	Fanfani(기민당)	기민당, 사민당, 공화당
1963	Leone(기민당)	기민당
1963~1963	Moro(기민당)	기민당, 사회당, 사민당, 공화당
1963~1964	Moro(기민당)	기민당, 사회당, 사민당, 공화당
1964~1968	Moro(기민당)	기민당, 사회당, 사민당, 공화당
1968	Leone(기민당)	기민당
1968~1969	Rumor(기민당)	기민당, 통합사회당, 공화당
1969~1970	Rumor(기민당)	기민당
1970	Rumor(기민당)	기민당, 사회당, 사민당, 공화당
1970~1972	Colombo(기민당)	기민당, 사회당, 사민당, 공화당
1972	Andreotti(기민당)	기민당
1972~1973	Andreotti(기민당)	기민당, 사민당, 자유당
1973~1974	Rumor(기민당)	기민당, 사회당, 사민당, 공화당
1974	Rumor(기민당)	기민당, 사회당, 사민당
1974~1976	Moro(기민당)	기민당, 공화당

1976~1977	Moro(기민당)	기민당
1977~1978	Andreotti(기민당)	기민당
1978~1979	Andreotti(기민당)	기민당
1979	Andreotti(기민당)	기민당, 사민당, 공화당
1979~1980	Cossiga(기민당)	기민당, 사민당, 자유당
1980	Cossiga(기민당)	기민당, 사회당, 공화당
1980~1981	Forlani(기민당)	기민당, 사회당, 사민당, 공화당
1981~1982	Spadolini(공화당)	기민당, 사회당, 사민당, 공화당, 자유당
1982	Spadolini(공화당)	기민당, 사회당, 사민당, 공화당, 자유당
1982~1983	Fanfani(기민당)	기민당, 사회당, 사민당, 자유당
1983~1986	Craxi(사회당)	기민당, 사회당, 사민당, 공화당, 자유당
1986~1987	Craxi(사회당)	기민당, 사회당, 사민당, 공화당, 자유당
1987	Fanfani(기민당)	기민당(무소속 포함)
1987~1988	Goria(기민당)	기민당, 사회당, 사민당, 공화당, 자유당
1988~1989	de Mita(기민당)	기민당, 사회당, 사민당, 공화당, 자유당
1989~1991	Andreotti(기민당)	기민당, 사회당, 사민당, 공화당, 자유당
1991~1992	Andreotti(기민당)	기민당, 사회당, 사민당, 자유당
1992~1993	Amato(사회당)	기민당, 사회당, 사민당, 자유당(전문가과도정부)
1993~1994	Ciampi(무소속)	기민당, 사회당, 사민당, 자유당(전문가과도정부)
1994	Berlusconi(전진이탈리아)	전진이탈리아, 북부동맹, 민족연맹, 중도연합, 기독민주센터
1995~1996	Dini(무소속)	무소속 각료 중심의 전문가 과도정부
1996~1998	Prodi(월계수연맹)	월계수연맹(재건공산당 각외 연합)
1998~1999	D'Alema(좌파민주당)	월계수연맹, 공산당, 공화국민주연맹
1999~2000	D'Alema(좌파민주당)	월계수연맹, 공산당, 공화국민주연맹
2000~2001	Amato(무소속)	월계수연맹, 공산당, 공화국민주연맹
2001~2006	Berlusconi(전진이탈리아)	자유의 집
2006~2008	Prodi(월계수연맹)	월계수연맹, 재건공산당
2008~2011	Berlusconi(자유국민)	자유국민, 북부동맹, 남부자치연합운동
2011~2013	Monti(무소속)	무소속 각료 중심의 전문가 과도정부
2013~2014	Letta(민주당)	대연정[민주당(연합), 자유국민당(연합)]
2014~현재	Renzi(민주당)	민주당, 신중도우파,[1] 시민의 선택, 대중당[2] 중도연합

1) NCD(Nuovo Centrodestra): 2013년 베를루스코니가 연립정부 참여에 반대함에 따라 Enrico Latta
정부 출범을 지지하는 세력들(비둘기파, "doves")이 FI 재창당을 앞두고 11월 15일 자유국민당
(PdL)에서 탈당해 창당. PdL의 장관 5명 모두, 차관 3, 상원의원 30, 하원의원 27명이 참여했으며,
이들은 대개 기독민주주의 정당 출신으로 Calabria와 Sicilia 지역에 토대를 둠. 11월 16일에 PdL
은 FI로 재창당.
2) PpL(Popolari per l'Italia): 2014년 1월 '시민의 선택(SC)'으로부터 분리 창당. 중도연합(UdC)과 통
합해 새로운 중도 정당을 창당하려 함.

출처: Parties and Elections in Europe, http://www.parties-and-elections.eu/italy1.html(검색일: 2014. 05. 20.)
을 보완.

요가 있었다.

그에 따라 1991년 공산당은 정통 공산주의자들이 재건공산당(PRC)으로 분당하는 것을 무릅쓰고 다수파 중심의 좌파민주당으로 개명하고 획기적인 노선 변화를 강행했다.[72] 이것은 '민주주의'와 '강력한 개혁주의(reformismo forte)'를 전략 목표로 설정한 1989년 전당 대회의 맥을 이은 것이었다. 그에 따라 1991년에는 '커다란 현대적 개혁 정당'으로 정체성을 수립하고 '좌파들의 민주주의 정당(PDS: Partito Democratico della Sinistra)'이라는 색깔 없는 당명을 선택했다.[73] 또한 이 변화는 당의 상징으로 공산당 시절의 망치와 낫을 버리고 떡갈나무를 선택한 것에서도 극명하게 드러났다. 이 상징은 맑스와 레닌, 계급 투쟁과 자본주의 극복에 대한 언급을 포기하고 개인의 자유, 민주적 과정, 환경 보호, 여성 권리 등을 중시하는 강령의 가시적 표현이었다. 또한 이 변화는 톨리아티 시절에 이미 변화한 정치 전략에 더하여 사회 전략적으로도 더 이상 산업 노동자가 사회 구조상 중심이 아니라는 입장으로 전환한 것이었다. 곧 공정하고 효율적인 공공 행정과 깨끗한 환경으로 대표되는 '더 나은 서비스(better services)'라는 특별 이슈로 노동자 계급이 아니라 '시민'에게 다가가고자 했다.

물론 이 시민은 특권 계층이나 지배 계층까지 포괄하는 것은 아니었다. 좌파민주당의 주요 고객은 노동자 계층과 갖는 관계를 중시하면서 '자신의 노동과 능력으로 생활하고, 보다 공평한 재화의 재분배만이 아니라 모든 형태의 소외와 지배로부터의 해방, 자신의 활동에 관해 결정할 수 있는 능력과 의사의 전면적 승인과 활용을 위해서도

---

72) Pasquino, Gianfranco, 1993, "Programmatic Renewal, and Much More: From the PCI to the PDS," *West European Politics*, vol. 16, pp. 167–172 참조.

73) Ignazi, Piero, 1992, Dal Pci al Pds(Bologna: Il Mulino), p. 133.

투쟁하려는 모든 사람'이었다. 구체적으로 이 집단은 문화 과학계 인사, 경제적 민주주의를 위해 노력하는 자영업과 소기업 세력, 새로운 좌파 세력의 건설과 실현에 적극적으로 공헌하려는 모든 시민과 여성 운동 세력을 포괄했다.

이처럼 좌파민주당은 더 이상 노동자 계급만으로는 집권이 불가능하다는 판단을 하고 다양한 비특권 계층과의 연대를 통해 집권하는 것을 목표로 설정했다. 그에 따라 수권 정당의 자격과 '위기에 처한 이탈리아를 구하기 위해 혁신적 민주 체제를 재건설하고 통합을 이루어 내는 정치 개혁'을 강조했다. 이러한 변화로 인해 좌파민주당은 비록 일시적인 지지율 하락을 겪기도 했지만 1996년에는 효과적인 선거 연합인 월계수연맹(l'Ulivo)을 결성해 집권할 수 있었다(〈표 6-12〉 참조). 그리고 좌파민주당이 주도하는 월계수연맹의 집권은 이탈리아 사회 코포라티즘을 실질적으로 작동케 한 중요한 정당 정치적 요인이 되었다.

물론 이탈리아 사회 코포라티즘의 제도화는 좌파민주당이 집권하기 전인 1993년에 체결된 7월 협약을 통해 이루어졌다. 하지만 이 시기는 반세기 동안 이탈리아 정치를 주도해 온 기민당이 해산하고 공산당을 제외한 주요 기성 정당들이 대부분 몰락한 가운데 비정치인들인 각 분야 전문가들로 구성된 과도 정부가 통치하던 시기였다. 적어도 노동계의 주장을 수용하고 사회적 행위자들의 정치적 요구를 경청할 중도적 정부라는 조건이 창출되었다고 할 수 있다.

하지만 과도 정부라는 한계는 장기적 전망이 불투명하다는 것이었다. 1993년 7월 협약 이후 이탈리아 사회 코포라티즘은 법제화되었다는 점에서 제도적 요건을 갖추었지만, 다른 나라들의 사례에서 보았듯이 비록 제도화된 기제를 폐기할 수는 없더라도 그 실질적인 작동이 위축되는 경우가 많았다. 1994~95년과 2001~06년 전진이탈리아의 집권 기간이 그러했다. 반면 1996~2001년 좌파민주당의 집권을 통해 이러한 문제는 일정하게 해결되어 이탈리아 사회 코포라티즘의 제도화와 실천의 수준은 강화되었다. 1997년 연금 개혁 합의, 1998년 고용 창출 합의 및 지방 차원 사회적 협의의 확대 등이 그 대표적인 예이다.

2) 주도 정당의 정당 정체성 변화와 사회 코포라티즘의 변화

프랑스 사회당과 이탈리아 공산당은 여러 차례 정체성의 변화를 겪었다. 그중 사회 코포라티즘의 형성과 관련해 중요한 변화는 프랑스 사회당의 경우 1970년대 말에 시작되었고 이탈리아 공산당의 경우 1980년대 말에 시작되었다. 이러한 시간 차는 좌파들의 통합체와 혁명적 사회주의 정당이라는 초기 정체성에서 비롯되었다. 좌파들의 통합체로 출발한 프랑스 사회당보다 공산주의 정당의 정체성을 명확히 가지고 출발한 이탈리아 공산당에는 더욱 강력한 충격이 필요했다고 할 수 있다.

한편 사회 코포라티즘의 변화와 관련해 중요한 변화는 프랑스 사회당의 경우 1990년대 초에 일어났으며 이탈리아 좌파민주당의 경우는 2000년대에 시작되었다. 역시 이러한 차이는 코포라티즘 형성과 관련된 변화의 시간적 차이에 기인하기도 하지만 집권과 실권의 시간적 차이에도 기인했다. 두 정당의 변화는 집권당으로서의 정책 실현 과정과 실권한 다음 재집권을 위한 새로운 노선의 모색 과정에서 나타났다.

프랑스 사회당은 1991년 임시 전당 대회에서 채택한 기획안을 통해 전통적 사회주의 원칙과 분명히 단절했다. '민주적 사회주의의 도

246

덕과 방법'이라는 텍스트의 한 절에서 사회주의는 이제 하나의 '도덕' 또는 하나의 '방법'으로 정의되었다. 곧, 하나의 제시된 길로서의 사회주의가 아니라, 자유, 평등, 사회적 정의, 연대, 관용, 책임 등 다양한 가치를 배제하지 않는 다원주의성을 띠게 된 것이다. 하지만 사회당의 변화는 블레어-슈뢰더 성명을 계기로 현대적 국민 정당화를 노정한 독일 사민당과 달리 친근로자성을 유지하는 국민 정당 노선을 벗어난 것은 아니었다.

물론 이러한 변화는 이미 1983년 초반에 예견된 것이기는 했다. 1983년과 1984년 두 차례에 걸쳐 미테랑이 '중간적 길(voie médiane)'로서 '혼합 경제 사회'의 형성을 주장했으며, 1984년 그 정책적 실현을 위해 미테랑 계열의 파비우스(Laurent Fabius) 총리가 시장 경제를 수용하는 '현대화 사회주의(socialisme moderne)'를 주창했다. 미테랑 정권의 우선회는 동거 정부를 거쳐 1988년 당내 우파 수장인 로카르가 총리로 취임하면서 더 선명해졌다. "시장 경제 내에서의 연대 사회"라는 개념으로 대표되는 로카르의 정책은 공공 적자 감축, 임금 인상 완화, 생산적 투자 촉진, 공공 부문 개혁, 자유와 안전의 균형 및 교육 투자였다.[74] 로카르는 기존의 프랑스 사회당이 사고했던 것과는 다른 방식으로 개혁의 주체를 국가 중심에서 시민 사회의 영역으로 확대하려 했다. 당내 좌파와 공산당은 로카르의 우경화 노선에 제동을 걸려 했지만, 1990년 수상 교체 이후에도 로카르의 노선은 사실상 지속되었다. 사회당이 집권당으로서 실시한 이러한 정책들이 사회당의 정체성 변화를 통해 공식화한 것이 1991년 임시 전당 대회의 결정이었다.

이 전당 대회 결정이 1997년 총선 강령으로 이어져 사회당은 '쇄신

---

74) Bergounioux et Grunberg(1992), p. 455.

좌파'를 표방하며 '제3의 길'을 집권 전략의 핵심 수단으로 삼았다. 그리고 이 '제3의 길' 노선은 1980년대부터 강화되어 온 당내 우파인 급진 공화주의 노선을 대폭 수용한 길이었다고 할 수 있다. 사회당의 정체성은 사회주의적 조치를 통해 유지되기보다는 '공화주의적 연대'를 통해 재형성되고 있었고, 조스팽 정부의 정책에서도 이 점은 지속되었다. 사회당의 '제3의 길' 노선은 비록 1995년 대선에서 패배했지만 1997년 총선에서 승리해 우파 대통령 아래 동거 정부를 구성한 조스팽 총리 내각에서 실현되었다.

사회당의 이러한 변화는 상술한 것처럼 독일의 '제3의 길'과 비교해 상대적으로 전통적 사회주의의 맥락을 덜 벗어난 것이었다. 그것은 '급진 공화주의'라는 프랑스식 개혁 사회주의의 가치에서 이해될 필요가 있다.[75] 신자유주의적 방식과 더불어 공화주의적 연대의 강조를 통한 사회적 안전망의 확충을 동반한 사회 보장 제도의 개혁이 이루어져 왔기 때문이다. 대표적으로 '최소 적응 수당'과 '포괄적 의료 보험 제도'의 도입 및 '반(反)소외법' 제정은 공화주의적 연대라는 시각에서 프랑스 영토 내에 존재하는 공동체 구성원 모두에게 최소한의 건강한 삶을 보장해 주려는 의지의 표현이었다.

하지만 조스팽 정부의 구체적 정책은 공산당의 연정 참여라는 요소를 차치하면 신자유주의적 정책으로의 수렴이라는 보다 넓은 범주의 일반성을 벗어나지 못했다. 곧 부유층에 대한 세금 증가를 비롯한 소득 불평등 감소 정책이 전통적 좌파 정책의 연장선상에서 이루어졌음이 인정되지만, 기업의 사회적 부담금을 낮추는 신자유주의적 개혁의 연장선상에 놓인 조치들도 어렵지 않게 발견할 수 있었다. 특히 '고용

---

75) 김수행 외(2006), 「프랑스 편」 참조.

장려금 제도'는 사회 보장 제도 개혁에 대한 신자유주의적 논리가 스며들어 있음을 드러내 주는 것이었다. 사회 보험의 형태가 사용자의 부담에 기반하고 있다면, 최소 생계 원칙의 강화는 사용자의 부담을 경감시키면서 고용을 창출하고 동시에 그 부담을 노동자 계층에게 부과시켰기 때문이다.

코포라티즘과 관련해 조스팽 정부는 경제사회위원회를 작동시키는 한편 특히 사회정상회담을 이용해 실업, 근무 시간 및 임금에 관해 노사의 의견을 물으면서 유도 정부적 특징을 유감없이 발휘했다. 하지만 그 내용은 1980년대와 1990년대 초반의 수요 조절 정책이 아니라 공급 조절 정책으로 변했다. 그리고 이러한 변화는 강력한 유도 정부라는 프랑스의 특수성으로 인해 우파 정부에서도 약한 형태로나마 지속되었고 2012년 사회당이 다시 집권했을 때 강화된 형태로 부활했다.

사르코지 대통령의 우파 단점 정부 시기인 2008년에 사회경제위원회가 사회경제환경위원회로 재편되고 '노동 시장 현대화를 위한 노사 협약'이 체결된 것이 우파 정부에서 약하게 지속된 코포라티즘의 예이며, 올랑드 대통령의 좌파 단점 정부 시기인 2013년에 '기업의 경쟁력과 고용 안정성, 임금 근로자들의 경력을 위한 새로운 경제 및 사회 모델'을 위한 협약이 좌파 정부에서 다시 강화된 코포라티즘의 대표적 예이다. 이것은 네덜란드가 추구한 '유연 안정화 정책의 프랑스판 버전'[76]으로 알려졌을 만큼 공급 조절 코포라티즘의 내용에 충실한 것이라 할 수 있다.

당명 개정을 통한 이탈리아 공산당의 변화는 탈공산주의의 길을

76) Turlan, Frédéric, 2012, "Government Includes Social Partners in Labour Market Reform Talks," http://www.eurofound.europa.eu/eiro/2012/09/articles/fr1209051i.htm(검색일: 2014. 03. 04.)

선택한 것이었지만 사민주의화의 완성은 아니었다. 독일 사민당과 달리 '친근로자' 국민 정당을 벗어나지는 않았으며, 프랑스 사회당에 비해서도 상대적으로 '전통적' 사민주의 노선에 가까운 변화였다. 하지만 이러한 변화는 1996년 집권 경험과 이후 실권 및 재집권 과정을 통해 점차 사민주의화를 완성한 후 2000년대 후반에는 '친근로자적' 성격까지 희석되는 중도화의 길로 연결되었다.

당명 개정은 두 차례에 걸쳐 이루어졌다. 1991년 좌파민주당으로 개명한 이후 1998년 '좌파민주주의자(DS: Democratici di Sinistra)'로 다시 개명한 것이다. 이 2차 개명은 중도 포용 노선의 강화를 의미했다. 그러나 당명에서 '당(黨, partito)'을 삭제한 변화는 그 밖에 더 추가적인 실질적 의미를 갖지는 못한 것이어서 정체성 논쟁과 깊이 관련되지는 않는다(따라서 이 책에서는 DS도 좌파민주당이라고 칭한다).[77]

좌파민주당의 최초 집권기인 1996~2001년 기간은 과도 정부 시기에 제도화된 이탈리아 사회 코포라티즘이 실천적으로 가시화된 기간이었다. 1996년 9월 '고용 협약'을 시발로 이어진 노정 간 혹은 노사정 간 협력 관계가 그러한 노력의 대표적 결실이었다. 당시 월계수연맹 정부의 정책은 유럽통화동맹(EMU) 가입을 위해 긴축 재정을 수용할 수밖에 없는 상황에서 신자유주의적 색채를 벗어나기는 어려웠다. 하지만 하원에서 절대다수 의석 확보에 실패함으로써 재건공산당의 지지를 받아야 했던 정부는 재건공산당이 제시한 주35시간제 도입, 남

---

77) 2차 당명 개정에 관해서는 Partito Democratico della Sinistra, Cristiano sociali, Comunisti unitari, Repubblicani per la sinistra democratica and Socialisti laburisti(a cura di), 1997, *Un nuovo Partito della Sinistra: Documenti e materiali*(Roma: Salemi Pro. Edit.); Spini, Valdo, 1998, *La rosa e l'Ulivo: Per il nuovo partito del socialismo europeo in Italia*(Milano: Baldini and Castoldi)을 참조.

부 빈곤 문제 해결, 적극적 실업 해소 정책을 유럽통화동맹 가입 후에 실시하겠다는 약속을 해야만 했다. 그리고 이 개혁 정책들은 비록 실현되지 못한 채 정부가 붕괴하고 말았지만, 연합 정치 요인에 의해 월계수연맹 정부의 정책이 독일이나 프랑스에 비해 친근로자적 성격을 더 강하게 띠었다는 증거로 보기에 충분하다.

특히 1993년 이후의 1990년대에는 이탈리아 정당 정치의 지각 변동으로 인해 노조들이 통합 운동을 재개하고 정치적 중립성을 강화하는 한편 재정치화를 통해 정부에 대해 정치적 요구들을 직접 표출하기 시작했다. 하지만 이것은 1970년대의 비타협적 대립 및 갈등과 달리 노정 간 및 노사정 간 협력 체제를 강화하는 방향으로 이루어졌다는 점에서 코포라티즘과 관련해 중요한 의미를 갖는다.

물론 노조 통합 운동의 진척은 코포라티즘적 기제나 정당 정치적 연계성이 아니라 노동 운동의 성장을 바탕으로 한 재정치화와 더 밀접한 관계를 갖는다. 재정치화를 가능하게 하는 이탈리아 노동 운동의 성장은 대 정부 교섭력을 강화함으로써 정당 정치적 갈등으로부터 자율성을 높이는 것이었기 때문이다. 그러나 이러한 해석은 중도-우파 정부의 출범 시기에는 적절하지만 적어도 전문가 과도 정부나 중도-좌파 정부의 시기에는 적절하지 않다. 이탈리아 노조가 1994년 베를루스코니 정부의 연금 제도 개정 시도는 강력한 투쟁을 통해 무산시켰지만, 다음해 전문가 과도 정부인 디니(Lamberto Dini) 정부의 연금 개혁은 노정 간 협약을 통해 수용했으며, 1996년 이후 월계수연맹 정부와는 다양한 정책들에 대해 긴밀한 협력을 이루어 나간 것이 그 증거들이다.

1990년대 중도-좌파 정부인 월계수연맹 정부 시기에 이루어진 코포라티즘적 내용들은 비록 당시 독일, 영국, 프랑스 등 많은 유럽 국가에서 유행한 '제3의 길'처럼 신자유주의적 성격을 띤 것이 사실이었다. 하지만 월계수연맹의 정책은 독일이나 영국보다는 프랑스에 더 가까웠을 뿐 아니라, 다른 한편으로는 재건공산당의 강력한 견제와 공산주의적 전통으로 인해 상대적으로 프랑스보다도 더 진보적인 성격을 띠고 있었다. 코포라티즘과 관련해서도 월계수연맹 정부의 정책은 공급 조절 정책보다는 수요 조절 정책에 가까웠다고 할 수 있다.

하지만 2000년대 이후 이탈리아의 상황은 또 한 번 바뀌었다. 무엇보다 2007년에 좌파민주당이 중도 정당인 민주자유-마르게리타(DL)[78]와 통합해 '좌파'라는 명칭까지 삭제하고 더 중도화한 거대 정당인 민주당(PD: Partito Democratico)으로 재탄생함으로써 또 한 번의 정체성 변화를 알렸다. 새로 창당된 민주당은 사민주의, 진보적 기독 민주주의, 사회적 자유주의 및 탈물질주의 등 다양한 이데올로기를 포괄하는 중도적 좌파 혹은 진보적 중도 정당으로 규정된다.

이러한 변화는 2001년 선거 패배로 중도화 경향을 가속화한 데 기인하는 한편 2006~08년 동안의 짧은 재집권의 경험에 따른 것이었다. 2000년대 이탈리아 정당 정치 무대에서는 중도화 경향이 뚜렷하게 나타남으로써 중도-좌파 연합과 중도-우파 연합의 중도화 경쟁이

---

78) 민주자유-마르게리타(DL: Democrazia è Libertà-La Margherita)는 월계수민주당[Democratici: Democratici per l'Ulivo. 2006~08년 월계수연맹 정부를 이끌었던 프로디(Romano Prodi)가 실각 후 창당], 이탈리아쇄신당(RI: Rinnovamento Italiano), 국민당(PPI: Partito Popolare Italiano), 유럽민주연합(UDEUR: Unione Democratici per l'Europa)이 2001년 총선에 대비해 마르게리타(Margherita) 선거 연합을 결성한 후, 이 선거 연합이 2002년에 단일 조직으로 통합해 창당한 정당이다. 다만 마르게리타에서 유럽민주연합은 단일 정당 창당에 참여하지 않았고 2010년 이후 남부국민당(PpS: Popolari per il Sud)으로 개명해 독자적으로 활동하고 있다. 정병기, 2011b, 「이탈리아 정당체제의 변화: '제2공화국' 경쟁적 양당제로의 재편」, 《지중해지역연구》 제13권 1호(부산외국어대학교 지중해지역원), 234쪽.

치열하게 전개되었다. 게다가 오랜 연합 정치의 경험으로 좌파민주당은 거대 통합 정당을 통하여 응집성을 강화해 선거에 보다 효과적으로 임하고자 했으며 실제로 일정한 성공을 거두었다.

2000년대 초반 이탈리아 코포라티즘 정치는 베를루스코니가 이끄는 중도-우파 정부('자유의 집' 연정)의 통치 방식에 의해 다시 심각하게 약화되었다. 그에 따라 노조 통합 운동에도 먹구름이 끼고 정치적 갈등이 노조들 간 갈등으로 전화되는 전통적인 현상이 다시 나타났다. 노동자들의 이해관계와 직접 연결된 사안들의 경우가 특히 그러했다. 그에 따라 노조는 다시 대립과 갈등을 주요 수단으로 삼아 코포라티즘적 협력을 기피했다.

물론 2002년에는 경제 발전과 고용 창출을 위해 재정, 노동 시장, 연금 제도 등을 개편하려는 노사정 합의가 이루어진 바 있다. 하지만 대부분의 기간에는 파업과 대립이 노사 문제 해결의 주요 수단으로 등장했다. 임금 문제를 둘러싼 2001년 파업과 2002년 10월 및 2003년 2월의 산업 및 경제 정책에 대항한 파업, 그리고 2004년 11월의 조세 · 재정 정책 반대 파업이 대표적인 예들이다.[79]

그러나 중도-우파 정부도 1993년 7월 협약을 통해 제도화된 기제를 폐지할 수는 없었으므로, 이 시기 이탈리아 사회 코포라티즘은 뒤늦게 형성된 기제의 작동이 협의와 자문 수준으로 하락한 것으로 이해할 필요가 있다. 그리고 그 내용은 공급 조절 측면의 강화라는 질적 변화로 연결되어 중도-좌파 정부 시기와는 다른 성격을 띠게 되었다.

게다가 이러한 경향은 중도-좌파 정부의 재등장 이후에도 이어져

---

79) 정승국, 2004, 「최근 이탈리아 노조운동의 변화와 전망」, 한국노총 중앙연구원 토론회 발표 논문.

더 이상 돌이킬 수 없게 되었다. 사회 코포라티즘 기제의 작동이 다시 활성화되었다는 점에서는 중요한 의미를 가지지만, 그 내용은 공급 조절적 성격을 이어 가는 것이었다. 2006년 중도-좌파 연합이 다시 집권한 이듬해인 2007년에 복지 제도를 완화하고 노동 시장을 유연화하는 협약이 체결된 것이 그 한 사례이다.[80]

이와 같이 이탈리아 코포라티즘은 다른 나라들에 비해 가장 늦게 형성되었으면서도 낮은 제도화 수준과 취약한 실행 수준을 벗어나지 못했다. 공급 조절 코포라티즘으로의 전환도 이러한 조건 내에서 전개되었다. 이러한 이탈리아식 코포라티즘은 프랑스와 마찬가지로 일반적 교환이 크게 제약된 상태에서 동시적 교환이 주축이 된 정치적 교환이라고 할 수 있다.

4. 요약과 비교

스웨덴과 노르웨이는 가장 강력한 사회 코포라티즘 국가로서 친근로자 국민 정당의 헤게모니가 뚜렷한 나라였다. 중성 코포라티즘 국가인 독일과 네덜란드에서는 코포라티즘 수준에서 일정한 차이가 있었으나 공통적으로 사회 코포라티즘의 전환이 뚜렷하게 드러났다. 그 중 네덜란드는 사회 코포라티즘이 독일, 프랑스, 이탈리아보다는 강력했으나 스웨덴과 노르웨이에 미치지는 못했다. 반면 프랑스와 이탈리아는 코포라티즘으로 설명하는 것을 거부하는 학자들이 있을 정도

---

80) Sircana, Giuseppe, 2008, "La transizione difficile: Il sindacato nella seconda Repubblica(1992~2008)," Vallauri, Carlo, 2008, *Storia dei sindacati nella società italiana,* seconda edizione(Roma: Ediesse), pp. 183-219 참조.

로 대립과 투쟁의 경향이 강한 나라들이다. 친근로자 국민 정당의 역사와 영향력도 독일과 네덜란드에서 중간 정도로 나타났으며, 프랑스와 이탈리아에서 가장 짧고 약했다(〈표 6-13〉 참조).

　이러한 차이점에도 불구하고 정당 정치적 요인과 관련해 다음과 같은 공통점들이 도출된다. 우선, 사회 코포라티즘의 형성이 친근로자 국민 정당이 집권하거나 최소한 강력한 사회적 압력에 처한 중도-우파 정부 혹은 전문가 과도 정부의 통치 기간에 이루어졌다. 그리고 수요 조절 코포라티즘이 공급 조절 코포라티즘으로 전환한 것은 친근로자 국민 정당이 신자유주의 경향을 수용하거나 적어도 중도-우파 정부에 의해 코포라티즘이 약화되면서 시작되었으며, 친근로자 국민 정당의 우선회적 정체성 변화가 공식화되면서 완성되었다. 곧, 수요 조절 정책을 내용으로 하는 초기 사회 코포라티즘은 친근로자 국민 정당의 통치 전략으로 선택되었으며, 공급 조절 정책을 내용으로 하는 후기 사회 코포라티즘은 신자유주의적 세계화 시기에 신자유주의적 정책을 수용한 친근로자 국민 정당이나 (중도-)우파 정당이 선택한 통치 전략이었다.

　스웨덴과 노르웨이에서 수요 조절 코포라티즘이 약화되는 가운데 공급 조절 코포라티즘이 수용되기 시작했지만 공급 조절 코포라티즘으로의 전환이 완전히 이루어지지는 않은 반면, 독일과 네덜란드에서는 공급 조절 코포라티즘이 명확하게 부상했다. 프랑스와 이탈리아에서도 공급 조절 코포라티즘의 부상이 아직 뚜렷하지는 않은데, 그것은 이 나라들이 코포라티즘 자체가 미약할 뿐 아니라 상대적으로 코포라티즘의 전환이 친근로자 국민 정당의 집권 및 정체성 변화와 갖는 관계도 약하기 때문이다.

　스웨덴에서 코포라티즘은 1938년에 합의된 양자 협약인 살트셰바

〈표 6–13〉 정당 정치적 요인과 코포라티즘의 변화

나 라	주도 정당과 정부 성격 (친근로자 국민 정당의 정부 참여 여부 및 양상)	주도 정당 (친근로자 국민 정당)의 정당 정체성 변화	주요 코포라티즘 정치와 변화
스웨덴	■사민당(S): 1920년대 이래 비경쟁적 제1당 유지 ■단독 정부: 1945~52, 1957~76, 1982~91, 1994~2006 ■연정 주도: 1952~57 ■비집권: 1976~82, 1991~94, 2006~현재	■19세기 말 창당 시기부터 개혁 사회주의 정당으로서 일찍부터 친근로자 국민 정당으로 전환 ■1980년대 사민당 정책 실패로 우선회 시작했으나 친근로자성을 일정하게 유지	■1950년대 말 렌-마이드너 모델로 수요 조절 코포라티즘 완성 ■1970년대 후반 이후 중도-우파 정부에 의해 코포라티즘 약화 ■1980년대 사민당 재집권 이후 수요 조절 코포라티즘이 유지되면서도 코포라티즘적 대안 부재와 위기 초래
노르웨이	■노동당(AP): 1990년대 말까지 비경쟁적 제1당이었으며 현재까지 제1당을 유지 ■단독 정부: 1945~63, 1963~65, 1971~72, 1973~81, 1986~89, 1990~97, 2000~01 ■연정 주도: 1945, 2005~13 ■비집권: 1963, 1965~71, 1972~73, 1981~86, 1989~90, 1997~2000, 2001~05, 2013~현재	■19세기 말 창당 당시부터 개혁적 사회주의 정당으로서 친근로자 국민 정당의 정체성을 획득 ■1980년대 후반 이후 2001년까지 논쟁을 거쳐 '제3의 길'을 선택했으나 친근로자성을 일정하게 유지	■1940년대 후반 코포라티즘 피라미드 구축을 통해 수요 조절 코포라티즘 형성 ■1990년대에 중도-우파 정부에 의해 코포라티즘 약화 ■2001년 이후 수요 조절 코포라티즘 약화(공급 조절 정책 일부 수용)
네덜란드	■노동당(PvdA): 기독민주당 및 자민당과 각축하며 대연정을 비롯해 다양한 정당들과 연정을 구성 ■연정 주도: 1948~58, 1973~77, 1994~2002 ■대연정: 1946~48(가톨릭국민당 총리), 1989~94(기민당 총리), 2012~현재(자민당 총리) ■소수당으로 연정 참가: 1945~46, 1965~66, 1981~82, 1989~94, 2007~10 ■비집권: 1958~65,	■19세기 말 혁명적 사회주의 정당으로 창당 ■1946년 노동당으로 재창당되면서 친근로자 국민 정당화. 특히 사회적 균열의 심화로 통합 역할 중시 ■1994년 '제3의 길' 선택 이후 친근로자성 약화(독일 사민당처럼 현대적 경제 정당화라고까지 하기는 어려움)	■1950년 사회경제평의회 설치를 통해 수요 조절 코포라티즘 형성 ■1950년대 후반에서 1970년대 초반까지 대립과 투쟁으로 코포라티즘 약화 ■1970년대 후반에서 1990년대 초반까지 정부 공격에 대한 방어적 노사 타협 성립 ■1994년 이후 공급 조절 코포라티즘으로 전환

	1966~73, 1977~81, 1982~89, 2002~07, 2010~12		
독일	■사민당(SPD): 기민연과 각축하며 자민당 및 녹색당과 연정을 구성했으며 대연정도 경험 ■연정 주도: 1969~83, 1998~2005 ■대연정: 1966~69(사민당 총리), 2005~09(기민연 총리) ■비집권: 1949~66, 1983~98, 2009~현재	■19세기 중반 개혁적 사회주의 정당으로 창당한 후 1959년 친근로자 국민 정당화 ■1989년 강령 논쟁을 시작해 1998년 이후 '제3의 길' 노선을 통해 현대적 경제 정당화	■1966~71년: 협주행동을 통해 수요 조절 코포라티즘 작동 ■1998년 이후 '일자리 동맹'을 통해 공급 조절 코포라티즘으로 전환 ■그 밖의 기간에는 노사 자율 협상 준수
프랑스	■사회당(PS): 공산당 및 녹색당 등과 연정 구성하며 동거 정부도 경험 ■단점 정부: 1981~86, 1988~93, 2012~현재 ■동거 정부(사회당 대통령): 1986~88, 1993~94 ■동거 정부(사회당 총리): 1997~2002 ■비집권: 1946~80, 1995~97, 2002~12	■20세기 초 여러 사회주의 정파들의 통합체로 창당 ■1969년 사회당으로 재창당된 후 친근로자 국민 정당화 ■1990년대 '제3의 길' 노선을 통해 전통 사민주의 정당의 정체성 내에서 친근로자성이 약화되기 시작	■1946년 경제사회위원회 설치로 '제한된 일반적 교환'의 수요 조절 코포라티즘 시작 ■1968년 그르넬 협약으로 동시적 교환의 삼자 협상 체결 ■1980년대와 1990년대 초 일반적 교환과 동시적 교환이 함께 이루어지는 수요 조절 코포라티즘 작동 ■1990년대 '제3의 길' 정책 이후 공급 조절 성격 수용
이탈리아	■좌파민주당(PDS/DS, 1991~2007)/민주당(PD, 2007년 이후): 공산당의 후신. 공산당 시기 제2당을 지속했으며, 좌파민주당 시기 이후 전진이탈리아와 각축하며 연합을 통해 집권 ■연정 주도: 1996~2001, 2006~08, 2014~현재 ■대연정: 2013~14 ■각외 연합: 1976~79 ■비집권: 1948~76, 1979~96(1992~94년과 1995~96년은 전문가 과도 정부), 2001~06, 2008~13	■20세기 초 혁명적 사회주의 정당인 공산당으로 창당 ■1991년 좌파민주당으로 개명하면서 개혁적 사회주의 정당으로서 친근로자 국민 정당화 ■2007년 민주당으로 통합 재창당된 후 진보적 중도화 혹은 중도적 좌파화	■1957년 국가노동경제위원회 설치로 '제한된 일반적 교환'의 수요 조절 코포라티즘 시작 ■1977~79: EUR 노선, 1983년 스코티 협약으로 동시적 교환의 노정 협상 및 삼자 협상 시작 ■1993년 코포라티즘 제도화 이후 1996~2001년 동안 코포라티즘 실천 강화 ■2001년 이후 공급 조절 성격 수용

덴 협약 이후 배태되었으나 렌-마이드너 모델로 표출된 스웨덴 코포라티즘의 완성은 19세기 말 창당 때부터 개혁적 사회주의를 표방하며 친근로자 국민 정당의 정체성을 수립한 사민당의 안정적인 집권기를 거쳐 1950년대 말에 와서 가능했다. 물론 사민당은 1946~52년에도 집권했는데, 이 기간은 정부의 적극적 노동 시장 정책을 통해 코포라티즘을 형성해 가는 단계였다.

하지만 스웨덴 사민당은 1976년 약 반세기 만에 실각한 후 선거 전략 중심의 포괄 정당(catch-all party)으로 변해 가기 시작했고, 1980년대 재집권 후에는 정책 실패로 인해 신자유주의적 세계화를 심각하게 인식해 케인스주의를 포기하였다. 1994년 보수-자유 연정 시기에는 코포라티즘 정치의 위기를 예고하는 법안들이 통과되었고, 이것은 곧 다시 집권한 사민당 정부에서도 이어졌다.

그럼에도 불구하고 스웨덴 사민당의 변화는 친근로자성을 완전히 탈각하는 방향으로까지 진행되지는 않았으며, 그에 따라 수요 조절 코포라티즘도 공급 조절 코포라티즘으로 온전히 전환하지는 않았다. 스웨덴의 코포라티즘 위기는 일부 공급 조절 코포라티즘으로 전환하는 내용을 포함하기도 했으나 보다 본질적으로는 사회 코포라티즘 자체의 위기를 알리는 것이었다.

노르웨이는 1935년에 산업 평화 협약이 이루어지고 노동당이 집권하게 되면서 노사 관계 안정, 경제 구조 조정을 위한 경제·통화 정책을 실시하고 신용 사회주의 모델을 발전시켰다. 이 시기에 코포라티즘의 맹아가 배태되었으며, 이를 기반으로 1940년대 후반 코포라티즘 피라미드 구축을 통해 수요 조절 코포라티즘이 완성되었다. 이후 노르웨이 수요 조절 코포라티즘은 스웨덴과 마찬가지로 비경쟁적 제1당을 유지해 온 노동당의 잦은 안정적 집권을 통해 1980년대 말까지 강력하게 유지되었다.

노르웨이 노동당도 스웨덴 사민당처럼 19세기 말 창당 당시부터 개혁적 사회주의 정당으로서 친근로자 국민 정당의 성격을 획득했다. 그러나 노르웨이 노동당 역시 1980년대 후반부터는 개혁 논쟁을 시작하고 2001년에는 '제3의 길' 노선을 채택해 우선회의 정체성 변화를 보였다. 하지만 스웨덴과 마찬가지로 노르웨이의 '제3의 길'은 독일이나 네덜란드처럼 신자유주의적 선회를 대폭 수용하는 방향으로까지 나아가지는 않았다. 다시 말해 노르웨이 노동당의 정체성 변화는 친근로자 국민 정당을 포기하고 현대적 경제 정당으로 변모한 것을 의미하지는 않았다는 것이다.

그에 따라 코포라티즘도 스웨덴과 마찬가지로 공급 조절 코포라티즘으로 완전히 전환하지는 않았다. 하지만 스웨덴과 달리 코포라티즘 자체의 위기를 초래하기보다는 시기는 늦지만 공급 조절 코포라티즘으로 변해 갈 가능성이 높은 것으로 전망된다. 그것은 2000년대 노르웨이 노동당이 적어도 스웨덴 사민당에 비해서는 신자유주의적 우선회를 더 적극적으로 수용한 결과라고 할 수 있다.

독일과 같은 중성 코포라티즘 국가군에 속하지만 네덜란드는 스웨덴과 노르웨이처럼 제2차 세계 대전 종전 후 얼마 되지 않아 사회 코포라티즘을 구축했고 그 제도화 수준도 높다. 네덜란드 코포라티즘은 1950년대 사회경제평의회의 설치로 완성되었으며 1950년대 말까지 수요 조절 코포라티즘이 활발하게 작동했다. 그렇지만 다른 한편으로는 독일과 유사하게 노사 자율 협상의 성격이 강하다. 그로 인해 1950년대 말부터 1970년대 초반이 지날 때까지 대립과 투쟁이 지속되었고, 1970년대 후반부터 1990년대 중반에 이르는 시기에는 정부 공격에 대해 방어하기 위한 노사 타협이 이루어지기도 했다.

정당 정치적 측면에서 이것은 한편으로 혁명적 사회주의 정당으로 창당된 후 1946년 친근로자 국민 정당으로 전환하고 바로 주도 정당으로 연정을 구성한 것에 기인한다. 그리고 다른 한편으로는 네덜란드 노동당이 독일 사민당보다는 집권과 연정 주도 경험이 많지만 스웨덴이나 노르웨이에 비해서는 약해 단독 정부의 경험이 없다는 사실에도 기인한다.

네덜란드 코포라티즘은 수요 조절 코포라티즘이 뚜렷하게 형성되고 그 약화도 오랜 기간 가시적으로 나타났던 만큼 공급 조절 코포라티즘 전환이 뚜렷하게 나타났다. 그러나 이후 코포라티즘 정치의 변화는 정당의 정체성 변화에 따라 매우 달리 현상했다. 네덜란드 사회 코포라티즘의 변화는 중도-우파 정부의 공세에 대한 노자의 공동 대응에서 비롯된 것이다. 바세나르 협약의 맥락을 이어 간 1980년대 이후의 삼자 협약들은 공급 조절 코포라티즘의 성격을 띠고 있었고, 이것은 1994년 네덜란드 노동당의 '제3의 길' 선언으로 추인되어 유연 안정화라는 정부 정책으로 실현되었다.

독일에서는 1960년대 후반에 처음으로 협주행동이라는 수요 조절 코포라티즘이 시도되었는데, 이 코포라티즘은 스웨덴, 노르웨이, 네덜란드에 비해 매우 늦은 출발이었을 뿐 아니라 제도화 수준도 크게 낮은 것이었다. 이것은 기본적으로 노사 자율 협상을 준수하는 독일의 특수성에 기인하기도 한다. 그러나 정당 정치적으로 볼 때 그것은 독일 사민당이 19세기 중반 개혁적 사회주의로 출발했으나 한때 혁명적 사회주의 정당과의 통합을 거치면서 오랫동안 계급 정당 노선을 유지해 오다 1959년에야 친근로자 국민 정당화를 완성했기 때문이다. 또한 사민당의 집권이 1960년대 후반 기민련이 주도하는 대연정을 통해 가능했으며, 사민당은 기민연에 비해 상대적으로 약세여서 집권 경험이 짧을 뿐 아니라 단독 정부의 경험을 갖지 못했기 때문이기도 하다.

하지만 이것조차 1970년대 이후 지속되지 못했으며, 1970년대 후반부터 회자되기 시작한 코포라티즘 종언론이 1998년까지 사민당의 새로운 코포라티즘 재시도 때까지 이어졌다. 종언론을 종식시킨 것은 수요 조절 코포라티즘의 재등장이 아니라, 공급 조절 정책으로 전환한 새로운 사회 코포라티즘의 등장이었다. 이 정책은 1998년 등장한 적녹 연정의 정치를 통해 유감없이 발휘되었는데, '일자리 동맹'으로 알려진 새로운 삼자 협의를 통해 복지 제도와 노동 시장을 유연화하는 것이었다.

이러한 정책의 변화는 사민당의 정체성 변화와 밀접한 관계를 가지고 있었다. 1989년 베를린 강령에서 시작된 '제3의 길' 노선은 1998년 집권 후 정부 정책과 1999년 블레어-슈뢰더 성명을 통해 현대적 경제 정당화를 완성했다. 1999년 이후 독일 사민당은 친근로자 국민 정당의 정체성을 포기하고 슘페터적 혁신과 국제 경쟁력을 강조하며 신자유주의적 유연화를 수용한 현대적 경제 정당의 정체성을 갖게 되었다.

자율적 노사 협상의 전통이 강한 독일과 네덜란드에서 코포라티즘은 정부의 유도 국가적 개입의 성격을 띠었다. 특히 네덜란드의 경우에는 노사의 방어적 타협을 초래할 정도로 그 개입은 강력했다. 이것은 스칸디나비아의 성격과 중부 유럽 및 남부 유럽의 성격을 모두 이어받은 네덜란드의 독특한 성격 중 하나이다. 이러한 유도 국가적 성격은 코포라티즘이 가장 약한 프랑스와 이탈리아에서 또 다른 모습으로 현상했다.

프랑스와 이탈리아의 코포라티즘은 정치적 교환이라는 성격에 초점을 맞출 때 설명이 가능하다. 코포라티즘이 약할 뿐 아니라 노사의 대립과 투쟁 및 노동자들의 직접적인 대(對) 정부 요구가 강하게 나타나기 때문이다. 정당의 특성 또한 다른 나라들과 많이 다르다.

프랑스 사회 코포라티즘의 맹아는 1946년 경제사회위원회의 설치에서 1968년 그르넬 협약에 이르기까지 오랜 기간에 걸쳐 배태되었다. 하지만 경제사회위원회는 노사를 여러 사회 집단 중 하나로 취급함으로써 노사 문제를 조정의 핵심 사안으로 규정하지 않아 엄밀한 의미에서 코포라티즘 기제라고 볼 수 없다. 그르넬 협약도 삼자 협의의 결과가 아니라 노동자들의 강력한 사회적 요구에 대한 정부의 양보였으므로 역시 엄밀한 의미의 코포라티즘적 실천이 아니었다. 정치적 교환의 의미에서 볼 때, 경제사회위원회는 제한된 의미의 일반적 교환의 시도였고 그르넬 협약은 동시적 교환의 시도였다. 이 두 가지 교환이 삼자 협의의 형태로 통합되어 코포라티즘적 조정으로 작동한 것은 사회당이 집권한 1980년대와 1990년대 초였다.

프랑스 사회당은 20세기 초 여러 사회주의 조직들의 통합체로 건설되어 1969년에 현재 명칭을 갖게 되었으며 1970년대에 꾸준한 온건화를 거쳐 친근로자 국민 정당의 정체성을 확립했다. 1981년에 처음 집권해 두 차례의 짧은 동거 정부 기간을 거치면서 1994년까지 오랜 기간 정권을 유지하는 동안 노사 문제에 대해 강력한 유도 국가적 개입을 시도했다. 제한된 의미에서나마 정치적 교환의 성격을 갖는 수요 조절 코포라티즘이 실현될 수 있었던 것은 이러한 요인에 기반했다.

하지만 1987년 이후 사회주의 목표를 비현실적 이상으로 규정하면서 1990년대에는 '제3의 길' 논쟁을 통해 우선회의 정체성 변화를 시작했다. 이러한 변화는 1997년 총선에서 내각을 장악한 동거 정부를 통해 집권한 후 정부 정책으로 실현되었다. 하지만 이 변화는 독일 사민당이나 네덜란드 노동당에 비해서는 약해 전통 사민주의 틀 내에서 친근로자적 성격이 약화되는 정도로 현상했다. 따라서 공급 조절 코포라티즘으로 전환되기 시작했지만, 그 전환은 역시 일정한 한계를 가진 것이었다. 1990년대의 사회정상회담은 비록 제도화된 의사 결정 기구로 발전하지 못했고 공급 조절 정책 실행을 위한 협의와 자문 기능을 수행했지만, 프랑스 코포라티즘의 새로운 정치적 행위로서 중요한 의미를 갖는다.

이탈리아의 사회 코포라티즘은 더욱 늦어 1993년에야 제도화되었다. 물론 1957년 국가노동경제위원회가 설치되고 1977~79년에는 EUR 노선이 채택되었으며 1983년에는 스코티 협약이 체결되었다. 하지만 프랑스에서처럼 국가노동경제위원회는 노사를 여러 사회 집단 중 하나로 간주하는 구조였고, EUR 노선과 스코티 협약도 프랑스에서처럼 삼자 협의를 통해 도출된 것이 아니라 정부 개혁 정책에 대한 지지나 노동자의 사회적 압력에 대한 과도 정부의 양보에 의한 것이었다. 다시 말해 노사를 핵심 이해관계 집단으로 규정하고 삼자 협의를 진행하는 코포라티즘적 조정이 아니었다. 역시 프랑스처럼 제한된 의미의 일반적 교환과 동시적 교환의 정치가 이루어졌던 것이다.

1993년의 제도화도 친근로자 국민 정당의 집권과는 무관했다. 그러나 이 시기는 전문가 과도 정부 기간으로서 오랜 노동자들의 투쟁으로 이전 중도-우파 정부의 정책이 한계에 부딪힌 시점이었다. 그리고 1993년에 제도화된 코포라티즘은 1996년 친근로자 국민 정당이 역사상 처음 집권한 이후에야 실질적으로 실현되었다. 1996~2001년 좌파민주당이 주도한 월계수연맹 정부는 케인스주의를 주축으로 하는 수요 조절 코포라티즘 정책을 추구했다.

이탈리아의 대표적 친근로자 국민 정당인 좌파민주당은 20세기 초에 혁명적 사회주의 정당으로 창당된 공산당의 후신이었다. 1990년대 초반까지 기민당에 이어 항상 제2당의 위상을 차지했지만 집권을 하지 못했으며, 1991년 좌파민주당으로 개명하고 계급 정당을 포기한 사민주의 정당으로 전환한 이후에야 전진이탈리아와 제1당을 두고 경쟁하며 정권 교체의 주역이 될 수 있었다. 하지만 과거 공산당의 전통을 완전히 벗어나지 않은 좌파민주당은 독일 사민당과 같은 현대적 사민주의 정당은 아니었으며, 프랑스 사회당에 비해서도 친근로자성이 강한 전통적 사민주의 정당의 정체성을 가지고 있었다.

하지만 2007년 좌파민주당은 중도 정당들과 통합해 민주당으로 재창당되면서 독일 사민당의 변화와 다툴 정도로 중도화되었다. 이 중도화는 독일 사민당보다 더 우선회했다는 의미에서 '진보적 중도' 혹은 '중도적 좌파'로의 전환이라고 볼 수 있다. 그에 따라 이탈리아 코포라티즘은 현재 민주당이 주도하는 연정에서 공급 조절 성격을 더욱 강화해 가고 있다.

물론 공급 조절의 성격을 수용한 것은 2001년 이후 생겨난 현상으로서 중도-우파 정부에서 시작되었다. 이것은 1993년에 코포라티즘이 법제화된 결과로서 비록 매우 늦은 제도화였지만 중도-우파 정부도 이를 폐기할 수는 없어 변형된 형태나 약화된 형태로 유지해 온 것으로 이해된다. 민주당 집권 이후에도 코포라티즘은 가시적으로 강화되지 못하고 유지되는 수준에서 전개되고 있다. 이와 같이 이탈리아 코포라티즘도 프랑스 코포라티즘처럼 일반적 교환이 제약된 상태에서 동시적 교환이 이루어지는 정치적 교환의 형태라고 할 수 있다.

7

CORPORATISM

사회 코포라티즘의
구조적 요인과
정치 체제적 성격

앞 장에서 사회 코포라티즘의 정당 정치적 요인과 통치 전략적 성격에 대해 주도 정당의 성격과 정체성 변화로 나누어 살펴보았다. 하지만 그 구분은 대체로 수요 조절 코포라티즘과 공급 조절 코포라티즘의 구분과 일치시켰다. 그러나 사회 코포라티즘의 구조적 요인과 정치 체제적 성격을 다루는 이 장에서는 계급 역관계와 제도화 및 지속성 수준이라는 두 절로 구분해서 고찰하되 이 구분을 수요 조절과 공급 조절이라는 코포라티즘의 유형 구분과 일치시키지 않는다. 계급 역관계뿐만 아니라 제도화 및 지속성 수준에서도 두 유형을 함께 고찰하기 위해서이다. 그것은 정당 정치적 요인의 변화가 코포라티즘 유형 변화와 일치한 것과 달리 구조적 요인에서는 계급 역관계 변화와 제도화 및 지속성 수준이 두 코포라티즘 유형에서 모두 나타나기 때문이다.

계급 역관계는 노동과 자본 및 노동조합과 사용자 단체의 관계를 중심으로 다루며, 노동 측 설명을 위해 노조와 정당의 관계를 추가로 살펴본다. 또한 노사 관계를 중심으로 노사 양자 협상 및 노사정 삼자 협상의 구체적 내용들을 통해 코포라티즘의 변화를 추적한다. 그리고 코포라티즘의 제도화 및 지속성의 수준과 관련해서는 주요 노사정 협의 기구들의 구성과 역할 및 단체 협상 구조를 고찰함으로써 제도화 수준을 밝히고 삼자 협상의 운영을 분석함으로써 지속성 수준을 살펴본다.

노조와 정당의 관계 및 노조의 지형을 살펴보기 위해 필요한 개념은 정파 노조와 통합 노조, 단일 노조와 복수 노조이다.[1] 정파 노조는 특정 정당이나 정파 혹은 종교와 조직적·이념적으로 경향 지어진 노조를 일컫는 반면, 통합 노조는 노조 내에 다양한 종교 및 이념을 포괄함으로써 특정 정당이나 정파 혹은 종교로부터 조직적·이념적으로 독립적·중립적인 노조를 말한다. 그리고 단일 노조는 사업장, 산별 혹은 전국 등 해당 단위 내에서 유일하게 조직된 노조를 칭하는 반면, 복수 노조는 해당 단위 내에서 두 개 이상 조직된 노조들을 의미한다. 이 구분의 대상은 주로 산별 차원이나 전국 차원에서 협상을 체결할 수 있는 실질적 협상력을 가지고 있는 노조들에 제한된다.

전국 차원에서 볼 때, 정파 노조는 주로 복수 노조 국가에서 나타나며, 통합 노조는 단일 노조 국가에서 나타난다. 유럽에서 노조 체계는 법적 규율의 대상이 아니라 노동조합의 자율적 규정 대상이다. 그러므로 정파 노조와 통합 노조는 사회 균열 구조에 따라 형성된다. 프랑스, 이탈리아와 네덜란드처럼 사회 균열 구조가 복잡한 나라에서는 복수 정파 노조들이 조직되었으며, 스웨덴, 노르웨이와 독일처럼

---

1) 정병기, 2000c, 「독일과 이탈리아의 노조—좌파정당 관계 비교: 독일 사민당(SPD)과 노총(DGB), 이탈리아 좌파민주당(DS)과 노동총동맹(CGIL)」, 《현장에서 미래를》 제55호(한국노동이론정책연구소), 197-215쪽 참조.

사회 균열 구조가 단순한 나라에서는 단일 통합 노조가 형성되었다. 다만 통합 노조 체계에서도 단일 통합 노조가 부문별 이해관계를 충분히 대변하지 못할 경우 사무직이나 간부직 혹은 특수 직종의 노동자들이 별도로 자율 노조들을 조직하기도 한다.

마지막으로 상급 노조와 산별 노조 개념에 대해서도 언급할 필요가 있다. 독일 같은 경우, 노조 체계는 산별 노조를 단위 노조로 하는 전형적인 산별 노조 체계이고 상급 노조는 산별 노조들이 독자성을 가지고 연맹한 형태이므로 '노조 총연맹'이 아니라 '노조 연맹'이 정확한 표현이다. 반면 이탈리아 같은 나라도 기본적으로 산별 노조 체계이지만, 지역별 조직이나 다른 형태의 노조 연합이 다시 연합하는 경우도 있으므로 최상급 노조는 '노조 총연합'으로 부르는 것이 적절하다. 이때 '연맹'은 상급 노조가 단협권과 파업권을 갖지 못해 상급 노조의 결정을 단위 노조에 강제할 수 있는 권한을 갖지 못한 경우를 지칭하며, '연합'은 상급 노조가 단협권과 파업권을 보유하고 상급 노조의 결정을 단위 노조에 강제할 수 있는 경우를 지칭한다.

산별 노조(industrial union)는 원칙적으로 하나의 '산업(industry, 엄밀한 의미에서는 광공업)' 부문에 조직된 노조를 의미한다. 실제로 독일에서는 과거 공무·운수·교통노조(ÖTV)와 그 후속 통합 조직인 통합 서비스업노조(ver.di)를 산별 노조라 부르지 않으며, 독일 노조들을 통칭할 때는 '부문별 노조(Branchengewerkschaft)'라는 개념을 사용한다. 하지만 우리나라에서는 산별 노조란 개념이 사실상 부문별 노조를 의미하는 용어로 두루 사용되고 있으며, 실제 두 개념을 굳이 구분해야 할 논리 전개상 이유가 없으므로 이 책에서도 산별 노조란 개념을 사용한다. 다만 예외적으로 부문별 노조를 언급할 필요가 있을 때에 한해 보충 설명과 함께 사용하기로 한다.

1. 강성 코포라티즘 국가: 스웨덴과 노르웨이

1) 계급 역관계의 변화와 사회 코포라티즘의 변화

스웨덴과 노르웨이는 오랜 사민주의 정치의 지속으로 사회 코포라티즘이 정착해 온 국가들이다. 사회 코포라티즘의 성공적인 정착에는 물론 친근로자 국민 정당의 집권이라는 정당 정치적 요인이 작용했지만, 노동조합의 강력한 영향력이라는 계급 역관계에 따른 구조적 요인도 중요했다. 스웨덴과 노르웨이의 최대 상급 노조들은 사민주의 경향성을 띠지만 기본적으로 통합 노조를 표방한다. 하지만 통합 노조 외에 업종별 노조들이 별도로 조직되어 있다. 사용자 단체들도 노조에 대응해 통합된 조직을 가지고 있으며 때로는 업종별로 독립적으로 조직되어 있기도 하다.

스웨덴과 노르웨이의 노사 협상들은 중앙 집중성이 매우 강했다. 하지만 삼자 협상을 주요 조정 기제로 사용하는 코포라티즘적 조정이 이루어졌기 때문에 정부의 개입이 그리 강력하게 드러나지는 않았다. 협상은 제도적 차원과 행위적 차원에서 함께 이루어지는 모습을 보였다.

스웨덴 노조는 1898년에 건설된 통합 노조인 일반노총(LO: Landesorganisationen i Sverige)이 중심이다.[2] 일반노총은 계급에 기반한 산별 노조를 조직 원칙으로 하고 사회주의 이데올로기를 주요 이념으로 삼아 사민당과 밀접한 관계를 유지해 왔다. 19세기 말까지 일

---

2) 스웨덴 노조에 대해서는 Visser, Jelle, 1996, "Corporatism beyond Repair? Industrial Relations in Sweden," Joris Van Ruysseveldt and Jelle Visser(eds.), *Industrial Relations in Europe*(Heerlen, London, Thousand Oaks, CA and New Delhi: Open University of the Netherlands and Sage Publications), pp. 175–204 참조.

반노총 집행 위원 다섯 명 중 두 명은 사민당이 선출한 인물로 구성되었으며 가입 노조원들은 3년 이내에 사민당에 가입해야 했다.[3]

그러나 이와 같이 밀접한 정당 연계는 머지않아 약화되어 일반노총의 독립성이 강해졌다. 곧, 1900년에 집행 위원 구성 원칙과 3년 이내 당 가입 규정이 폐지되었으며, 그 대신 산하 노조들이 사민당 지역 조직에 가입하고 지역 조직을 통해 전국 당 조직과 연결되도록 했다. 이어 1909년에는 사민당과 연계한다는 일반노총의 공식 원칙이 공개적으로 포기되어 공식적인 양자 관계는 사라졌다. 하지만 이후 일반노총과 사민당은 공식적으로 상호 독립 관계를 유지하되 비공식적으로는 노조의 사민당 재정 지원 등 실질적인 관계를 유지했다. 사민당과 노조의 관계는 두 조직이 모두 실천적이고 실질적인 개혁 사회주의로 전환하는 가운데 노조가 소수 정파들까지 포괄하는 통합 노조의 성격을 강화함으로써 실용적인 상호 지지 관계로 전환했다.[4]

스웨덴 노조 지형의 또 다른 특징은 통합 노조 외에 업종별 노조가 별도로 존재한다는 점이다. 이것은 같은 스칸디나비아 국가인 노르웨이와도 다르며, 대부분의 중부 유럽 국가들과 라틴 유럽 국가들에서도 나타나지 않았거나 독일에서처럼 이미 사라진 현상이다. 스웨덴에서 이 현상은 제2차 세계 대전 종전 후 새로운 산업 구조의 형성 이후에 생겨났다. 후기 산업 사회로 갈수록 사무직과 전문직이 강화되고 그럼에도 불구하고 일반노총이 광공업 생산직 노동자의 이해관계 대변에 치중해 왔다는 요인이 함께 작용한 결과였다. 그에 따라 1944년과 1974년에 각각 사무직노조(TCO:

---

3) 스웨덴의 일반노총과 사민당의 관계에 대해서는 신광영, 1989, 「스웨덴의 노동조합 운동」, 《동향과 전망》 통권 제4호(한국사회과학연구소), 233쪽.
4) 신광영(1989), 232쪽 참조.

Tjänstemännens Centralorganisation)와 전문직노조(SACO: Sveriges Arbetares Centralorganisationen; 공무원 포함)가 노총 바깥에 조직되었다. 특히 전문직노조의 독립 결성은 1960년대 노노 갈등의 산물로서 1970년대 이후 중도-우파 정부 시기 스웨덴 노동조합의 약화를 의미했다.

〈표 7-1〉에서 보듯이 스웨덴 노조 조직률은 1960년 72.1%에서 2012년 67.5%로 낮아졌다.[5] 하지만 스웨덴은 다른 국가들에 비해 여전히 노조의 영향력이 강력한 나라이다. 스웨덴 노조 조직률은 1960년대 후반의 노조 분열로 낮아졌지만 1970년대 후반에는 다시 높아지기 시작해 1980년대 후반에서 1990년대 후반까지 80% 이상을 유지했다. 지금처럼 60%대로 낮아진 것은 2000년대 후반 이후의 현상이다.

사용자 단체도 노조 전국 조직 결성에 대응해 수년 후 바로 조직되었는데, 1902년 단체 협상을 효율적으로 수행하기 위해 노조처럼 산별 조직 원칙에 따라 건설된 스웨덴사용자연합(SAF: Svenska Arbetsgivarförening)이 대표적이다. 물론 노조처럼 전 산업을 망라하는 이 연합체에 가입하지 않는 부문별 사용자 단체도 존재했다. 특히 산업 사회의 가장 핵심적인 분야인 공업 부문에서 독자적인 사용자 단체가 조직되어 오래도록 존속했다. 2001년에 가서야 스웨덴사용자연합은 공업 부문 사용자 단체인 스웨덴공업연합(SI: Sveriges Industriförbund)을 합병해 스웨덴기업연합(SN: Svenska Näringsliv)으로 재출발했다.[6]

---

5) 각 국가의 노조 조직률 추이는 일목요연하게 비교하기 위해 여기에서 모두 제시하고 다른 나라들을 고찰할 때에도 이 표를 지시해 설명할 것이다. 이하에서 설명할 임금 교섭 제도와 파트타임 노동자 비중도 마찬가지이다.
6) 신광영(1989), 249쪽.

〈표 7–1〉 노조 조직률 추이

나라	1960	1965	1970	1975	1980	1985	1990	1995	2000	2005	2010	2012
스웨덴	72.1	66.3	67.7	74.5	78	81.3	80.0	83.1	79.1	76.5	68.2	67.5
오스트리아	67.9	66.2	62.8	59.0	56.7	51.6	46.9	41.1	36.6	33.3	28.4	..
노르웨이	60.0	59.0	56.8	53.8	58.3	57.5	58.5	57.3	54.4	54.9	54.8	54.7
덴마크	56.9	58.2	60.3	68.9	78.6	78.2	75.3	77.0	74.2	71.7	68.5	..
에이레	43.1	45.8	50.6	52.6	54.3	51.5	48.5	45.1	38.0	34.0	32.7	31.2
네덜란드	41.7	37.4	36.5	37.8	34.8	27.7	24.6	25.9	22.9	20.6	18.6	..
벨기에	39.3	37.8	39.9	49.1	51.3	49.7	51.1	52.8	49.5	52.9	50.6	..
영국	38.8	38.7	43.0	42.0	49.7	44.2	38.1	33.1	30.2	28.4	26.4	25.8
독일	34.7	32.9	32.0	34.6	34.9	34.7	31.2	29.2	24.6	21.7	18.6	..
OECD 평균	34.1	33.1	34.0	34.7	33.3	29.2	26.1	23.3	20.2	18.8	17.6	17.0
핀란드	31.9	38.3	51.3	65.3	69.4	69.1	72.5	80.4	75.0	72.4	70.0	..
스위스	31.0	28.2	24.9	27.8	27.5	24.8	22.5	22.7	20.2	19.3	17.1	..
이탈리아	24.7	25.5	37.0	48.0	49.6	42.5	38.8	38.1	34.8	33.6	35.5	..
프랑스	19.6	19.5	21.7	22.2	18.3	13.6	9.8	8.7	8.0	7.7	7.8	..

출처: OECD, 2014, "Trade Union Density," http://stats.oecd.org/Index.aspx?QueryId=20167#(검색일: 2014. 05. 19.)

하지만 스웨덴기업연합이 등장하기 전까지 스웨덴 사용자 단체가 노동조합에 대해 항상 열세였던 것은 아니다. 특히 1960년대 후반에 시작된 노노 갈등 이후 1970년대 후반에 형성된 노조 파편화 지형은 사용자 단체의 반사적 강화로 이어졌다. 게다가 1970년대 후반과 1980년대 초에는 중도-우파 정부가 집권하고 새로운 경제 위기에 대한 신자유주의적 처방이 시작되어 계급 역관계는 더욱 사용자 측으로 기울었다. 그에 따라 1983년 금속사용자단체(당시 VF, 현재 VI)가 중앙 임금 협상을 일방적으로 거부하고 1990년 스웨덴사용자연합(SAF)도 기업별 협상을 주장하면서 중앙 협상단을 해체하고 다수의 중앙 삼자

협의 기구에서 탈퇴한 이른바 '사용자 반란(employer revolt)'이 촉발되기도 했다.[7]

코포라티즘에 대한 사용자 측의 공격은 협상 행위에서만 이루어진 것이 아니었다. 1990년대에 복지 비용 감축, 실업 보장 기금 지원 제한, 노조 지원 축소, 산업 민주주의와 노조 대표 관련 입법의 완화를 주장하며 정책적 공세를 펴는 한편, 스웨덴사용자연합 의장이 『코포라티즘이여 안녕(Farewell to Corporatism)』이라는 책을 집필하는 등 이데올로기 공세도 적극적으로 폈다.[8]

반면 노조 진영의 분열로 인해 특히 일반노총은 임금 조정 및 억제 능력이라는 정치적 교환에서 결정적 카드를 상실했고, 사용자 단체의 공격에 무력하게 대응해 코포라티즘 이탈 시도를 수용할 수밖에 없었다.[9] 사민당과 노조는 새로운 대안을 강구하지 못한 채 코포라티즘의 약화를 지켜보았고, 결국 스웨덴 사회 코포라티즘은 1980년대를 거치면서 수요 조절 정책의 성격에서 일정하게 벗어나게 되었다.

그에 따라 스웨덴 사회 코포라티즘의 내용은 분배 정책과 고용 안정에서 생산 및 산업 민주주의와 직업 안정을 중시하는 방향으로 변해 갔으며, 협상도 점차 분권화되기 시작했다. 특히 중요한 사안인 노동 시장 유연화도 더 이상 피할 수 없는 흐름이 되어 스웨덴 노동 시

---

7) Swenson, Peter and Jonas Pontusson, 2000, "The Swedish Employer Offensive against Centralized Bargaining," Torben Iversen, Jonas Pontusson and David Soskice(eds.), *Unions, Employers, and Central Banks: Macroeconomic Coordination and Industrial Change in Social Market Economies*(New York: Cambridge University Press), pp. 77-106.

8) 주은선, 2006, 「스웨덴 복지정치의 기반 변화: 코포라티즘의 폐기, 혹은 변형?」, 《사회보장연구》 제22권 1호(한국사회보장학회), 188쪽.

9) 주은선(2006), 191-192, 253쪽.

〈표 7-2〉 **파트타임 노동자 비중**

나라	1990	1995	2000	2005	2009
스페인	4.6	7.0	7.7	11.0	11.9
그리스	6.7	7.8	5.5	6.4	8.4
포르투갈	7.6	8.6	9.4	9.4	9.6
핀란드	7.6	8.7	10.4	11.2	12.2
이탈리아	8.9	10.5	12.2	14.6	15.8
룩셈부르크	7.6	11.3	12.4	13.9	16.4
오스트리아	–	11.1	12.2	16.3	18.5
스웨덴	14.5	15.1	14.0	13.5	14.6
프랑스	12.2	14.2	14.2	13.2	13.3
덴마크	19.2	16.9	16.1	17.3	18.9
독일	13.4	14.2	17.6	21.5	21.9
아일랜드	10.0	14.3	18.1	19.3	23.7
벨기에	13.5	14.6	19.0	18.5	18.2
노르웨이	21.8	21.4	20.2	20.8	20.4
아이슬란드	–	22.5	20.4	16.4	17.5
영국	20.1	22.3	23.0	23.0	23.9
스위스	–	22.9	24.4	25.1	26.2
네덜란드	28.2	29.4	32.1	35.6	36.7

출처: KOSIS 국가통계포털, 2014, http://kosis.kr(검색일: 2014. 08. 01.).

장에서도 파트타임 일자리가 증가하기 시작했다. 〈표 7-2〉에서 보듯이 1990년대 초반에는 파트타임 노동자들이 14.5%에서 15.1%로 증가했다. 한편 다른 자료에 의하면 1999년 전체 파트타임 노동자들의 73.7%가 여성이어서 노동 시장에서 남녀 차별도 심각하게 나타났다.[10]

---

10) 김영순, 2004, 「노동조합과 코포라티즘, 그리고 여성 노동권: 스웨덴의 경우」, 《한국정치학회보》 제38집 2호(한국정치학회), 405쪽.

하지만 이러한 코포라티즘 약화가 공급 조절 코포라티즘으로 전환한 것을 의미하지는 않았다. 〈표 7-2〉의 통계를 다시 보면, 2000년 이후 파트타임 노동자 비중은 다시 줄어든 상태에서 부침하고 있으며, 이 책의 비교 대상 국가 중에서는 프랑스와 함께 가장 낮은 수준을 유지하고 있다. 물론 1980년대와 1990년대에 재집권한 사민당도 신자유주의적 정책 선회를 통해 수요 조절 정책을 일정하게 포기했지만, 그것도 공급 조절 정책으로 완전히 전환한 것은 아니었다. 더욱이 코포라티즘과 관련해서는 공급 조절 코포라티즘으로 전환했다기보다 수요 조절 코포라티즘에 대한 대안을 제시하지 못함으로써 그 약화와 위기를 겪고 있다고 보는 것이 더 적절하다.

노르웨이의 계급 역관계는 강력하고 단일한 통합 노조가 지속된 것으로 특징지어진다.[11] 하지만 노르웨이도 스웨덴처럼 1970년대에는 사무직과 특수 부문에서 독립 노조들이 조직되어 일반노총의 독점 구도가 깨어졌다. 반면, 스웨덴과 달리 노르웨이 노동 운동은 수사적 급진주의와 의회를 통한 집권을 지향하는 실용주의 사이에 놓인 특별한 길을 노정한 것으로 알려져 있다.[12] 그리고 노동 운동의 양대 축을 이루는 노동당과 노조는 다른 스칸디나비아 국가들에서처럼 '샴쌍둥이(siamese twins)'라고까지 이야기된다.[13] 초기의 일시적 급진주의 시

---

11) 노르웨이 코포라티즘의 계급 역관계와 변화에 대해서는 정병기, 2012b, 「노르웨이 코포라티즘: 정당정치적 요인과 구조적 요인에 따른 성격 변화」, 《국가전략》 제18권 3호(세종연구소), 145-148쪽을 재구성.

12) Meyer, Kurt Bernd, 2005, *Der Wandel der Arbeitsbeziehungen in Dänemark und Norwegen*(Frankfurt am Main: Peter Lang), S. 157.

13) Allern, Elin Hausgsgjerd, Nicholas Aylott and Flemming Juul Christiansen, 2007, "Social Democrats and Trade Unions in Scandinavia: The Decline and Persistence of Institutional Relationships," *European Journal of Political Research*, vol. 46, p. 608.

도를 제외하면 노르웨이 노동당은 점차 실용주의를 강화해 왔으며, 노르웨이일반노총(LO: Landsorganisasjonen i Norge)도 조합원의 이익을 추구하는 조합원 노조주의가 아니라 노동자 일반의 이익을 대변하고자 하는 일반 노조주의를 지향하지만 혁명적 생디칼리즘도 아닌 전통 사민주의 노선을 유지해 왔다.

물론 노동당의 급진주의 시도가 최종적으로 실패할 때까지 노동 운동 진영에서도 노선 논쟁이 심각하게 전개되었다. 프랑스 생디칼리즘적 혁명 노선과 미국식 경제적 노조주의를 양 극단으로 하는 이 논쟁은 미국에서 공부했으나 그 중간을 지향하는 트란맬(Martin Tranmæl)에 의해 정리되었다.[14] 노조에 전투적인 경제적 이익 집단의 역할과 정치적·의회적 투쟁의 역할을 동시에 인정하는 트란맬 정파는 1920년부터 일반노총과 단위 노조의 지도부 대부분을 장악해 갔으며, 비슷한 시기에 노동당 지도부까지 장악하기 시작했다. 이를 통해 노르웨이 노동 운동은 노동당과 단일 거대 조직인 일반노총이라는 양대 수레바퀴로 운행되어 갔다.

이러한 상황에서 1935년 노동당과 농민당의 연정이 위기 정책을 제안하고 노사 상급 단체가 이를 수용함으로써 사회 코포라티즘이 배태되었다. 이후 노르웨이 노사 문제에서 국가는 점차 '제도화된 갈등 해결의 동기 제공자(Impulsgeber der institutionalisierten Konfliktlösung)'이자 최종 판단자(das letzte Wort)로 자리 잡아 갔다.[15] 대부분의 사회 코

---

14) Meyer(2005), S. 87-89.

15) 사실 국가의 노사 갈등 개입은 1906년 상업부가 제안한 법안을 통해 시작된 국가 조정 시도와 노사 양측의 수용에서 이미 나타난 바 있다. 1907년 의회(Storting)가 이를 확대 실시하려 했을 때 노사는 처음에 반대했지만 곧 정부의 제안에 따라 고위 법조인이 이끌고 독립적 전문가들이 다수를 이룬 위원회에 직접 참여하는 방향으로 조정안을 수용했다. 또 1915년에는 의회가 노동 분쟁법을 제정함으로써 노동 법정

포라티즘 국가들이 광범위한 노사 자율 교섭의 범위 내에서 국가가 최종적으로 개입해 조정해 나가는 것과 달리 노르웨이의 초기 사회 코포라티즘은 국가의 적극적인 제도적 개입과 종결적 판단이 이루어지는 포괄적 성격을 띠었다고 할 수 있다.

수요 조절 코포라티즘으로 시작하는 사회 코포라티즘의 도입기는 이와 같이 노동당 집권과 강력한 노조 및 두 조직의 밀접한 관계가 노르웨이 자본주의의 기본 질서에서 갖는 자본 우위에 타격을 가할 정도의 역관계를 형성함으로써 가능했다. 특히 제2차 세계 대전 이후 사회 코포라티즘 정착의 배경이 된 노동당의 배타적 지배 질서에서 이러한 역관계는 더욱 공고화되었다. 1947년 8월에 조직된 재계 중심의 비밀 결사인 리베르타스(Libertas)가 반사회주의와 자유 시장 경제를 위해 정치 활동을 지원하고 모색했으나 정치적으로 고립되었을 정도로, 보수 및 중도 정당들도 노동당 지배 체제와 케인스주의적 복지국가를 수용하는 합의 체제가 수립되었다.[16]

그러나 1970년대 후반부터 이러한 역관계는 변하기 시작했다.[17] 1975년 교원노조(AF: Akademikernes Fellesorganisasjon)가 설립되고 1977년 직업노조연합(YS: Yrkesorganisasjonenes Sentralforbund)이 설립됨으로써 일반노총 독점 구도가 점차 사라져 간 것이다. 사실 교원노조의 경우는 조직 대상이 교원 집단에 국한되고, 병가 시 임금 계속

을 통한 국가의 최종 판단자 역할이 시작되었다. 그러나 이때 노사 단체는 정책 참여를 보장받지 못한 상태에서 국가 조정의 대상이 되었을 뿐이므로, 당시의 변화를 민주적 조정 기제인 사회 코포라티즘의 배태라고 보기는 어렵다. Meyer(2005), S. 110-111 참조.

16) 김수진, 2007, 『노동지배의 이념과 전략: 스칸디나비아 사회민주주의의 성장과 쇠퇴』(서울: 백산서당), 172-173쪽.

17) Meyer(2005), S. 277-279.

지급, 포괄적 사회 복지 체계 보장, 공동 결정, 남녀 동등 임금 등 많은 사회 정책과 노동 시장 정책에서 그 구상과 목표가 일반노총과 일치함으로써 상호 보완 관계를 형성한 반면, 직업노조연합은 처음부터 일반노총에 도전했다.[18] 직업노조연합은 공무원, 은행, 지방 자치 단체, 보험 분야 노조 등이 창립한 상급 단체로서 일반노총과 조직 대상이 적지 않게 중복될 뿐만 아니라 조합원 노조주의를 기조로 특화된 분야의 특수 이익을 주장하며 정치적 중립을 표방했다. 게다가 노동 운동 진영의 성장에 위협을 느낀 사용자와 보수당도 공장 경영진, 간부 노동자, 기술 사무직들로 하여금 일반노총과 거리를 두게 만들고 노동자층에 영향력을 확대하려는 움직임을 보였으며, 앞 장에서 본 바와 같이 노동당에 대한 노동자들의 지지도 점차 줄어들어 갔다.

노르웨이 사용자 단체는 1900년에 설립된 노르웨이사용자연합(NAF: Norsk Arbeidsgiverforening)이 대표적이었다. 노르웨이에서도 오랫동안 공업 부문과 상업 부문의 사용자 단체들이 분리되어 존재했다. 하지만 노조와 달리 1980년대에는 분열이 아니라 통합을 이루어 감으로써 계급 역관계를 더욱 사용자 측에 유리하게 전환해 갔다. 노르웨이사용자연합은 스웨덴보다 빠른 1989년에 노르웨이공업연합(NI: Norges Industriforbund) 및 상업수공업연합(HAF: Håndverkernes Arbeidsgiverforening)과 함께 노르웨이기업연합(NHO: Naeringslivet Hovedorganisajion)으로 재탄생했다. 이 사용자 단체는 민간 부문에서

---

18) 1951년에 보험, 지방 자치 단체, 은행 부문의 사무직 노조들이 사무직중앙조직(FSO: Fabryka Samochodów Osobowych–passasjerbilfabrikk)을 건설했고 1970년대 이후 일부 사무직 노조들과 직업노조연합이 생산직 노동자에게 문호를 개방하기도 했다. 그러나 이것이 일반노총에 타격을 주어 일반노총 독점 구도를 바꿀 정도는 되지 못했다.

일반노총에 대해 강력한 교섭력을 발휘하고 있다.

그럼에도 불구하고 역시 앞 장에서 진술한 것처럼 네덜란드나 독일 등과 달리 노르웨이에서는 수요 조절 코포라티즘이 공급 조절 코포라티즘으로 완전히 전환해 가지는 않았다. 그것은 노동당이 정체성 변화가 상대적으로 약하고 일반노총과의 밀접한 관계도 충분히 단절되지 않았다는 정당 정치적 요인에만 기인하는 것이 아니었다. 노조가 약화되었음에도 여전히 강력한 영향력을 가지고 있다는 구조적 요인도 중요하게 작용했다. 실제 1990년대 초반까지 60% 이상을 유지했던 노조 조직률이 2000년 54.4%까지 하락했지만 이후 다시 상승하고 있다(〈표 7-1〉 참조). 이것은 유럽 전체에서 핀란드, 덴마크, 스웨덴에 이어 네 번째로 높은 수준에 해당한다.

이러한 역관계는 특히 1981~86, 1997~2000, 2001~05년 보수 혹은 중도-보수 연정 기간에 노동당의 정체성 변화를 겪으면서 다시 역전되기도 했지만, 국제적으로 비교하면 여전히 노동자 측에 더 무게가 실린 편이다. 물론 1992년 고용위원회를 통해 실업 보험 수혜 기간이 단축되고, 고용 기회 확대를 위해 견습생 제도를 운영하는 기업에 대해 보조금 지원이 확충되었으며, 직업 교육 등에 대한 재정 지출이 확대되었을 뿐 아니라, 일시 고용 제도와 초과 근무 제도에 대한 규제가 완화된 것은 사실이다. 노르웨이의 계급 역관계는 여전히 국제적으로는 노동 측이 강한 편에 속하지만 국내적으로는 여느 나라들과 다르지 않게 1980년대 세계화 추세 이후 노동 측이 점차 약해지는 경향을 보인다고 할 수 있다.

또한 앞의 〈표 7-2〉를 보면, 1990년대 노르웨이의 파트타임 노동자 비중이 20%를 넘어 아이슬란드, 영국 등 비코포라티즘 국가들과 맞먹는다. 이후 점차 약화되는 추세를 보이기는 하지만 2009년까지도

20.4%를 나타내 전반적으로 높은 수준을 보여 중성 코포라티즘 국가로서 공급 조절 코포라티즘으로 전환한 독일과 유사한 수준이다. 중앙 차원의 코포라티즘 기제들도 축소됨과 동시에 교섭의 탈집중화가 진행되어 공급 조절 코포라티즘의 징후들이 나타나기 시작했다.

이러한 역관계의 조건에서 스웨덴처럼 공급 조절 정책의 성격을 수용한 유연 안정성 모델이 채택되었다. 하지만 유연 안정성 모델은 유연화뿐만 아니라 안정성도 함께 추구함으로써 비정규직 보호를 높은 수준으로 유지하고 중앙 교섭과 균등주의 정치 문화도 일정하게 지속하고 있어 적어도 아직까지는 공급 조절 코포라티즘으로 완전히 전환한 것을 의미하지는 않는다. 다만 수요 조절 코포라티즘이 약화되는 추세인 것은 분명한 사실이며, 시간이 흐를수록 스웨덴에 비해 공급 조절 코포라티즘으로 전환할 가능성도 더 높아져 가고 있다.

2) 제도화 및 지속성 수준의 변화와 사회 코포라티즘의 변화

스웨덴과 노르웨이는 강력한 코포라티즘 국가군에 함께 속하지만 코포라티즘의 제도화 수준은 달랐다. 노르웨이가 코포라티즘 피라미드라 불릴 정도로 잘 정립된 제도를 갖춘 반면, 스웨덴은 여러 위원회가 존재하지만 전국적인 통합 협의 기제가 없어 상대적으로 제도화 수준이 낮다고 할 수 있다.

하지만 단체 협상의 제도화 수준은 두 나라 모두 높다. 노사 양자 관계에 기초한 단체 협상은 물론 코포라티즘과 직결되는 것은 아니지만, 단체 협상에 정부 개입이 작용한다면 그것은 삼자 협의로 발전해 코포라티즘과 연결될 수 있다. 또한 두 나라에서 노사정 삼자 간의 협상과 회담도 우파 혹은 중도-우파 정부의 출범과 관계없이 지속적으로 이루어졌다.

사실 스웨덴의 경우 코포라티즘의 제도화 수준이 낮아 코포라티즘은 비록 강력하지만 그 지속 기간이 짧다는 지적도 없지 않다. 그 대표적 주장 가운데 하나는 사민당과 노조의 연계를 문제 삼는데, 1970~90년대 스웨덴에서 노조와 정당의 강력한 연계가 코포라티즘의 작동을 방해했다는 안톤센(Anthonsen) 등[19]의 지적이 그것이다. 그 근거는 극단화된 정치적 환경에서 노조는 사용자와 협상을 하는 대신 자신들의 정치적 요구를 정치 조직들에 직접 제시하는 경향을 갖는다는 것이다. 그것은 특히 사민당이 집권한 상태에서 주로 발생하는데, 이때 사민당과 밀접하게 연계된 노조는 사용자 단체와 협상을 벌이는 대신 직접적인 정치적 영향력 행사를 추구하는 경향이 있다고 한다.

그러나 이것은 양자 협상을 코포라티즘으로 간주한 데서 발생하는 오류로 보인다. 노조가 사민당을 통해 직접적인 영향력 행사를 추구한다 하더라도 그것이 결국 삼자 협상을 유도하는 방향으로 전개된다면 코포라티즘을 촉진하게 된다. 스웨덴을 비롯한 대부분의 나라에서 이것은 전반적인 추세였다. 게다가 이것은 프랑스와 이탈리아처럼 코포라티즘이 약한 나라들에서도 동일하게 나타났다.

특히 스웨덴처럼 제도화가 파편화된 채 이루어져 전국적 단일 기제의 제도화가 낮은 나라에서 사민당과 노조의 강력한 연계는 초기 코포라티즘 형성기에 노조가 정부와 대립하기보다 협의를 선호하게 만드는 요인으로 작용했다. 게다가 공식적 연계가 사라지고 실용적 연계가 이어진 것은 사용자 단체의 거부감을 완화시켜 삼자 협의 탁자를 마련하는 데에도 유리하게 작용했을 것으로 보인다.

---

19) Anthonsen, Mette, Johannes Lindvall and Ulrich Schmidt-Hansen, 2011, "Social Democrats, Unions and Corporatism: Denmark and Sweden Compared," *Party Politics*, vol. 17, no. 1, pp. 118-134.

하지만 다른 한편으로 스웨덴이 자본주의 국가 중에서 가장 높은 노조 조직률을 가진 나라의 하나가 된 것은 노조의 정책 결정 참여가 일찍부터 제도화된 것에 기인한다. 사민당 집권기인 1934년에 스웨덴 노조는 다시 실업위원회에 참여한 이래 이른바 '겐트 시스템(Ghent System)'이라 불리는 제도를 통해 실업 보험 계획의 행정 책임을 맡았고, 이것은 높은 조직률의 가장 중요한 요인으로 꼽힌다.[20] 1934년 노조 복귀 후 겐트 시스템은 현재까지 지속적으로 작동하고 있다.

제2차 세계 대전 종전 후 스웨덴 코포라티즘의 제도화와 지속성은 1950년대 렌-마이드너 모델을 통해 정착했다. 이 위원회들은 노사 문제 전반을 총괄적으로 협의하는 통합된 기구가 아니라 사안별로 조직된 부문 기구들로 설치되었는데, 대표적인 노사 문제 협의 기구들은 다음과 같다:[21] 전국노동시장위원회, 전국교육위원회, 직업훈련자문위원회, 지방노동시장위원회, 지방직업훈련과정위원회, 공정거래위원회, 사회보장관련위원회, 전국산업안정위원회.

그중에서도 전국노동시장위원회, 전국교육위원회, 직업훈련자문위원회, 지방노동시장위원회, 지방직업훈련과정위원회는 사용자 단체 및 세 노조들로 구성되어 노사 대표들로만 조직되어 있다. 하지만 이 기구들도 네덜란드의 노동재단처럼 노사 협의를 통해 정부 기구에 자문을 제공하고 정책 결정에 반영되게 함으로써 단계적 노사정 협의 기능을 수행한다고 할 수 있다.

---

20) Fulcher, James, 2003, 「역사적 관점에서의 스웨덴: 스웨덴 모델의 흥망성쇠」, Stefan Berger · Hugh Compston, 『유럽의 사회협의제도』, 조재희 · 김성훈 · 강명세 · 박동 · 오병훈 역(서울: 한국노동연구원), 387–388쪽.
21) 국민경제사회협의회 · 한국노동연구원, 1994, 『사회적 합의와 노사관계』(서울: 국민경제사회협의회), 1385쪽.

스웨덴에서 중앙 차원의 포괄적인 삼자 협의 제도가 다시 본격적으로 모색되기 시작한 것은 1990년대였다. 1991년에 조직된 렌베르이 위원회(Rehnberg Commission)가 그 최초였으며, 이 위원회도 노사 대표로 구성되었지만 정부와 협의해 노사 문제 조정에 개입함으로써 삼자 협의 및 조정 기능을 수행하는 코포라티즘적 기구였고 이후 후속 조직들로 이어졌다. 실제 1991~92년 임금 안정화 협약은 정부 주관으로 성사되었는데, 이 협약은 중앙 임금 협상 제도에 대한 일반노총의 요구와 임금 협상 제도 분권화에 대한 사용자 단체의 요구가 정부의 개입으로 타협된 것이었다.[22]

또한 2000년 사민당 단독 정부가 중재위원회(Median Authority)를 설립해 노사 간 분쟁 쟁점들을 조정하고 임금 결정과 관련된 사항을 담당하도록 한 것도 제도화의 중요한 결실이었다.[23] 중재위원회 설립의 구체적인 목적은 노동 분쟁을 중재하는 것 외에 실질 임금 상승, 물가 안정, 고용 안정 및 활발한 노동력 활용을 근간으로 하는 효율적 임금 형성을 촉진하는 것이었다. 중재위원회는 급여와 기타 근로 조건과 관련해 분쟁이 발생하면 중재 위원을 선정할 수 있고 분쟁 당사자들의 요구에 의해 중재를 개시하게 된다. 하지만 분쟁 당사자들의 요구가 없더라도 분쟁 당사자들 중 일방이 쟁의 행위를 통고한 경우에는 중재위원회의 일방적 결정에 의해서도 중재가 진행될 수 있다.

스웨덴 정부의 이러한 노력은 사실 1980년대 이래 시작된 단체 교섭 제도의 분권화에 대한 대응이었다. 스웨덴 사용자 단체들은 1980년대부터 중앙 교섭 폐지를 시도해 왔는데, 여론 조성 및 정치적 홍

22) 김인춘, 2004b, 「세계화, 유연성, 사민주의적 노동시장체제: 스웨덴 사례」, 《한국사회학》 제38집 5호(한국사회학회), 163쪽.
23) 김인춘(2004b), 164쪽.

보 작업에 박차를 가해 당시 주요 다섯 개 정당의 선거 자금을 모두 합친 것과 맞먹는 비용을 이 작업에 쏟아부었다고 한다. 실제 1988년 스웨덴사용자연합(SAF)이 투입한 홍보 비용은 약 1조 5000억 크로나에 달했다고 보고되었다.[24]

〈표 7-3〉은 다른 나라들과 비교한 스웨덴 교섭 제도의 집중성과 정부 개입 강도를 나타낸다. 1980년까지 스웨덴 임금 교섭 제도의 집중성은 비교 대상 국가 중에서 가장 높아, 단협 조정이 노사정 간 경제 전반적 협상이 이루어지는 수준인 5.0을 기록하고 노사 교섭 차원은 전국 혹은 중앙 교섭이 중심이 되는 수준인 역시 5.0을 기록했다. 하지만 1980년대에 이 두 수치들은 동일하게 3.8로 떨어졌으며 이후에도 지속적으로 하락하고 있다.

그에 따라 정부는 노사 문제에 개입하는 강도를 높여 중앙 교섭을 선호하는 노조와 분권 교섭을 요구하는 사용자들을 중재하기 시작했다. 그 수치는 정부 개입 강도로 나타났는데, 1980년까지 스웨덴의 정부 개입 강도는 독일이나 이탈리아의 수준과 유사한 2.0에 불과했다. 노사 양자 협상에 기반한 스웨덴 코포라티즘의 특성을 잘 보여주는 수치라고 할 수 있다. 하지만 1980년대와 1990년대에 이 수치는 2.6과 2.5로 높아져 위에서 설명한 바와 같이 노사 문제 조정을 위한 정부 개입의 강화를 엿볼 수 있다. 2000년대에 이 수치는 다시 1980년대 이전으로 회귀했는데, 이것은 코포라티즘의 약화를 의미한다.

유의할 것은 2000년대의 수치가 1960년대 및 1970년대와 동일하지만, 이것이 코포라티즘 작동 정도가 동일한 것을 의미하지는 않는다는 점이다. 1960년대와 1970년대는 코포라티즘이 성공적으로 작동

---

24) 주은선(2006), 250-251쪽.

〈표 7-3〉 임금 교섭의 집중성과 정부 개입 강도

	단협 조정 수준				
나라	1961~70	1971~80	1981~1990	1991~2000	2001~10
스웨덴	5.0	5.0	3.8	3.5	3.0
노르웨이	4.7	4.5	3.6	4.4	4.1
네덜란드	4.1	4.0	4.2	4.0	4.0
독일	4.0	4.0	4.0	4.0	4.0
프랑스	2.0	2.3	2.3	2.0	1.8
이탈리아	2.0	2.4	2.6	3.8	4.0

	정부 개입 강도				
나라	1961~70	1971~80	1981~1990	1991~2000	2001~10
스웨덴	2.0	2.0	2.6	2.5	2.0
노르웨이	3.0	4.1	3.5	3.5	3.0
네덜란드	4.1	4.1	3.4	2.5	3.0
독일	2.0	2.0	2.0	2.3	2.1
프랑스	3.0	3.4	3.2	3.0	2.7
이탈리아	1.9	2.9	3.6	2.7	2.4

	노사 교섭 차원				
나라	1961~70	1971~80	1981~1990	1991~2000	2001~10
스웨덴	5.0	5.0	3.8	3.3	2.7
노르웨이	4.5	4.5	3.7	4.2	3.6
네덜란드	4.2	4.0	3.2	3.2	3.2
독일	3.0	3.0	3.0	3.0	2.7
프랑스	2.1	2.0	2.0	2.0	1.8
이탈리아	3.1	2.6	2.4	3.1	2.8

■ 단협 조정 수준
5: 노사정 간 경제 전반적 협상
4: 노사정 간 경제 전반적 협상과 노사 간 복합 산별/부문별 협상 병행
3: 노사 간 산별/부문별 협상
2: 노사 간 복합 산별/부문별 혹은 산별/부문별 협상과 기업별 협상 병행
1: 주로 기업별 협상 중심의 파편화된 협상

■정부 개입 강도
5: 가이드라인을 정하고 강제 조정
4: 사회 협약 등을 통해 협상 과정에 직접 참여
3: 경제 정책과 사회 정책 등을 통해 간접적으로 개입
2: 상담과 정보 교환 및 갈등 해결의 제도적 틀을 제공하는 간접적 영향력 행사
1: 노사 자율 교섭 완전 보장

■노사 교섭 차원
5: 전국 혹은 중앙 교섭
4: 전국 혹은 중앙 교섭과 산별/부문별 · 지역별 · 기업별 교섭 병행
3: 산별/부문별 교섭
2: 산별/부문별 교섭과 지역별 · 기업별 교섭 병행
1: 지역별 · 기업별 교섭

출처: Data Base on Institutional Characteristics of Trade Unions, Wage Setting, State Intervention and Social Pacts, 1960~2010(ICTWSS, Amsterdam Institute for Advanced Labour Studies AIAS, University of Amsterdam, 2011)의 연도별 자료를 평균값으로 계산.

하던 시기로서 정부의 개입은 노사 협의를 기본으로 하는 가운데 이루어졌다. 그리고 당시 노사는 살트셰바덴 협약의 맥락을 이어 상호 타협과 협상을 속행하고 있었기 때문에 정부 개입도 강력하게 진행될 필요가 없었고, 그에 따라 삼자 협의도 무리 없이 전개될 수 있었다.

반면 2000년대 이후의 개입 강도 약화는 1980년대 이래 약화된 노사 타협과 코포라티즘적 협의를 다시 재개하기 위해 정부가 개입 강도를 높인 이후에 나타난 현상이다. 게다가 이것은 노사 교섭의 집중도가 지속적으로 떨어지는 상황에서 나타난 약화 현상이다. 따라서 1980년대와 1990년대의 정부 개입이 일정하게 실패하게 된 것을 의미함과 동시에, 스웨덴 코포라티즘 정치 자체의 약화나 위기를 표현하는 것이라고 할 수 있다.

노르웨이에서도 코포라티즘의 변화는 피해 갈 수 없었다.[25] 하지만

---

25) 노르웨이 코포라티즘의 제도화 및 지속성 수준과 변화에 대해서는 정병기(2012b),

그 변화는 스웨덴과는 다소 달라 코포라티즘 자체의 위기라기보다는 유연화와 안정성을 함께 추구하는 유연 안정성 모델을 통해 공급 조절적 의미를 띠어 가는 가운데 약화되는 과정에 진입한 것을 의미한다. 이것은 공급 조절 코포라티즘으로 온전히 전환해 간 독일이나 네덜란드와도 다른 현상이다.

이와 같이 노르웨이 사회 코포라티즘이 다른 나라 공급 조절 코포라티즘과 달리 안정성을 함께 강조하는 유연 안정성 모델로 변한 것은 노동당 정체성과 계급 역관계뿐만 아니라 기존 코포라티즘 기제들의 제도화와 지속성 수준에도 크게 기인한다. 제2차 세계 대전 종전 후 코포라티즘의 제도화는 1945년 경제 재건을 위한 경제조정협의회의 설립으로 본궤도에 들어섰다. 이 협의회는 1954년 이래 변화를 거듭해 교원노조와 직업노조연합이 설립된 후 정부 대표 4, 사용자 대표 1, 노조 대표 3, 농업 및 어업 대표 2의 비율로 구성된 총 10명의 위원들로 구성되었으며, 노동부 장관이나 경제부 장관이 아니라 총리가 의장을 맡는 총리 직속 기관으로 운영되었다.[26] 사용자 대표는 사용자 단체인 노르웨이사용자연합이 파견하며 노조 측 대표는 일반노총, 교원노조, 직업노조연합이 각각 한 명씩 파견하는 형태였다. 정부가 협의의 의무를 갖지는 않지만 총리를 수장으로 하고 노조가 다수의 대표를 참여시킴으로써 노조 측의 비중이 높은 가운데 정부가 주도하는 구성이었다. 모든 새로운 관련 법안들은 참가자들의 협의를 통해 제출되어 정책 형성과 집행에 이해 당사자들의 참여가 보장되었다.

그 밖에도 부문과 사업장 단위에서도 협의회를 구성해 1982년까지

148-152쪽을 재구성.
26) 국민경제사회협의회·한국노동연구원(1994), 44-45쪽 참조.

활발하게 작동했던 이 삼 단계 구조는 이른바 '코포라티즘 피라미드'라고 불린다.[27] 산업 부문별로 조직된 부문협의회는 기존 기업의 확대와 구조 조정, 새 기업 창출, 비생산적 기업의 폐쇄, 기업의 기술적·조직적 합리화 가능성 실험 등에 대해 관할 국가 기구와 협력한다. 그리고 사업장 단위에 구성된 생산협의회는 경영진 대표와 노동자 대표들이 사업장 차원의 사안들을 논의하고 처리했다. 중앙협의회와 달리 부문협의회는 정부 기구와 접촉하지만 결정권 없이 자문을 수행하고, 생산협의회는 경영진을 상대하며 역시 결정권 없이 자문 역할을 수행했다. 생산협의회는 1966년에 직장평의회로 전환해 1970년대 초에는 주식회사법에 따라 공동 결정이 다시 주목받으면서 그와 관련된 일정한 역할을 수행하기 시작했다.

수요 조절 코포라티즘의 대표적 제도인 코포라티즘 피라미드의 첫 번째 위기는 1965년 중도당 주도의 연정이 출범하면서 나타났다. 정부는 '단체 협상을 위한 기술 판결 위원회(Det teksniske beregningsutvalg for inntekts-oppgjørene)'를 설립해 임금 인상을 물가 인상과 경쟁 부문들 내 생산성 향상에 종속시키고자 한 것이다.[28] 하지만 이후 5년간 지속된 중도-보수 연정 시기에도 이익 집단이 참여하는 협의회는 꾸준히 증가했다. 그것은 공급 조절 코포라티즘적 징후가 포착되기는 했지만 어디까지나 기존의 제도화된 코포라티즘 기제들이 활용되었을 뿐만 아니라 중도-보수 연정 말기인 1970년대에 다시 완전 고용과 보편적 소득 정책이 복구되었기 때문이다. 또한 1971년 노동당이 재집권한 후 노르웨이는 다시 수요 조절 코포라티즘을

---

27) Meyer(2005), S. 250-252 참조.
28) Meyer(2005), S. 270-275 참조.

부활시켰다. 특히 유전 개발에 따라 노동당 정부는 장래 석유 소득에 대한 기대로 1974~79년 동안 국가 채무를 세 배로 증대시키면서까지 실업 확산을 방지하기 위해 노력했다.

코포라티즘 피라미드의 두 번째 위기는 1981~86년 두 번째 보수 및 중도-보수 정부의 시기에 나타났다. 첫 번째 위기와 달리 이 시기에는 1970년대 후반의 탈산업화와 외채 증가 및 보편적 소득 정책의 실패로 인해 노동당이 정체성을 변경하기 시작했으며 정부는 삼자 협의를 시도하지 않고 기존 제도를 유지하되 그 수를 감축하는 방향으로 움직였다. 노르웨이 사회 코포라티즘이 다시 강화된 것은 노동당이 재집권한 2년 후인 1988년 연대 대안 정책의 실시를 통해서였다.[29] 이후 1990년대에 꽃을 피운 5년 단위 협약인 연대 대안은 1992년 완전 고용 회복과 안정화를 목표로 일반노총 및 기업연합과 정부가 참여한 고용위원회에서 잘 드러난다. 그 구체적인 목표는 온건한 임금 인상을 통한 기업의 국제 경쟁력 제고, 엄격한 통화 정책에 의한 고정 환율 보장, 경기 조정을 목표로 한 국가 재정 정책이었다. 이때부터 노르웨이 사회 코포라티즘은 회복되었지만 과거와 같은 수요 조절 코포라티즘이 아니라 공급 조절 정책의 성격을 가미해 공급 조절 코포라티즘으로의 장기적 변형을 잉태했다.

이러한 흐름은 다시 보수 및 중도-보수 연정이 출범한 1997~2000년과 2001~05년뿐만 아니라 노동당 재집권기인 2005년 이후에도 마찬가지였다. 비록 친근로자 국민 정당의 정부가 아니라 할지라도 이

---

29) Meyer(2005), S. 287; 정이환, 2007, 『현대 노동시장의 정치사회학』(서울: 후마니타스), 176쪽; Stokke, Torgeir Aarvaag, Jon Erik Dølvik and Kristine Nergaard, 1999, *Industrial Relations in Norway*(Oslo: Fafo Institute for Applied Social Science), pp. 22-24 참조.

미 공급 조절 코포라티즘의 성격을 띤 코포라티즘을 폐지하기보다 이 제도를 활용하는 방향으로 노동자들의 양보를 얻어 내려 했으며, 새로운 정체성을 가진 노동당도 공급 조절 코포라티즘 정치를 수용하게 된 것이다. 1998년 노사정 연락위원회인 아르트센(Artsen) 위원회가 구성되어 1999년 임금 인상 자제와 2000년까지 지속되는 사회 협약을 통해 직업 훈련 계획과 임금 협상 타결을 연동하는 정책에 대한 동의가 이루어졌다.[30] 또한 1999년에는 스타벨(Stabel) 위원회가 구성되어 온건한 임금 협상을 위한 국가 중재 권한을 강화하는 시도를 하기도 했다.

단체 협상과 정부 개입 강도의 변화도 이러한 흐름을 뒷받침해 준다. 5점 척도로 평가한 〈표 7-3〉을 보면, 1980년까지 교섭은 전국 혹은 중앙 차원에서 노사정 간 경제 전반적 협상으로 진행되었고, 정부 개입은 최소한 사회 정책이나 경제 정책을 통해 간접적으로 이루어지거나 사회 협약이나 강제 조정까지 시도되었다. 1970년대 노동당 정부 기간에는 정부 개입이 더 적극적으로 이루어지고 교섭 차원도 일정하게 중앙으로 집중되는 경향을 노정했다. 물론 대부분 (중도-)보수 연정기인 1980년대에는 단협 조정 수준과 정부 개입 강도 및 교섭 차원이 모두 공급 조절 코포라티즘적인 탈집중화와 간접적 개입으로 전환했다. 그러나 이 시기에는 사회 코포라티즘의 작동 방식과 강도가 약화되었을 뿐 상술한 바와 같이 조정과 교섭의 내용에서는 수요 조절 코포라티즘의 성격이 유지되었다.

한편 노동당이 재집권해 대부분 통치를 지속한 1990년대에는 단

---

30) 김인춘, 2002, 「세계화 시대 북유럽 조합주의의 변화와 혁신: 스웨덴, 덴마크, 노르웨이 비교분석」, 《경제와 사회》 통권 제53호(비판사회학회), 193-194쪽 참조.

협의 집중성이 1980년 이전의 상황에 근접하게 회귀했다(단협 조정 수준은 1980년 이전에 4.5~4.7이었고 1990년대에 4.4였으며, 노사 교섭 차원은 1980년 이전에 4.5였고 1990년대에 4.2였다). 또한 정부 개입 강도도 1970년대보다는 약하지만 1960년대보다는 강한 상태를 유지했다(1960년대 3.0, 1970년대 4.1, 1990년대 3.5). 이것은 1988년 연대 대안 정책 이후부터 조정과 교섭의 내용이 공급 조절 코포라티즘으로 일정하게 전환한 것과 관련된다. 코포라티즘 정치의 내용이 변한 만큼 정부의 개입 강도가 더 높아질 필요가 있었기 때문이다. 이후 중도-보수 연정과 친근로자성이 약해진 노동당 연정이 통치한 2000년대에는 정부 개입 강도가 다시 약화되고 교섭 차원이 분권화되었다. 1980~90년대를 거치면서 새로 등장한 노르웨이식 공급 조절 코포라티즘이 일정하게 자리 잡은 결과로 해석할 수 있다.

노르웨이식 공급 조절 코포라티즘은 기본적으로 기존 사회 코포라티즘의 제도화와 지속성을 토대로 사회적 합의를 활용함으로써 유연 안정성 모델을 실현하는 경향으로 이해된다. 그리고 유연 안정성 모델이 노동 시장에 미친 영향은 고용 구조를 파편화하는 방향으로 나아가지 않았다. 공급 조절 코포라티즘의 징후가 더욱 강화된 1990년대 이후에도 노르웨이의 파트타임 노동자 비중은 1990년 21.8%에서 2009년 20.4%로 오히려 낮아졌다(〈표 7-2〉 참조). 고용보호법제와 비정규직보호법의 강화로 비정규직에 대한 차별이 심각하지 않아 처음부터 파트타임 노동자 비중이 높은 노르웨이의 사정을 감안할 때 유연 안정성 모델은 다른 공급 조절 코포라티즘과 달리 고용 불안을 심화시키지는 않은 것으로 평가할 수 있다.

2. 중성 코포라티즘 국가: 네덜란드와 독일

1) 계급 역관계의 변화와 사회 코포라티즘의 변화

독일과 네덜란드는 통합 노조나 통합 노조에 가까운 하나의 강력한 정파 노조가 존재하며 사용자 단체도 마찬가지로 통합성이 뚜렷하다는 공통점을 가지고 있다. 하지만 두 나라를 비교해 보면, 독일에서 노조와 사용자 단체의 통합성이 더 강하며 제도적 차원의 노사 자율 교섭도 더 확실하게 보장되어 있다. 네덜란드는 정파 노조가 존재하면서도 정부에 대한 노사의 방어적 타협이 이루어지는 특이한 역관계를 가지고 있다.

두 나라에서 공통적으로 1980년대에 세계화가 가속되고 자본이 강화되었으며 그에 따라 1990년대에 수요 조절 코포라티즘이 공급 조절 코포라티즘으로 전환했다. 하지만 네덜란드에서 사회 코포라티즘은 더욱 분명하게 전개되었으며 그 변화도 훨씬 뚜렷했다. 정부의 개입은 공통적으로 노사 자율에 기반해 유도 국가적으로 이루어졌지만, 유도적 개입의 구체적 방식은 달랐다.

네덜란드 노조의 역사는 정파 노조로 시작되었다. 자본주의가 시작되면서 형성된 계급/계층 균열과 전통적인 종교 균열이 노조 지형을 결정하는 주요 요소였다. 그에 따라 네덜란드 노조들은 사회주의 정당과 밀접한 관계를 가진 사회주의 정파 노조인 네덜란드노조연합(NVV: Nederlands Verbond van Vakverenigingen, 1906년 건설)과 가톨릭 정파 노조인 네덜란드가톨릭노조연합(NKV: Nederlands Katholiek Vakverbond, 1925년 설립) 및 개신교 정파 노조인 전국기독노조연합(CNV: Christelijk Nationaal Vakverbond, 1909년 창설)으로 각각 분리 조직되었다.

사회주의 정파 노조인 네덜란드노조연합은 노동당과 마찬가지로 초기에는 혁명적 사회주의 경향을 띠기도 했으나 제2차 세계 대전 이후 노동당이 재창당된 이후에는 실용적이고 실증적인 개혁 사회주의 경향으로 전환했다. 또한 1976년에 네덜란드노조연합과 네덜란드가톨릭노조연합이 통합 노조를 표방하는 네덜란드노동운동연합(FNV: Federatie Nederlandse Vakbeweging)으로 재건설되었다. 이로써 네덜란드노동운동연합은 네덜란드 전체 조합원 중 63%를 차지하여 최대 노조로 자리매김되었다.[31]

하지만 네덜란드노동운동연합은 여전히 노동당과 밀접한 관계를 지속했을 뿐 아니라 개신교 정파 노조가 남아 있고 1966년에는 사무전문직노조연합[MHP: Vakcentrale voor middengroepen en hoger personeel, 2014년 4월에 전문직노조연합(VCP: Vakcentrale voor Professionals)으로 개명]이 조직되어 정파 노조 지형이 사라지지는 않았다.[32] 특히 사무·전문직 근로자들이 기존의 노조연합에서 벗어나 별도의 독립 노조를 결성한 것은 주로 1980년대에 생겨난 보편적 현상인데 네덜란드의 경우에는 다소 빨랐다고 할 수 있다. 게다가 네덜란드노동운동연합은 내부에 잔존하는 사회주의 정파와 가톨릭 정파들을 통합 노조의 명분 아래 포용해야 하는 압박을 받아 왔다. 그로 인해 통합 이후 노동운동연합은 공동결정법, 이윤 분배, 투자 개입 등의 주요 이슈들이 제기되었을 때 효과적으로 대응하지 못하는 모습을 보

---

31) 선학태, 2012, 「네덜란드 민주주의 동학: 합의제 정당정치와 조합주의 정치의 연계」, 《한국정치연구》 제21집 3호(서울대학교 한국정치연구소), 378쪽.

32) "Vakcentrale voor middengroepen en hoger personeel," http://nl.wikipedia.org/wiki/Vakcentrale_voor_middengroepen_en_hoger_personeel(검색일: 2014. 09. 02.); "Vakcentrale voor Professionals," http://nl.wikipedia.org/wiki/Vakcentrale_voor_Professionals(검색일: 2014. 09. 02.).

이기도 했다.[33]

네덜란드의 노조 조직률은 스웨덴과 노르웨이에 비해서는 현저히 낮고 독일보다는 높은 수준이다. 1960년대 초반까지 40%를 넘었으나 1960년대 중반 이후 1980년대 초반까지 30%대를 유지하다가 점차 낮아져 2010년에는 18.6%까지 떨어졌다(〈표 7-1〉참조). 특히 조직률 하락이 두드러진 시기는 1980년대였는데, 이것은 다른 나라에 비해 세계화와 노동 시장 변화의 영향을 가장 크게 받은 데 따른 것으로 보인다.

네덜란드 사용자 단체는 정파로 분리된 노조들처럼 오래도록 정파로 나뉘어 있었다. 하지만 정파에 따라 조직된 사용자 단체들은 통합되었으며, 최종적 통합은 약 30년에 걸쳐 이루어졌지만 그 시작은 노조들보다 빨랐다. 또한 통합의 범위도 더 넓어 자유주의와 가톨릭 및 개신교를 모두 포괄했다. 우선 1967년에 로마가톨릭사용자총연합(ARKW: Algemeen Roomsch Katholieke Werkgeversvereniging, 1915년 설립)과 개신교사용자연합(VPCW: Vereniging van Protestants-Christelijke Werkgevers in Nederland, 1937년 설립)이 네덜란드기독사용자연합(NCW: Nederlands Christelijk Werkgeversverbond)으로 통합했으며, 1997년에는 이 기독사용자연합이 사회주의 노조에 대응하는 자유주의 사용자 단체인 네덜란드기업연합[VNO: Verbond van Nederlandse Ondernemingen; 1899년 조직된 네덜란드사용자연합(VNW: Verbond van Nederlandse Werkgeversverbond)이 1968년에 개명]과 통합해 네덜란드기업기독사용자연합(VNO-NCW)으로 재조직되었다.[34]

---

33) 안재흥, 2002, 「세계화와 노·사·정 대응의 정치경제: 스웨덴, 네덜란드, 오스트리아 사례의 비교」, 《한국정치학회보》 제36집 3호(한국정치학회), 409쪽.
34) "VNO-NCW," http://en.wikipedia.org/wiki/VNO-NCW(검색일: 2014. 09.

반면, 다른 나라들처럼 중소기업이나 농림업의 사용자 단체들이 별도로 조직되어 일반 사용자 단체와 경쟁하기도 한다. 그 대표적 조직이 중소기업연합(MKB-Nederland: Koninklijke Vereniging Midden- en Kleinbedrijf Nederland)과 농림업연합(LTO-Nederland: Land- en Tuinbouworganisatie Nederland)이다. 농림업연합은 산업의 특성상 유구한 역사를 가지고 있어 1955년에 창설되었지만 중소기업연합은 1995년에 설립되었다. 특히 중소기업연합은 기존 사용자 단체에서 분리해 건설됨으로써 대기업과 중소기업의 갈등을 보여 주기도 했지만, 세 사용자 단체들은 기업중앙협의회(RCO: Raad van Centrale Ondernemingsorganisaties)를 통해 서로 협력한다.[35]

네덜란드에서 수요 조절 코포라티즘은 1970년대에 노사 대립 심화로 약화되기도 했지만 대체로 1980년대 초에 이를 때까지 유지되었다. 하지만 "합의 없는 협주(concertation without consensus)"[36]로 불리기까지 했던 1970년대 노사 대립은 1980년대 코포라티즘 정치에 커다란 영향을 미쳐 정부의 강력한 개입을 초래했다. 그에 따라 1982년 바세나르 협약을 통해 노사가 정부 개입에 대응하기 위해 협력하기 시작했는데, 역설적으로 이것은 코포라티즘을 재강화하는 계기가 되

02.); "Werkgeversverenigingen," http://www.vno-ncw.nl/over_vnoncw/geschiedenis/1899-1910_beginjaren/Pages/default.aspx#.VAUNOv-wdqM(검색일: 2014. 09. 02.).

35) Vergunst, Noël, 2010, *The Institutional Dynamics of Consensus and Conflict: Consensus Democracy, Corporatism and Socio-economic Policy-making and Performance in Twenty Developed Democracies(1965~1998)*(Saarbrücken: Lambert Academic Publishing), p. 134.

36) Visser, Jelle and Anton Hemerijck, 1997, *'A Dutch Miracle': Job Growth, Welfare Reform and Corporatism in the Netherlands*(Amsterdam: Amsterdam University Press), p. 74.

었다.

하지만 바세나르 협약 이후 케인스주의적 수요 조절 정책은 점차 사라져 사회 협약의 내용도 변하기 시작했다. 1985년까지 기업의 국제 경쟁력 제고를 위해 물가 연동 임금제는 사실상 거의 폐지되었고 임금 수준은 낮아졌으며 국가 재정 부담도 축소되었다.[37] 네덜란드 노동 시장의 변화는 일시 해고에 필요한 행정 절차를 간소하게 하고 초과 시간 근무, 해고, 단기 고용 계약 및 그 갱신의 고용 계약 절차를 완화해 임시직과 비상근직의 확대로 나타났다.

1990년대 중반 총고용에 대한 임시직 및 비상근직 비중과 1983년 이후 10여 년간의 그 증가율은 OECD 국가 전체에서 가장 높게 나타났으며(OECD 연평균 증가율 1.1%에 비해 네덜란드는 1.8%), 일정하게 유지된 유럽연합 평균과 달리 두 배 가까이 증가하거나 가장 높은 수치를 보였다(임시직 비율은 5.8%에서 10.9%로 증가하고, 비상근직 비율은 약 15%p 이상 증가해 36.4%를 기록).[38] 사회 복지 혜택의 감소도 적지 않아, 질병, 고령 및 실업에 대한 사회 복지 혜택이 다른 국가들에 비해 높은 수준으로 유지되기는 했지만 이전 시기에 비해서는 10%p가량 감소하여 70%로 축소되었다.[39]

바세나르 협약과 1993년 '신노선 협약'에 기반한 1996년 유연 안정성 협약은 수요 조절 코포라티즘이 공급 조절 코포라티즘으로 완전히 전환했음을 상징한다. 네덜란드의 공급 조절 코포라티즘은 실업 해소

---

37) 양동안, 2005, 『민주적 코포라티즘: 한국에 필요한 국가운영체제』(서울: 현음사), 291–292쪽 참조.

38) *OECD Employment Outlook*(1996), p. 3, p. 8, p. 192; 이장규, 2000, 「네덜란드 모델의 노동시장정책」,《재정포럼》제50권(한국조세연구원), 24쪽.

39) Becker, Uwe 1999, "The Dutch Miracle: Employment Growth in Retrenched But Still Generous Welfare System," SPRC Discussion Paper, no. 99, p. 22.

에 큰 성공을 거두었다는 점에서 '네덜란드 기적' 혹은 '폴더 모델'로 주목받았다. 이 모델은 1990년대 말과 2000년대 벽두까지는 긍정적인 것으로 나타났다. 1980년대와 1990년대 초반에 양산된 비정규직과 특히 여성 비정규직에 대한 보호 장치가 마련되었고, 특히 1999년 유연안정법의 발효로 2000년대 후반 이후 여성 파트타임 노동자의 비중이 줄어드는 등 긍정적인 성과를 거두었다.

그러나 여성 파트타임 노동자 비중을 제외한 다른 사회 경제 지표들은 2000년대 이래 다시 악화되고 있다.[40] 30.4%로 떨어졌던 파트타임 노동자 비중은 2012년 37.8%에 이르기까지 꾸준히 증가했으며 실업률도 2002년 이후 다시 3%를 넘어 2012년 5.3%까지 상승했다. 앞의 〈표 7-1〉에서 보듯이 1990년대 이후 네덜란드 파트타임 노동자 비중은 비교 대상 여섯 국가 중에서 지속적으로 가장 높게 나타났다. GDP 성장률도 2009년과 2012년 마이너스를 기록하는 등 점차 낮아졌고, 물가 지수도 평년보다 높아졌으며, 노사 갈등도 심화되어 다시 노동 손실 일수가 증가했다. 그에 따라 가장 성공적인 사례 가운데 하나로 손꼽히던 네덜란드 공급 조절 코포라티즘도 이제는 재평가의 대상이 되고 있다.

독일은 대표적인 단일 통합 노조 국가이다.[41] 독일 노조 연합은 1919년 건설된 독일노총(독일노조총연합, ADGB: Allgemeiner Deutscher Gewerkschaftsbund)에서 시작되었다. 당시 독일노총은 단일 노조

---

40) Van Ours, Jan C., 2003, 「네덜란드 최근 노동시장 현황」, 《국제노동브리프》 제1권 4호(한국노동연구원), 92-96쪽. *OECD Employment Outlook*(1984), p. 15; *OECD Employment Outlook*(1996), p. 6; *OECD Employment Outlook*(2001), p. 14.

41) 정병기, 2003d, 「독일 노동조합 체계」, 산별노조운동팀, 『산별노조운동의 역사와 현재』(서울: 현장에서 미래를), 209-253쪽 참조.

로 출발했으나 사민당과 이념적·조직적으로 밀접하게 연계되어 '사민주의의 학교'라고 불릴 정도로 사민주의 정파 노조의 색채를 분명하게 띠었다. 하지만 나치 정권 초기인 1933년에 해산되어 제2차 세계 대전 이후에는 다시 출발해야 했다. 1949년 당시 16개 산별 노조들을 통합해 건설된 독일노련(독일노조연맹, DGB: Deutscher Gewerkschaftsbund)이 독일노총의 맥을 이은 유일한 상급 조직이다.

독일노련은 이전 독일노총과 달리 정파 노조가 아니라 통합 노조로 건설되었다. 독일 내에 유일한 상급 노조라는 단일성과 국가·정당·종교로부터 독립적·중립적이고 모든 정파를 조직 내에 아우르는 통합성을 갖는 통합 노조를 천명한 것이다. 그렇지만 전통적인 사민주의 경향이 강하여 사민당과 실질적인 연계를 오래 유지했을 뿐 아니라, 사무직노조(DAG: Deutscher Angestelltengewerkschaft)가 별도로 조직되었으며 기독노련(CGB: Christlicher Gewerkschaftsbund Deutschlands)도 따로 조직되어 있어[42] 단일 통합 노조의 목표가 온전히 완성되었다고 보기는 어렵다.

그러나 1960년대 이후 독일 노조들은 사민당과의 조직적·강령적 연계가 크게 약화되고 선거에서도 특정 정당을 지지하지 않고 정

---

42) 그 밖에도 독일공무원연맹(DBB: Deutscher Beamtenbund)과 고위사무직연합(ULA: Union der Leitenden Angestellten)도 독일노련에 가입하지 않은 노동자 조직으로 언급되고 있으나, 독일공무원연맹은 파업권이 허용되지 않는 일정 직급 이상을 조직 대상으로 하고 있어 단협법상 노조가 아니며, 고위사무직연합도 노조라기보다 압력 단체로 보아야 한다는 것이 다수설이다. 그 밖에도 1979년에 설립된 독일주부노조(DHG: Deutsche Hausfrauengewerkschaft)도 독일노련 외부의 노조로 지적할 만한 가치가 있으나, 전업 주부가 단협상 노동자로 인정될 수 있는가에 대한 논쟁이 해결되지 못한 상태이다. Niedenhoff, Horst-Udo und Wolfgang Pege, 1989, *Gewerkschaftshandbuch*, 2. ed.(Köln: Deutscher Instituts-Verlag) 참조.

책 지지만을 공표하게 되면서 통합 노조의 위상을 확보했다고 할 수 있다. 그리고 기독노련은 조직률이 3% 이하여서 사실상 노조의 역할을 수행하지 못하고 사무직노조도 2001년 통합서비스업노조(Ver.di: Vereinte Dienstleistungsgewerkschaft)에 통합됨으로써, 독일노련이 단일 노조의 실질적 의미를 획득했다.

독일 노조의 또 한 가지 중요한 특징은 노련과 산별 노조의 이원 구조와, 노조와 직장평의회(Beriebsrat)의 이원 구조라는 중복된 이원 구조이다. 노련과 산별 노조의 이원 구조는 상급 노조인 독일노련이 단협 체결권을 갖지 못하고 국가, 정당 및 각종 사회단체와의 섭외권과 법률 상담, 직업 교육 등 일정한 비단협적 특수 업무만 수행하며, 노련 산하 단위 노조인 산별 노조만 단체 협상을 비롯한 각종 노동자 이해 대변의 실질적 권한을 갖는 것을 말한다. 때문에 산별 차원에서 중앙 집중적인 조직 체계로서 세계의 모범이라 할 수 있는 독일 산별 노조도 전국적 차원에서 이루어지는 정치 및 사회 개혁 투쟁뿐만 아니라 산별 노조들 간 연대에서 한계를 가질 수밖에 없다.[43]

반면 노조와 직장평의회의 이원 구조는, 사업장 내에서 노동조합이 각 작업 단위별로 선출되는 '노조 신임 대의원들(Vertrauensleute)'을 통해 조직의 입장을 전달하며 노동자 개인들의 의사를 다시 조직에 반영하고 있으나, 사업장 내에서는 노동자 이해 대변상 어떠한 구체적 권한도 갖지 못함을 의미한다. 직장평의회는 사업장 내에서 산별 단체 협약의 이행 여부를 감시 감독하고 노동자 개인의 구체적 이해관

---

43) Lecher, Wolfgang, 1981, *Gewerkschaften in Europa der Krise. Zur Zentralisierung und Dezentralisierung gewerkschaftlicher Organisation und Politik in sechs Ländern der Europäischen Gemeinschaft*(Köln: Bund-Verlag), S. 59−60.

계와 고충을 대변하는 기구로서, 비노조원들까지 포괄하여 전체 종업원을 대변한다는 점에서 중요한 역할을 한다. 그러나 노조와 직장평의회의 이원 구조는 노조의 권한을 제한함으로써 그 현장 장악력을 현저하게 약화시키는 요인으로 지적되기도 한다.[44]

독일 노조의 조직률은 OECD 평균과 유사하다. 1960년대 34.7%에서 통일 이전까지 30%대를 유지하다가 1990년 통일 이후부터 20%대로 내려갔으며 2010년에는 더 하락해 18.6%를 기록했다. 통일 이후 조직률 하락은 통일의 영향이 아니라 지속적인 하락 추세의 연장이다. 실제 통일로 인해 1990년대 초반에 오히려 동독 노동자들의 대거 가입으로 조직률이 상승했다가 다시 평균적인 추세로 돌아섰기 때문이다.

독일 사용자 단체도 노조와 마찬가지로 통합 조직을 가지고 있으며, 소규모 조직으로 중소기업과 기타 부문의 조직들이 존재한다.[45] 대표적인 사용자 단체는 1913년에 조직된 독일사용자연합(VDA: Vereinigung Deutscher Arbeitgeber. 바이마르 공화국 때 해체)의 뒤를 이어 1950년에 창설된 독일연방사용자단체연합(BDA: Bundesvereinigung der Deutschen Arbeitgeberverbände)이다. 연방사용자단체연합은 노련과 마찬가지로 단체 협상을 직접 체결하지는 않으며 법률 자문과 사회 정책을 다루고, 단협은 산별 조직이나 지역 조직이 체결한다. 그밖에 지역 소규모 기업들과 숙련공 조직을 대상으로 하는 상공회의

---

44) Lecher(1981), S. 51.
45) 독일 사용자 단체에 대해서는 Van Ruysseveldt, Joris and Jelle Visser, 1996b, "Robust Corporatism, Still? Industrial Relations in Germany," Joris Van Ruysseveldt and Jelle Visser(eds.), *Industrial Relations in Europe*(Heerlen, London, Thousand Oaks, CA and New Delhi: Open University of the Netherlands and Sage Publications), pp. 135-138 참조.

소들(Handelskammern: 직업 훈련 조직, 영업 허가 부여, 기금 제공, 지역 프로그램 수행을 지원하는 공법적 기구)의 연합체인 독일상공회의(DIHT: Deutsche Industrie- und Handelstag)가 존재하고, 자영업 및 중소기업을 대변하는 자영업공동체(ASU: Arbeitsgemeinschaft selbständiger Unternehmer)와 중기업연합(VMU: Vereinigung Mittelständischer Unternehmer)이 활동하고 있다. 하지만 주요 노사 협약은 대부분 독일연방사용자단체연합의 지역 및 산별 조직이 체결한다.

독일 산업 관계의 특징은 크게 네 가지로 정리할 수 있다.[46] 첫째, 협상 당사자들의 행위를 공식화하고 구조화하는 정교한 법적·제도적 틀이 갖추어져 있고, 둘째, 노동자와 사용자가 모두 거대 산별 단위로 조직되어 있다. 그리고 셋째로 고용 기간 결정과 단체 협상 참여에 대한 노사 단체 간 자율성이 헌법(기본법)으로 보장되어 있으며, 마지막 넷째로 노조의 이원 구조에서 단체 협상이 우선적으로 산별 차원에서 체결되고 사업장 단위의 이해관계 대변이 추가적으로나 별도로 진행된다.

독일은 노사 관계의 법제화가 광범위하게 이루어져 있지만, 단협 자율성도 헌법에 해당하는 국가기본법에 의해 보장되어 있다. 다시 말해 노사 자율 교섭이 법적으로 보장되어 있어 이 범주 안에서 법적 규제가 이루어진다는 것이다. 특히 임금 문제는 대개 법령으로 규정되지 않고 노사 자율 교섭의 대상으로 남아 있다. 다만 2014년 7월에 역사상 처음으로 최저 임금제가 연방의회를 통과해 법적 규정의 대상이 되었다.[47]

---

46) Van Ruysseveldt and Visser(1996b), pp. 144-145.
47) 이승선, 2014, 「독일, 최저임금제 전면 도입…한국의 두 배」, 《프레시안》, 07. 04. http://www.pressian.com/news/article.html?no=118502(검색일: 2014. 09. 10.).

독일의 사회 코포라티즘은 각각 1960년대 후반과 1990년대에 시작된 협주행동과 일자리동맹이라는 두 가지로 대표되는데, 이 두 사례는 독일 사회 코포라티즘의 전환을 명확하게 보여 준다.[48] 협주행동은 노조 조직률이 30% 이상을 유지하고 집권 사민당과의 관계가 일정하게 지속되는 가운데 노조의 영향력이 강력한 조건에서 전개되어 임금 인상 자제와 고용 보장 및 사회 보장 정책들이 교환된 수요 조절 정책으로 나타났다. 그에 따라 협주행동은 1966/67년 경제 위기를 성공적으로 극복하는 데 기여해 1969년 GNP 성장 8.2%, 실업률 0.8%, 물가 상승률 2.8% 등 경제 안정 속에 건실한 성장을 이룩하는 데 공헌한 것으로 평가 받는다.[49] 또한 당시의 국제적인 경제 침체 및 위기에도 불구하고 노조와 사용자 측의 적극적인 협조를 얻어 내 1970년 경제 성장률 5.0%, 물가 상승률 3.4% 등 비교적 양호한 경제 지표를 나타낸 것으로 보고되었다.

반면 1990년대 이후 진행된 일련의 일자리 동맹은 임금 인상 자제가 노동 시장 유연화를 통한 일자리 창출과 교환되는 공급 조절 정책으로 현상했다.[50] 게다가 2004년 이후에는 산별 단협보다 열악한 조건의 협약을 사업장 단위에서 체결하는 것을 허용하는 개방 조항 (open clause)까지 공식 도입되어 계급 역관계가 사용자들에게 더 유리

48) Vetterlein, Antje, 2000, "Verhandelbarkeit von Arbeitszeitverkürzung: Zum Versuch neokorporatistischer Beschäftigungssteuerung im 'Bündnis für Arbeit'," WZB-discussion paper P00−517, Wissenschaftszentrum Berlin für Sozialforschung 참조.

49) 선한승, 1994, 「독일의 협주행동 제도와 시사점」, 국민경제사회협의회·한국노동연구원(편), 『사회적 합의와 노사관계』(서울: 국민경제사회협의회), 64쪽.

50) 이상민, 2004, 「일자리 창출을 위한 기업 수준의 노사협약: 독일 사례」, 《노동사회》 제86호(한국노동사회연구소), 87−88쪽.

하게 전개됨으로써 공급 조절 코포라티즘에 유익한 토양이 형성되었다(2004/05년 중앙 단협을 체결한 기업들의 75%가 개방 조항을 포함했다).[51] 공급 조절 코포라티즘의 대표적 결과물 가운데 하나인 파트타임 노동자 비중이 1990년 13.4%에서 2009년 21.9%로 두 배 가까이 증가한 것이 이를 잘 대변한다(〈표 7-2〉 참조).

다른 한 가지 주의할 것은 1990년대에 기업들이 사용자 단체를 탈퇴하는 경향이 생기기 시작해 2000년대 말에는 많은 기업이 중앙 단협 체제를 피하기 위해 사용자 단체를 탈퇴했다는 점이다. 정확한 통계는 보도되지 않았지만 라인-마인(Rhine-Main) 지역 금속 기업의 경우 25%가 탈퇴를 고려하고 있었다고 하며, 실제 2008년에는 헤센 주 금속사용자단체연합(Hessenmetall) 소속 500여 기업 중 약 160개가 단협을 체결하지 않았다고 알려졌다.[52] 하지만 이것은 사용자들의 영향력이 약해져서 나타난 현상이 아니라 오히려 노조의 협상력과 정치·사회적 영향력이 약해진 데 따른 것이었다. 독일 단협 체계상 개별 기업의 단체 협상은 직장평의회와 기업 경영진이 엄격하게 산별 단협(Branchentarifvertrag)의 범위 안에서 직장 협약(Betriebsvereinbarung)으로 체결하는 것이 원칙이다. 하지만 사용자 단체에 가입하지 않은 기업에서는 산별 노조가 기업 경영진과 기업 단협(Haustarifvertrag, Werktarifvertrag)을 체결할 수 있다. 따라서 이러한 탈퇴 현상은 사용자 단체의 단합된 힘이 아니더라도 개별 기업이 독자적 협상을 통해 자신들에게 유리한 결과를 노조로부터 도출할 수 있다는 자신감의

---

51) Heeg, Susanne, 2012, "The Erosion of Corporatism?: The Rescaling of Industrial Relations in Germany," *European Urban and Regional Studies*, online 5 July, pp. 6-7.

52) Heeg(2012), 8-9쪽.

발로였다고 할 수 있다.

2) 제도화 및 지속성 수준의 변화와 사회 코포라티즘의 변화

네덜란드와 독일은 같은 중성 코포라티즘 국가들이지만 제도화와 지속성 수준은 판이하다. 네덜란드는 제도화 수준이 매우 높고 삼자 협의도 지속적으로 이루어진 반면, 독일은 제도화 수준이 낮고 삼자 협의도 간헐적으로 이루어졌다. 노사 자율 협상과 관련해서도 두 나라가 노사 자율을 중시한다는 점에서는 동일하지만 그 내용은 많이 다르다. 네덜란드는 정부 개입에 대항해 노사가 자율 협상을 발전시킨 반면, 독일은 노사 자율 협상이 법적으로 보장되어 정부의 개입이 크게 제약될 뿐 아니라 실제로 정부가 스스로 개입을 시도하는 경우가 드물다.

단협 집중성도 상이하게 나타난다. 두 나라의 단협 조정 수준은 유사하지만, 교섭의 차원은 네덜란드가 더 전국적이며 중앙 집중적이다. 정부 개입 강도는 상술한 것처럼 네덜란드에서 더 적극적이며 독일에서는 매우 낮다. 이러한 제도적·행위자적 특징과 협상 구조의 특징에 따라 두 나라의 코포라티즘 변형은 유사한 내용을 가지면서도 다른 양상을 띠었다.

네덜란드 사회 협약 정치의 핵심 기구는 노동재단과 사회경제평의회인데, 노동재단은 노사 대표로 구성되는 반면 사회경제평의회는 노사정 대표로 구성된다는 점에서 핵심적인 차이가 있다.[53]

노동재단은 노사와 그들 조직 간의 협의를 증진하고, 노동자와 사

---

53) Quené, Th., 1994, 「노사관계와 거시 경제정책에 대한 국민적 합의 도출을 위한 제도적 조치」, 국민경제사회협의회·한국노동연구원(편), 『사회적 합의와 노사관계』(서울: 국민경제사회협의회), 81-94쪽 참조.

용자의 조직에 대한 자문과 상담 기능을 수행하며, 사회 경제 문제와 관련된 법규에 대해 영향력을 행사하고, 정부와 교섭하는 역할을 수행한다. 노사 양자 협력 기구인 노동재단은 노사 동수(각자 10명 이내)로 구성되는 이사회를 통해 운영된다.[54] 이사회는 3개 노조(사회주의노조 NVV, 가톨릭노조 NKV, 개신교노조 CNV)와 3개 사용자 단체(일반경총 VNO-NCW, 중소기업경총 MKB-Netherland, 농림업경총 LTO-Netherland)로 구성되며, 의장은 노동 단체 대표 1명과 사용자 단체 대표 1명이 공동으로 맡는다.

반면, 사회경제평의회는 정부에 자문을 제공하고, 농업, 식품업, 소매업처럼 공법의 규제를 받는 경제 분야의 산업 기관을 감독하며, 경제의 새로운 발전을 고무시키는 일, 특히 생산 과정과 기업 내 노동자 기능에 대한 연구 사업을 수행한다. 그 밖에도 사회경제평의회는 기업설치법이나 경영협의회법 같은 일련의 법률을 집행하는 데 있어 정부에 협력하기도 한다. 각 장관들은 사회경제평의회에 의무적으로 자문을 구해야 하며, 사회경제평의회는 자체적으로 자문을 제출할 권한도 갖는다. 자문 사항은 유럽 공동 시장, 개발 협력, 공공 지출, 산업 정책, 에너지, 환경, 사회 보장, 노동조합과 협동조합 관련 법, 노동 시장과 교육, 경영 협의회, 대중 교통, 주택 정책 등을 망라해 매우 광범위하다.

이러한 역할을 수행하기 위해 사회경제평의회에는 7개의 사용자 조직과 3개의 노조 조직 및 정부 대표들이 참여하는데, 노조, 사용자, 정부는 각각 위원의 3분의 1을 지명한다.[55] 구체적으로 노사 대표가

---

54) 양동안(2005), 269–270쪽 참조.

55) 선학태, 2011, 『사회적 합의제와 합의제 정치』(광주: 전남대학교출판부), 209쪽 참조.

각각 11명이며 왕립 위원도 11명(주로 경제학 교수나 법학 교수 등 전문가와 중앙은행 총재, 중앙기획청장)으로 구성되며, 위원장은 독립적인 전문가 역할을 수행하고, 노사 양측은 각각 한 명의 부위원장을 맡는다.

네덜란드 사회 코포라티즘은 이와 같이 노동재단을 통해 지원되는 사회경제평의회에 의해 대표된다. 이렇게 확립된 수요 조절 코포라티즘은 1980년대 초에 이를 때까지 전성기를 이루었다. 물론 1970년대와 1980년대 초는 임금 투쟁 등 노사 대립이 심각하게 나타나 코포라티즘이 거의 작동하지 못한("immobile corporatism") 시기로 규정되기도 한다.[56] 그러나 이러한 시기에서조차 이미 제도화된 코포라티즘 기제가 폐지되지는 않음으로써 비록 합의가 도출되지는 못했지만 협의 시도는 지속적으로 이루어졌다.

1982년 바세나르 협약은 정부의 개입에 대항해 노사 양자가 체결한 것으로서 일견 삼자 협의를 거부하는 것으로 인식될 수 있다. 그러나 정부가 협약 체결을 위해 지원하고 영향력을 행사함으로써 간접적인 형태로 코포라티즘을 강화한 것으로 이해하는 것이 더 적절하다. 바세나르 협약에 기반해 이후 체결되는 협약들과 입법화 과정들도 정부가 유도하고 지원하는 형태로 이루어졌다.

1980년대 이후에도 네덜란드 사회 코포라티즘은 높은 제도화 수준을 유지하면서 다시 강화되었다고 할 수 있다. 하지만 그 협약의 내용이 공급 조절 정책을 따름으로써 질적 변화를 가져왔을 뿐 아니라, 어떤 측면에서는 제한된 형태로 유지되었다고 할 수 있다. 예를 들어,

---

56) Visser and Hemerijck(1997), p. 74; Visser, Jelle, 1998, "Two Cheers for Corporatism, One for the Market: Industrial Relations, Wage Moderation and Job Growth in the Netherlands," *British Journal of Industrial Relations*, vol. 36, no. 2, pp. 269-292.

상술한 바와 같이 1970년 제정된 임금협상법이 1987년에 개정되어 임금 제한 조치를 국가 경제가 심각한 위기에 처할 때에만 사용할 수 있도록 제한했지만, 그와 동시에 정부의 개입이 강화되는 조치가 취해지기도 했다. 곧, 임금 동결 혹은 삭감을 명령할 수 있는 권한을 장관이 보유하는 등 정부의 노동 정책 개입 권한이 일부 영역에서는 더 강화되어 일견 모순적인 개입주의 성격이 나타났다.[57]

이 시기 코포라티즘 정치의 대표적인 조치는 1990년 6월 고용서비스법(Arbeidsvoorzieningswet)을 제정해 새로운 삼자 관리 방식을 도입한 것이었다.[58] 그에 따라 중앙고용서비스위원회(CBA: Centraal Bestuur Arbeidsvoorziening)를 정점으로 그 아래에 28개의 지역고용서비스위원회(RBA: Regionaal Bestuur Arbeidsvoorziening)가 구성되었다.

중앙고용서비스위원회는 사용자 단체와 노동조합이 각각 세 의석을 가지며, 지방 정부와 중앙 정부가 각각 한 의석과 세 의석(교육부, 경제부, 사회고용부)을 가졌으며, 지역고용서비스위원회는 사용자 단체, 노동조합, 지방 정부를 대표하는 각각 세 명의 위원과 관련 지역의 지방 정부들을 대표하는 한 명의 참관인으로 구성되었다. 장기 정책 프로그램에 대한 수정이나 추가와 같이 중요한 문제들은 각 집단마다 3분의 2 이상의 동의를 얻어야 하므로 각 집단은 모두 효과적으로 거부권을 행사할 수 있었다. 이 위원회는 공공 고용 서비스의 운영, 고용 문제에서 가장 중요한 사항들의 규정, 규정된 고용 문제들에 대한 우선순위 부여, 가용 자원 평가, 자금 배분, 직업 훈련 촉진, 그리고 노동 시장 정보의 수집과 확산 등 고용과 관련된 제반 업무를

---

57) Van Ruysseveldt and Visser(1996), p. 214 참조.
58) 국민경제사회협의회 · 한국노동연구원(편), 『사회적 합의와 노사관계』(서울: 국민경제사회협의회), 96-97쪽 참조.

수행한다.

네덜란드 코포라티즘의 전환은 바세나르 협약을 이어 1993년에 체결된 신노선 협약과 1996년 유연 안정성 협약에 의해 본격화되었다. 신노선 협약은 분권화된 협약과 노동 유연화에 기초했으며, 정부의 역할이 간접적·유도적으로 작용했다. 처음에 반대했던 노조들도 점차 이를 수용하면서 코포라티즘 정치가 되살아났지만, 그것은 수요 조절 코포라티즘이 공급 조절 코포라티즘으로 전환되는 과도기를 의미했다.

그에 따라 〈표 7-3〉에서 제시했듯이 정부 개입 강도는 1980년대에 이어 1990년대에도 현저하게 낮아졌으며(1970년대 4.1, 1980년대 3.4, 1990년대 2.5), 노사 교섭 차원도 1980년대 이후 전국 혹은 중앙 교섭이 눈에 띄게 줄어들고 산별 이하 교섭이 증가했다. 게다가 1995년에는 사회경제평의회의 특권이 폐지되었으며, 1996년부터는 정부가 사회경제평의회에 자문을 구하는 것이 더 이상 의무적이지 않게 되었다.[59] 이것은 바세나르 협약 이후 진행된 코포라티즘의 위기와 전환이 폐지로 진행될 조짐으로 비치기도 했다.

그러나 노동당과 노동계의 대응에 의해 정부는 유연화에 안정성을 결합하는 것을 내용으로 새로운 코포라티즘적 조정 기제로 전환할 것을 최종 선택했다. 물론 2002년 기민당 주도 연정이 출범한 이후 네덜란드 코포라티즘 정치는 더 이상 정부가 노사 합의를 입법화시켜주는 방식으로는 작동하지 않게 되었다. 네덜란드 코포라티즘의 변화는 스웨덴이나 노르웨이처럼 코포라티즘 자체의 위기를 의미하는 것이 아니라 공급 조절 코포라티즘으로 전환하는 것이었다.

---

59) Vergunst(2010), p. 134.

네덜란드에서 1980년대가 수요 조절 코포라티즘의 위기 및 전환의 시기였다면 2002년 이후는 공급 조절 코포라티즘의 위기 및 전환의 시기라고 할 수 있다. 그 대표적 사례가 2004년 11월 노동재단과 사회경제평의회가 체결한 '박물관 광장 협약'이다. 이 협약은 임금 동결, 사회 보장 지출(장애 급여, 실업 급여) 삭감, 조기 퇴직, 생애 저축제 신설 등을 골자로 했으며, 법제화 같은 후속 조치가 취해지지 않았기 때문이다.[60]

독일 최초의 사회 코포라티즘 정치인 협주행동은 정부의 제안에 따라 성사되었다. 협주행동을 위한 협의체에는 1967~77년 동안 연방 정부의 경제 장관과 재무 장관, 자본의 정상 조직[연방사용자단체연합(BDA)과 연방산업연합(BDI: Bundesverband der Deutschen Industrie)[61]] 회장, 노동의 정상 조직(독일노련과 금속산별 노조) 의장, 그리고 연방은행(Deutsche Bundesbak) 총재 등이 참여했다.[62] 이 정책 협의체는 그간 존재했던 비공식적인 이익 균형 모형을 더 공식화하고 참여자들이 책임 의식을 갖도록 제도화한 것으로 평가된다.

협주행동은 케인스주의적 재정 정책을 통해 분배적 정의를 추구했고, 1972년 직장평의회법을 개정해 5인 이상 사업장에 평의회 구성을 의무화하고, 1976년 공동결정법을 개정해 종업원 2000명 이상의 기업에 감독 이사회의 절반을 종업원 대표로 선출하도록 하는 성과를 거두었다. 무엇보다 1960년대 말에 임금이 고용 안정, 경제 성장, 물가

---

60) 선학태(2012), 381쪽.
61) 연방산업연합(BDI)은 노조에 대응해 협상에 임하는 사용자 단체가 아니라 경제인 연합체로서 경제적·영업적 이익을 대변하는 단체이다.
62) 협주행동에 대해서는 선학태, 2006, 『사회협약정치의 역동성: 서유럽 정책협의와 갈등조정 시스템』(파주: 한울아카데미), 173-175쪽 참조.

안정, 국제 수지 개선 등에 영향을 미치는 중대 변수로 전제하고 임금 자제에 관한 자발적인 협정을 이끌어 냈고, 1970년대에는 건강 보험 규정의 개혁을 둘러싼 건강보험기금공단과 의료 단체 간에 장기적인 의견 차이를 해결하는 데 기여했다.

그러나 협주행동은 임금 조정이라는 단기적 목표를 성취했지만, 1969년 이후 공동 결정제의 강화에 관한 노사 갈등 등 1977년 공식적으로 와해되기까지 눈에 띄게 효과적으로 작동하지는 못했다는 평가를 받는다. 이 제도를 거시 경제의 정책 협의로 발전시키려는 노조 측의 계획이 친근로자 국민 정당의 약화와 계급 역관계의 변화로 인해 수용이 불가능해졌기 때문이다. 따라서 비공식적 이익 균형 모형의 공식화와 참여자 책임 의식의 제도화는 삼자 협상의 공식화와 제도화를 의미하는 것과는 거리가 멀게 되었다. 곧 적극적 자문 기능을 수행하기는 했지만, 정부의 수용 의지가 강할 때에만 제도적 효과를 거둘 뿐 그 자체로 제도화되지는 못한 것이었다. 이것은 1970년대 말 이후 종언론이 회자될 정도로 독일 코포라티즘이 단절되는 것으로 이어졌다. 1980년대 이후 콜 정부에서도 지속된 방갈로 회담도 총리의 임의에 의해 개최되고 청취될 뿐 정책 결정에 영향을 미치는 코포라티즘 기제로 보기는 어렵다.

독일 사회 코포라티즘이 부활한 것은 1990년대 이후 진행된 일자리 동맹들이다.[63] 방갈로 회담 역시 일자리 동맹들로 인해 코포라티즘

---

63) 일자리 동맹과 방갈로 회담에 대해서는 선학태(2006), 179–184쪽; 구춘권, 2003, 「독일모델의 전환과 사회협약정치의 변화: 실업문제 해결을 위한 '노동을 위한 동맹'의 의미와 한계」, 《한국정치학회보》 제37집 1호(한국정치학회), 401–403쪽; Leaman, Jeremy, 2003, 「1990년대의 독일: 통일의 영향」, Stefan Berger · Hugh Compston, 『유럽의 사회협의제도』, 조재희 · 김성훈 · 강명세 · 박동 · 오병훈 역(서울: 한국노동연구원), 199–216쪽 참조.

적 결실로 이어질 수 있었다. 특히 1995년 일자리 동맹을 위한 지속적인 토론은 사회 동반자 정치를 부활시키는 좋은 여건을 마련했다. 그 결과 1996년 1월 일자리 동맹['노동과 생산 기지의 공고화를 위한 동맹(Bündnis für Arbeit und Standortssicherung)']에 대한 노사정의 일차 합의가 성립되었다.

이 합의를 통해 독일 노사정은 2000년까지 실업률을 당시의 절반 수준으로 감소시킨다는 야심찬 목표를 세우고 그 실현을 위해 임금 인상을 자제하며 재정 적자를 축소할 것을 결의하였다. 그러나 이 목표와 결의는 구속력 있는 조치에 의해 뒷받침되지 못했다. 게다가 적황 연정은 1996년 4월 '고용과 성장을 위한 계획'을 의회에 제출하면서 해고 보호 조항의 완화 및 병가 시 임금 지불 조항의 개정 등 지속적 탈규제 정책의 도입을 시도하였다. 그에 따라 노동자들의 거센 반발이 일어나 제1차 일자리 동맹은 출범하자마자 사실상 유명무실해졌으며 실천적 조치들로 연결되지 못했다.

실질적 정책으로 연결된 코포라티즘 부활은 1998년 적녹 연정 출범 이후 시도된 제2차 일자리 동맹이었다. 1998년 12월 체결된 제2차 동맹 합의['노동과 직업 훈련 및 경쟁력을 위한 동맹(Bündnis für Arbeit, Ausbildung und Wettbewerbsfähigkeit)']는 고용 촉진과 노동 시간 유연화, 기업의 부담을 경감시키는 세제 개혁, 벤처 자금의 확충, 미숙련 근로자의 직업 훈련 기회 확충 등을 포함했다. 이 동맹은 1차 동맹에 비해 노조의 신뢰를 받아 유리한 조건을 가지고 있었으며 실제 사회 동반자 관계의 수사와 협의 태도가 오래 지속되었다.

제2차 노사정 협의를 통해 독일 노조는 대량 실업 문제의 해결을 위한 적극적 고용 정책의 도입, 사회적 연대 시스템의 유지 및 복지 국가의 지속적 발전이라는 목표를 추구했다. 반면 사용자 단체는 노동 시장의 유연화를 실현하고 사회 보험 체계의 개혁을 통해 간접 생산 비용을 축소하고자 했다. 하지만 '신중도'를 표방하는 '제3의 길' 노선을 선택한 사민당이 주도하는 적녹 연정은 중립적 조정의 역할보다는 효율적인 정부 예산 집행과 국내 총생산에 대한 재정 지출 축소를 우선적인 목표로 하면서 이를 위해 사용자 단체의 요구에 더 부응하는 공급 조절 정책을 선택했다.

이러한 경향은 2002년 재집권한 적녹 연정의 정책에도 그대로 이어졌다.[64] 곧 노사정 정책 협의체인 '하르츠 위원회(Hartz Commission)'를 통해 2003년 3월 경제 사회 개혁안인 '아겐다 2010'을 도출하는 데 성공했는데, 그 내용은 노동 시장 유연화를 통한 경기 활성화와 일자리 창출이라는 신자유주의적 처방을 분명히 한 것이었다. 특히 경제 및 사회 정책에 있어 '아겐다 2010'은 케인스주의적 정책과는 본질적으로 다른 국가 역할을 강조했다. 곧, 국가는 조세 부담의 감면과 사회 보장의 축소를 통해 기업 경제활동 환경의 개선을 유도하며, 사회 경제적 약자들을 위한 직접적 지원과 보호보다는 교육과 노동을 통한 복지를 지향했다. 적녹 연정의 목적은 국가에 의한 고용 정책과 사회 정책적 재분배를 수단으로 결과적 평등을 달성하는 것이 아니라, 사회 보장 제도의 축소까지 포함하는 사회 정책들을 통해 자본주의를 다시 활성화하는 '사회적 자본주의'를 실현하는 것이었다.

물론 대부분의 유럽 국가처럼 독일에서도 대량 실업을 완화시킬 수 있는 정책 수단은 매우 제한적이다. 화폐 정책의 결정권은 이미 유럽 중앙은행에 놓여 있고, 정부는 재정 위기와 싸우면서 유럽통화동맹의

---

64) 김용원, 2012, 「사회적 합의주의의 성공 가능성에 관한 연구: 한국과 독일 사례의 비교를 중심으로」, 《한국협동조합연구》 제30집 2호(한국협동조합학회), 94-95쪽 참조.

참여 조건(국내 총생산 대비 재정 적자 비율을 3% 이하로 유지)을 충족시켜야 하기 때문이다. 그럼에도 불구하고 제2차 일자리 동맹은 노동 측의 적극적 노동 시장 정책, 정부의 복지 국가 재편, 자본 측의 경쟁력 강화라는 서로 상충된 목표와 요구들을 구체적인 정책 수단에 대한 합의 없이 나열했을 뿐 아니라 실질적으로는 공급 조절 정책에 치우쳤다는 비판을 면하기 어렵다.

또한 제도화 지속성의 측면에서 일자리 동맹은 코포라티즘의 발전에 중대한 도약을 제시하지 못했다. 1998년 가을에 만들어진 여러 분과 위원회들은 구체적 결과물들을 거의 제출하지 못했으며, 적녹 연정의 주요 개혁 조치들 중 동맹 합의를 통해 발효된 것은 한 건도 없었다. 2001년에 동맹 합의를 위한 정상 회의는 단 한 차례 열렸을 뿐이며, 2002년 재집권 이후에도 정상 회의는 거의 개최되지 않았다.[65]

이것은 적녹 연정의 일자리 동맹 활성화에도 불구하고 실제 정부 개입 강도가 강화되지 않았다는 사실에 의해 뒷받침된다. 앞의 〈표 7-3〉에 나타났듯이 1960년대 이후 2010년까지 독일 정부의 개입 강도는 지속적으로 2.0~2.3을 유지해 왔다. 그중 2.3으로 높아진 것도 적녹 연정 기간 2년에 불과한 1990년대의 현상으로 통일 이후 사회 경제적 통합을 위해 적황 연정의 개입이 강화된 결과였다.

---

65) 게다가 1972~2002년 연방의회 노동사회상임위 구성원들의 이력을 분석한 결과에 따르면, 이 위원회들의 노조 등 사회단체들과의 연계가 점차 약화되고 있다. 이것은 삼자 협의 기구가 공식적으로 존재하지 않는 독일에서 코포라티즘의 약화와 관련해 중요한 변화로 제시될 수 있다. Trampusch, Christine, 2005, "From Interest Groups to Parties: The Change in the Career Patterns of the Legislative Elite in German Social Policy," *German Politics*, vol. 14, no. 1, pp. 14-32.

3. 약성 코포라티즘 국가: 프랑스와 이탈리아

1) 계급 역관계의 변화와 사회 코포라티즘의 변화

프랑스와 이탈리아는 노조의 투쟁과 정치 운동이 매우 활발한 나라들이다. 두 나라는 정파 노조들이 난립하는 대표적인 라틴 유럽 국가들로서 이데올로기 지형도 복잡하다. 노조의 투쟁력이 강한 것이 공통적인 특징이지만, 노조의 조직률은 상이하다. 이탈리아의 노조 조직률이 프랑스의 노조 조직률보다 적게는 두 배에서 많게는 다섯 배 가까이 높은 것으로 나타난다. 사용자 단체의 경우는 프랑스가 강한 통합성을 보이는 것과 달리 이탈리아는 보다 복잡한 성격을 띤다. 정당 및 정부와의 관계도 대립적임과 동시에 약한 형태로나마 협력하는 양상을 보인다.

프랑스와 이탈리아에서 코포라티즘은 다른 국가들에 비해 약하게 현상한다. 하지만 공급 조절 코포라티즘으로 근접해 간다는 점에서는 여느 국가들과 다르지 않다. 다만 코포라티즘의 작동 방식은 약하게 나타난다는 점 외에도 유도 국가적 성격이 간접성을 더 강하게 띠면서도 때로는 개입 강도가 강하게 나타나는 특징을 보인다.

프랑스 노조 연합체는 1895년 건설된 노동총동맹(CGT: Confé-dération Générale du Travail)에서 기원한다.[66] 당시 노동총동맹은 1906년 아미엥 헌장을 통해 무정부적 생디칼리즘 입장을 수립해 정당과 정부로부터 독립을 추구했으나 1930년대를 지나면서 맑스-레닌주의

---

66) 프랑스 코포라티즘에 대해서는 정병기, 2014b, 「프랑스 코포라티즘: 동시적 교환과 제한된 일반적 교환의 사회협약 정치」, 《지중해지역연구》 제16권 3호(부산외국어대학교 지중해지역원), 1-24쪽을 재구성.

적인 혁명적 사회주의로 전환해 공산당과 밀접한 관계를 형성했다.[67] 이후 여러 차례 노선 논쟁을 통해 일정한 변화가 있었지만 노동총동맹은 단일 노조를 오래도록 유지했으며, 프랑스 정파 노조 지형은 제1차 세계 대전 전후에 형성되기 시작해 1960년대에 완성되었다.

가장 먼저 등장한 정파 노조는 가톨릭 노동자들이 산업 평화를 주요 이념으로 삼아 1919년에 창설한 가톨릭노동자연합(CFTC: Confédération Française des Travailleurs Chrétiens)이다. 가톨릭노련은 이후 한 차례 분열하는데, 1964년 가톨릭 사회주의 노동자들이 민주노동연합(CFDT: Confédération Française Démocratique du Travail)을 건설했기 때문이다. 이후 민주노동연합은 정치적 독립을 강조하면서도 1970년대부터 사회주의를 강령에 포함시키고 사회당(PS)과 긴밀한 관계를 맺기 시작했다.

노동총동맹도 분열해 온건 개혁주의를 주장하는 개혁적 생디칼리스트들이 1948년에 '노동자 힘(FO; CGT-FO: Force Ouvrière)'으로 분리해 나갔다. 이후에도 노동총동맹은 혁명적 사회주의 전통을 유지하면서 공산당과 강한 유대 관계를 지속해 온 반면, 노동자 힘은 사민주의적 개혁주의와 유사한 경향을 띠면서도 정치적 독립을 주장해 특정 정당과 연계하지 않고 있다.

그 밖에 1944년에 관리·감독직 근로자들이 카드르총연합(CFE-CGC: Confédération Française de l'Encadrement-Confédération Générale des Cadres: 창설 당시에는 CGC라는 명칭을 사용했고 1981년에 현재 명칭으

---

67) Andolfatto, Dominique et Dominique Labbé, 2011, *Histoire des syndicats(1906~2010)*(Paris: Éditions du Seuil), pp. 273-288; 오삼교, 1999, 「유럽 노동자 정치세력화의 경험: 영국, 프랑스, 독일의 비교」, 김금수(편), 『노동자 정치세력화, 진단과 모색』(서울: 한국노동사회연구소), 42-44쪽 참조.

로 개명)을 조직했다. 설립 후 곧 카드르총연합은 조직 대상을 사무직 노동자와 젊은 층 전체에게 개방하고 다섯 번째 규모를 가진 세력으로 성장했다.

이로써 이른바 '대표적 노조'[68]인 다섯 개 노조가 형성되어 프랑스는 유럽에서 가장 복잡한 노조 지형을 가진 나라 가운데 하나가 되었다. 그 밖에도 교원 노조 FEN, 기능직 노조 FGAF, 경찰 노조 FGASP, 조종사 노조 FGAAC, 공항관제 노조 SNCTA, 저널리스트 노조 SNJ 등 자율 노조들이 생겨나 노동조합 지형을 더욱 복잡하게 만들었다. 그중에서도 FEN은 대표적 노조로 성장했으며, 1990년대에는 SUD(연대 통일 민주, Solidaire, Unitaire, Démocratique)라는 비판적 노조가 생겨나 전국적 조직으로 성장하기도 했다.

이와 같이 프랑스 노조들은 정치적 독립과 정당 연계를 둘러싸고 특정한 정당, 종교 혹은 이데올로기에 경향 지어진 정파 노조 지형을 형성했다. 그러나 다른 한편으로 이 정파 노조 지형은 비록 변형된 방식으로나마 과거 생디칼리즘 전통을 계승하기도 해 정부의 개입과 정부에 대한 협력을 거부하는 경향을 보여 왔다. 노조와 정당 및 정부의 이러한 관계는 1960년대 후반부터 약 10년에 걸쳐 1968년 혁명운동과 정치 세력 재편 및 노동력 구성 변화로 인해 일정한 변화를 거쳤

---

68) 단체 교섭권 인정의 조건이 되는 대표성의 기준은 1945년 노동부 회람에서 ① 신고된 조합원 수, ② 자주성, ③ 조합비 납부의 정기성과 중요도, ④ 노조의 경험과 연혁 연수, ⑤ 전쟁 시 애국적 태도라는 여섯 가지로 설정되었다. 이후 이 기준은 60여 년 동안 적용되다가 2008년에 ① 공화국 가치의 존중, ② 자주성, ③ 재정의 투명성, ④ 최소 2년의 연혁, ⑤ 교섭 수준에 따른 지지도, ⑥ 활동 및 경험에 따른 영향력, ⑦ 조합원 수와 조합비라는 일곱 가지로 개정되었다. 손영우, 2011, 「프랑스 복수 노조제도의 특징과 시사점」, 《진보평론》 통권 제47호(진보평론), 197−202쪽.

다.[69] 그러나 정부 개입에 부정적이면서도 정파적으로 파편화된 노동운동 지형이라는 점은 근본적으로 변하지 않았다.

이와 같이 다양한 노조들의 병존에도 불구하고 제2차 세계 대전 이후 프랑스 노동자들의 조직률은 급격히 떨어져 현재 유럽 국가들 중에서 최하위에 속한다. 1945년경 40%가 넘던 조직률이 1950년대 이후 30% 이하로 떨어져 20% 안팎을 유지하다가 1976년부터 다시 급격히 하락해 1990년대에는 10% 이하로 내려가 2010년 7.8%를 기록했다.[70] 하지만 단협 적용률은 항상 90%가 넘어 낮은 조직률에도 불구하고 단협의 영향력이 높은 것으로 나타난다.[71]

노조의 파편화와 달리 사용자 단체는 1919년 전국 연합체인 프랑스생산총연합(CGPF: Confédération Générale de la Production Française)을 건설한 이후 적어도 대기업 부문에서는 단일성을 유지하고 있다.[72] 제2차 세계 대전 이전에 해산을 겪기도 했지만 1945년 프랑스사용자전국연합(CNPF: Confédération National du Patronat Français)으로 재건설된 후 1998년 프랑스기업운동(MEDEF: Mouvement des Entreprises de France)으로 개칭하는 과정을 거쳤다. 현재 프랑스기업운동은 대기업

69) Reynaud, Jean-Daniel, 1975, "Trade Unions and Political Parties in France," *Industrial and Labor Relations Review*, vol. 28, no. 2, pp. 214-215.

70) "Union Members and Employees," http://stats.oecd.org/Index. aspx?QueryId=20167#(검색일: 2014. 03. 06.); Van Ruysseveldt and Visser(1996), p. 93.

71) 단협 적용률이 높은 것은 주로 단협 효력의 확장 및 확대 제도와 사용자 중심의 협약 적용에 기인한다. 손영우, 2014, 「프랑스에서는 왜 단체협약적용률이 높은가?」, 《국제지역연구》 제17권 4호(한국외국어대학교 국제지역연구센터), 35-68쪽 참조.

72) Van Ruysseveldt and Visser(1996), p. 92; 전현중, 2011, 「프랑스 노동조합의 구조와 위기요인 분석」, 《EU연구》 제28호(한국외국어대학교 EU연구소), 266쪽; 성제환, 1999, 「사용자단체의 조직과 역할에 대한 연구: 영국, 독일, 프랑스의 사용자단체를 중심으로」, 《산업관계연구》 제9권(한국노사관계학회), 65-69쪽.

과 중소기업, 공기업과 사기업 및 광공업과 서비스업을 모두 아우르는 연합체로서 프랑스 전체 기업의 약 75%를 포괄하고 있다.

그러나 중소기업의 경우는 중소기업총연합(CGPME: Confédération Générale des Petites et Moyennes Entreprises)이 1945년 창립되어 2014년 현재 프랑스 전체 민간 부문 중소기업의 약 80%를 조직하고 있다.[73] 중소기업총연합과 프랑스기업운동은 전 산업을 포괄하며 (interprofessionnel) 상호 협력하지만, 경우에 따라서는 공동 협약을 거부하기도 하며 정부와 긴밀히 협력하는 것에 강하게 반대하기도 한다. 또한 프랑스기업운동 구성원들도 이데올로기적으로 국가주의, 신자유주의, 가부장적 기독 사회주의 등으로 분열되어 있어, 전체적으로 프랑스 사용자 단체는 스웨덴, 노르웨이와 독일, 네덜란드 등 다른 유럽 국가들에 비해 교섭력이 약하다. 그 밖에 농업과 수공업 등 부문별로 조직된 소규모 사용자 단체들이 있으나 큰 비중을 차지하지는 않는다.

이와 같이 프랑스의 노사 관계는 노사 양측 모두가 정당 정치와 이념에 따라 경향 지어진 파편화된 지형에서 기본적으로 정부를 신뢰하지 않음으로 인해 전반적으로는 양자 협상을 추구하는 갈등 동반자 관계를 보인다. 이 관계는 대규모 기성 노조들이 프랑스식 자본주의를 유지하는 데 기여하지만 노사 양측이 협력적 문화를 발전시키는 데에는 합의하지 않는 이중적 성격을 가진 것을 의미한다. 그에 따라 노사 간 협상이 이루어지지 않는 경우와 영역에서는 국가가 적극적으

---

73) CGPME, 2014, "What is CGPME?," http://www.cgpme.fr/qui-sommes-nous(검색일: 2014. 04. 13.) 그 밖에 수공업(UPA: Union Professionnelle Artisanale), 농업(FNSEA: Fédération Nationale des Syndicats d'Exploitants Agricoles) 등에서 별도의 소규모 사용자 단체들이 조직되어 있다.

로 개입하는 이른바 국가주의 경향이 작동해 왔다. 그러나 1990년대 이후 프랑스 국가주의는 정부가 협상을 유도하는 유도 정부적 성격으로 변해 갔다.

코포라티즘의 내용 역시 임금 인상 자제를 근로 조건 개선 및 사회보장 제도 확충과 교환하는 수요 조절 정책이 아니라 노동 시장 유연화를 도입하는 공급 조절 정책으로 변해 갔다. 하지만 독일보다는 네덜란드와 더 유사해 비정규 노동 보호를 위한 유연 안정화 전략을 중심으로 했다. 1990년대 일련의 사회적 대화를 통해 2000년대에 근로 계약 해지 제도 도입, 해고 근로자의 기존 권리 유지, 불안정 고용 방지 조치, 경제 위기 시 고용 유지 조치 개선 등을 다룬 협약을 체결한 것이 대표적인 예이다.[74]

1990년대 프랑스의 파트타임 노동자 비중은 이탈리아 다음으로 높지만 다른 나라들에 비해서는 현저히 낮은 수준이었다(1990년 12.2%, 〈표 7-2〉 참조). 게다가 여러 나라들과 달리 프랑스는 노르웨이와 더불어 시간이 흐를수록 그 비중이 낮아지는 경향을 보였으며, 낮은 비중에서 더 낮아지는 경향을 보인 유일한 국가이다. 이것은 세계화 이후 노조의 영향력이 상대적으로 낮아짐에도 불구하고 국가 개입이 지속적으로 이루어지면서 안정화 정책을 소홀히 하지 않은 유연 안정화 정책의 결과로 해석할 수 있다.

이탈리아 노조 연합체의 역사는 1906년 노동총연합(CGdL: Confederazione Generale del Lavoro)이 건설되면서 시작되었다.[75] 노동

---

74) 이정원, 2008, 「프랑스의 노동시장 현대화를 위한 노사협약」, 《국제노동브리프》 제6권 2호(한국노동연구원, 2월), 75–80쪽; Pernot, Jean-Marie, 2013, 「프랑스 노동시장 개혁을 위한 협약인가?」, 《국제노동브리프》 제11권 3호(한국노동연구원, 3월), 26–35쪽 참조.

총연합은 사회당(PSI)과 긴밀한 협력을 통해 창설되어 당시 사회당을 주도하던 바쿠닌주의자들의 개혁적 사회주의 경향을 띠었다. 그에 따라 혁명적 생디칼리스트들은 1912년 노동총연합을 탈퇴해 이탈리아 노동조합연합(USI: Unione Sindacale Italiana)을 건설했고, 가톨릭 노동자들도 1918년에 이탈리아노동자연합(CIL: Confederazione Italiana dei Lavoratori)을 설립하였다.[76] 이로써 이탈리아 정파 노조의 역사가 시작되었다.

그러나 파시스트 정권 아래에서 이 노조들은 해산되어 이탈리아 정파 노조 지형은 제2차 세계 대전 종전을 전후해 다시 형성되었다. 다만 공산당의 지원 아래 지하 조직으로 건설된 노조가 활동하고 이 조직이 재건설되는 과정을 밟으면서 단일 통합 노조로 출발했다. 종전을 앞두고 파시스트로부터 먼저 해방된 남부 지역에서 1944년 공산주의계와 사회주의계 및 가톨릭 좌파뿐만 아니라 사민·공화주의계를 망라한 단일 통합 노조로서 이탈리아노동총동맹(CGIL: Confederazione Generale Italiana del Lavoro)이 건설된 것이다.

그러나 냉전 시작과 더불어 단일 통합 노조는 다시 복수 정파 노조로 분열되고 점차 각종 자율 노조들까지 조직되면서 이탈리아 노조 지형도 프랑스만큼 복잡해졌다. 가장 먼저 가톨릭 노동자들이 1948년에 분리해 나와 이탈리아노동조합연합(CISL: Confederazione Italiana Sindacati Lavoratori)을 조직했고, 이어 1950년에는 사민·공화주의 정

---

75) 이탈리아 노조 체계에 대해서는 정병기, 2003e, 「이탈리아 노동조합 체계」, 산별노조운동팀. 2003, 『산별노조운동의 역사와 현재』(서울: 현장에서 미래를), 269-275쪽 참조.

76) Europäisches Gewerkschaftsinstitut, 1985, *Info 11: Die Gewerkschaftsbewegung in Italien CGIL-CISL-UIL*(Brüssel: EGB), S. 3-4.

파가 독립해 이탈리아노동연합(UIL: Unione Italiana del Lavoro)을 건설했다. 그에 따라 이탈리아노동총동맹은 여전히 가장 큰 노조 연합체이지만 공산·사회주의 정파 노조로 남게 되었으며, 이후 이 세 노조가 이탈리아 정파 노조 지형을 대표하게 되었다.

노동총동맹(CGIL)은 공산당(PCI)과 밀접한 관계를 가지며 이탈리아 노동 운동을 주도해 왔으며, 노조연합(CISL)은 기민당(DC)과 연계해 가톨릭 노동 운동을 이끈 반면, 노동연합(UIL)은 사민주의 및 공화주의 정당들이 군소 정당으로 난립해 있어 특정 정당과 밀접한 관계를 맺지 않고 있다. 세 정파 노조들은 정당과의 관계로 인해 정치적으로 민감한 사안에 대해서는 심각한 갈등을 보이면서 정당들 간 경쟁에 휩싸였다. 하지만 다른 한편으로는 모두 조합원들의 이해관계만을 대변하는 조합원 노조주의가 아니라 노동자 일반의 이해관계를 대변하는 일반 노조주의를 추구하면서 중요한 전국적 사안에 대해 자주 연대하는 모습을 보이기도 했다. 특히 1960년대 말 평조합원들에 의해 추동된 노조 통합 운동은 정파 노조 지형에 중요한 변화를 가져와 항상적인 협의체를 구성하는 등 이후 노조 통합을 이탈리아 노동 운동의 주요 화두로 삼게 했다.

물론 이 세 노조 연합체에 속하지 않은 독립 노조인 자율 노조(sindacati autonomi)들도 속속 조직되었다. 특히 전문직과 간부직 노조들은 1980년대 이후에 조직되어 노조 지형을 더욱 복잡하게 만들면서 노동자 진영 전체의 분열과 약화를 가속시켰다. 자율 노조들은 크게 다음과 같은 세 가지 유형으로 분류할 수 있다: 1) 신파시스트 노조인 CISNAL을 비롯한 전통적 극우파 노조들, 2) 전문 직업인, 기술자 및 공무원 등을 중심으로 하는 CISAL이나 CONFSAL 등 상대적으로 영향력을 갖춘 10여 개의 노조들, 3) 기존의 세 연합체들을 비판하며 보다 전투적인 갈등 능력을 요구하고 토대 민주주의를 강조하며 형성된 소규모 노조들.[77] 첫 번째와 두 번째 유형의 자율 노조들은 노동자 이해 대변 조직이라기보다 특수 이데올로기나 직업 계층의 이익을 대변하며, 세 번째 유형은 대개 기업별 단체 교섭에서 세 연합체들과 실질적으로 통합된 활동을 하고 있다. 그 밖에 카드르 조합도 있으나, 이 조합은 간부직과 그에 준하는 전문·기술직들의 배타적 조직으로서 이탈리아에서는 대개 노조로 취급되지 않는다.

이탈리아의 노조 조직률은 대체적으로 40% 안팎에서 부침한다 (〈표 7-1〉 참조). 1960년대에 30% 이하로 떨어지기도 했지만, 이것은 비판적 노조의 분리와 기타 자율 노조들의 경쟁적 조직화로 인한 일시적 현상으로 이해된다. 1960년대 후반 이후 조직률은 다시 회복되어 1970년에 37.0%로 상승한 후 1980년까지 지속적으로 높아져 49.6%를 기록했다. 하지만 1980년대에는 간부직과 전문직 등의 독립으로 다시 하락하기 시작해 2010년 35.5%를 보였다.

이탈리아 사용자 단체는 프랑스에 비해서는 통합성이 덜하지만 노조에 비해서는 통합성이 강하다. 정파적으로 분열되어 있지 않지만 경제 부문과 기업 규모에 따라 별개의 조직들이 병존하며, 소유 형태에 따라서도 분열되어 있었다.[78] 공업 부문을 중심으로 한 이탈리아 산업총연합(Confindustria: Confederazione Generale dell'Industria Italiana, 1910년 결성) 외에 상업 부문을 중심으로 전문 직종과 자영업을 포괄

---

77) Carrieri, Domenico, 1995, "I sindacati non confederali," CESOS(a cura di), *Le Relazioni Sindacali in Italia. Rapporto 1993/1994*(Roma: Edizioni Lavoro), p. 223.

78) 정병기, 2000b, 『이탈리아 노동운동사』(서울: 도서출판 현장에서 미래를), 제7장 참조.

하는 이탈리아상업총연합(Confcommercio: Confederazione Generale Italiana delle Imprese, delle Attività Professionali e del Lavoro Autonomo, 1945년 결성)과 농업 부문의 이탈리아농업총연합(Confagricoltura: Confederazione Generale dell'Agricoltura Italiana, 1920년 조직)이 별도로 존재한다.

기업 규모에 따라서는 중소기업 조직인 이탈리아중소기업연합 (Confapi: Confederazione Italiana della Piccola e Media Industria, 1947 년 조직)과 수공업자 조직인 이탈리아수공업총연합(Confartigianato: Confederazione Generale dell'Artigianato e delle Imprese, 1946년 결성) 및 소영농 조직인 직영농연합(Coldiretti: Confederazione Nazionale Coltivatori Diretti, 1944년 조직)과 농민연합(CIA: Confederazione Italiana Agricoltori, 1977년 조직) 등이 별도로 조직되었다. 소유 형태에 따라서는 1950년대 후반 석유화학국공기업연합(ASAP: Associazione Sindacale per le Aziende Petrolchimiche)과 국공기업연합(Intersind: Associazione Sindacale Imprese a Partecipazione Statale)이 이탈리아산업총연합으로부터 분리해 조직되었지만 1990년대 말까지 모두 해산되고 다시 이탈리아산업총연합(Confindustria)으로 통합되었다.

민간 부문 단체 협상에서는 이탈리아산업총연합이 중심 역할을 수행하고 있어 코포라티즘과 관련해서도 민간 부문을 대표해 이탈리아산업총연합이 노조 연합체에 대응해 핵심 역할을 맡는다. 기업들의 사용자 단체 가입은 지역별로 차이가 커서 북부 전체와 중부 일부에서 약 90%의 가입률을 보이지만 남부에서는 60%에 불과하다.

이탈리아 노조들의 통합 운동이 일정한 결실을 거두고 조직률이 다시 높아진 1970년대는 노조들의 정치적 역량이 강화된 시기였다. 게다가 공산당의 지지율이 높아지면서 각외 연합이 성사되고 그에 대한 노동총동맹(CGIL)의 정치적 요구가 강화되는 한편 정치적 협력도 강화되었다. 그에 따라 이 시기 이탈리아 노조는 정당에 준하는 조직으로서, 난립하는 군소 정당들과 소수 연립 정부가 이루지 못하는 역할까지 수행한다는 의미에서 '정당 대역(Parteienersatz)' 또는 '대리 정당(Ersatzpartei)'으로까지 불렸다.[79]

하지만 1980년 피아트(Fiat) 사의 간부직 및 전문직 노조원들이 파업 반대 시위를 벌인 것을 고비로 노조가 점차 분열하고 약화된 반면, 자본의 공세가 강화되어 1980년대의 계급 역관계는 변해 노조의 수세기에 접어들었다. 이탈리아 노동 운동을 특징짓는 정치적 노조의 부활은 1991년 소득 정책을 위한 삼자 협상을 계기로 가능해졌다. 때는 1989년 이후 급격한 대내외적 혼란으로 정치적 위기가 막다른 경지에 도달함으로써 결국 1992년부터 두 차례에 걸친 전문가 과도 정부를 거치면서 '제1공화국'이 소멸해 가는 숨 가쁜 순간이었으며, 경제적으로도 2차 경제 기적이 끝나고 1990년대의 세계 경제 위기에 몰려가던 시기였다. 사회 세력의 동의가 없이는 더 이상 정치가 불가능한 상황이 또다시 도래한 것이었다.

그러나 그 내용은 물가 연동 임금제(scala mobile)의 폐지 등 과거 수요 조절 정책과는 성격이 다른 것이었다.[80] 물론 1993년 협약을 통한 산업 관계의 제도화는 코포라티즘도 제도화한 것으로서 매우 중요

---

79) Jacobi, Otto, 1988, "Vom heißen Herbst zur sozialen Kooperation. Zur Neuorientierung der italienischen Gewerkschaften," Walther Müller-Jentsch(Hg.), *Zukunft der Gewerkschaften. Ein internationaler Vergleich*(Frankfurt am Main & New York: Campus Verlag), S. 100–129.

80) Baccaro, Lucio, 2000, "Centralized Collective Bargaining and the Problem of 'Compliance': Lessons from the Italian Experience," *Industrial and Labor Relations Review*, vol. 53, no. 4, pp. 579–601 참조.

한 의미를 갖는다. 물론 이 협약의 의미는 코포라티즘 기제의 설치를 제도화한 것이 아니라 노사정 협의를 단체 협상의 일부로 제도화했다는 것이다. 1995년 연금 개혁을 위한 삼자 협의가 이 협약의 맥락에서 체결된 것은 이를 증명하는 대표적 사례이다.[81] 또한 정당 정치의 지각 변동이라는 상황에서 노조의 독립성이 강화되고 통일 운동이 재개된 것도 코포라티즘 부활에 동일한 영향을 미쳤다.

1996년 중도-좌파 정부의 집권으로 코포라티즘은 다시 활성화되었지만 그 내용은 유럽통화동맹 가입을 최우선 과제로 규정해 신자유주의적 긴축 정책을 공표한 상황에서 공급 조절적 성격을 띠어 갔다. 중도-좌파 정부 시기에 노동 시장은 더욱 유연해져 갔으며, 이 추세는 2000년대 중도-우파 정부 시기에 더욱 강화되었다. 1990년대 파트타임 노동자 비중은 10% 안팎으로 이탈리아에서 그다지 높지 않았지만 이후 꾸준히 증가했다. 그에 따라 2000년대 들면서 스웨덴과 프랑스를 추월하기 시작해 2009년에는 거의 두 배로 증가한 15.8%를 기록했다(1990년 8.9%; 〈표 7-2〉 참조). 게다가 2000년대 이후 중도-우파 정부의 집권 기간에는 노동헌장 제18조를 개정해 노동 시장 유연화가 가속되어 공급 조절 정책의 성격이 더욱 강해졌고, 부활된 코포라티즘은 제도화되었음에도 불구하고 그로 인해 자문 기능으로 축소되었다.[82]

---

81) Sircana, Giuseppe, 2008, "La transizione difficile: Il sindacato nella seconda Repubblica(1992~2008)," Vallauri, Carlo, 2008, *Storia dei sindacati nella società italiana*, seconda edizione(Roma: Ediesse), pp. 192-193.

82) 임상훈 · 루치오 바카로, 2006, 『약자들의 사회협약: 아일랜드, 이탈리아 및 한국 사례 비교연구』(서울: 한국노동연구원), 44-45쪽 참조. 특히 2002년 노동헌장 제18조(고용 보장) 개정을 통해 노동 시장 유연화를 강화한 내용에 대해서는 Sircana(2008)가 소개했고, 이후 현재까지 이 규정을 둘러싼 논란에 대해서는 임동현, 2013, 「'이혼보다 해고가 어렵던' 이탈리아의 선택은?: 정치경영연구소 유럽 르포 4, 이탈리아의 노동시장 개혁과 노동자 헌장 18조」, 프레시안, http://www.

2) 제도화 및 지속성 수준의 변화와 사회 코포라티즘의 변화

프랑스와 이탈리아에서 코포라티즘의 제도화 수준이 높지 않아 사회 협약의 지속성도 높지 않다. 하지만 제도화 수준이 낮다는 점을 고려하면 그 지속성 수준은 낮다고 하기 어렵다. 대표적으로 중성 코포라티즘 국가에 속하는 독일과 비교할 때에는 법제화 수준이 낮음에도 불구하고 실질적인 사회적 대화들이 오래 지속되었기 때문이다. 물론 프랑스와 이탈리아에서 그 제도화 방식과 협의의 전개 양상은 다르게 나타났다.

단협의 집중성과 국가 개입 강도도 두 나라에서 다르게 전개되었다. 두 가지 추세가 모두 시간이 갈수록 프랑스에서 낮아진 반면 이탈리아에서 높아졌다. 이러한 현상은 노조 지형이나 계급 역관계가 가장 유사한 두 나라가 겪고 있는 흥미로운 경험이다. 이것은 물론 정당 정치적 요인의 상이함에 따른 결과이기도 하지만, 제도화 및 지속성의 수준과도 관련된다.

프랑스 코포라티즘의 제도적 표현은 무엇보다 경제사회(환경)위원회라고 할 수 있다. 물론 노사가 여러 다양한 사회 집단 중 하나로만 참여한다는 점에서 크게 제한된 의미를 갖는다. 하지만 약한 코포라티즘 형태로나마 제도화된 조직으로서는 유일한 것으로 인정된다. 경제사회(환경)위원회는 1946년 경제사회위원회로 설립되어 이후 여러 차례 개정을 거쳐 확립된 헌법 기구로서 사회 문제 해결을 위한 자문 기능을 수행한다.

특히 1984~2008년까지의 개정을 통해 경제사회위원회는 현재의

pressian.com/article/article.asp?article_num=10130317151156(검색일: 2014. 01. 16.)이 상세하게 소개했다.

구조로 확대 개편되었다. 특히 2008년에는 위원 수를 2명 더 늘려 총 233명으로 구성하고 환경 분야로 확대해 명칭도 경제사회환경위원회 (CESE: Conseil Éonomique, Social et Environnemental)로 변경했다.[83] 5년 임기의 위원은 25세 이상이어야 하고, 사회단체들에 의해 위촉되는 위원은 2년 이상 해당 분야에서 활동한 경력이 있어야 하며, 2000년 이래 유럽 의회, 국회, 지방 의회 등의 의원과 겸직할 수 없다. 이것은 사회·경제 집단들의 이해관계를 반영하는 기구로서 정파적 입장으로부터 독립적으로 운영하려는 법 의지가 반영된 결과였다.

경제사회(환경)위원회의 위상에서 특기할 점은 자문 협의 기구라는 점 외에도 노사의 이해관계를 반영하고 조정하는 기구가 아니라 모든 직업 집단의 이해관계를 반영하는 기구라는 점이다. 그에 따라 경제사회위원회는 방대한 규모를 갖추어 총 231명으로 구성되어 노사뿐 아니라 농업, 자유 직종, 지역 사회 업무 등 총 10개 직업 단체를 망라했으며, 경제사회환경위원회는 기존 사회·경제 부문 대표를 줄이는 대신 환경 부문 대표(총 33명)를 추가했다.[84] 그러나 경제사회환경위원회에서도 각 직업 분야의 대표 수가 줄었을 뿐 직업 분야의 수가 줄어든 것은 아니었다. 활동 분과도 그에 맞추어 경제사회위원회는 사회 문제, 노동, 국토 개발과 지역 경제, 생활 환경, 재정, 대외 관계, 기술 연구 및 생산 활동, 식품 농업, 일반 경제 문제 등 총 9개로 구성되었으며, 경제사회환경위원회도 각 분과의 명칭을 변경하고 기술 연구

---

83) CESE, 2014, "Historique," http://www.lecese.fr/decouvrir-cese/historique(검색일: 2014. 04. 19.)

84) "Conseil économique, social et environnemental," http://fr.wikipedia. org/wiki/Conseil_%C3%A9conomique,_social_et_environnemental(검색일: 2014.04.19.); CESE, 2014, "Les sections," http://www.lecese.fr/decouvrir-cese/sections(검색일: 2014. 04. 19.)

및 생산 활동을 환경으로 개편했을 뿐 대부분 그대로 유지했다.

경제사회환경위원회의 활동은 크게 정부 위탁 활동과 자기 위탁 활동으로 구분된다. 그중 정부 위탁 활동은 다시 의무적(obligatoire) 활동과 선택적(facultative) 활동으로 나뉘는데, 총리가 매년 경제사회환경위원회 자문 결과를 발표하도록 법적으로 규정되어 정부와 경제사회환경위원회 간의 소통은 의무화되어 있다. 특히 장기적 국가 경제 계획에 참여해 중요한 자문 역할을 수행하며,[85] 의회 입법에 앞서 위원회 내 의회 그룹을 통해 의견을 제시할 수 있다. 이와 같이 경제사회(환경)위원회는 정부와 의회에 대해 다양한 사회 · 경제 집단들의 입장을 예측하고 반영하는 통로로 기능할 뿐 아니라 사회 집단들 간의 대화를 통한 통합의 기능을 수행한다. 이것은 비록 그 반영 정도가 약하기는 하지만 자율적 사회단체들이 국가 정책 과정에 참여하는 코포라티즘적 속성을 지녔다고 할 수 있다. 또한 의무 조항을 둔 헌법 기구로서 높은 제도화 수준에 도달해 일반적 교환에 필요한 장기적 전망을 일정하게 갖추었다고 할 수 있다.

경제사회(환경)위원회는 '세 번째 의회(Troisième Chambre)' 혹은 '경제적 의회(assemblée économique)'라고 불릴 만큼 국민들의 경제 생활을 정치적으로 대변하는 기능을 수행하는 것으로 평가되고 있다.[86]

---

85) 경제사회위원회가 참여한 국가 계획 기구는 1946년에 설립된 계획위원회(CGP: Commissariat général du Plan)이다. 이 위원회는 2006년 전략분석센터(Centre d'analyse stratégique)로 전환한 후 2013년에 다시 전략전망위원회(Commissariat général à la stratégie et à la prospective)로 변경되었다. "Commissariat général du Plan," http://fr.wikipedia.org/wiki/Commissariat_g%C3%A9n%C3%A9ral_du_Plan(검색일: 2014. 04. 16.)

86) 손영우, 2005, 「이익집단의 정치제도화에 대한 연구: 프랑스의 경제사회위원회를 중심으로」, 《시민사회와 NGO》 제3권 2호(한양대학교 제3섹터연구소), 195쪽.

다만 상원이나 하원과는 달리 법률의 입안이나 결정에서 배제되는 모순적 상황에 있다는 한계를 갖는 것으로 지적되었다. 그에 따라 1960년대에는 당시 통합사회당(PSU) 지도자인 망데 프랑스(Mendés France)가 상원을 대체해 경제사회위원회를 '두 번째 의회(Deuxiéme chambre)'로 설치하자고 제안했고, 그 수정안이 1969년 상원 개혁 헌법안으로 제출되기도 했다.[87] 비록 국민 투표에서 부결되기는 했지만, 이러한 흐름은 프랑스에서 노사 문제가 전 사회적으로 중대한 문제로 간주되면서도 핵심 문제가 아니라 다양한 사회 문제 가운데 하나로 자리매김되는 경향을 잘 보여 준다.

당시 세 주요 노조(CGT, CFDT, FO)는 이 국민 투표에서 핵심 반대 세력으로 활동했는데, 그 주요 이유는 구조 내부에 포섭되지 않으려는 입장이었다.[88] 하지만 갈등 동반자 관계라는 프랑스 노사 관계의 전통을 볼 때, 그것은 단순히 권력 내부에 포섭되지 않으려는 경향이 아니라 다양한 사회 집단 가운데 하나로 제도화되는 데 대한 거부였다고 해석할 수 있다. 이 개헌안은 기존의 경제사회위원회가 더욱 강화되는 조치였기 때문이다.

이와 같이 입법적 위상으로 볼 때 경제사회(환경)위원회는 사회 집단 이해관계의 반영을 높은 수준으로 제도화한 기제임과 동시에 노사의 이해관계를 반영한다는 점에서 코포라티즘 기제의 하나로 볼 수 있다. 그러나 노사 문제를 핵심 과제로 하지 않을 뿐 아니라 정부 대표가 참여하지 않기 때문에 노사정 간 협의를 핵심으로 하는 고유한 의미의 코포라티즘 기제라고 볼 수는 없다. 노사 관계에 직접 영향을

---

87) Mendés France, Pierre, 1987, *Pour une République moderne 1955~1962, Tome 4 Oeuvres complètes*(Paris: Gallimard) 참조.
88) 손영우(2005), 212~214쪽.

미치는 문제에 대해서도 경제사회(환경)위원회 내에서는 노사정 협의가 아니라 노사 간 협의만 이루어진다. 이후 정부와 의회가 최종적으로 이를 반영함으로써 코포라티즘적 정책 형성의 결과를 도출할 수 있을 뿐이다. 또한 자문과 협의는 의무적이지만 그 수용은 의무적이지 않다는 점에서도 일반적 교환의 장기적 전망을 충분히 갖추지 못했다. 따라서 경제사회(환경)위원회는 프랑스 코포라티즘의 제도적 토대로서 일반적 교환의 기제로 작동하지만, 그 역할이 정부와 의회에 대한 자문에 한정되고 노사를 여러 사회 집단 중 한 이익 집단으로 간주할 뿐 아니라 사회 집단들만으로 구성된 협의 기구라는 점에서 제한된 일반적 교환의 기제라고 할 수 있다.

프랑스에서 제도적 기제 외에 코포라티즘 정치에 더욱 중요한 위상을 차지하는 것은 노사정 삼자 협의와 그 후속 입법화이다. 프랑스 코포라티즘은 노사 관계에 더 직접 관련되는 사안들에 있어 정부가 노사 간 양자 협상을 유도해 단체 협상을 체결하게 한 후 이를 입법으로 수용하는 방식으로 전개되어 왔기 때문이다. 프랑스 코포라티즘의 이와 같은 정치적 실천은 간헐적이지만 꾸준히 진행되어 왔다는 특징을 갖는다.

1936년 최초의 삼자 협약인 마티뇽 협약 이후 1968년 그르넬 협약이 체결되었고, 제5공화국에서 좌파 정부가 출범한 후 1982년 오루법 등 일련의 입법화가 이를 제도화 차원으로 끌어올렸다. 하지만 삼자 협의는 대개 정부의 임의에 의해 임시적으로 이루어지게 되었는데, 주로 긴급한 사안들에 대한 논의를 위해 정부가 소집하는 사회정상회담의 형태로 진행되었다.

사회정상회담은 비단 사회당 내각 때뿐만 아니라 우파 내각 시기에도 개최되었다. 특히 1990년대 후반 우파 단점 정부 시기에 여러 차례 소집되어 청년 실업 문제와 노동 시간에 대해 노사의 의견이 개진되었으며, 동거 정부 시기에도 정부는 이 회담을 통해 실업, 근무 시간 및 임금에 관해 노사의 의견을 물었다.

이와 같이 프랑스 코포라티즘 정치는 사회정상회담을 임의적 · 임시적 수단으로 사용하는 한편 노사 협상을 유도한 후 최종적으로 입법 과정을 거치는 유도적 국가주의로 현상했다. 더욱이 사회정상회담은 노사를 정책 형성 과정에 참여시키기보다 이미 형성된 정책에 대한 동의를 구하는 방식으로 이용되었으며, 입법을 위한 노사 협상도 정부의 가이드라인에 의해 유도됨으로써 일반적 교환이라는 강력한 코포라티즘 기제로 작동하지 않았다.

곧, 이 두 경로는 정부가 삼자 협상을 통해 노사 이해관계의 교환을 제도적 · 장기적으로 보장하지 못했으며, 그에 따라 노사는 정치적 성격이 상대적으로 약한 노사 문제에 대해서는 양자 협상을 선호하는 한편, 정치적 성격이 강한 제도적 사안에 대해서는 정부에 직접 압력을 행사해 요구하는 방식을 취해 왔다. 이것은 제도적 보장이라는 장기적 전망이 부재한 상황에서 사회 협약 정치가 노동 시장의 단기적 이익들을 동시적으로 교환하는 약한 코포라티즘으로 현상할 수밖에 없도록 만들었다. 노사 협상 유도와 후속 입법화는 결과적으로 보면 삼자 협의 및 합의라고 할 수 있지만, 일정한 시간이 지난 후 의회의 논의까지 거쳐야 하기 때문에 명백한 장기적 보장이 확보되지 않은, '시간 지연에 의한 약한 코포라티즘'이라고 할 수 있다.

이탈리아 코포라티즘의 제도적 장치는 국가경제노동위원회(CNEL: Consiglio Nazionale dell'Economia e del Lavoro)이다.[89] 이 위원회는 헌

---

89) Pedersin, Roberto, 2004, 「이탈리아 국가경제노동위원회(Cnel)의 기능 및 사회적

법 제99조에 의거해 1957년 설립되어 1986년과 2000년의 개정을 통해 현재의 조직 형태와 법적 권한을 부여받았다. 국가경제노동위원회는 관련 전문가들뿐만 아니라 제조업 등 생산과 관련된 분야의 대표들로 구성되어 국회, 정부, 지방 자치 단체를 대상으로 자문 역할을 수행한다.

국가경제노동위원회는 위원장 1인과 121인의 위원들로 구성되는데, 구체적인 위원 구성은 다음과 같다: 1) 경제학, 사회 과학 및 법학 전문가 12인(대통령이 8인을 선임하고 행정부가 4인을 선임함), 2) 제조업 등 다양한 생산 관련 분야를 각각 대표하는 99인(44인은 노동자를 대표하고 37인은 사용자를 대표하며 18인은 자영업자를 대표함. 국가적 차원의 대표성 있는 노총과 사용자 단체에서 각각의 위원들을 지명하며, 자영업자의 경우 대표성 있는 직종 협회에서 위원을 지명함), 3) 사회단체, 자원봉사 기관 등 비영리 단체를 대표하는 10인(대표성 있는 국가 단체가 지명함). 이와 같이 프랑스 경제사회(환경)위원회처럼 위원회 구성에서 노사는 다양한 사회 집단 중 하나로 대표되며 정부 대표가 직접 참여하지 않는다. 다만 경제사회(환경)위원회에서보다 노사 대표의 비중이 높고 경제사회(환경)위원회와 달리 정부 기구가 선임하는 관련 전문가들이 참여한다는 점에서 코포라티즘적 의미가 상대적으로 더 클 뿐이다.

국가경제노동위원회의 활동은 자문 활동 외에도 입법 활동과 각종 정보 수집 기능으로 이루어지며 다음과 같은 8개로 구분된 분과 위원회를 통해 수행된다: 1) 경제 정책, 2) 노동 및 사회 정책, 3) 전국 및 지방 소득 정책과 분권화된 사회적 협의, 4) 사회 간접 자본 및 공공 사업, 5) 생산 활동 및 환경 자원, 6) 국제 현안 및 유럽 정책, 7) 이주

협의」,《국제노동브리프》제2권 5호(한국노동연구원), 88-94쪽 참조.

문제, 8) 공공 부문 노조 대표.

우선 자문 활동은 유럽연합, 국가, 산업, 지역을 아우르는 다양한 차원의 노동 시장 현황 및 단체 교섭의 규준이나 경제적 영향 등을 분석하고 보고서를 제출함으로써 수행된다. 이러한 자문 활동은 의회, 중앙 정부 및 지방 자치 단체에 조언을 제공하는 등의 방식으로 입법 과정에 참여함으로써 더 확장될 수 있다. 위원회가 작성하는 모든 보고서는 의회, 정부, 노사 당사자들(social partner) 및 동 보고서에 관심을 갖는 여타 모든 이해 당사자들에게 제공되어 관련 분석, 의사 결정 과정 및 이행의 기초가 되고 있다. 더 나아가 위원회는 의회에 법률 초안을 제출할 수 있는데, 이를 위해서는 우선 국가경제노동위원회 총회(assembly)의 5분의 3에 해당하는 다수 위원들의 승인을 얻어야 한다. 하지만 위원회의 모든 자문과 제안 등은 관련 기관들에 대해 법적 구속력을 지니지는 않는다.

각종 정보 수집 기능을 수행하기 위해 국가경제노동위원회는 특히 노동 시장 관련 데이터 수집을 목적으로 단체 협약을 보관하는 보관소를 운영하고 있다. 이탈리아의 각 기관들은 단체 협약을 체결하거나 단체 협약 초안을 작성한 시점으로부터 30일 이내에 관련 서류 일체를 이 보관소에 제출하는데, 이는 향후 일반 국민들을 대상으로 공개된다. 그 밖에도 위원회는 범죄와 관련된 경제·사회 감시 기구를 설립하였고, 기타 다양한 사회적 이슈에 관한 데이터 수집을 위해 사회 집단 데이터베이스, 공공 재정 및 예산 분석 데이터베이스, 지역별 경제 사회 지표 데이터베이스 등을 갖추고 있다.

이탈리아의 사회적 협의는 1970년대 후반 노조의 EUR 노선으로 알려진 삼자 협의 시도와 1983년 스코티 협약으로 시작되었다. 하지만 스코티 협약이 물가 연동 임금제의 폐지를 내용으로 해 노동 측에 불리한 내용을 담고 있었고 1980년대 노조 약화로 1990년대 벽두까지는 정치적 노조의 소멸과 함께 사회적 협의도 더 이상 진척되지 못했다.

정치적 노조와 코포라티즘의 부활은 1991년 6월 소득 정책을 위한 삼자 협상을 계기로 가능해졌으며, 이후 1993년 산업 관계 제도화와 1996년 중도-좌파 정부의 출범으로 활기를 띠기 시작했다. 물론 앞서 설명했듯이 그 내용은 공급 조절 정책으로 전환한 것이었으며, 중도-우파 정부가 출범했을 때는 빈도도 줄고 기능도 제약되기 일쑤였다. 하지만 정부의 성격과 무관하게 제도화된 사회적 협의는 노동총동맹 등 공산·사회주의 정파 노조들의 비판과 반대를 무릅쓰고 형태를 달리해 지속되었다.

1990년대 이탈리아 코포라티즘에서 특이한 점은 노조의 정치적 공세가 다시 강화되었음에도 불구하고 사회적 협의가 부활하고 그 내용이 공급 조절 정책으로 전환했다는 것이다. 1991년에 이어 1992년에 성사된 물가 연동 임금제의 완전 폐지에 관한 삼자 협상은 노조가 1980년대의 약화된 정치적 역량을 미처 회복하지 못한 채 1990년대 초반 과도 정부의 공세에 수세적으로 대응함으로써 현실과 유리된 결과였다고 볼 수 있다. 당시 노동총동맹 위원장 트렌틴(Bruno Trentin)이 이때를 "어쩔 수 없는 고통"[90]의 시기였다고 탄식한 것도 이와 무관하지 않다.

하지만 노조 내 비판 세력을 중심으로 한 자발적 투쟁은 소생하고 있었고, 이는 1992년 가을의 재정 관련법 반대 투쟁과 1994년 베를루스코니 정부의 연금 관련법 무효화 투쟁에서 그 절정을 이루었다. 세

---

90) *L'Unità*, 1992. 11. 05.

노조도 1980년대의 약화가 정치적 협약이 재개된 1990년대 초반에까지 이어지는 가운데 자성의 소리를 높여 갔다. 이러한 시도와 "고통"은 정치적 노조 운동과 노조 통합 운동이 부활하기 위한 탄생의 진통이었다.

1993년 1월 노동총동맹(CGIL) 운영위원회는 고용과 생산 체계의 유지 및 국가 재정 문제를 투쟁의 주요 사안으로 설정하는 데 합의하고 정부와의 회담이 필요함을 강조하였다.[91] 같은 시기에 가톨릭노조연합(CISL) 지도부도 새 정부의 선택을 조건 지을 수 있는 거대하고 강력한 통합 노조를 건설해야 한다고 입장을 정리했으며, 사민·공화계 노동연합(UIL)도 통합의 원칙과 새로운 질서 창출에 적극적으로 나설 것에 의견을 같이했다.[92] 게다가 중도-좌파 정부가 출범한 1990년대 후반은 정치적 역량을 회복한 이탈리아 노조들 사이에서 통합의 기운이 더욱 무르익어 가는 좋은 조건이 되었다.

중요한 것은 노조의 재정치화로 표현되는 이러한 과정이 1970년대의 '대리 정당' 형태가 아니라 양자 협약과 삼자 협약을 통해 실현되었다는 것이다. 그러나 사회적 협의는 중도-좌파 정부의 '제3의 길' 정책과 중도-우파 정부의 신자유주의적 공세에 의해 수요 조절 정책으로 연결되지 못했다. 1990년대 후반 월계수연맹 정부 시기의 잦은 삼자 협의들과 2000년대 베를루스코니 정부의 대화 시도들은 정도의 차이가 있지만 공급 조절 코포라티즘을 관철하기 위한 것이었다. 2007년

---

91) Lauzi, Giorgio, 1995a, "I sindacati confederali," CESOS(a cura di), *Le Relazioni Sindacali in Italia. Rapporto 1993/94*(Roma: Edizione Lavoro), p. 210.
92) Lauzi, Giorgio, 1995b, "Il Congresso della CISL," CESOS(a cura di), *Le Relazioni Sindacali in Italia. Rapporto 1993/94*(Roma: Edizione Lavoro), pp. 265-267, pp. 274-275.

중도-좌파 정부 재등장 이후 체결된 보험, 복지, 노동 시장 관련 협약도 노동 시장 유연화를 내용으로 하고 있어 노동총동맹의 반대에 부딪혀 숱한 우여곡절 끝에 성사되었다.[93]

하지만 이탈리아 코포라티즘과 관련해 더욱 중요한 것은 국가경제노동위원회라는 한정된 제도적 장치 외에 노사 문제만을 다루는 사회적 협의가 늦게나마 제도화되어 지속되었다는 점이다. 물론 이것이 법적으로 보장되는 제도적 기제로 발전하지 못하고 정부의 성격에 따라 부침되고 있어 장기적 전망이 불투명한 것은 사실이다. 이 제도화 역시 노사의 정치적 영향력 행사를 통해 가능할 수 있지만 네덜란드와 같은 방어적 노사 협의가 이루어지지 않아 현실적 가능성은 높지 않다. 다만 1990년대 이후의 흐름을 볼 때, 친근로자적 성격을 분명히 한 중도-좌파 정부의 집권과 국가 개입을 통해 이루어질 가능성은 존재한다.

앞의 〈표 7-3〉을 참조하면, 이탈리아의 단협 조정 수준은 1960년대 이래 유일하게 높아졌다. 1960년대 2.0의 지수를 보여 부문별/기업별 협상이 중심이 되었지만 1990년대와 2000년대에는 각각 3.8과 4.0의 지수를 보여 노사정 간 경제 전반적 협상과 노사 간 산별 협상이 중심이 되는 특이한 흐름을 나타냈다. 정부 개입 강도도 1960년대 이후 1980년대 말까지 꾸준히 상승해 1.9에서 3.6을 나타내 점차 정부가 간접적 개입에서 사회 협약 등을 통해 직접 참여하는 방향으로 전환했다. 1990년대부터 다소 약화되기는 했지만 정부의 개입은 삼자 협상의 틀을 유지해 왔으며, 노사 교섭 차원도 산별 교섭 중심의 추세를 유지해 큰 변화를 보이지 않았다.

---

93) Sircana(2008), pp. 217-218.

이러한 흐름은 이탈리아 코포라티즘이 비록 뒤늦은 제도화 단계를 밟았지만 1993년 협약을 통해 제도화가 완성되고 이후 노사정 협상이 일정한 약화에도 불구하고 지속된 것을 증명한다. 곧, 노조의 재정치화를 통한 정치적 영향력 제고와 친근로자적 정부의 개입 강화를 통해 코포라티즘이 더욱 강화될 수 있었음을 의미한다. 그러나 다른 한편으로 부활한 코포라티즘은 점차 수요 조절적 성격을 벗어나 공급 조절의 성격을 띠어 갔다.

4. 요약과 비교

코포라티즘의 강도에 따른 국가군의 성격은 계급 역관계에 의해 일정하게 구분되며 그 제도화와 지속성에 따라서도 설명된다. 일반적으로 계급 역관계가 노동 측에 유리하게 형성되고 삼자 합의적 기제와 행위가 제도화된 수준과 지속되는 수준이 높을수록 코포라티즘 정치는 더 강하게 나타난다(〈표 7-4〉 참조).

마찬가지로 코포라티즘의 성격 전환도 계급 역관계와 삼자 협의의 제도화 및 지속성으로부터 영향을 받았다. 곧, 사회 코포라티즘은 계급 역관계가 노동 측에 유리하게 형성된 케인스주의 복지 국가 체제에서 수요 조절 코포라티즘으로 작동했지만, 복지 국가가 점차 약화되어 계급 역관계가 자본 측에 유리하게 형성되는 신자유주의 체제로 바뀜에 따라 공급 조절 코포라티즘으로 전환해 갔다. 또한 코포라티즘의 제도화와 지속성 수준이 높은 나라에서는 비록 친근로자 국민 정당의 정체성이 신자유주의적으로 변하거나 우파 정당이 집권하더라도 수요 조절 코포라티즘이 쉽게 폐지되거나 변질되지 못하는 것으

〈표 7–4〉 구조적 요인과 사회 코포라티즘의 변화

나라	계급 역관계	제도화와 협약의 지속성	코포라티즘의 변화
스웨덴	■1960년대 후반 노노 갈등 이후 일반노총(LO), 전문직노조(SACO), 사무직노조(TCO)의 분립 ■1980년대 이후 사용자 단체의 공세가 강화되고, 2001년에 통합 사용자 단체(SN) 결성 ■복지 제도 감축과 노동 시장 유연화가 주요 정책으로 부상	■1950년대 렌-마이드너 모델에 따라 점차 제도화 수준 제고 ■제도화 수준이 낮은 통합적 중앙 조정 기제와 제도화 수준이 높은 부문별 조정 기제의 병존 ■1980년대 이후 위기의 전조를 보이지만 조정과 협약의 지속	수요 조절 강성 코포라티즘→코포라티즘적 대안 부재의 위기와 공급 조절 성격 일부 수용
노르웨이	■1970년대 노조 분열로 일반노총(LO), 교원노조(AF), 직업노조연합(YS)의 분립 ■1980년 이후 사용자 단체의 영향력이 강화되고 1989년 통합 사용자단체(NHO) 결성 ■복지 제도 감축과 노동 시장 유연화 등 공급 조절 정책 수용	■1930년대 이래 신용 사회주의 제도화를 경험 ■종전 후 코포라티즘 피라미드 구조를 확립해 부문별 및 통합적 중앙 조정 기제의 높은 제도화 수준을 유지 ■2000년대에는 중앙 조정과 사회 협약이 약화되는 가운데 지속	수요 조절 강성 코포라티즘→수요 조절 코포라티즘 약화와 공급 조절 성격 일부 수용
네덜란드	■사민주의-가톨릭 정파 노조(FNV), 개신교 정파 노조(CNV), 전문·사무직 노조 MHP(2014년 이후 VCP)의 정파적·부문별 분립 ■산업고용주연합(VNO-NCW), 중소기업연합(MKB-Nederland), 농림업연합(LTO-Nederland) 등 부문별 분립 ■세계화 이후 자본 강화 및 노조 양보로 공급 조절 정책으로 전환	■1950년 사회경제평의회 설치로 높은 제도화 수준을 유지 ■1980년대 이래 정부에 대항하는 양자 협약에 기반한 사회 협약을 체결 ■1980년대 이래 정부 개입이 약화되지만 삼자 협의를 지속	수요 조절 중성 코포라티즘→공급 조절 중성 코포라티즘

독일	■사민주의적 단일 통합 노조 (DGB): 중복된 이원 구조로 상급 노조 영향력과 노조 현장성 약화 ■산별 협상 체제를 가진 단일 통합 사용자단체(BDA) ■세계화 이후 자본 강화 및 노조 양보로 공급 조절 정책으로 전환	■1960/70년대 제도화되지 못한 협주활동을 경험 ■1970년대 후반 종언론 시기 이후에도 협의회 수준의 대화를 지속 ■간헐적인 사회적 대화 개최	(국가 코포라티즘)→ 수요 조절 중성 코포라티즘→공급 조절 약성 코포라티즘
프랑스	■공산계 정파 노조(CGT), 전통 가톨릭계 정파 노조(CFTC), 가톨릭 사회주의계 정파 노조(CFDT), 개혁적 생디칼리즘계 정파 노조(FO), 카드르 노조(CFE-CGC)를 중심으로 하며 여러 자율 노조들이 병존하는 파편화된 정파 노조 지형 ■프랑스기업운동(MEDEF), 중소기업총연합(CGPME)을 중심으로 노조에 비해 통합된 사용자 단체 ■세계화 이후 노동 측 약화로 유도 국가적 개입이 강화되고 공급 조절 정책을 일정하게 수용	■1946년 경제사회위원회 설치 이후 다양한 사회 집단 중 하나로 노사가 국가 정책에 참여 ■1990년대 이후 유도 국가적 정부 개입으로 전환하며 간헐적 사회 협약 체결 ■1990년대 이후 정부가 소집하는 사회정상회담 지속	(국가 코포라티즘)→ 수요 조절 약성 코포라티즘→공급 조절 약성 코포라티즘
이탈리아	■공산·사회계 정파 노조(CGIL), 가톨릭계 정파 노조(CISL), 사민·공화계 정파 노조(UIL)를 중심으로 다양한 자율 노조들이 병존하는 파편화된 정파 노조 지형 ■산업총연합(Confindustria)을 중심으로 하지만, 상업총연합(Confcommercio), 농업총연합(Confagricoltura), 중소기업연합(Confapi) 및 기타 부문별로 파편화된 사용자 단체 ■세계화 이후 자본 측 강화로 삼자 협약 위축되지만 1990년대 이후 노조 통합 운동 재개 등 노동 측 강화로 삼자 협의가 변형된 방식으로 부활	■1957년 국가경제노동위원회 설치로 다양한 사회 집단 중 하나로 노사가 국가 정책에 참여 ■1970년대 후반 공산당 각외 연합 시기 정부 정책 지지를 통한 삼자 협력 시도 ■1993년 이후 삼자 협의가 제도화되지만 이후 자문 기능으로 제약되어 지속	(국가 코포라티즘)→ 수요 조절 약성 코포라티즘→공급 조절 약성 코포라티즘

로 나타났다.

특히 계급 역관계는 노사 간 동반자 관계의 성격과도 관련된다. 기본적으로 코포라티즘은 동반자 관계를 전제하지만, 그 동반자 관계는 협력적 성격이 강한 사회 동반자일 수도 있으며 대립적 성격이 강한 갈등 동반자일 수도 있기 때문이다. 강성 및 중성 코포라티즘 국가에서는 사회 동반자 관계가 형성되었지만, 약성 코포라티즘 국가에서는 갈등 동반자 관계가 형성되었다.

노조와 정당의 관계도 계급 역관계 형성에 중요하다. 스웨덴과 노르웨이 같은 강성 코포라티즘 국가들은 강력한 노조와 친근로자 국민 정당의 밀접한 관계를 특징으로 했으며, 네덜란드와 독일 같은 중성 코포라티즘 국가들은 노조의 정치적 독립성이 증대되는 가운데 노조와 정당의 관계보다는 노사 자율 교섭이 중요한 기반을 이루었다. 그리고 프랑스와 이탈리아 같은 약성 코포라티즘 국가들에서는 국가의 직접적 개입보다 간접적 혹은 유도 국가적 개입이 가장 강하게 나타났으며, 노사는 정부와 일정한 갈등 관계를 노정했다.

스웨덴과 노르웨이는 대표적 강성 코포라티즘 국가로서 노조와 좌파 정당이 강력하며 좌파 정당이 일찍부터 친근로자 국민 정당의 성격을 갖추었다는 공통점을 갖는다. 또한 수요 조절 코포라티즘이 강력하게 작동했던 만큼 공급 조절 코포라티즘으로의 변화가 상대적으로 미미하게 나타났다. 그러나 바로 이러한 점으로 인해 노조가 약화되고 자본의 공세가 강화되자 코포라티즘 자체가 약화되거나 위기로 치달을 가능성을 보이고 있다.

1950년대 스웨덴은 노조의 강화와 친근로자 국민 정당의 집권을 기반으로 렌-마이드너 모델에 따라 코포라티즘의 제도화 수준이 높아졌다. 이후 스웨덴 코포라티즘은 비록 통합적 중앙 조정 기제의 제도화가 높지 않음에도 불구하고 부문별 조정 기제의 제도화와 실질적인 삼자 협의를 통해 오랫동안 강력한 수요 조절적 성격을 유지해 왔다. 그러나 1960년대 후반 노노 갈등이 시작되어 일반노총, 전문직노조, 사무직노조가 분립하는 지형이 형성되어 노조의 정치 사회적 영향력이 약화되었다. 게다가 1980년대 이후에는 사용자 단체의 공세가 강화되어 2001년 통합 사용자 단체가 결성되는 등 계급 역관계가 자본 측으로 기울어 갔다.

이와 같이 구조적 요인이 변함에 따라 스웨덴 코포라티즘은 복지 제도 감축과 노동 시장 유연화를 수용하는 한편 삼자 협의가 줄어들어 위기의 전조를 보이기 시작했다. 그러나 오랜 코포라티즘 전통이 완전히 소멸되지는 않아 조정과 협약이 여전히 지속되고 있으며 공급 조절 코포라티즘으로 온전히 전환한 것도 아니다. 그러므로 스웨덴 코포라티즘은 대안 부재의 상황이라는 진단이 틀리지는 않지만 그 전망은 아직 명확하지 않다고 할 수 있다.

노르웨이도 강력한 수요 조절 코포라티즘을 오래도록 유지해 왔다. 수차례에 걸친 중도-우파 정권의 등장에도 불구하고 다소 약화되기는 했지만 수요 조절 코포라티즘이 유지되어 왔는데, 그것은 무엇보다 과거 신용 사회주의의 경험과 종전 후 코포라티즘 피라미드라는 부문별 및 통합적 중앙 조정 기제의 수준 높은 제도화에 기인한다. 그리고 다른 한편으로는 사민주의적 단일 통합 노조인 일반노총이 집중화된 강력한 힘을 토대로 자본과 일정한 힘의 균형을 유지하면서 사회 협약을 지속하고 있기 때문이기도 하다.

하지만 노르웨이에서도 1970년대에는 노조 분열로 교원노조와 직업노조연합이 병존하는 분립 지형이 형성되어 노조의 약화가 초래되었다. 또한 1980년대 이후에는 사용자 단체의 영향력이 강화되어

1989년 통합 사용자 단체가 결성됨으로써 계급 역관계의 변화가 생겨났다. 그에 따라 특히 2000년대 이후에는 복지 제도 감축과 노동 시장 유연화 등 공급 조절 정책이 수용되어 코포라티즘의 변화가 예상되고 있다.

하지만 노르웨이도 오랜 수요 조절 코포라티즘의 전통과 높은 제도화 수준에 힘입어 중앙 조정과 사회 협약이 약화되는 가운데 지속되고 있으며 공급 조절 코포라티즘으로 완전히 전환하지 않고 있다. 그러나 코포라티즘 대안 부재의 위기를 겪고 있는 스웨덴과 달리 노르웨이는 공급 조절 성격의 수용과 더불어 수요 조절 코포라티즘의 약화가 전망되고 있다.

네덜란드와 독일은 같은 중성 코포라티즘 국가로 분류되지만 공통점보다 차이점이 더 많다. 독일의 노조와 사용자 단체가 통합성이 강하고 코포라티즘 제도화 수준이 낮은 반면, 네덜란드는 노조와 사용자 단체의 분열성이 상대적으로 강하지만 코포라티즘 제도화 수준은 높다. 하지만 두 나라가 모두 공급 조절 코포라티즘으로 전환했고 노사 자율 교섭에 기반을 두고 사회적 대화가 지속된다는 점에서 공통점을 갖는다. 물론 그 자율 교섭의 양상과 사회적 대화의 구체적 모습도 다르다. 그러나 이러한 공통점이 두 국가의 코포라티즘 강도와 전환에 핵심적으로 작용한 것으로 보인다.

네덜란드는 사민주의-가톨릭 정파 노조와 개신교 정파 노조가 분립해 있고 사용자 단체도 중소기업과 농림업 분야에서 별도로 조직되어 경쟁하고 있다. 물론 노조 진영은 사민주의-가톨릭 정파 노조가 주도하고 사용자 단체 진영은 산업고용주연합이라는 일반 사용자 연합이 주도하고 있다. 스웨덴, 노르웨이, 독일에 비해서는 분열되어 있지만, 프랑스와 이탈리아에 비해서는 통합되어 있다고 할 수 있다. 코포라티즘의 제도화 수준도 1950년 사회경제평의회의 설립으로 삼자 협의 기제가 성공적으로 작동해 왔다.

하지만 네덜란드도 1980년대 세계화 이후 자본이 강화되고 노조가 수세적으로 대응하면서 공급 조절 정책이 수용되기 시작했다. 그러나 네덜란드의 코포라티즘 전환은 보다 적극적이어서 정부 개입에 대항하는 노사 협상이 공급 조절 정책을 자발적으로 수용하는 양상을 띠었다. 그에 따라 정부의 신자유주의 정책과 일정하게 맞물려 유연 안정화 전략이라는 특수한 삼자 협약이 이루어졌다.

네덜란드의 유연 안정화 정책은 초기에 대단히 성공적으로 평가되었고 이를 목표로 한 공급 조절 코포라티즘도 한때 크게 각광받았다. 네덜란드 코포라티즘은 성공적 수요 조절 코포라티즘에서 역시 성공적인 공급 조절 코포라티즘으로 전환해 간 대표적인 사례로 손꼽혔다. 공급 조절 코포라티즘 상황에서 비록 정부 개입은 약화되었지만 삼자 협의가 지속되고 있어 코포라티즘은 성격만 변화했을 뿐 그 강도는 다른 방식으로 유지된다고 할 수 있다. 그러나 파트타임 노동의 증가와 사회적 약자의 보장 등이 기대에 미치지 못하자 재평가가 시도되고 있다.

독일 코포라티즘의 구조적 요인은 상대적으로 열악하다. 1960년대 말에 시작된 협주행동도 경제 장관이 주도하는 협의회 수준의 자문 회의에 불과했으며, 제2차 세계 대전 이후 사회 코포라티즘은 제도화의 경험을 갖지 못했다. 사민주의적 단일 통합 노조가 존재하지만 중복된 이원 구조로 인해 독일노련의 정치적 영향력과 산별 노조의 현장성이 크게 제약되어 있다. 사용자 단체도 산별 조직 중심이지만, 이것은 노조의 협상 방식에 대응한 구조일 뿐 정치 사회적 영향력의 약화를 의미하지는 않는다.

이러한 상황에서 1970년대 후반부터 코포라티즘 종언론이 대두되었으며 1980년대 세계화 이후에는 노조의 영향력이 더욱 약화되었다. 네덜란드처럼 독일도 노사 교섭의 자율성을 기반으로 한다. 하지만 네덜란드의 노사 자율성이 정부 개입에 대항하는 적극적 의미에서 취해진 노사 타협의 산물이라면, 독일의 노사 자율성은 과거 국가 코포라티즘의 부정적 경험으로 인해 법적 규정을 통해 국가의 임의적 개입을 극도로 제한하는 방식으로 보장된다.

독일 코포라티즘은 스웨덴, 노르웨이, 네덜란드에 비해 긴 공백기를 둔 간헐적 조정 기제로 작동했다. 하지만 정부의 임의적인 사회적 대화는 자주 시도되었으며 1990년대 후반부터 2000년대 중반에 이르는 적녹 연정 집권기에는 사회 코포라티즘의 부활이 회자되기도 했다. 그러나 새로운 코포라티즘은 협주행동에 비해 정책적 영향력이 더욱 제한된 자문 기능에 한정되었을 뿐 아니라 그 내용도 노동 시장 유연화와 긴축 정책을 위한 공급 조절의 성격을 명확히 띠었다. 곧 독일 코포라티즘은 수요 조절 중성 코포라티즘에서 공급 조절 약성 코포라티즘으로 전환해 갔다.

프랑스와 이탈리아는 갈등적 노사 관계와 노조의 정치적 직접 요구가 강력한 국가들이다. 노조는 정파 노조들로 파편화되어 있고 조직률이 낮지만 강력한 정치적 영향력을 가지고 상대적으로 통합성이 강한 사용자 단체와 우파 혹은 중도-우파 정부에 대해서도 강력한 투쟁을 전개해 왔다. 코포라티즘은 제도화 수준이 낮지만 사회적 대화를 간헐적이나마 지속해 오면서 약한 형태로 유지되고 있으며, 그 내용은 시기가 늦어 1990년대 들어 다른 나라들처럼 공급 조절적 성격을 띠어 가지만 수요 조절적 성격을 완전히 탈피한 것은 아니다.

프랑스에는 다섯 개의 대표적 노조가 서로 경쟁하며 때로 협력한다. 그 밖에 자율 노조들도 존재해 가장 파편화된 정파 노조 지형이 형성되어 있다. 사용자 단체는 상대적으로 통합적이며, 특히 세계화 이후 그 통합성은 더욱 강화되어 통합 사용자 단체가 결성됨으로써 계급 역관계의 변화가 생겨났다. 노사는 1946년 설치된 경제사회위원회를 통해 여러 사회 집단 중 한 구성원으로서 국가 정책에 참여하므로 코포라티즘의 제도화 수준이 높지 않다. 하지만 노조의 강력한 정치적 요구에 대해 1980년대 집권한 친근로자 국민 정당의 개입으로 코포라티즘은 약한 형태로나마 수요 조절 정책으로 추진되었다.

이러한 상황은 1990년대 이후 변하기 시작했는데, 정부의 개입은 유도 국가적으로 바뀌고 사회당도 '제3의 길'을 통해 점차 공급 조절 정책을 수용해 갔다. 유럽 대부분의 국가들이 1980년대에 세계화 추세의 영향으로 공급 조절적 성격을 띠어 간 것과 달리 프랑스는 1990년대에 와서야 이러한 전환을 시작했다는 점이 특징적이다. 코포라티즘 전개 양상에서도 노사의 요구에 부응한 정부의 협상 수용이 아니라 정부가 직접 소집하는 사회정상회담이 주요 수단으로 등장했다.

프랑스 사회 협약 정치는 경제사회(환경)위원회가 노사 문제를 중심으로 다루는 삼자 협의 기구가 아니며 사회정상회담도 양자 협약으로 이어지지 않는다는 점으로 인해 코포라티즘으로 간주되지 않는 경우가 많다. 하지만 국가가 직접 개입하지는 않지만 유도적 방식의 간접적 개입을 지속하고 있고 주요 사안에 대해서는 입법을 통해 협의 결과를 수용함으로써 시간 지연의 정치적 교환이라는 점에서 코포라티즘의 한 유형으로 볼 수 있다. 물론 사회당의 친근로자성이 독일이나 네덜란드에 비해 뚜렷하지 않다는 점에서 공급 조절의 성격이 상대적으로 약하다는 것도 간과해서는 안 된다.

이탈리아는 많은 점에서 프랑스와 유사하다. 노조는 대표적인 세

노조가 전국적 주요 사안에 대해 상호 협력하고 경쟁하며, 다양한 자율 노조들이 병존하는 파편화된 정파 노조 지형을 형성했다. 하지만 프랑스와 달리 통합을 위한 노력이 결실을 거두어 전국 및 산별 차원의 협의체를 구성해 사용자 단체 및 정부와 협상에 임한다. 반면 사용자 단체는 프랑스보다 좀 더 파편화되어 부문별 및 규모별로 별도의 조직들이 공존한다.

코포라티즘의 제도화 수준에서 프랑스처럼 국가경제노동위원회가 노사를 여러 사회 집단 중 한 구성원으로 수용해 정책에 참여시킬 뿐 공식적으로 특화된 코포라티즘 기제는 설립되지 않았다. 사회적 협의도 프랑스처럼 간헐적으로 이루어졌으며 정부의 성격에 크게 좌우되었다. 국가 코포타리즘의 경험을 가지고 있지만, 그것은 프랑스처럼 독일의 침략에 의한 것이 아니라 독일처럼 자생적 파시즘 정권에 의한 것으로서 역시 부정적 경험으로 작용하고 있다.

이탈리아도 1980년대 세계화를 거치면서 자본 측 강화로 인해 사회적 대화와 노조의 영향력이 크게 위축되었다. 그러나 1990년대 이후 정당 정치의 지각 변동으로 말미암아 노조가 통합 운동을 재개하고 정치적 역량을 회복함으로써 1993년 산업관계 제도화와 더불어 코포라티즘도 부활했다. 물론 이 부활도 법적 기구의 형태를 띤 것이 아니라 최상급 단체 협상의 일부로 제도화된 것이었다. 그럼에도 불구하고 이 제도화는 이후 이탈리아 코포라티즘을 지속시키는 중요한 계기로 작용했다. 그에 따라 중도-우파 정부 시기에도 이탈리아 코포라티즘 정치는 약화된 형태로나마 이어질 수 있었다.

하지만 그 내용은 1990년대 이후 프랑스처럼 공급 조절 정책을 수용하는 방향으로 전개되었다. 다만 좌파 정당의 친근로자성이 크게 훼손되지 않아 수요 조절의 성격을 완전히 벗어나지 않았을 뿐이다.

그러나 1990년대 후반에는 좌파민주당이 중도 정당들과 통합해 민주당으로 재창당됨으로써 이러한 전망도 불투명하게 되었다. 결국 이탈리아 코포라티즘은 수요 조절 약성 코포라티즘에서 공급 조절 약성 코포라티즘으로 전환해 온 것으로 볼 수 있으며, 앞으로도 그 흐름은 더 강화될 것으로 보인다.

8

CORPORATISM

한국의 코포라티즘
정치 실험

노사정위원회 평가

1998년 1월 15일 노사정위원회의 출범과 2월 6일 사회 협약의 체결로 한국 사회에서 불가능하다고 여겨졌던 코포라티즘 정치가 시도되었다. 노사정위원회의 출범은 민주화 이후 급속히 성장해 온 노동계 힘이 반영된 결과이기도 했지만, 신자유주의 세계화에 조응한 정부 선택의 결과물이었다. 외환 위기를 계기로 한국 사회에 본격화된 신자유주의 세계화의 압력은 국가로 하여금 경제 위기 극복을 위해 노동과 자본을 국가 정책에 편입시키는 코포라티즘 정치를 선택하게 한 것이다. 당시 정부는 1987년 민주화와 1997년 민주노총의 합법화 이후 노동 조직의 조직화 및 세력화가 진전된 한국적 상황에서, 노동계의 희생을 강요하는 구조 조정 문제를 사회적 갈등 없이 해결하기 위해 노동계의 노사정위원회 참여를 유도해야 하는 난제에 직면해 있었다. 다행히 외환 위기 이후 경제적 위기를 극복해야 한다는 사회적 공감대와 상대적으로 친근로자적인 김대중 정부에 대한 기대는 노동계의 노사정위원회 참여를 이끌었고, 그 결과 노사정위원회가 출범할 수 있었다. 1998년 1월 15일 법적 근거 없이 정치적 합의 기구로 출범한 노사정위원회는 1999년 5월 법률적 기구로서 그 위상을 갖추었고, 2007년 4월 출범한 4기부터는 경제사회발전노사정위원회로 개편되어 현재까지 지속되고 있다.

한국의 노사정위원회는 분명 서구 국가들과 다른 조건 아래에서 출범하였다. 친근로자 국민 정당과 좌파 정치 세력은 미약했으며, 노동계는 한국노총과 민주노총으로 분립되어 단일한 이익 대변 체계를 갖추지 못하였다. 또한 민주화 이후 노동 운동이 급속히 성장했다고는 하지만 신자유주의 경제 개혁하에서 자본과 노동 간 힘의 관계는 균형이 아니라 자본 우위를 노정하고 있었다. 적어도 형식적으로 노사정위원회는 지금까지 존속하고 있지만, 분명 노사정위원회로 대변되는 한국 코포라티즘 정치 실험은 정치적 조건과 구조적 기반이 미비한 상태에서 시도되었다. 이는 노사정위원회의 안정적 위상과 정상적 작동을 가로막는 주요한 요인인 동시에 향후 노사정위원회의 활동과 그 전망을 어둡게 하는 요인이 되었다.

이 장에서는 노사정위원회로 대변되는 한국 코포라티즘 정치 실험의 특징과 한계를 정당 정치적 요인과 구조적 요인을 중심으로 재조명한다. 구체적으로 노사정위원회가 출범한 김대중 정부 시기부터 노무현 및 이명박 정부 시기까지 노사정 협상의 최대 난제였던 구조조정, 비정규직 및 노사 관계 선진화 방안, 복수 노조 허용 및 노조 전임자 급여 지급 문제에 대한 사례 분석을 통해 노사정위원회의 활동을 평가하는 데 초점을 맞춘다. 이를 위해 우선 노사정위원회의 출범 배경과 제도적 변화상을 간략히 제시한 다음, 정당 정치적 요인과 구조적 요인을 중심으로 각 정권별 사례를 분석하여 노사정위원회 활동의 특징과 문제점을 제시한다. 그리고 마지막으로 분석 내용을 바탕으로 향후 한국 코포라티즘 정치에 대한 전망을 제시할 것이다.

1. 노사정위원회의 등장 배경과 위상 및 활동 변화

한국의 노사정위원회는 IMF 구제 금융을 받아야 했던 경제적 위기 상황에서 1998년 1월 15일 출범하였다. 1998년 1월 김대중 대통령 당선자의 제안으로 설치된 노사정위원회는 1998년 2월 6일 '경제 위기 극복을 위한 사회 협약'을 발표함으로써 한국 사회에서 최초로 코포라티즘적 사회 협약을 성사시켰다. 정리 해고의 법제화 및 실업 대책 등 총 10대 의제와 90여 개 실천 과제로 구성된 사회 협약은 경제 위기 극복이라는 명분하에 노동과 자본이 노동자들의 정리 해고와 노동조합 활동의 자유를 교환하는 방식으로 진행되었다.[1]

2·6사회협약의 내용은 사회 보장 제도 확충, 노동 기본권 보장 등의 노동 문제부터 재벌 개혁에 이르기까지 포괄적인 이슈를 담았다.[2] 그러나 가장 중요한 내용은 실질적으로 노동자들의 삶에 큰 영향을 미치는 노동 시장의 유연성 제고였다. 노동 시장의 유연화는 현재까

---

[1] 노사정 간 합의 내용은 ① 노동은 정리 해고제의 조기 실시 및 파견 근로제의 법제화 인정, ② 국가는 노조의 정치 활동 보장, 공무원 및 교원의 단결권 허용, 실업자에 대해 초기업 단위 노조 가입 자격 인정, 고용 안정 및 실업 대책 마련, 사회 보장 제도 확충, ③ 기업은 재무 구조 개선을 통한 경영 투명성 확보, 구조 조정 실행을 통한 기업의 경쟁력 강화로 구성되었다. 김용철, 2010, 「사회협약정치의 출현, 교착, 지속에 대한 분석」, 《산업노동연구》 제16권 2호(한국산업노동학회), 47쪽.

[2] 2·6사회협약의 10대 의제는 정리 해고, 파견 근로제, 노조 정치 활동 보장, 공무원·교원 노조, 재벌 개혁, 노동 기본권, 고용 안정 및 실업 대책, 물가 안정, 국민 대통합을 위한 건의 사항, 기타(노사정위원회의 법적 상설 기구화 등)였다. 《한겨레신문》, 1998. 02. 07.

지도 비정규직 및 사회 양극화 문제 등을 양산하여 우리 사회 전반에 커다란 영향을 미치고 있다. 최초의 코포라티즘적 합의 기구인 노사정위원회의 출범 배경과 변화상을 정리하면 다음과 같다.

1) 노사정위원회의 등장 배경

⑴ 노동 계급의 조직화 및 세력화

일반적으로 코포라티즘 정치의 활성화는 노동과 자본의 힘의 관계가 일정한 균형을 이루고 있을 때 가능하다. 한국 노사정위원회의 성립도 성장 위주의 국가 정책에 의해서 배제되었던 노동 세력이 정책 결정에 참여할 수 있는 역량을 확보했기 때문에 가능할 수 있었다.

1987년 민주화 이후 민주 노조 운동의 강화는 노동이 국가 및 자본과 함께 사회 협약의 주체로 부상하는 기반이 되었다. 민주화 운동의 성공으로 노동 운동에 대한 탄압이 약화된 상황에서 그동안 정부에 의해서 억눌러 왔던 노동자들의 불만은 1987년 7월부터 9월까지의 대량 파업으로 표출되었다. 자생적인 파업으로 분출된 노동계의 불만은 자연스럽게 노동조합 결성으로 이어졌고, 그 결과 신규 노동조합 결성이 급증하였다. 노동조합 수는 1986년 2658개에서 1989년 7861개로 약 세 배가량 증가했고, 노동조합원 수 역시 1987~89년 사이에 약 90만 명 증가하였다. 물론 민주화 이후에도 국가가 노동 배제적 정책을 지속적으로 추진하여 IMF 경제 위기 직전인 1996년까지 노동조합 수와 노동조합원 수가 감소하였다.[3] 그러나 민주화 이후 권위주

---

3) 노동조합 수는 1989년 이후 1996년까지 매년 약 2.7%p씩 줄어들었고, 노동조합원 수 역시 약 30만 명 줄어들었다. 강명세, 2005, 「새로운 민주주의와 새로운 노동운동: 민주화, 세계화와 노사관계 구조변화」 한국정치학회(편저), 『세계화 시대 노사

의 국가의 노동 통제력은 약화되었고, 그만큼 노동 조직의 자율성이 신장되어 조직 노동의 영향력은 확대되었다.

특히 합법 조직으로 인정받은 민주노동조합총연맹(민주노총)의 성장은 노동이 국가 및 자본과 대등한 협상 주체로 노사정위원회에 참여하게 된 중요한 기반이었다. 1987년 민주화 이후 이미 노동 운동의 동원력이나 상징적 대표성은 사실상 국가에 종속적인 한국노총이 아니라 민주노총의 전신인 전국노동조합협의회(전노협)의 민주 노조 진영으로 옮겨가고 있었다.[4] 1995년 설립된 민주노총이 1997년 합법화되면서, 그동안 성장 제일주의를 추구하는 국가 정책에 의해 철저히 외면당해 온 민주 노조의 활동이 본격화된다.

민주노총은 한국노총과 달리 권위주의 정권에 대한 도전을 통해서 만들어진 노조였기 때문에, 노동권 쟁취를 위한 적극적인 파업과 투쟁 전략을 통해 정체성과 조직 확대를 추구하였다.[5] 1995년 설립 당시 민주노총의 조합원 규모는 한국노총의 절반에 못 미쳤지만, 공세적인 노동 운동 전략을 펼친 결과로 정치 사회적 영향력은 오히려 한국노총을 압도하고 있었다. 특히 1987년 이후 재벌 기업에서 새롭게 만들어진 노조가 전노협에 가입하면서 민주노총은 한국노총에 비해 상대적인 우위를 점할 수 있었다.[6]

이와 같이 민주화 이후 민주노총 중심의 노동 세력이 강화된 결과, 노동은 자본과 함께 정책 결정 과정에 참여할 수 있는 기반을 확보하

정의 공존전략: 서유럽 강소국과 한국』(서울: 백산서당), 252쪽.

4) 장귀연, 2006, 「코포라티즘의 노동정치」, 《산업노동연구》 제12권 1호(한국산업노동학회), 243쪽.

5) 이원보, 1997, 「노동운동의 양대 세력, 한국노총과 민주노총」, 《동향과 전망》 통권 35호(한국사회과학연구소), 72쪽.

6) 강명세(2005), 250쪽.

게 되었다. 즉 과거 자본 중심적이고 노동 배제적인 정책이 수월하게 작동할 수 있었던 구조적인 조건이 사라진 것이다. 이러한 상황에서 민주노총은 1997년 12월 중앙위원회에서 '경제 위기 극복과 고용 안정을 위한 노사정 3자 기구' 구상을 정부에 제안하여 IMF 위기를 극복하기 위한 정책 결정에 적극적인 참여 의사를 표시하였다.

IMF 외환 위기 및 경제 위기 국면에서 당시 김대중 대통령 당선자는 민주노총의 요구 사항을 적극적으로 수용하여 법적인 근거가 없음에도 1998년 1월 15일 노사정위원회를 발족시켰다. 결과적으로 한국에서 노사정위원회의 출범은 이전 정부에 비해 상대적으로 친근로자적 성격을 가진 김대중 정부의 출범이라는 정당 정치적 조건과 민주노총의 강화로 인해 발생한 노사 간 권력 관계의 변화라는 구조적 요인이 일정하게 맞아떨어진 결과물이었다.

(2) 노사관계개혁위원회의 경험

한국에서 최초의 노사정 사회 협의 시도는 김영삼 정권하 노사관계개혁위원회(노개위)의 구성에서 찾을 수 있다. 1996년 5월 대통령 직속 자문 기관으로 발족된 노개위는 한국노총과 함께 당시 불법 단체로 규정되었던 민주노총이 참여하여, 양대 노총과 자본 및 국가가 노사 관계 등의 주요 현안을 논의한 사회협의 기구의 성격을 가졌다. 노개위는 노사와 공익 대표의 협의를 통해 노사 관계 법규의 개정뿐만 아니라 정보화와 세계화에 부응하는 노사 관계 모형을 형성하는 데 주안점을 두었다. 노사의 이러한 노개위 참여 경험은 노사정위원회의 출범을 위한 학습의 장이 될 수 있었다.[7]

그러나 노개위는 정부가 직접 참여하여 합의를 도출하는 기구가 아니라 자문 기구로 기능하였으며, 실제 협의된 노동 관계법 개정 문제도 노사정 간 합의 실패로 귀결되었다. 사용자 측은 국가 및 기업 경쟁력 강화, 노동 시장 유연화, 정부 규제 완화를 목적으로 노동법 개정이 추진되어야 한다는 원칙에 따라 복수 노조 허용과 노조 전임자 급여 지급 및 파업 기간 중 임금 지급에 반대하고, 정리 해고 및 변형 근로 시간제 등의 고용 유연성 확보를 주장하였다. 반면 노동계는 공무원과 교사의 노동 기본권 보장과 함께 복수 노조 금지 등 노동조합의 정치 활동 금지 조항 및 제3자 개입 금지 조항의 철폐를 주장하였다.

노동 기본권을 둘러싼 노사 간의 치열한 공방으로 노개위에서 합의가 도출되지 못하자, 정부는 1996년 12월 여당 단독으로 노동법 개정을 강행하였다. 이후 노동계는 총파업을 통해 1997년 1월 노동법 재개정 약속을 이끌어 냈지만, 정부는 노동 측과의 합의를 배제한 채 1997년 3월 야당과의 합의를 통해 노동법 개정안을 마무리 지었다.[8]

노사정 간의 합의 실패에도 불구하고 노개위 활동은 철저하게 정부 및 기업 중심적이었던 노사 관계의 질적인 변화를 시도하여 한국에서 코포라티즘 정치의 가능성을 제시했다는 의미를 가진다.[9] 국가

---

7) 노개위의 협상 주체는 기본적으로 노사 및 공익 대표들이었고, 정부는 공익 위원을 전면에 내세운 채 막후에서 공익 위원에 대한 영향력을 행사하는 방식을 취해 협상 과정에서의 실질적인 책임을 부담하지 않으려 했다. 반면 노사정위원회에서 정부는 하나의 협상 주체로 직접 참여하고 노사와의 합의 도출에 적극적인 역할을 담당하였다. 이병훈·유범상, 1998, 「한국 노동정치의 새로운 실험: 노사관계개혁위원회와 노사정위원회에 대한 비교 평가」, 《산업노동연구》 제4권 1호(한국산업노동학회), 109-110쪽.

8) 1997년 노동조합법 개정 당시 국가는 기업 차원의 복수 노조를 허용하고, 노조 전임자 급여 지급을 금지하되, 현실적인 여건을 감안하여 두 조항을 2001년까지 유예하기로 결정하였다. 이병훈·유영삼(1998), 90-91, 100쪽 참조.

9) 1990년 구성된 국민경제사회협의회, 1990~94년 동안의 임금 가이드라인과 임금 협약, 1993년 발표된 '국민 경제와 노사 관계 발전을 위한 노사정 합의문'은 형식적으로 코포라티즘적 합의라고 볼 수도 있다. 그러나 당시 노동계에서는 1990년 조직된

가 과거 통제 대상이었던 노동 세력을 사회 협약의 동등한 파트너로 인식했고, 민주 노조 진영의 민주노총을 사회 협약 파트너로 수용하여 실질적인 노동 대표체를 포함시켰기 때문이다. 따라서 노사 관계 현안 문제에 대한 공식적이고 실질적인 합의를 시도한 노사정의 노개위 참여 경험은 IMF 경제 위기 상황에서 노사정위원회 출범의 토대가 되었다.

특히 민주노총의 노개위 참여 경험은 1997년 12월 노사정 3자 협의 기구 구성을 정부에 제안할 수 있었던 주요한 이유가 되었다.[10] 그러나 정부 참여의 부재와 자문 역할의 한계 및 합의 기능의 실질적 제한 등 기구의 구성과 기능상의 한계로 인해 코포라티즘적 기구로 보기에는 적지 않은 결함을 가지고 있었다.

(3) IMF 경제 위기 극복의 대응물

한국의 노사정위원회의 출범은 1997년 외환 위기를 계기로 신자유주의 세계화에 대응한 국가, 노동, 자본 간의 타협의 결과물이었다. 1997년 초부터 한보 및 기아 등 대기업의 연쇄 부도에 의해 휘청거리기 시작한 한국 경제는 1997년 11월 말 급기야 IMF에 긴급 구제 금융을 신청하는 초유의 위기를 맞게 된다. 정부는 1997년 12월 3일 IMF와 구제 금융에 대한 이행 각서를 체결하였고, 그에 따라 시장의 안정 및 구조 개혁을 위해 긴축 통화 및 재정 정책, 금융 구조 조정, 기업

전국노동조합협의회의 민주 노조 진영이 철저히 배제된 채 한국노총만이 참여하였다. 따라서 당시 코포라티즘적 시도를 국가 코포라티즘으로 평가하고 있다. 장귀연(2006), 243쪽.
10) 노중기, 1999, 「사회적 합의와 노동정치의 새로운 실험」, 최영기 외, 『한국의 노사 관계와 노동정치』(서울: 노동연구원), 210쪽.

지배 구조 개선, 무역 자유화, 자본 시장 및 투자 업종에 대한 자유화, 정리 해고제 및 근로자 파견제 등의 광범위한 개혁 과제를 포함하는 IMF 프로그램에 합의하였다.[11] IMF 이행 각서 체결 이후 한국 경제는 신자유주의 세계화에 본격적으로 노출되었다.

세계화의 진전에 따른 신자유주의 개혁은 본질적으로 노동과 자본 간 힘의 관계를 변화시키고, 노사의 정책 선호에 영향을 미치는 중요한 요인이다. 세계 시장에 노출된 기업은 시장 경쟁력의 확보라는 명분하에 고용, 임금, 노동 시간을 탄력적으로 적용하는 노동 시장 유연성을 높이는 정책을 선호한다. 반면, 노동 시장 유연화는 노동 측의 고용 안정성을 해칠 수 있으며, 나아가 비정규직 문제를 양산하여 정규직 대 비정규직이라는 노동 시장의 내부적 균열을 심화시킬 수 있다.[12]

특히 노동의 조직화와 민주노총의 합법화 및 정치 세력화가 진전된 상황에서, 신자유주의 개혁은 분명 노동과 자본 간의 잠재적 갈등을 수반할 수밖에 없는 사안이었다. 이러한 상황에서 노사정위원회의 출범은 노동과 자본 간의 합의와 동의를 바탕으로 신자유주의 개혁을 통해 경제 위기를 극복하고자 했던 국가의 의지가 반영된 결과물이었다. 따라서 김대중 정부는 노사정위원회를 출범시키기 위해 자본과 노동의 고통 분담론이라는 명분하에 노동과 자본의 참여를 설득하기 시작하였다.

1997년 12월 당시 김대중 대통령은 당선자의 신분으로 양대 노총을 방문하여 노동 시장 유연화와 관련된 사항을 사회적 합의를 통해

---

11) 《매일경제》, 1997. 12. 04.
12) 김용철(2010), 37쪽.

해결하는 노사정협의체 구성을 공식적으로 노동계에 제안하였다. 그리고 1998년 1월 14일 대기업 총수들을 만나 자본의 고통 분담과 노동 측이 요구하는 재벌 개혁 조치를 이끌어 내었고, 그 결과 1998년 1월 15일 제1기 노사정위원회가 발족할 수 있었다.

자본의 입장에서 노사정위원회의 참여는 경제 위기의 주범이라는 사회적 비판에서 벗어나는 동시에 경제적 위기 상황을 통해 구조 조정 및 정리 해고 등의 문제 해결 과정에서 노동계와의 갈등을 최소화할 수 있다는 전략적 판단에 의해 이루어졌다[13] 그러나 노동계의 경우 노동 시장 유연화는 절대적으로 노동자의 희생을 요구하는 사안이었기 때문에 정부의 설득에 무조건 호응할 수 없는 입장이었다. 그럼에도 그간 정부 정책에 협조적이었던 한국노총과 함께 민주노총까지 노사정위원회에 참여하게 된 배경에는 무엇보다 사회 경제적 위기에 대한 공감대 형성이 있었다. 즉 양대 노총은 정리 해고제의 조기 시행을 법제화하려는 정부의 의도를 감지했음에도, 심각한 경제적 위기 상황으로 인해 조직 내부의 반발을 감수하면서까지 노사정위원회에 참여할 수밖에 없었다.[14]

---

13) 최인이, 2008, 「민주적 거버넌스와 시민사회: 거버넌스 시각에서 바라본 노사정파트너십: 노사정위원회의 사례를 중심으로.」《시민사회와 NGO》 제6권 1호(한양대학교 제3섹터연구소), 88쪽.
14) 은수미, 2006, 『사회적 대화의 전제조건 분석: 상호관계의 사회적 의제 형성을 중심으로』(서울: 한국노동연구원), 58쪽.

2) 노사정위원회의 위상 및 활동 변화

(1) 법률 및 제도적 위상의 변화

제1기 노사정위원회(1998. 1. 15.~1998. 2. 9)는 법적 근거가 마련되지 않은 상태에서 정치적 합의 기구로 출범하였다. 외환 위기라는 경제 위기에 대처하기 위해 당시 김대중 대통령 당선자, 재계, 양대 노총의 합의에 의해 구성되었다. 1998년 1월 15일 노사정위원회 발족식 이후 개최된 제1차 노사정위원회에서 경제 위기 극복과 고용 대책 및 경제 사회 개혁의 방향 수립을 위하여 노사정위원회를 대통령 당선자 소속 아래에 둔다는 규정이 결의되었다. 제1기에서는 본위원회-기초위원회-전문위원회로 구성된 3층 구조로 운영되었다.

제2기 노사정위원회(1998. 6. 3.~1999. 8. 31)는 노사정위원회의 설치에 관한 대통령령에 근거하여 출범하였다. 제1기 노사정위원회에서 체결된 2·6사회협약 당시에 이미 노사정위원회가 법적 상설 기구가 될 수 있도록 대통령에게 건의하였고, 1998년 3월 대통령령 제15746호로 노사정위원회 규정이 제정되어 2기부터는 법령상의 기구로서 위상을 갖추어 출범하게 되었다. 2기에서는 노사정위원회가 합의의 중심체 역할을 수행할 수 있도록 노사정위원회에 상정할 의안을 미리 검토 및 조정하는 상무위원회를 처음 설치하였다. 그리고 상무위원회에서 논의할 내용을 보다 심도 있게 검토하는 4개 소위원회(사회 보장, 고용 실업 대책, 노사 관계, 경제 개혁)를 구성하였다. 이외에 주요 현안 문제에 대한 집중적인 논의와 대책 수립을 위한 특별위원회(공공 부문 구조 조정, 부당 노동 행위, 금융 산업 발전)도 설치되었다.

제3기 노사정위원회(1999. 9. 1.~2007. 4. 26)는 노사정위원회설치및운영에관한법률에 근거하여 설치되었다. 이미 2기 때부터 노사정위원회의 위상 강화 방안을 지속적으로 요구한 노동계는 1999년 들어 노사정위원회의 위상 강화 문제가 해결되지 않으면 노사정위원회에 불참할 것이라고 정부를 압박하였다. 이에 1999년 2월 당시 김완기 노사정위원장은 노사정위원회법 제정을 김대중 대통령에게 건의하였고, 김대중 대통령이 구조 조정 등에 대한 성실한 사전 협의 및 충실한 이행을 위한 특별법 제정을 수용하여 1999년 5월 24일 '노사정위원회의설치및운영에관한법률'이 제정되었다.[15] 노사정위원회법이 제정됨에 따라 노사정위원회는 정책 결정을 위한 법률적 위상을 확보하였고, 법적 근거를 통해 조직이 확대되면서 보다 다양한 사안을 다룰 수 있는 운영상 발전을 이루게 되었다.[16] 3기에서는 공공 및 금융 부문 구조 조정을 비롯해 2기 특별위원회와 소위원회에서 다루었던 의제들이 마무리됨에 따라 특별위원회(금융 부문 구조 조정·공공 부문 구조 조정, 부당 노동 행위)와 소위원회(노사 관계, 경제 사회)가 새롭게 통합·개편되었다.

　제4기 노사정위원회(2007. 4. 27.~현재)는 경제사회발전노사정위원회로 개편되었다. 3기부터 노사정위원회가 법률적 기구로 위상이 강화되었음에도 불구하고, 회의체 운영상의 비효율성, 업종 및 지역 단위에서 제기되는 다양한 문제에 대한 합의 기반 부족 등의 문제로 인해 조직 개편의 필요성이 꾸준히 제기되었다. 노사정위원회 조직 개편 방안은 2004년 5월 대통령 주재로 열린 노사정대표자회의에서 논의되기 시작하여 2006년 4월 27일 합의되었다. 이후 2007년 1월 26일 노사정위원회 개정법이 제정되었고, 2007년 4월 27일 출범한 4기부터

---

15) 경제사회발전노사정위원회, 2008, 『경제사회발전노사정위원회 10년사: 1998~2007』(서울: 경제사회발전노사정위원회), 44쪽.
16) 최인이(2008), 95쪽.

〈표 8-1〉 **노사정위원회의 변천 과정**

구 분	제1기	제2기	제3기	제4기
활동 기간	1998. 1. 15~ 1998 2. 9.	1998. 6. 3~ 1999. 8. 31.	1999. 9. 1~ 2007. 4. 26.	2007. 4. 27~현재
법적 근거	없음	대통령령(1998. 3. 28)	노사정위원회의설치 및운영에관한법률 (1999. 5. 24)	경제사회발전노사정 위원회의설치및 운영에관한법률 (2007. 1. 26)
설치 개편 배경	제1차 노사정위원회 (1998. 1. 15.)에서 대통령 당선자 소속 하에 설치한다는 노사정위원회 규정 결의	1999년 2·6사회협약 당시 법적 상설 기구 로의 위상 강화를 대통령에게 건의	노동계의 지속적인 노사정위원회 위상 강화 요구	회의체 운영상 일부 비효율성, 업종·지역 단위의 사회적 대화 기반 마련
성격	당선자 자문 기구/ 정치적 합의 기구	대통령 자문 기구/ 사회적 대화 기구	대통령 자문 기구/ 사회적 대화 기구	대통령 자문 기구/ 사회적 대화 기구
참여 주체	노사정, 정당	노사정, 공익, 정당	노사정, 공익	노사정, 공익
조직 체계	본위원회, 기초위원회, 전문위원회	본위원회, 상무위원회, 특별위원회 (공공 부문 구조 조정, 부당 노동 행위, 금융 산업 발전 대책, 소위원회(사회 보장, 고용 실업 대책, 노사 관계, 경제 개혁)	본위원회, 상무위원회, 특별위원회 (금융 부문·공공 부 문 구조 조정, 부당 노동 행위), 소위원회 (노사 관계, 경제 사회)	본위원회, 상무위원회, 의제별· 업종별위원회 (논의 사항 1년 한정, 합의 시 1년 연장)
주요 의제	노동 시장 유연화, 노동 기본권, 구조 조정, 재벌 개혁 등	구조 조정, 사회 복지, 노동 기본권 등	구조 조정, 비정규직 대책, 사회 복지, 근 로 시간 단축, 노사 관계 제도 개선 등	단체 교섭 체계 개선, 임금 체계 개선, 고용 보험 제도 등

출처: 경제사회발전노사정위원회(2008), 40~49쪽; 이선향, 2011, 「노무현 정부 시기 노동정치의 갈등과 한계」, 《담론 201》 제14권 1호(한국사회역사학회), 72쪽을 참조하여 재구성.

는 경제사회발전노사정위원회로 새롭게 조직되었다. 4기에서는 업종 및 지역 단위의 사회적 합의 기반을 마련하기 위해 상설 소위원회를 해체하고, 상무위원회 산하에 의제별 위원회와 업종별 위원회를 새롭게 설치하였다. 의제별·업종별 위원회의 논의 시한은 1년으로 한정하되, 노사 협의에 의해 1년 연장이 가능하다.

(2) 참여 주체의 변화

노사정위원회의 참여 주체는 양대 노총, 재계, 정부 대표와 함께 노사정 간 입장 차이를 조율하기 위해 공익이라는 이름으로 법조계, 학계, 언론계, 시민 단체 등의 대표들로 구성된다. 1기에서는 공익 위원이 배제된 상태에서 양대 노총(한국노총, 민주노총), 재계(전경련, 경총), 정부(재경부, 노동부), 그리고 정당(국민회의, 자민련, 한나라당 대표)이 참여하였다. 정당의 참여는 당시 정권 교체가 이루어지는 상황에서 국민회의 주도로 노사정위원회를 이끌어 갈 수밖에 없었던 현실과 노사정위원회의 합의 사항이 입법화되기 위해서는 각 정당의 협조가 필요했던 상황을 반영한 것이다. 공익 위원이 참여하지 않은 이유는 김영삼 정부의 노개위 활동에서 공익 위원들의 미흡한 중재 역할에 대한 비판적 목소리를 반영한 것이었다.[17]

2기에서는 1기 때 배제되었던 공익 위원들이 새롭게 참여하였고, 정당은 1기 때와 마찬가지로 국회 교섭 단체를 구성하는 정당 대표가 참여하였다. 그 결과 2기 노사정위원회는 출범 당시부터 양대 노총, 재계, 정부, 정당 대표와 함께 공익 위원들이 참여함으로써, 노사정 간의 합의 사항을 조정 및 중재할 수 있는 사회적 합의 기구의 위상을

---

17) 경제사회발전노사정위원회(2008), 46쪽.

확립할 수 있었다. 그러나 양대 노총은 1999년 2월 이후부터 정부의 일방적인 구조 조정 및 정리 해고에 반발하여 노사정위원회의 탈퇴와 복귀를 거듭함으로써, 2기 노사정위원회의 합의 구조는 불안정한 형태로 유지되었다.

3기에서는 노사정위원회의설치및운영등에관한법률안의 입법 과정에서부터 정당의 참여가 배제되었기 때문에, 노사정위원회는 노사정 및 공익 위원이 참여하는 구도로 재편되었다. 정부 대표로는 1 및 2기 때와 마찬가지로 재경부 및 노동부 장관이 참여했고, 재계 대표 역시 전경련과 경총이 참여했다. 그러나 노동계의 경우 민주노총이 1999년 탈퇴 후 3기 노사정위원회 출범에 참여하지 않아 한국노총만이 참여하였다. 이후 민주노총은 2004년 5월 노사정위원회를 우회하는 임시 대화 채널인 노사정대표자회의에 참여하였으나, 노사정위원회 및 노사정대표자회의의 참여를 둘러싼 내부 정파 투쟁의 결과로 3기에서도 탈퇴와 복귀를 거듭하였다.

4기부터는 경제사회발전노사정위원회의설치및운영에관한법률에 의해 노사정 대표 및 공익 위원 각 2인이 주체가 되어 노사정위원회에 참여하였다. 정부는 재경부 및 노동부 장관이, 재계에서는 전경련 대신 대한상공회의소가 참여하였고, 공익 위원의 수는 기존 9인에서 2인으로 축소되었다. 그러나 노동계에서는 3기와 마찬가지로 민주노총이 참여하지 않아 한국노총만이 참여하는 불안정한 합의 기구로 출발하였다. 민주노총은 2009년 복수 노조 허용 및 노조 전임자 급여 지급과 관련해 한시적으로 노사정위원회에 복귀하였으나, 정부 및 여당의 일방적인 법안 처리에 반대하여 탈퇴한 이후 공식적으로 노사정위원회에 복귀하지 않고 있다.

2. 노사정위원회 활동의 정당 정치적 요인

1997년 말의 외환 위기와 그에 따른 경제 위기를 극복해야 한다는 사회적 공감대는 한국 사회에서 노사정위원회를 통한 코포라티즘 정치 실험의 중요한 배경이 되었다. 신자유주의 세계화의 압력에 따른 금융 정책과 노동 정책의 변화로 인해 사회적 갈등이 예상되는 위기 상황에서도 정부는 적극적으로 자본과 노동에 고통 분담을 호소하였고, 그 결과 자본과 노동의 참여를 이끌어 내어 노사정위원회가 출범할 수 있었다. 특히 그동안 정책 결정 과정에서 배제되었던 노동 세력을 참여시키는 정부 정책의 전환은 노사정위원회 출범의 중요한 원동력이었다.

정치적 민주화와 민주노총의 합법화 이후 노동계의 힘이 강화된 상황을 고려한다면, 정부 입장에서 노동계의 참여를 이끌어 내는 것은 노사정위원회 출범의 가장 중요한 과제였다. 노동계의 참여를 이끈 정부의 선택은 외연적으로 노동을 정책 결정 과정의 공식적인 파트너로 인식하여 코포라티즘 정치를 시도했다는 평가를 가능하게 한다. 그러나 실제적으로 김대중 정부부터 이명박 정부까지 노사정위원회는 신자유주의 이데올로기를 수용한 정부가 노동을 자본주의 질서에 순치시키는 통치 전략적 기제로 활용되었다.[18] 달리 말해 1987년 이후 성장한 노동조합을 국가 정책에 편입시키면서 노동 시장의 유연화로 대변되는 신자유주의 세계화를 정당화하는 통치 전략적 수단으로서 노사정위원회를 활용한 것이다.

---

18) 이연호, 2009, 「노동통제와 사회적 코포라티즘」, 곽진영 외, 『거버넌스: 확산과 내재화』(서울: 대경출판사), 204-205쪽.

1) 김대중 정부: 구조 조정 문제

김대중 정부는 출범 당시부터 IMF가 요구하는 경제 개혁을 추진해야 하는 난제에 직면해 있었다. 특히 노동 시장의 유연화를 포함하는 구조 조정 문제는 노동계의 동의 없이는 성공적인 완수가 불가능한 사안이었다. 그러나 정치적 기반은 민주화 이후 수평적인 정권 교체를 이룬 정권이었음에도, 보수적인 자민련과 연합해도 121석에 그쳐 과반수 의석을 확보하지 못한 약한 정부라는 한계를 가졌다. 따라서 여소 야대의 분점 정부로 출범한 김대중 정부 입장에서 신자유주의 개혁에 따른 정치적 역풍과 사회적 갈등을 미연에 방지하여 신자유주의 개혁을 성공적으로 완수하는 것은 정권 초기 최대의 과제였다. 이러한 상황에서 노사정위원회의 출범은 국정 운영 능력의 탁월성을 증명하는 수단이 될 수 있었다.[19]

당시 정부가 노사정위원회 출범을 위해 적극적으로 자본과 노동을 설득한 배경에는 경제 위기 극복이라는 외연적인 명분 이외에 노사정위원회 자체를 새롭게 출범하는 소수파 정부의 정통성을 확보하는 기반으로 활용하려는 정치적 동기가 있었다.[20] 다행히 김대중 정부는 출범 초기의 높은 지지율로 인해 노사정위원회를 추진하는 대중적 기반이 튼튼했으며, 1997년 노동자 총파업에 동조한 김대중 대통령의 친근로자 성향은 노동계의 참여를 유인하는 코포라티즘 질서 확립의 호조건으로 작용하였다.

1998년 제1기 노사정위원회의 출범과 2·6사회협약은 김대중 대통

---

19) 양재진, 2007, 「한국 사회협약 실험의 추동력과 한계: 조정시장경제로의 전환 가능성 검토」, 《사회과학연구》, 제15권 1호(서강대학교 사회과학연구소), 56쪽.

20) 하민철, 2007, 「정책문제해결기구의 설계와 제도화: 김대중 정부 시기 노사정위원회를 중심으로」, 《정부학 연구》 제13권 4호(고려대학교 정부학연구소), 89쪽.

령이 당선자 신분으로 자본과 노동을 적극적으로 설득한 결과물이었다. 1997년 12월 26일과 27일 양대 노총은 노동 시장 유연화 문제 해결을 위한 김대중 당선자의 노사정협의회 제안에 원칙적으로 공감하였다. 그러나 고용 안정과 자본 측의 개혁이 전제되지 않은 상황에서의 노사정위원회 참여에는 반대하였다. 이에 김대중 대통령은 1998년 1월 13일 삼성, 현대, LG, SK 등 재벌 총수들을 만나 자본의 고통 분담을 요구하였고, 1월 14일 대기업 총수들은 경제 위기 초래에 대한 책임을 통감하면서 자본의 고통 분담 및 재벌 개혁의 방침을 발표하였다.[21] 이후 노동이 자본의 개혁안을 수용하여 구조 조정 및 정리 해고 문제의 해결을 위한 제1기 노사정위원회가 1월 15일 발족할 수 있었다. 이후 2·6사회협약을 통해 노동 측은 정리 해고제와 근로자 파견제를 수용했고 자본 측은 기업 투명성 확보와 재벌 개혁을 약속하였다.

2·6사회협약을 통해 정부는 구조 조정으로 인한 인력 감축과 이에 대한 노동 측의 저항을 완화시킬 수 있는 자신감을 확보하였다. 이후 정부는 1998년 3월 대통령령의 노사정위원회 규정과 1999년 5월 노사정위원회의설치및운영에관한법률을 제정하여 사회적 합의 기구로서 노사정위원회의 위상을 강화하는 등 2기 및 3기 노사정위원회의 출범에 적극적인 행보를 보였다. 그러나 이 시기 정리 해고 및 노동 기본권 문제에 대처하는 정부의 의사 결정 행태는 2·6사회협약의 틀

---

21) 대기업 총수들은 결의문을 통해 ① 기업 투명성 및 신뢰도 제고, ② 재무 구조의 건전화 및 중소기업과 수평적 협력 관계 형성, ③ 고용 안정을 위한 노력 및 기업 회생의 최후 수단으로 정리 해고 사용, ④ 수출 확대를 통한 IMF 체제의 조기 극복 역량 결집, ⑤ 구조 조정 시 지배 주주의 재산 출자와 경영 부실에 대한 책임 경영 체제 강화 등의 개혁 조치를 발표하였다. 《동아일보》, 1998. 01. 15.

과 관계없이 일방적으로 흐르기 시작하였다. 즉 출범 초기 친근로자 정부임을 자처하며 노동계의 입장을 반영하는 정치의 구현을 약속했지만, 경제 위기 극복 과정에서 이미 신자유주의 패러다임을 거역할 수 없었던 김대중 정부는 노사정위원회를 통해 노동 시장 유연화 정책의 정당성만을 획득하려는 행태를 보이기 시작한 것이다.

정부는 정리 해고와 구조 조정에 반대하여 참여와 탈퇴를 거듭하는 양대 노총을 설득하여 노사정위원회를 지속시키려는 노력을 기울였지만, 사실 노동 측의 입장을 코포라티즘 정치로 구현할 의지는 점점 상실되었다. 정리 해고제와 파견 근로제가 법제화된 이후 정부의 본격적인 구조 조정 과정은 노동계의 극심한 반발을 불러일으켰고,[22] 그 결과 2기 및 3기 노사정위원회는 양대 노총의 참여와 불참이 반복되면서 파국으로 치닫게 된다.

양대 노총은 1998년 5월 들어 제1기 노사정위원회의 합의 사항인 고용 안정과 실업 대책이 제대로 이행되지 않은 상황에서 진행된 구조 조정에 강한 불만을 제기하였고, 구조 조정이 노동자들의 일방적인 희생만을 강요했다는 비판과 함께 노사정위원회 불참을 선언하였다.[23] 그럼에도 정부는 다시 노동을 설득하여 기업의 부당 행위 단속

---

22) 정리 해고제 및 파견 근로제는 국회로 이송되어 노사정위원회의 합의안에 별다른 이견 없이 1998년 2월 14일에 여야 합의로 신속히 처리되었다. 그러나 '실업자의 초기업 단위 노조 가입', '노조의 정치 자금 기부 허용' 등과 같이 정부가 노동계에 약속했던 노사정위원회의 합의 사항은 여야 간의 입장 차이와 신정부의 관철 의지 부족으로 입법되지 못하였다. 이병훈·유범상, 2001, 「노동법의 형성과 집행에 대한 노동정치 연구: 정리해고제의 사례를 중심으로」, 《한국사회학》 제35권 2호(한국사회학회), 194–195쪽.

23) 민주노총은 5월 4일 부당 노동 행위 척결, 정리 해고 및 근로자파견법 재개정 협상, 철저한 재벌 개혁 등의 선결 조건들이 수용되지 않는 한 제2기 노사정 참여는 무의미하다는 입장을 밝혔다. 한국노총 역시 재벌 개혁 등 제1기 노사정 합의 사

과 합리적 구조 조정을 제시하여 제2기 노사정위원회를 출범시킬 수 있었다. 제2기 노사정위원회는 '공공 부문 구조 조정 특별위원회', '금융 산업 발전 대책위원회'를 구성하여 금융 및 공공 부문의 구조 조정에 대한 사회적 대화의 형식을 취했다. 그러나 정부는 사회 협약 틀과 관계없이 1998년 6월부터 일방적인 구조 조정을 추진해 사회 협약 정치는 또다시 표류하기 시작했다. 결국 구조 조정을 목표로 했던 제2기 노사정위원회의 활동은 기업들의 노조 교섭력을 약화시킬 수 있는 연봉제 도입 등 정부의 일방적인 정책 결정에 대한 노동계의 불만이 최고점에 이른 1998년 12월에 중단되었다.

구조 조정 문제에 대한 노동계의 반발로 2기 노사정위원회가 파국으로 치달은 후, 김대중 정부는 노사정위원회의 재건을 위해 노사정위원회법을 제정하고, 노동계의 요구를 수렴한다는 명분으로 제3기 노사정위원회를 출범시켰다. 특히 제16대 총선을 앞둔 김대중 정부 입장에서 노사정위원회를 통한 사회 협약 정치의 재구성은 2000년 총선 및 2002년 정권 재창출을 위한 핵심적 사안이었다.

3기 노사정위원회는 법률적 기반을 통해 위상을 강화하였음에도 1기 및 2기와 달리 불안정한 협의 시스템을 유지하고 있었다. 민주노총은 1999년 2월 노사정위원회 탈퇴 후 3기 노사정위원회 참여를 거부하였다. 반면 한국노총은 3기 노사정위원회에 참여하여 2000년 7월 금융 산업 발전과 금융 개혁 추진 방향에 대한 노정 합의를 이끌어 내기도 하였다. 그러나 복수 노조 교섭 창구 단일화, 노조 전임자 문제 미해결, 정부의 일방적인 전력 민영화 추진 등에 반발하여, 2000년

항에 대한 실질적인 이행 약속을 제시하지 않을 경우 제2기 노사정위원회에 참여할 수 없음을 선언하였다. 《동아일보》, 1998. 05. 04.

10월 이후에는 그동안 충실하게 노사정위원회에 참여하였던 한국노총마저도 노사정위원회의 조건부 탈퇴를 심각하게 고려하는 상황에 직면하게 되었다.[24]

결과적으로 1기와 달리 2기와 3기에서는 노사정위원회를 통한 코포라티즘 정치 실험은 분명한 한계를 노정하였다. 정부의 일방적인 구조 조정에 대한 노동 측의 불만이 가중되면서 노사정 합의를 통해 IMF 경제 위기를 극복하자는 정부의 설득은 더 이상 노동계를 노사정위원회로 유인할 수 없었다. 그럼에도 2000년 총선을 앞둔 시점에서 국정 운영의 탁월성을 증명해야 했던 김대중 정부는 민주노총이 참여하지 않은 채로 3기 노사정위원회를 출범시켰다. 2000년 4월 총선 결과 새천년민주당은 여전히 한나라당에 비해 수적 열세의 약한 정부였다. 이 점은 1기 노사정위원회 출범 당시처럼 정부가 노동과 자본을 동등한 협상 파트너로 수용하여 코포라티즘 사회 협약을 구현해야 할 정치적 조건이었다.

그러나 김대중 정부는 더 이상 친근로자 성향의 정부가 아니었다. 정부의 정체성은 이미 IMF의 요구 사항에 따라 신자유주의 이데올로기를 관철시키는 방향으로 선회하였고, 그 결과 노동 측의 입장을 반영하여 실제적인 사회 협약을 구현하려는 의지마저 사라져 버렸다. 따라서 2기 및 3기부터 노사정위원회는 노동계의 실제적인 불만은 무시된 채 단순히 정권 재창출을 위한 수단으로 작동하는 동시에 정부의 노동 시장 유연화 정책을 정당화하는 수단으로 전락하기 시작하였다.

---

24) 《노동일보》, 2000. 11. 11.

2) 노무현 정부: 비정규직 문제 및 노사 관계 선진화 방안

노무현 정부는 대통령직 인수위원회 시절부터 사회 통합적 노사 관계 구축을 슬로건으로 내세운 만큼 사회적 협의 기구로서 노사정위원회 복원에 적극적인 관심을 가졌다. 특히 김대중 정부와 마찬가지로 여소 야대의 분점 정부로 출범한 노무현 정부 입장에서 노동 시장 유연화에 따른 문제점을 치유하고 사회적 갈등을 최소화하기 위해서는 노사정위원회의 정상화가 무엇보다 중요한 과제였다. 이에 노무현 대통령은 당선자 시절인 2003년 2월 13일 양대 노총 사무실을 전격적으로 방문하여 노사 간 힘의 불균형을 바로 잡겠다는 발언을 하는 등 친근로자적 경제 정책 실현 의지를 적극적으로 피력하였다.[25]

다행히 노무현 대통령 역시 김대중 대통령과 마찬가지로 출범 초기 대중적인 인기가 높았고, 민주노조에서 활동한 대통령의 이력은 노사정위원회 복원의 호조건으로 작용하였다.[26] 그에 따라 1999년 2월 민주노총 탈퇴 이후 명목상 기구로 남아 있던 노사정위원회의 부활에 대한 대중들의 기대는 상당히 높았고, 노무현 정부는 김대중 정부 시절 마비되었던 노사정 간의 사회적 합의를 복원하기 위해 노사정대표자회의를 출범시켰다.

노사정대표자회의는 김대중 정부 시절 파국으로 치달은 노사정위원회를 우회하는 임시적 성격의 사회 협약 채널로서, 2004년 5월 노무현 대통령 주도로 만든 6인(노사정위원장, 한국노총 및 민주노총 위원장, 한국경총과 대한상의 회장, 노동부 장관)의 대화체였다. 2001년 자본과 노동 간의 첨예한 대립으로 해결점을 찾지 못했던 비정규직 문제

---

25) 《동아일보》, 2003. 02. 14.
26) 노중기, 2006, 「노무현정부의 노동정책: 평가와 전망」, 《산업노동연구》 제12권 2호 (한국산업노동학회), 2쪽.

는 노사정대표자회의에서 주요 의제로 다시 제기되었다. 비정규직 문제를 둘러싼 노사 간의 주요 쟁점은 동일 노동 및 동일 임금 원칙, 기간제 근로자의 사용 기간 및 파견 근로 허용 기간 등이었다.[27] 그러나 정부는 비정규직 문제의 대처 과정에서 출범 초기에 보여줬던 친근로자 정책에서 탈피하여 신자유주의적 경제 성장 우선주의라는 틀 안에서 노사 관계에 대한 정치적 개입을 본격화하기 시작하였다.

정부는 노사정대표자회의에서도 노사 간 입장 차이로 비정규직 문제가 합의점을 찾지 못하자 노사정 사회 협약 채널을 그대로 통제하기 시작하였고, 이러한 정부의 행태는 2004년 9월 9일 정부의 일방적인 비정규직 관련 입법 예고로 이어졌다.[28] 정부의 입법 예고안에 대해 양대 노총은 2001년 노사정위원회에서 논의되었던 내용보다 더 후퇴한 개혁안이라고 반대하였고, 자본 역시 고용 유연성과 기업 경쟁

---

27) 비정규직 근로자의 법적 보호를 마련하기 위한 노사정위원회 개최는 김대중 정부 시기인 2001년 7월 '비정규직대책특위'를 통해서 논의되었으나 자본과 노동 간의 입장 차이로 합의되지 못하였다: ① 기간제 근로자의 사용 기간과 관련해 노동계는 계약 기간을 최대 1년, 단 1회에 한하여 반복 갱신을 허용하여 최대 2년까지 허용하고, 2년 초과 고용 시 기간의 정함이 없는 계약으로 간주할 것을 주장하였다. 반면 사용자 측은 계약 기간은 상한 1년에서 3년으로 연장하되 기간의 정함이 없는 계약 간주나 정규직 전환 의무를 반대하였다. ② 파견 근로 허용 기간과 관련해 노동계는 현행 파견 허용 업종(26개) 및 파견 근로 허용 기간 2년 유지를 주장하였고, 자본은 파견 근로 허용 업종의 네거티브 리스트 전환, 파견 기간 제한 폐지 및 노사 합의에 의한 갱신 가능성을 주장하였다. 경제사회발전노사정위원회(2008), 313, 315쪽.
28) 2004년 9월 9일 비정규직 관련 입법 예고(파견근로자보호등에관한법률, 기간제및단기간근로자보호등에관한법률안)의 주요 내용은 ① 비정규직에 대해 임금 등 근로조건의 불합리한 차별을 금지하고, ② 파견 근로자의 사용 기간을 2년에서 3년으로 확대하고 파견 근로 업종을 네거티브 리스트로 전환하며, ③ 기간제 근로자 계약 기간을 1년에서 3년으로 늘리되, 재계약 시 사용자가 임의로 해고할 수 없도록 하였다. 《동아일보》, 2004. 09. 09.

력이 향상될 수 있도록 정부 입법안의 재검토를 요구하였다.[29]

　비정규직 문제는 정부의 강력한 입법 의지에도 불구하고, 노동과 자본의 반발로 2004년 11월 29일 입법화가 유보되었고, 2005년까지도 정부의 입법화 시도는 실패하였다. 그러나 결국 비정규직 법안은 정부와 여당(열린우리당) 및 보수적인 야당(한나라당)의 주도하에 2006년 2월 27일 국회 환경노동위원회를 통과하였고, 양대 노총과 민주노동당의 반발 속에서도 2006년 11월 30일 국회의장의 직권 상정을 통해 국회 본회의에서 의결되었다. 가결된 법안은 애초 노동이 요구하던 기간제 사유 제한 및 파견 노동자에 대한 고용제 등의 내용이 반영되지 않았고, 동일 노동 동일 임금 원칙의 불허 및 파견 근로 허용 업종의 확대 등 자본 측의 요구를 반영한 법안에 가까운 것이었다.[30]

　2004년 9월부터 전개된 노무현 정부의 일방적인 비정규직 법안 처리는 출범 초기 사회 통합적 노사 관계의 복원이라는 슬로건과는 배치되는 모습이었다. 정부가 일방적으로 제출한 비정규직 법안은 노동자를 보호한다는 정부의 주장과는 반대로 대책 없이 비정규직을 양산할 수 있는 법률이었다. 민주노총과 비정규직 노동자들이 치열하게 저항했음에도 정부는 법제화 의지를 굽히지 않았다. 특히 17대 총선 이후 과반수 이상의 의석을 가진 열린우리당에 지탱한 강한 정부는 보수적인 야당과 함께 비정규직 관련 입법 과정을 주도하면서, 노사정대표자회의의 사회 협약 기능은 상실되었다. 신자유주의 이데올로기로 무장한 강한 정부 주도의 사회 협약 정치는 노사 관계 선진화 제도 개혁에서도 그대로 재현되었다.

---

29)《오마이뉴스》, 2004. 09. 22.
30) 김용철(2010), 57-58쪽.

노사 관계 선진화 방안은 2003년 4월 노무현 대통령의 지시에 따라 노사정위원회의 노사관계발전추진위원회를 통해 추진되었다. 노사관계발전추진위원회는 정권 출범 직후 사회 협약 정치의 부활이라는 기치하에 노사 관계의 거시적인 구조 개혁과 함께 자본 편향적인 노동 정책에서 벗어나려는 정부 노력의 일환으로 설치되었다. 그러나 노무현 정부가 2003년도 하반기 들어 노동 정책의 기조를 사회 통합에서 노동 통제 정책으로 선회하면서 노사 관계 선진화 방안을 둘러싼 노사정 협상은 정부의 일방적인 주도하에 진행되었다. 정부는 노사정위원회의 노사관계발전추진위원회가 설치된 상황에서도 2003년 9월 4일 노사 관계 선진화 개혁 방안을 일방적으로 발표하였다. 그 결과 노사정위원회가 주도하던 노사 관계 체제 발전 전략은 유명무실한 것으로 전락되었고, 2004년 2월 일자리 협약을 끝으로 노사정위원회가 할 수 있는 일은 거의 없었다.[31] 정부가 주도한 노사 관계 선진화 방안은 노동 쟁의 대항권을 제도화하는 등 새로운 노동 통제 정책에 가까운 것이었다.

비정규직 문제에 대한 불만으로 2005년 4월부터 노사정대표자회의 참여를 거부했던 양대 노총은 정부의 일방적인 노사 관계 선진화 방안의 추진을 막아야 한다는 판단하에, 2006년 3월과 6월 노사정대표자회의에 복귀하였다. 그에 따라 2006년 7월 6일 6자(양대 노총, 경총, 대한상의, 노동부 장관, 노사정 위원장)가 참여한 노사정대표자회의가 개최되었다.[32] 그러나 몇 차례에 걸친 협상에도 불구하고 노사 대표자들의 의견이 좁혀지지 않자, 2006년 8월 30일 노동부 장관은 9월 7일

---

31) 노중기(2006), 15쪽 참조.
32) 김용철(2010), 59쪽.

구 분	정부 선진화 방안	9·11합의안	민주노총 입장
노조 전임자 급여	지원 금지, 예외 인정	3년 유예	노사 간 자율 결정
기업별 복수 노조	창구 단일화 후 허용	3년 유예	허용, 교섭 창구 자율화
대체 노동	공익 사업에 허용	필수 공익 사업에 허용	대체 노동 확대 반대
직권 중재	필수 공익, 직권 중재 개념 폐지	직권 중재 폐지 필수 공익 확대	직권 중재 폐지, 필수 공익 범위 축소(철도, 석유)
부당 해고	벌칙 삭제, 금전 보상	해고 벌칙 삭제 금전 보상	벌칙 유지, 금전 보상에 노동자 동의권 신설
경영상 해고	도산 절차 기업 요건 완화, 통보 기관 차등, 연장	사전 통보 기간 30∼60일로 차등	조건 없는 재고용 의무화, 통보 기간 단축 반대

출처: 노중기(2006), 10쪽.

까지 노사 간 합의가 되지 않는 부분은 정부안대로 입법 예고할 것이라고 노동과 자본을 압박하기 시작하였다.[33]

이후 노사정대표자회의는 정부의 태도에 반발한 민주노총이 참여하지 않은 채 5자 대표에 의해 9월 11일 노사 관계 선진화 방안을 도출하였다. 그러나 9·11 합의안은 비록 한국노총이 참여했지만, 대체 노동의 도입과 확대, 부당 해고 처벌의 완화, 정리 해고 요건의 완화, 공익 사업 확대와 최소 업무 유지 업무 등 신자유주의 노동 체제를 강요하는 제도적 장치의 도입이라는 의미를 가진다.[34] 특히 9·11합의안은 복수 노조 금지 폐지, 전임자 급여 지급 금지를 재차 3년 유예함으로써 차기 정부에서 다시 문제가 될 소지를 남겨두게 되었다.

---

33)《동아일보》, 2006. 09. 04.
34) 노중기(2006), 9쪽.

노사정대표자회의를 통해 코포라티즘 사회 협약 정치의 복원을 시도했던 노무현 정부의 실험은 결국 실패로 귀결되었다. 비정규직 법안과 노사 관계 선진화 방안 협상은 신자유주의로 정체성을 전향한 정부와 집권 여당, 그리고 보수적인 야당에 의해 주도되었다. 노무현 정부 역시 김대중 정부와 마찬가지로 집권 초기의 친근로자적 성향은 점점 상실되었고, 자본에 편승한 정부는 신자유주의 정책 실현의 강력한 주체로 변모하였다. 더욱이 노무현 정부는 집권 초기에 여소 야대의 약한 정부였지만, 대통령 탄핵 이후 치러진 17대 총선에서 열린우리당이 과반수 이상을 차지함으로써 정책 노선에서 차이가 나는 민주노총 및 민주노동당과의 연대 없이도 국정을 운영할 수 있는 강한 정부로 변모하였다.

그 결과 정부가 적극적으로 노동을 포섭하여 노사 간의 사회적 대화를 추진할 동기 역시 사라져 버렸다. 즉 신자유주의 이데올로기의 대대적 수용이라는 정체성의 변화를 겪은 강한 정부하에서 노사정대표자회의는 정부가 주도한 노동 정책의 정당성을 확보하는 수단에 불과하였던 것이다. 따라서 정부가 노동 및 자본과의 실질적인 사회 협약을 도출할 필요가 없는 상황에서도 노사정위원회나 노사정대표자회의와 같은 대체 기구를 지속시켰던 이유는 노동에 대한 이데올로기적 통제 장치라는 맥락에서 이해할 수 있다.[35]

3) 이명박 정부: 노조 전임자 급여 및 복수 노조 문제

이명박 정부는 철저하게 신자유주의 이데올로기로 무장한 정부였다. 대선 당시 '747정책'이 표방한 것처럼, 정부는 민간 주도 경제 성

---

35) 노중기(2006), 17쪽.

장 정책(공기업 민영화와 출자 총액 제한 제도의 철폐 등)에 집중하였고, 역대 정부에 비해 노동 정책에 대한 전략적 목표나 구체적인 정책 수단 제시는 빈약하였다. 18대 대통령직 인수위원회에서 대화와 상생의 노사 문화 구축이라는 기치를 내걸기도 하였으나, 신자유주의 경제 정책을 공식적으로 표방한 이명박 정부의 출범으로 노동계의 입장을 반영하는 노사정 간 사회 협약 정치는 더욱 위축될 수밖에 없었다.

김대중, 노무현 대통령이 당선자의 신분으로 양대 노총을 방문하여 친근로자적 행보를 보였던 것과 달리, 이명박 대통령은 당선 직후 2007년 12월과 2008년 1월에 각각 전경련과 상공회의소를 방문하는 친자본적 행보를 보였다.[36] 더욱이 역대 정부와 달리 이명박 정부는 2007년 대선 승리 이후 2008년 총선에서 한나라당이 과반수 의석을 차지한 강한 정부로 출범하였다. 따라서 정치적 수세를 만회하기 위한 전략적 수단으로서 노사정위원회를 활용할 정치적 동기도 부재하였다.

이명박 정부 들어 노사정위원회를 통한 사회 협약 정치는 민주노총이 참여하지 않는 상황에서 형식적인 논의만 이어졌다. 그러나 노사정위원회의 활동은 2009년 복수 노조 및 노조 전임자 급여 지급 문제를 둘러싼 협상을 통해 재개되었다. 복수 노조 허용 및 노조 전임자 급여 지급 금지는 2006년 9·11노사 관계 선진화 방안 합의 당시 핵심 의제였으나, 이 문제들에 대한 논의가 3년 유예되면서 2009년 10월 이명박 정부 들어 노사정 간의 합의 의제로 다시 논의되었다.

두 가지 사안에 대한 유예 기간 종료 시점이 다가오자 정부는 2009

---

36) 노동 측의 문제 제기로 이명박 대통령은 2008년 1월 한국노총을 방문하였지만, 끝내 민주노총의 방문은 성사되지 않았다. 노중기, 2009, 「이명박 정부 출범 1년의 노동정책: 평가와 전망」, 《경제와 사회》 통권 제81호 봄(비판사회학회), 134쪽.

년 10월 노조 전임자 급여 지급 금지 및 복수 노조 설립에 따른 교섭 창구 단일화 방침을 (노동조합및노동관계조정법) 개정을 통해 실행할 방침을 밝혔다. 이에 민주노총이 노사정 대화에 다시 참여하여 10월 29일부터 노사정 6자(한국노총, 민주노총, 한국경총, 대한상의, 노사정위원회) 회의가 개최되었으나,[37] 노사정의 입장 차이로 협상은 교착 상태에 빠졌다. 그러나 신자유주의로 무장한 강한 정부와 집권 여당에 의해 6자 협상이 주도되면서, 복수 노조 허용 및 노조 전임자 급여 지급을 둘러싼 노사정 협의는 유명무실해지기 시작하였다.

양대 노총은 '복수 노조 허용 및 교섭 창구의 사업장 자율 결정'과 '노조 전임자 급여 지급 금지 규정의 삭제'를 주장하였고, 재계는 '복수 노조 반대'와 '노조 전임자 급여 지급 전면 금지'를 고수하였다. 이에 정부는 '복수 노조 허용 및 교섭 창구는 과반수 노조로 단일화'하고, '노조 전임자 급여 지급 금지는 2010년 시행'할 것을 주장하였다.[38]

결국 11월 25일까지 노사정이 합의점을 찾지 못하자 노사정 6자 회의는 해체되었고, 정부는 노동 및 자본과 직접적인 협상에도 성과가 없을 경우 2010년부터 복수 노조 허용(교섭 창구 단일화), 노조 전임자 급여 지급 금지를 선언하겠다고 노동과 자본을 압박하였다.[39] 이후 복수 노조 금지와 노조 전임자 급여 지급을 둘러싼 노사정의 갈등은 한국노총이 2009년 11월 30일 복수 노조의 '허용'에서 '반대'로, 노조 전임자 급여 지급 금지의 '삭제'에서 '유예'로 입장을 변경하면서 새로운 국면을 맞게 된다. 한국노총이 정부와 자본에 편승하여 입장을

---

37) 김용철(2010), 60쪽.
38) 《동아일보》, 2009. 12. 05.
39) 《동아일보》, 2009. 11. 26.

선회한 결과, 두 사안에 대한 노사정 협상은 강한 정부와 집권 여당의 일방적인 주도로 진행되기 시작하였다.

정부와 경총은 한국노총의 입장 변경에 긍정적인 반응을 보였고, 그 결과 12월 4일 민주노총이 배제된 채 노동부, 한국노총, 경총, 3자 간 '노동조합및노동관계조정법'(노조법)에 대한 비공개 협상이 진행되어 복수 노조 허용 및 노조 전임자 급여 지급 금지에 대한 합의문이 도출되었다.[40] 합의문 도출 이후 두 사안의 입법화 과정에서 민주노총이 다시 참여하여 12월 22일 국회 환경노동위원회에서 '노동조합및노동관계조정법' 개정 논의를 위한 8인 연석회의(노동부, 한국노총, 경총, 환노위 위원장, 여야 환노위 간사, 민주노총, 대한상의)가 26일까지 개최되었으나, 합의는 결렬되었다.

결국 복수 노조와 노조 전임자 급여 문제에 관한 노동관계법의 최종 결정은 직접적인 이해 당사자가 배제된 채 정치권으로 넘어가게 되었고, 정부와 한나라당의 의사가 반영되어 국회를 통과하였다. 노조법 개정안 처리 문제는 12월 30일 국회 환노위에서 야당 의원들이 불참한 가운데 환경노동위원회의 단일안이 가결되었고, 2010년 1월 1일 국회의장의 직권 상정을 통해 국회 본회의를 통과하였다. 통과한 법안의 내용은 정부와 한나라당의 입장에 가까운 것으로 1) 복수 노조를 2011년 7월 1일부터 허용하되 사용자의 동의가 없는 경우 교섭 창구 단일화를 강제하며, 2) 노조 전임자 급여는 타임오프제를 도입하여 2010년 7월 1일부터 규제하기로 하였다.[41]

---

40) 합의 결과 ① 복수 노조 실시는 2012년 7월 이후로 2년 6개월 유예하되 교섭 창구는 단일화하며, ② 노조 전임자 급여 지급 금지는 2010년 7월부터 시행하되 노사 교섭, 고충 처리, 산업 안전 등 일부 노조 활동에 대해서만 타임오프제(유급으로 인정해 주는 노조 활동 시간)를 인정하기로 했다. 《경향신문》, 2009. 12. 05.

결과적으로 노조 전임자 급여 지급 및 복수 노조 허용 문제 해결을 위해 시도되었던 이명박 정부의 사회 협약 정치는 정부와 여당인 한나라당의 일방적인 힘의 우세 속에서 마감되었다. 기업 성장의 절박함을 기치로 친기업·친재벌 정책 기조를 내세운 정권, 그리고 총선에서 과반수 의석을 차지한 여당에 기댄 강한 정부 입장에서는 노사정 간의 사회적 대화에 적극적으로 참여해야 한다는 동기가 형성될 수 없었다. 더욱이 민주노총과의 공조를 파기하고 자본에 편승한 한국노총의 전략은 정부가 노동계의 분열을 이용하여 일방적인 의사 결정을 꾀할 수 있는 유리한 환경을 제공하였다.

이명박 정부 시기 노사정위원회는 비록 민주노총이 참여하지 않았지만, 2009년 2월 23일 고용 유지를 위한 노사 고통 분담과 정부의 사회 안전망 강화 등의 내용을 담은 '경제 위기 극복을 위한 노사민정 합의문'을 발표하기도 하였다.[42] 이러한 노사정위원회의 활동은 외연적으로는 노사정위원회를 통한 코포라티즘 협의가 이명박 정부에서도 지속되고 있음을 보여 준다. 그러나 집권 초기부터 신자유주의 정책을 전면적으로 표방했던 이명박 정부 시기 노사정위원회는 과거 정부에 비해 더욱 노골적으로 정부의 노동 통제를 정당화하는 명목상의 기구로 존재할 뿐이었다.

---

41) 김용철(2010), 63쪽.
42) "노조는 일자리 나누기를 위해 임금 동결·반납 또는 절감을 실천하고, 경영 측은 해고를 자제하고 고용을 유지한다"는 내용을 담았다. 정부는 일자리 나누기(잡셰어링) 실천 기업에 대해 세제 지원, 사내 복지 기금을 활용한 근로자 생계비 지원, 실업 급여 수급 기간 연장 및 수급 조건 완화 등의 사회 안전망 확대를 약속했다. 《매일경제》, 2009. 03. 23.

〈표 8–3〉 복수 노조 및 노조 전임자 급여 지급에 대한 노조법 개정안 쟁점별 비교

쟁점		노동부, 한국노총, 경총 합의안	한나라당 안	민주당 안	환노위 단일 안 (국회 통과 안)
복수 노조	교섭 단위	사업 또는 사업장	사업 또는 사업장	모든 노조에 교섭권 인정 (산별 노조 포함)	사업 또는 사업장 (사용자가 동의하면 모든 노조에 교섭권 인정)
	교섭 창구 단일화	창구 단일화가 교섭의 전제	창구 단일화가 교섭의 전제	노사 자율	사용자 동의 없으면 단일화 강제
	시행 시기	2012년 7월 1일	2012년 7월 1일	2010년 7월 1일	2011년 7월 1일 (산별 노조 적용은 1년 유예)
노조 전임자 임금 지급 금지	임금 지급 제한	임금 지급 시 사용자 처벌	임금 지급 시 사용자 처벌, 근로 시간 면제 초과 임금 요구 및 수령 시 노조 처벌	임금 지급 금지 조항 삭제, 임금 지급 시 사용자 처벌 조항 삭제	임금 지급 시 사용자 처벌, 근로 시간 면제 초과 임금 요구는 쟁의 대상으로 불허
	타임 오프 범위	노사 공동 활동 (교섭·협의, 고충 처리, 산업 안전 등)	노사 공동 활동, 대통령이 정하는 통상적 노조 관리업무	해당 없음	노사 공동 활동, 노조 유지 및 관리 활동
	시행 시기	2010년 7월 1일	2010년 7월 1일	2010년 7월 1일	2010년 7월 1일

출처: 《국민일보》, 2009. 12. 30.

3. 구조적 요인과 노사정위원회 활동

한국에서 노사정위원회를 통한 코포라티즘 정치 실험은 IMF 경제 위기 극복을 위한 대안으로 추진되었으나, 그 등장 조건은 서구의 국가들과 달랐다. 무엇보다 코포라티즘 정치에 대한 국가적 전망과 이를 지지하는 사민주의 정당 혹은 좌파 정당 세력이 부재하였다. 외환

위기 이후 신자유주의를 거부할 수 없었던 역대 정부들은 철저히 자본에 편승하였고, 노사정위원회는 노동 배제적인 경제 및 노동 정책을 합리화하는 명목상 기구로 전락하였다. 이러한 정부의 노동 억압적 통치 전략 속에서도 노동조합의 높은 조직률 및 중앙 집권화된 정책 결정권이 존재한다면, 노동의 이익을 조직적으로 노사정위원회에 투입하여 3자 협의체의 지속과 정상적인 작동을 기대할 수 있다.

그러나 민주노총과 한국노총으로 이원화된 한국의 노동 이익대변 체계는 노동계의 단일한 목소리를 노사정위원회에 투입할 수 있는 기회를 제약하였다. 이 점은 노사정위원회가 정부의 신자유주의 정책의 합리화 및 정당화의 수단으로 전락하는 데 일조하였다. 물론 이탈리아나 프랑스처럼 파편화된 노동조합 지형에서도 노조들 간의 협력을 통해 코포라티즘 정치가 작동될 수 있다. 그러나 한국의 경우는 독재와 민주의 구도에서 이른바 '어용'으로 간주되는 정부 의존적 성향과 활동을 노정했던 한국노총과 자본과 정부의 탄압 속에서 어렵게 탄생한 민주노총의 간극이 쉽사리 메워질 수 없었다. 이러한 갈등이 노동계의 단일한 정상 조직이나 통일된 대변 체계의 존재라는 코포라티즘 정치의 한 가지 구조적 요인의 결여로 작용했다.

1) 구조 조정 문제: 양대 노총의 공조 유지

한국노총과 민주노총은 IMF 위기 극복이라는 사회적 분위기에 공감하여 1기 노사정위원회에 참여하였다. 물론 1기 노사정위원회 출범 당시 민주노총과 한국노총의 참여 이유는 달랐다. 한국노총의 경우는 1997년 대선 과정에서 국민회의와 정책 연합을 통해 김대중 후보를 지지하였기 때문에, 향후 김대중 정권과 긴밀한 협력 관계를 유지함으로써 민주노총과의 경쟁에서 우위를 차지하고자 노사정위원회에 참여하였다. 민주노총은 국민적 여론에 부응하고 한국노총과의 경쟁에 대처하며, 특히 노동 시장 유연화로부터 노동자를 보호하기 위해 노사정위원회 참여를 불가피한 것으로 인식하였다.[43] 이처럼 양대 노총은 노사정위원회를 활용하려는 전략적 의도가 달랐음에도, 구조 조정 문제에 대처하는 과정에서는 탈퇴와 복귀를 거듭하는 공조 체제를 유지하면서 노동계의 단일한 입장을 견지하였다.

1998년 2월 정리 해고제와 파견 근로제의 법제화 이후 정부의 본격적인 구조 조정은 양대 노총의 불만을 가중시켰다. 구조 조정의 결과 실업률이 증가하였고, 특히 경제 위기 여파로 부동산 가격이 폭락하여 중산층은 임금 소득과 자산이 동시에 줄어드는 이중적 디플레이션을 경험해야 했다.[44] 이러한 상황에서 노동계는 1차 노사정위원회 참여에 대한 불만을 정부에 제기하였고, 급기야 양대 노총은 노동자의 희생만을 강요하는 노사정위원회에 참여를 거부하기에 이른다.

민주노총은 노사정위원회 활용론을 주도한 국민파 지도부가 교체되는 내부 입장 변화와 함께,[45] 4월 9일 노사정의 공정한 고통 분담을 약속한 노사정위원회 합의안이 더 이상 지켜지지 않을 경우 2기 노사정위원회에 참여하지 않겠으며, 각계각층과 연대해 총파업 투쟁을 벌

---

43) 김용철(2006), 86쪽.

44) 김용철(2010), 51쪽.

45) 민주노총은 노사정위원회의 참여 문제를 두고, 참여를 강조하는 국민파(대화와 타협을 강조하는 합의체 참여론), 노사정위원회의 조건부 활용을 강조하는 중앙파(투쟁과 교섭을 강조하면서도 투쟁을 교섭에 이용하려 했던 조건부 활용론), 노사정위원회의 무용론을 강조하는 현장파(투쟁을 통해 노동 현장의 조직력과 민주 노조 운동의 계급적 단결을 강조하는 합의 체제 불참론)가 대립하면서 갈등하였다. 김영수, 2012, 「노사정위원회 참여를 둘러싼 민주노총의 전략적 대응: 정파 간 내부정치를 중심으로」, 《사회과학연구》 제51집 1호(경상대학교 사회과학연구원), 91쪽.

이겠다고 천명하였다.[46] 한국노총 역시 불법·부당 노동 행위의 근절, 노동자의 고용 안정, 실업 대책 마련 등 1기 노사정위원회에서 합의한 이행 사항이 수용되지 않는 한 2기 노사정위원회에 참여할 수 없음을 선언하였다.[47] 이후 양대 노총은 다시 2기 노사정위원회에 참여하였으나,[48] 2기 노사정위원회에서 정부 주도의 구조 조정에 반발하여 탈퇴와 복귀를 거듭하였다.

1998년 7월 10일 양대 노총은 공공 부문과 금융 산업 구조 조정 과정에서 정부가 보인 일방적인 민영화와 은행 퇴출에 반대하여 퇴출 은행 근로자의 고용 승계 보장 등의 요구 조건이 관철될 때까지 노사정위원회에 불참하겠다고 공식 선언하였다.[49] 정부 주도의 구조 조정에 반대하여 공조를 이루었던 양대 노총의 활동은 1998년 말 구조 조정의 여파가 최고조에 이르는 시점에서 다시 재현되었다. 1998년 12월 그동안 노사정위원회에서 합의하고 정부가 약속해 온 실직자 초기업 단위 노조 가입 허용, 노조 전임자 급여 지급 처벌 조항 삭제 등의 논의가 국회에서 무산되었다. 또한 연봉제의 본격적인 도입은 임금 삭감이나 정리 해고의 보조 수단으로 악용되는 등 노조 활동에 큰 제

---

46)《동아일보》, 1998. 04. 09.

47)《동아일보》, 1998. 05. 04.

48) 한국노총은 1998년 6월 1일 제2기 노사정위원회(6월 3일 출범) 참여를 공식적으로 선언하였다. 반면, 민주노총은 정리 해고제, 근로자 파견제 및 법정 근로 시간 주 40시간 단축 문제에 대한 정부와의 입장 차이로 인해 제2기 노사정위원회 출범 당시에는 참여하지 않았다. 그러나 6월 5일 정부와의 막판 협상을 통해 노사정위원회에서 '부당 노동 행위 대책 기구'를 만들어 정리 해고 남용을 방지하는 방안과 주당 44시간인 법정 근로 시간을 2000년부터 업종별·기업 규모별로 40시간으로 단축하는 방안을 논의하자는 정부의 입장을 수용하여 2기 노사정위원회에 참여하였다. 《동아일보》, 1998. 06. 05.

49)《동아일보》, 1998. 07. 10

약이 될 수 있다는 불안감을 가중시켰다.

이에 민주노총은 1998년 12월부터, 한국노총은 1999년 1월 중순부터 일방적 구조 조정의 중단과 함께 노조 전임자 급여 지급 금지 조항 철회를 주장하면서 노사정위원회에 불참하기 시작하였다.[50] 급기야 민주노총은 1999년 2월 24일 노사정위원회를 공식 탈퇴하였고, 한국노총도 1999년 4월부터 조건부 탈퇴를 선언하였다.[51]

이처럼 한국노총과 민주노총은 참여와 탈퇴를 거듭하는 전략을 통해 신자유주의에 편승한 정부의 일방적 구조 조정 문제에 대처하였다. 즉 양대 노총은 탈퇴와 복귀 전략을 병행하여 정부의 2·6사회협약 이행을 압박하였던 것이다. 물론 1기 노사정위원회 참여를 주도했던 국민파 지도부가 현장파 지도부로 교체된 민주노총은 1999년 2월 24일 노사정위원회의 탈퇴를 선언하고, 3기 노사정위원회부터 공식적으로 참여하지 않았다. 그러나 민주노총은 1기 및 2기 노사정위원회 참여 당시 구조 조정 문제에서는 한국노총과 공조를 유지하면서 노동계의 단일한 이익을 대변하였다.

김대중 정부 입장에서는 2·6사회협약 성취 이후, 노사정위원회의 유지를 통해 신자유주의 개혁의 동력을 확보해야 했기 때문에 양대 노총의 탈퇴 전술에 유인책을 제시하여 사회 협약 틀을 유지하는 노력을 기울일 수밖에 없었다. 노사정위원회의 참여와 탈퇴를 거듭하는 양대 노총의 전략은 외면적으로 노사정위원회의 정상적인 작동을 가로막는 장애 요인으로 보였다. 그러나 신자유주의 이데올로기로 정체성을 바꾼 정부가 노사정위원회를 이용하여 노동 배제적 정책을 추구

---

50) 《동아일보》, 1998. 12. 04; 1999. 01. 18.
51) 김용철(2010), 53쪽.

하는 상황에서 양대 노총의 전략은 조직 노동의 이익을 대변하기 위한 불가피한 선택이었다고 할 수 있다.

2) 비정규직 문제 및 노사 관계 선진화 방안: 양대 노총의 공조 균열

양대 노총은 구조 조정 문제에 불만을 가졌던 1999년 들어 2기 노사정위원회를 탈퇴하였다. 그러나 한국노총은 1999년 8월 30일 단체 협약의 실효성 확보, 공공 부문·금융 부문 구조 조정 등에 대한 사전 협의를 위해 3기 노사정위원회 참여를 선언하였다. 반면, 노사정위원회 참여를 둘러싸고 내부 갈등에 처해 있었던 민주노총은 정부 주도의 회의 진행과 구조 조정의 결정 과정 및 추진에 강력한 불만을 품은 현장파의 주도로 3기 노사정위원회의 불참을 공식적으로 선언하였다. 그러나 민주노총은 2004년 5월 비정규직 입법 문제와 2006년 3월 노사 관계 선진화 방안 문제를 논의하기 위해 노사정대표자회의에 다시 복귀하였다. 1 및 2기 노사정위원회 활동 당시 자본과 국가에 공동 대응했던 양대 노총은 2005년 비정규직 입법 문제에서부터 분열의 조짐을 보이기 시작하였다.

비정규직 문제를 둘러싼 양대 노총의 분열은 2005년 11월 30일 한국노총이 민주노총과 상의 없이 단독으로 수정안을 제시하면서 시작되었다. 정부는 노사정대표자회의에서 비정규직 문제가 합의점을 찾지 못하자, 일방적으로 2004년 9월 9일 비정규직에 대한 불합리한 차별 금지, 기간제 근로자 계약 기간 3년, 파견 근로의 네거티브 리스트 전환을 골자로 하는 비정규직 관련 입법 예고를 강행하였다. 이에 양대 노총이 공조 전략을 통해 공동 투쟁에 나서면서 정부가 시도한 비정규직 입법화는 2004년 11월 실패하였다. 이후 2005년 2월과 4월 임시 국회에서 국회 환경노동위원회와 노사정 실무 대표자들 간의 협의에도 불구하고 비정규직 입법화 합의는 거듭 실패하였고, 급기야 양대 노총은 4월부터 노사정대표자회의 참여를 거부하였다.

그러나 2005년 11월 정기 국회에서 다시 재개된 노사정 실무 협상부터 한국노총은 독자적인 행보를 보였다. 그동안 비정규직 문제에 대해 민주노총과 공조를 유지해 왔던 한국노총은 단독으로 정부에 수정안을 제시했다. 양대 노총은 비정규직 문제에 대해 기간제 근로자의 계약 기간 1년과 사유 제한에 기초한 1회 갱신 가능한 최대 2년, 파견 근로 업종은 현행 26개와 허용 기간 2년을 주장하였다.[52] 그러나 한국노총의 수정안은 기간제 근로자 고용에 사유 제한을 두지 않기로 양보하는 대신 기간제 2년 후 정규직 전환을 제시하였던 것이다. 한국노총의 단독 수정안 제시에 대해 민주노총은 노동자의 입장을 포기한 노사정위원회 공익 위원의 수준에 불과하다고 비판하였다.[53] 비정규직 문제는 한국노총이 수정안을 제시했음에도 불구하고 자본의 반발로 노사정 간 협의는 성과 없이 무산되었고, 결국 양대 노총은 노사정대표자회의 참여를 거부하였다.

한국노총은 2006년 2월 다시 노사정대표자회의에 복귀하여 정부와 비정규직 법안에 대한 논의를 진행하기도 하였다. 그러나 결국 비정규직 법안은 한국노총의 입장은 무시된 채 열린우리당과 한나라당의 주도로 2006년 2월 27일 국회 환경노동위원회와 2006년 11월 30일 국회 본회의를 통과하였다. 국회에서 통과된 법안은 한국노총이 제시한 수정안에서 크게 후퇴한 것이었고, 그간 자본이 요구해 온 동일 노

---

52) 경제사회발전 노사정위원회(2008), 313, 315쪽.
53) 그동안 노동계는 출산, 육아, 질병 등으로 인한 정규직 근로자의 공백 때나 일시 · 임시적 업무에만 비정규직을 고용하자는 사유 제한을 요구해 왔다. 《동아일보》, 2005. 12. 01.

동 동일 임금 원칙 불허 및 파견 근로 허용 업종 확대 등의 입장이 반영되었다.[54] 결국 비정규직 문제를 둘러싼 노사정 협의는 정부와 자본의 입장만 반영되었고, 양대 노총 간의 공조 균열이라는 상처만 남긴 채 막을 내렸다.

노무현 정부 당시 한국노총과 민주노총 간 연대는 노사 관계 선진화 방안 협상에서도 심각한 균열의 조짐을 보였다. 정부의 일방적인 노사 관계 선진화 방안에 대응하기 위해 2005년 비정규직 문제로 노사정대표자회의를 거부했던 양대 노총은 2006년 3월부터 노사정대표자회의(양대 노총, 경총, 대한상의, 노동부 장관, 노사정 위원장)에 복귀하였다. 7월부터 본격화된 노사정대표자회의는 몇 차례에 걸친 협상에도 노사 간 합의점을 찾지 못하였으나, 9월 2일 노사정은 2007년부터 시행될 복수 노조 허용 및 노조 전임자 급여 지급 금지를 5년 유예하는 방안에 잠정 합의하기도 하였다.[55] 그러나 한국노총은 민주노총을 배제한 채 9월 11일 자본 및 정부와 함께 32개 노사 관계 선진화 방안에 합의하면서 양대 노총의 공조는 균열을 넘어 파기로 치닫게 되었다.

한국노총은 정부 및 자본과 함께 노조 전임자 급여 지급 금지와 복수 노조 허용을 2009년 12월 말까지 3년간 미루기로 합의하였다. 또한 병원, 철도 등 필수 공익 사업장에 대해 직권 중재를 폐지하는 대신 대체 근로를 허용하고 필수 유지 업무제(병원 응급실 등 일부 업무 종사자는 파업 금지)를 도입하기로 하였다.[56] 이러한 한국노총 주도의 노

---

54) 김용철(2010), 58쪽.
55) 한국노총과 한국경영자총협회, 대한상공회의소는 5년 유예 방안에 합의했으며 정부와 민주노총은 내부 협의를 거쳐 최종 방침을 정하기로 했다. 《동아일보》, 2006. 09. 04.
56) 《동아일보》, 2006. 09. 12.

사정 합의안은 복수 노조 허용을 주장하고, 노조 전임자 급여의 노사 자율 결정 및 필수 공익 사업장의 대체 근로 반대라는 민주노총의 입장과는 배치되는 것이었다(〈표 8-2〉 참조). 민주노총은 즉각 노사 관계 선진화 방안(로드맵)은 노동부와 경총, 한국노총의 밀실 야합이라는 비판 성명을 발표하였고, 선진화 법안이 국회에 입법 상정되는 11월 전면 총파업을 벌일 것이라고 밝혔다.

이처럼 양대 노총은 비정규직 및 노사 관계 선진화 방안 문제에 대처하는 과정에서 분열된 모습을 보이기 시작하였다. 한국노총은 2004년과 2005년 이용득 집행부 시절 비정규직 문제 해결을 위해 민주노총과 공조하여 전투적인 투쟁의 모습을 보이기도 하였다.[57] 그러나 한국노총은 2005년 11월 비정규직 처리 문제부터 민주노총과 선을 긋고 국가와 자본에 포섭되는 변화를 드러내기 시작하였고, 이러한 입장 변화는 2006년 9·11선진화방안 합의에서 극명하게 나타났다.

양대 노총의 공조 균열은 노사정위원회 참여를 둘러싼 민주노총의 내부 정파 갈등에서도 그 원인을 찾을 수 있다. 민주노총은 노사정위원회 참여를 거부했던 현장파가 지도부를 장악한 후 3기부터 노사정위원회에 공식적으로 참여하지 않아, 이미 노동 문제에 대한 공식적인 영향력을 행사하지 못하고 있었다. 특히 2004년 초부터 2005년까지 노사정위원회 복귀를 둘러싼 내부적 정파 갈등에 매몰되면서 민주노총의 정치적 입지는 약화되었고,[58] 그 사이 한국노총의 독자 행보

---

57) 한국노총은 2004년과 2005년 비정규직 문제를 둘러싼 노정 대립 과정에서 민주노총과 수차례 공동 집회를 개최하는 등 연대를 지속하였고, 2005년 여름 충주 레미콘노조 쟁의에서 지부 간부가 사망한 이후 더욱 전투적인 모습을 표출하였다. 또 이 기간 전체에 걸쳐 '투쟁과 교섭의 병행'이라는 전술로 민주노총과 보조를 같이하였다. 노중기(2006), 13쪽.

58) 이수호 위원장 집행부는 2004년부터 노사정대표자회의에 참여하여 사회적 교섭을

로 인해 민주노총은 사회 협약 정치 과정에서 노동계 대표로서의 입지를 상실해 갔다. 한국노총의 독자적인 행보는 민주노총과의 경쟁에서 우위를 점하기 위한 전략적 선택의 결과물이었으나, 노동 세력 내 분열과 갈등을 증폭시켰다. 결국 한국노총의 선택은 노동계가 노사정위원회를 통해 발휘할 수 있는 조직적 역량을 약화시키는 주요한 원인이 되었다.

3) 복수 노조 및 노조 전임자 급여 문제: 양대 노총의 공조 파기

한국노총과 민주노총의 공조 파기 양상은 이명박 정부 시기 복수 노조 허용 및 노조 전임자 급여 지급 금지 문제에서 극명하게 나타났다. 이상의 두 가지 현안은 2006년 노무현 정부 시기 9·11노사관계 선진화 방안의 핵심 사항이었고, 양대 노총 간 공조 균열의 중요한 이유였다. 9·11합의 당시 한국노총은 민주노총을 배제한 채 복수 노조 허용과 노조 전임자 급여 지급 금지안을 2009년 12월까지 3년 유예하기로 정부 및 자본과 합의하였다. 자본의 입장에서는 노동계가 반대하는 전임자 급여 지급 문제를 양보하고, 노동계는 복수 노조제 도입을 꺼리는 사용자 측 입장을 받아들임으로써 노사정 합의는 성사될 수 있었다. 그러나 복수 노조 허용 및 노조 전임자 급여 지급 금지 3

통한 노동 문제 해결을 주장하였다. 2005년 들어서는 투쟁 일변도의 전략으로는 비정규직 개악안과 노사 관계 로드맵 등에 대한 정부의 공세를 막을 수 없다는 입장을 밝히면서, 사회적 대화를 통한 투쟁과 교섭의 전략을 채택하고자 하였다. 그러나 민주노총 내 노사정위원회 전면 불참 세력들은 이수호 위원장을 자본과 국가의 공인된 교섭 파트너로서의 지위 확보에만 연연하는 관료주의적 노사 협조주의에 빠졌다고 비판하면서 2005년 1월 20일, 2월 1일 개최된 대의원 대회에서 물리력을 동원하여 지도부에 반발하였다. 양효식, 2005, 「'98년 정리해고제 악몽, '사회적 교섭'으로 재연되나」, 《월간 말》 통권 제225호(월간말), 48–51쪽 참조.

년 유예라는 임시적 해법은 이명박 정부 시기 노사정 간의 갈등과 함께 양대 노총의 공조 파기의 불씨가 되었다.

양대 노총은 이명박 정부 들어 진행된 복수 노조 허용 및 노조 전임자 급여 지급 문제에 대한 협상 과정에서 초기에는 공조를 형성하였다. 정부는 복수 노조 허용 및 노조 전임자 급여 지급 금지에 대한 유예 기간이 다가오자, 2009년 10월 두 가지 사안을 '노동조합및노동관계조정법' 개정을 통해 실행할 방침을 밝혔다. 이에 양대 노총은 노사정 6자회의(민주노총, 한국노총, 경총, 대한상의, 노동부, 노사정위원회)에 참여하였으나, 10월 29일부터 11월 25일까지 개최된 6자회의는 노사정의 입장 차이로 별다른 성과를 거두지 못하고 해체되었다. 협상에 참여했던 양대 노총은 복수 노조 허용 및 창구 단일화의 노사 자율 결정과 노조 전임자 급여 지급 금지 규정 삭제를 지속적으로 주장하였다. 그러나 한국노총이 민주노총과의 공조를 파기하고 정부와 자본에 편승하는 수정안을 제시하면서 양대 노총의 공조는 파기되었다.

한국노총은 2009년 11월 30일 '복수 노조 허용 반대'와 '노조 전임자 급여 지급 금지의 유예'로 입장을 선회하였다. 한국노총은 복수 노조 허용 시 기업 내 노조 사이에 사활을 건 강경 투쟁 경쟁이 불가피하다는 명분을 내세워 복수 노조 허용 반대를 주장하였다.[59] 이후 한국노총은 민주노총을 배제한 채 12월 4일 노동부와 경총과 함께 비공개로 3자간 노사정 합의안을 발표하였다. 노사정 합의안의 주요 내용은 복수 노조 허용은 2년 6개월 유예하여 2012년 7월 시행하되 교섭 창구는 단일화하며, 노조 전임자 급여 지급 금지는 2010년 7월부터 시행하되 타임오프제를 도입하는 것이었다.

---

59) 《동아일보》, 2009. 12. 01.

이상의 합의안은 민주노총이 주장한 복수 노조 허용 시 노사 자율의 원칙에 기초한 노사 교섭 및 노조 전임자 급여 지급 금지 조항의 삭제와는 상반되는 것이었다. 그럼에도 3자 합의안은 복수 노조 허용의 유예 기간에 대한 사항을 제외하고는(2011년 7월 시행), 한나라당이 주도한 2010년 1월 1일 국회 본회의의 노조법 개정안에 대부분 반영되었다(〈표 8-3〉 참조). 자본과 정부에 편승한 한국노총의 입장 선회에 대해 민주노총은 공조 파기라고 비난하였고, 한국노총 내부에서도 사실상의 백기 투항이라는 비판적 목소리가 제기되었다.[60]

이러한 한국노총의 입장 변화는 자기 조직의 이해관계를 대변하기 위한 선택적 결과물이었다. 대기업 노조를 중심으로 한 민주노총과 달리 중소기업 노조가 80% 이상인 한국노총은 노조 전임자의 임금 지급이 금지되면 조직 자체가 중대한 위협에 처할 가능성이 높았다. 따라서 한국노총은 노조 전임자 급여 지급 금지 조항의 유예를 요구하는 대신에, 자본이 선호하는 복수 노조 반대를 지지하였던 것이다. 자본의 입장에서도 한국노총의 제의는 복수 노조 허용에 따른 대기업의 불안을 덜어 줄 수 있었기 때문에 환영할 만한 사안이다. 이러한 한국노총의 선택은 노조 전임자 급여 지급과 복수 노조 문제가 패키지 협상으로 진행되었기 때문에 가능할 수 있었다.[61]

또한 한국노총의 입장 변화는 민주노총과의 위상 경쟁에서 우위를 차지하기 위한 전략적 선택의 결과물이었다. 민주노총과 공조를 파기하면서까지 국가와 자본 측의 입장을 수용한 점은 대 정부 협상에서 노동계 대표로서의 유리한 고지를 점령하기 위한 전략이었다. 즉 민

---

60) 《한겨레 신문》, 2009. 12. 04.
61) 김용철(2010), 61쪽.

주노총에 비해 상대적으로 온건한 한국노총이 조직 간 상호 경쟁에서 밀릴 가능성을 사전에 차단하기 위한 선택이었던 것이다. 물론 내부 정파 투쟁으로 노사정위원회의 참여와 탈퇴를 거듭하는 민주노총 행태 역시 한국노총의 공조 파기의 빌미를 제공하였다.

그러나 복수 노조 및 노조 전임자 급여 문제에 대한 양대 노총의 공조 파기는 정부 및 자본에 대한 노동계의 정치적 입지를 더욱 약화시켰고, 특히 한국노총이 자본과 정부의 정책에 편승한 결과 노동 배제적인 법안의 국회 통과를 가능하게 하였다. 결과적으로 노동 운동의 조직적 이해 대변 체계가 결여된 한국적 상황에서 한국노총의 자기 조직 이익 및 주도권 추구 전략은 노동계의 이익이 사회 협약 정치에 투입되지 못하는 중요한 요인이었다.

4. 한국 코포라티즘 정치 실험의 특징과 전망

노사정위원회의 경험에서도 알 수 있듯이 한국에서 코포라티즘 정치 실험은 성공적이지 못했다. 신자유주의를 전면적으로 수용한 정부는 노사정위원회를 실질적인 사회 협약 기구가 아니라 신자유주의 개혁을 정당화하는 명목상의 기구로 활용하였다. 또한 노동의 이익 대표 체계는 분열되어 있었고, 한국노총은 민주노총과의 경쟁에서 우위를 점하기 위한 도구적 수단으로 노사정위원회를 이용해 왔으며, 민주노총은 노사정위원회를 내부의 조직 정체성을 공고히 하는 기제로 활용하였다.[62] 그 결과 노사정위원회 출범 당시 구축되었던 한국노총

---

62) 김용철(2010), 69쪽.

과 민주노총의 공조는 파기되었고, 한국노총이 국가와 자본에 편승한 결과로 자본과 정부에 대한 노동계의 정치적 입지는 더욱 약화되었다.

따라서 향후 한국 코포라티즘 정치 실험의 성공 가능성에 대해서는 회의적인 시각이 지배적일 수밖에 없다. 무엇보다 신자유주의로 무장한 정부가 자본에 편승함으로써 노사 간의 세력 균형이라는 코포라티즘 협약의 구조적 조건이 갖추어지지 못했기 때문이다. 또한 코포라티즘적 사회 협약의 성립과 지속성을 담보하는 단일화되고 중앙 집권화된 노동 이익 대변 조직도 부재하다.

1) 부정적 요인

(1) 신자유주의 국가에 편승한 자본과 노동의 불균형한 힘 관계

1980년대 이후 선진 자본주의 체제의 변화와 1997년 외환 위기 이후 한국 사회를 강타한 신자유주의 패러다임이 보여 주었듯이, 탈규제와 노동 시장 유연화는 피할 수 없는 현실로 다가왔다. 더욱이 신자유주의 이데올로기가 지배하는 상황은 노동이 국가 및 자본과 동등한 힘의 관계를 유지할 수 있는 가능성을 약화시키는 동시에 코포라티즘 정치의 실현 가능성을 제약할 수밖에 없다. 즉 코포라티즘 정치를 가능하게 하는 노동과 자본 간의 힘의 균형 관계를 기대할 수 없다는 것이다.

따라서 1987년 민주화 이후 노동의 조직력이 강화되었다고 하더라도, 국가가 신자유주의 경제 및 노동 정책으로 무장한 이상 노동 측은 자본과의 경쟁에서 밀릴 수밖에 없다. 따라서 본질적으로 노동 계급의 희생을 강요할 수밖에 없는 구조 조정 문제는 노사정위원회라는

사회적 합의를 통해 해결될 사안은 아니었다. 그럼에도 한국의 노사정위원회는 1997년 외환 위기 이후 정부가 사회적 갈등을 최소화하면서 IMF의 개혁 정책을 수월하게 집행하기 위한 수단으로 도입되었다고 할 수 있다.

국가와 자본이 노사정위원회에 참여했던 정치적 목적은 노사정 간의 코포라티즘 협의 체제 구축이 아니었다. 김대중 대통령과 노무현 대통령은 집권 초기 친근로자적 성향을 표방하였으나, 오히려 자본에 편승한 신자유주의 이데올로기의 전면적인 수용이라는 정체성의 변화를 겪었다. 따라서 김대중 정부와 노무현 정부가 집권 초기에 약속했던 사회 통합적 노사 관계는 처음부터 지켜지기 어려운 약속이었고, 오히려 경제 부처와 노동부 관료, 대통령, 여당 및 야당이 자본에 편승하여 신자유주의 노동 정책을 주도하게 되면서 노사정위원회는 더욱 신자유주의 국가에 종속될 수밖에 없었다. 이러한 경향은 보수적인 이명박 정부 들어서 더욱 강화되었다. 따라서 향후에도 신자유주의 수용이라는 정부의 선택은 노동 배제적 정책으로 귀결될 가능성이 높으며, 그만큼 코포라티즘 정치의 지속을 위한 노사 간 힘의 균형을 기대하기는 어렵다고 할 수 있다.

(2) 낮은 노조 조직률과 분열·분권화된 이익 대표 체계

한국의 낮은 노동조합 조직률과 노동의 통일된 대표 체계 부재는 코포라티즘 정치를 가로막는 중요한 장애 요인이다. 코포라티즘 정치가 활성화된 유럽 국가들의 노조 조직률은 2000년 기준으로 스웨덴 79%, 아일랜드, 38%, 네덜란드 23%, 독일 25%였다.[63] 그러나 한국의

---

63) 한국노동연구원, 2007, 『한국의 노사관계 변화 추이 분석 및 새로운 노사정책 방

〈그림 8-1〉 노조 조직률 및 조합원 수 추이

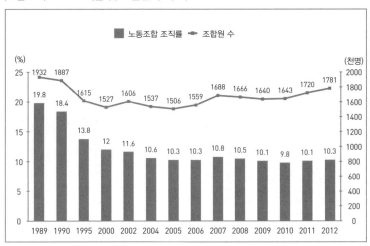

출처: 고용노동부(2013)

노조 조직률은 1987년 민주화와 노동자 대투쟁 이후 1989년 19.8%로 최고점에 이르렀다가 지속적으로 하락하여, 2010년에는 9.8%로 한 자리까지 떨어졌다. 그러나 2011년 복수 노조 제도 시행 등의 영향으로 10%를 회복하였지만, 2012년 기준으로 노조 노직률은 10.3%에 불과하다(〈그림 8-1〉 참조).[64] 이러한 수치는 같은 시기 OECD 평균 29% 대비 3분의 1의 수준에 불과하다.[65] 낮은 노조 조직률은 궁극적으로 조직 노동의 정치적 영향력 및 교섭 능력을 약화시켜 코포라티즘 정치 활성화를 방해하는 동시에 노사정이 노동 관련 정책에 대한 합의를 도출하더라도 사회적 공감대 형성을 어렵게 하는 요인이다.

향』(서울: 노동부), 6쪽.

[64] 고용노동부, 2013, 「2012년 전국 노동조합 현황」, 고용노동부 보도자료(10월 18 일), 1쪽.

[65] 《뉴스토마토》, 2013. 10. 17.

하지만 프랑스처럼 조직률이 낮은 경우에도 약한 형태로나마 코포라티즘 정치가 작동하는 나라도 없지 않다.

게다가 프랑스 노조들도 파편화되어 있으며 같은 약성 코포라티즘 국가인 이탈리아에 비해서도 상호 협력이 잘 이루어지지 않는다. 프랑스의 코포라티즘 정치는 무엇보다 친근로자적인 정당과 정부라는 정당 정치적 요인에 기인하는 바가 크다. 그러나 구조적 요인에 있어서도 한국에 비해서는 프랑스 노조들의 협력이 상대적으로 잘 이루어진다는 점을 간과해서는 안 된다.

한국에서 양대 노총의 갈등 역시 코포라티즘 정치의 활성화를 어렵게 하는 중요한 요인이다. 2012년 말 기준으로 한국노총 조합원은 전체 조합원의 45.4%(80만 8664명)로 가장 많고, 민주노총은 33.9%(60만 4705명)를 차지하고 있다.[66] 게다가 비록 조직률은 미미하지만 2011년 제3노총인 국민노총(2012년, 조직률 1.0%, 조합원 1만 7914명)이 설립되어 노동계 내 갈등은 더 증폭되었다. 이러한 분권화된 구조는 정상 조직으로 한국노총과 민주노총의 주도권 경쟁을 가속화시키고, 조직 노동의 분열과 교섭 능력의 약화를 초래하고 있다.

게다가 한국의 노동조합은 기업별로 조직된 단위 노조들의 영향력이 너무 강하다. 사실상 단위 기업 노조들은 단체 협약권 등의 전권을 행사하며, 현행법상 노동3권에 대해 거의 배타적인 권한을 보유하고 있어 중앙 조직들은 기업별 노조의 연맹체라는 한계를 가지고 있다.[67] 이처럼 중앙 노조에 비해 단위 노조가 상대적 우위를 점하고 있는 권력 관계는 코포라티즘 정치의 활성화를 방해하는 조건이다. 즉 중앙

---

66) 같은 기간 상급 단체에 소속되지 않은 노조 비율은 19.7%(35만 54명)를 차지하였다. 고용노동부(2013), 4쪽.
67) 양재진(2007), 59쪽.

조직 차원에서 성사된 코포라티즘 합의가 산하 노조 및 조합원들에게 별다른 구속력을 갖지 못한다는 것이다.

물론 노동 내 정상 조직의 이익 대표 독점권 및 위계적 조직화의 취약성은 노동조합 내 의사 결정 과정의 민주화를 통해 극복할 수 있다. 중앙 조직에서 결정된 사항을 산하 노조 및 조합원들에게 일방적으로 강제하지 않고, 적극적인 설득과 찬반 투표를 거쳐 중앙 조직의 결정을 비준하는 민주적 리더십을 발휘한다면, 중앙 조직의 결정에 대한 조직 내부의 반발을 억제할 수 있다는 것이다.[68] 그러나 노사정위원회 참여를 둘러싼 민주노총 내부의 정파적 투쟁이 보여 주듯이, 민주적 리더십을 통해 내부 조직의 분열상을 극복하는 것은 현실적으로 매우 어렵다. 민주노총의 경우 1기 노사정위원회의 2·6사회협약은 현장파에 의해 불신임되었고, 노무현 정부 당시 노사정대표자회의의 참여를 결정한 국민파 지도부는 강성 노조원들의 반대로 탈퇴와 복귀를 거듭하였다.

민주노총은 1999년 2월 노사정위원회 탈퇴 이후, 여전히 내부 정파 갈등으로 인해 노사정위원회에 노동계의 공식적인 대표로 참여하지 않고 있다. 따라서 신자유주의 패러다임을 따르는 정부와 지속적으로 시장 질서의 회복을 주장하는 자본 중심의 정책 결정 과정이 지속되는 현 상황에서 통일되지 못한 노동계의 협상력 부재는 한국 코포라티즘 정치의 전망을 더욱 어렵게 할 것이다.

---

68) 양재진(2007), 60쪽.

2) 긍정적 요인

(1) 수출 지향적 개방형 경제 구조

코포라티즘 정치가 활성화된 나라들 중에는 수출 지향적 개방형 경제 체제를 띠면서 대부분 내수 시장이 작은 강소국들(스웨덴, 네덜란드, 스위스, 독일, 스페인, 이탈리아, 포르투갈, 덴마크, 아일랜드 등)이 많다. 이들 국가의 경우에는 변화하는 세계 경제 질서와 산업 구조 변화에 신속하게 적응하여 국가 경쟁력을 유지해야 하는 압력에 시달리는 상황에서 사회 협약 정치가 활성화되었다.[69] 더욱이 신자유주의 체제와 동시에 작동하는 공급 조절 코포라티즘 정치는 자본 축적 및 국제 경쟁력 강화를 위해 국가가 선택한 결과물이었다.

수출 지향적 개방 경제 체제를 가진 한국 역시 IMF 외환 위기 이후 세계화에 본격적으로 노출되면서 시장 경쟁력 및 국제 경쟁력 강화라는 과제를 신속하게 해결하기 위한 방안으로 노사정위원회가 설치되었다. 노사정위원회 출범 이전 김영삼 정부가 노개위라는 사회 협약을 시도한 이유도 세계화의 진전이라는 구조적 압력이 작용한 결과로 볼 수 있다. 물론 신자유주의 이데올로기를 수용한 코포리티즘 협약은 자본의 이익을 반영한 의사 결정으로 편향될 가능성이 높다. 그럼에도 수출 지향적 개방 경제 체제 아래에서 작동하는 신자유주의 체제는 사회 경제 구조의 변화에 대응하여 자신들의 이익을 보호하기 위한 수단으로서 노동의 코포라티즘 정치에의 참여를 이끌 수 있다. 따라서 노사정위원회에 참여한 양대 노총의 선택은 생존의 차원에서 이루어진 것으로 볼 수 있다.

---

69) 양재진(2007), 54–55쪽.

〈그림 8-2〉 **국민 총소득 대비 수출입 비중 추이**

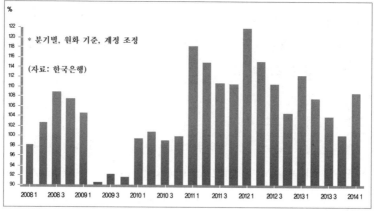

출처: 《헤럴드경제》, 2014. 07. 05.

수출 지향적 개방 체제를 가진 한국의 경제 구조 역시 외부 환경에 극도로 취약한 상황이 지속되고 있다. 경제의 대외 의존도를 보여 주는 국민 총소득(GNI) 대비 수출입 비중은 2000년대 초중반까지 60~70%였으나, 2007년 금융 위기를 계기로 100%대를 지속적으로 유지하고 있다. 2007년 미국발 글로벌 금융 위기 이후 2009년과 2010년대 잠시 90%대로 하락한 것을 제외하고는 100%대를 웃돌고 있다 (〈그림 8-2〉 참조).

이처럼 무역 의존도가 높다는 것은 그만큼 한국의 경제가 세계 경제 변화에 민감한 구조적 취약성이 높다는 것을 의미한다. 향후 1997년 IMF 경제 위기와 2007년 미국발 경제 금융 위기와 같은 세계 경제의 위기 상황이 다시 재현된다면, 이러한 경제 구조의 취약성은 노사정위원회 출범 당시처럼 노사정이 생존을 위해서라도 코포라티즘 합의를 구축하게 하는 구조적 요인으로 작용할 수 있다. 물론 앞으로도 한국 정부가 신자유주의가 강요하는 헤게모니 담론을 넘어서기는 어려울 것이며, 역대 정부처럼 자본 친화적인 방향으로 코포라티즘 정치를 이끌 가능성이 높다. 그러나 경제 위기에 신속하게 대응하여 생존을 모색해야 하는 노동 측의 입장에서는 코포라티즘 합의가 불가피한 선택이 될 수도 있다.

(2) 노사정위원회의 제도화

현재 경제사회발전 노사정위원회는 법률에 의해 대통령 상설 자문 위원회의 역할을 수행하고 있다. 이러한 제도적 기반은 노사정위원회를 통한 코포라티즘 정치의 유지 가능성을 높일 수 있다. 국가가 법률을 통해 노사정위원회를 강력하게 뒷받침하고 있는 한, 노동과 자본이 코포라티즘 질서를 완전히 거부하는 것은 정치적으로 위험한 선택이 될 수 있기 때문이다.

물론 노동계는 신자유주의 경제 정책이 지속될 경우, 노사정위원회가 노동의 이익보다는 자본의 이익을 추구하고 정당화하는 수단에 불과하다는 점을 분명 인식하고 있다. 그럼에도 노동계가 노사정위원회에 참여하는 이유는 참여하지 않았을 때 더 나쁜 상황에 처할 수 있다는 두려움 때문이다. 즉 노사정위원회의 제도화로 인해 주요 정책 결정 과정에 노사정의 참여가 보장된 상황에서, 노사는 불참으로 인해 상대방에게 일방적으로 유리한 정책 조정이 일어날 가능성을 염려하는 것이다. 따라서 노사정위원회가 제도화된 이상 노사의 합리적인 선택은 참여로 귀결될 가능성이 높다고 할 수 있다.[70] 특히 한국노총과 민주노총이 위상 경쟁을 벌이고 있는 한국적 상황에서 양대 노총이 노사정위원회를 완전히 거부하기란 어려울 것이다. 어느 일방의

---

70) 양재진(2007), 57쪽.

노사정위원회의 완전 거부는 양 노총의 주도권 다툼에서 결정적인 패배의 요인으로 작용할 가능성이 높기 때문이다.[71]

이상의 내용은 노사정위원회에서 노동 측의 유일한 대표로 공식적으로 참여하고 있는 한국노총의 전략에서 충분한 설득력을 가진다. 한국노총의 경우, 노사정위원회 출범 당시에는 민주노총과 공조를 이루어 노동계의 단일한 목소리를 정책 결정 과정에 투입하였다. 그러나 3기 노사정위원회 활동부터는 민주노총과의 경쟁에서 우위를 확보하고, 조직 이익을 확대하는 수단으로 노사정위원회를 활용하였다. 이 점은 2006년 노사 관계 선진화 방안 및 2009년 복수 노조 허용 및 노조 전임자 급여 지급 문제의 대처 과정에서 민주노총과의 공조를 파기하고 자본과 정부의 편에서 자기 조직의 이익을 추구한 사실에서도 확인되었다.

따라서 향후 노사정위원회에 참여하는 한국노총은 정부로부터 다양한 양보를 얻기 위해 참여와 비참여 전략을 적절히 활용하면서 조직의 이익을 추구할 가능성이 높다. 자기 조직에 불리한 의제가 논의되더라도 거부권을 행사하여 조직의 이익을 보호할 수 있고, 정책 사안에 따라서는 조직 이익을 확대할 수 있는 수단으로 노사정위원회를 활용할 수 있기 때문이다.[72]

---

71) 김용철(2010), 68쪽.
72) 하민철(2007), 102쪽.

5. 요약과 전망

노사정위원회의 경험은 한국 사회에서 코포라티즘 정치의 한계를 여실히 보여 주었다. 노사정위원회의 출범은 코포라티즘의 전통이 부재한 상황에서도 신자유주의 개혁을 통해 IMF 경제적 위기를 극복하자는 정부의 고통 분담론에 자본과 노동이 호응하여 가능할 수 있었다. 그러나 노사정위원회를 통한 코포라티즘 정치의 지속적인 작동은 노사정위원회의 설립과 제도화를 통해서만 구현되지 않는다.

역대 정부를 거치면서 보여 준 노사정위원회의 활동에서 알 수 있듯이, 코포라티즘 정치는 자본과 노동을 동등한 파트너로 인식하려는 정부 및 집권당의 의지와 노동 계급의 단일한 이익 대변 체계라는 구조적 토양이 존재하여야만 정상적으로 기능할 수 있다. 즉 신자유주의 질서에서도 작동할 수 있는 친근로자적 성향의 정당과 정부가 존재해야만 하고, 단일화된 노동 대표 조직이 존재하거나 적어도 노동 조직들 간 협력이 이루어져 노동계의 이익을 정책 결정 과정에 반영해야 한다는 것이다.

노사정위원회의 출범과 유지는 외연적으로 정부가 권위주의적 노동 배제 전략에서 노동 포섭 전략으로의 정책적 선회가 이루어져 노동 정책의 새로운 전환을 가져왔다는 평가를 가능하게 한다. 그러나 노사정위원회로 대변되는 코포라티즘 정치 실험은 수요 조절 코포라티즘의 경험이 전무한 상황에서 신자유주의 개혁을 위해 시도되었다. 따라서 한국의 코포라티즘은 공급 조절의 성격을 띨 수밖에 없었을 뿐만 아니라 작동 방식 역시 단순히 신자유주의 이데올로기의 관철을 위한 형식적 혹은 상징적인 구호에 불과하였다. 다시 말해 노사정위원회는 신자유주의를 수용한 역대 정부의 경제 정책과 노동 정책을 정당화시켜 주는 통치 전략상의 동원 기구로 기능할 뿐이었다. 이러한 경향은 집권 초기 친근로자 성향을 표방한 김대중 및 노무현 정부에서 동일하게 관찰되었고, 신자유주의를 전면에 표방한 이명박 정부에서 더욱 강화되었다.

김대중 정부는 출범 초기 친근로자 성향의 대통령에 대한 대중적 기대를 바탕으로 노동계의 노사정위원회 참여를 이끌어 2·6사회협약을 성취할 수 있었다. 특히 여소 야대의 약한 정부로 출범한 김대중 정부 입장에서 노사정위원회는 새롭게 출범하는 소수파 정부의 정통성을 확보하는 기반이 될 수 있었기 때문에, 정부는 자본과 노동의 노사정위원회 참여를 적극적으로 설득하였다. 그러나 구조 조정 문제에 대처하는 과정에서 이미 신자유주의 패러다임을 거역할 수 없었던 대통령과 집권당은 노동 시장 유연화의 정당성을 확보하기 위해 형식적인 기구로 노사정위원회를 활용하였다. 2000년 총선 결과 여전히 여소 야대의 약한 정부라는 상황은 분명 노동과 자본의 이익을 반영하여 코포라티즘 질서를 새롭게 구현해야 할 정치적 조건이었다. 그러나 이미 정부의 정체성은 자본 편향의 신자유주의 이데올로기의 수용으로 전환하였고, 노사정위원회의 정상적인 활동을 추동할 정부 의지는 상실되었다.

노무현 정부 역시 출범 초기 친근로자 성향을 표방하였고, 노동운동에 참여했던 인권 변호사라는 대통령의 이력 때문에 노사정위원회의 복원에 대한 대중의 기대가 높았다. 그러나 노사정대표자회의를 통해 비정규직 문제와 노사 관계 선진화 문제에 대처했던 노무현 정부의 행보는 신자유주의 정책의 대대적 수용이라는 정체성의 변화를 노정하였다. 특히 탄핵 정국에서 치러진 2004년 총선에서 열린우리당이 과반수 의석을 차지하면서 노무현 정부는 출범 초기 여소 야대의 약한 분점 정부에서 강한 단점 정부로 변모하였다. 따라서 노무현 정부 입장에서 노동의 적극적인 포섭을 통해 노사정 간 사회적 대화를 추진할 정치적 동기는 이미 상실되었다. 그 결과 노사정위원회는 김대중 정부에 비해 더욱 신자유주의를 수용한 정부 주도의 경제 정책 및 노동 정책의 정당성을 확보하는 수단으로 기능하게 되었다.

이명박 정부는 이전 두 정부와 달리 친자본 성향을 표방하면서 신자유주의 이데올로기를 전면에 내세워 출범한 정부였다. 또한 2007년 대선 이후 2008년 총선에서 한나라당이 과반수 의석을 차지한 강력한 단점 정부로 출범하였기 때문에 역대 정부에 비해 정치적 수세를 만회하기 위한 전략으로 노사정위원회를 활용해야 할 동기도 부재하였다. 노사정위원회를 통해 복수 노조 및 노조 전임자 급여 문제에 대처했던 이명박 정부의 사회 협약 정치는 자본에 편승한 정부 및 여당의 일방적인 주도로 마감되었다. 결국 이명박 정부 시기 노사정위원회는 과거 정부에 비해 더욱 노골적으로 정부의 신자유주의 정책을 이념적·정치적으로 정당화하는 명목상의 기구로 기능할 뿐이었다.

이처럼 한국의 노사정위원회는 외환 위기 이후 신자유주의 이데올로기를 거부할 수 없었던 역대 정부들의 노동 배제적·자본 친화적 정책을 효율적으로 추진하기 위한 통치 전략상의 기구로 활용되었다. 이러한 상황에서도 높은 노조 조직률과 통일된 노동 대표 체계라는 구조적 요인이 존재했다면, 코포라티즘적 통치 전략을 선호하지 않는 정부가 집권하더라도 코포라티즘 정치의 정상적인 작동을 기대할 수 있다. 그러나 한국노총과 민주노총으로 분열된 이익 대표 체계는 노동계의 단일한 목소리를 노사정위원회에 투입하는 장애 요인으로 작용했다.

김대중 정부 시절 구조 조정 문제 해결을 위해 노사정위원회에 참

〈표 8–4〉 노사정위원회 활동의 정당 정치적 요인과 구조적 요인

시기	사례	정당 정치적 요인	구조적 요인
김대중 정부	구조 조정 및 정리 해고	■대통령 및 집권당의 상대적 친근로자 성향→신자유주의 이데올로기로의 정체성 변화 ■여소 야대의 약한 분점 정부	■양대 노총의 공조 유지: 탈퇴와 복귀의 공동 전략을 통해 국가와 자본에 대항
노무현 정부	비정규직 법안 및 노사 관계 선진화 방안	■대통령 및 집권당의 상대적 친근로자 성향→신자유주의 이데올로기로의 정체성 변화 ■여소 야대의 약한 분점 정부 →여대 야소의 강한 단점 정부	■양대 노총의 공조 균열: 한국노총의 단독 수정안 제시 및 독자 노선을 통한 국가와 자본으로의 편승 ■양대 노총의 위상 경쟁 본격화 ■민주노총 내부의 정파 투쟁 심화
이명박 정부	복수 노조 허용 및 노조 전임자 급여 지급	■대통령 및 집권당의 친자본 성향→신자유주의 이데올로기의 정체성 유지 ■여대 야소의 강한 단점 정부	■양대 노총의 공조 파기: 한국노총의 단독 수정안 제시 및 독자 노선을 통한 국가와 자본으로의 편승 ■양대 노총의 위상 경쟁 심화: 한국노총의 자기 이익 추구 본격화
평가		■외연적: 국가가 노동 배제 전략에서 노동 포섭 전략으로 선회하여 사회 협약 정치 시도 ■실제적: 고유한 의미의 친근로자 집권당의 부재에서 추진된 신자유주의 정책으로 인해 노사정위원회는 통치 전략상의 동원 기구로 기능	■분열·분권화된 이익 대표 체제에서 노동계의 단일한 입장 대변 실패 ■자본과 정부의 신자유주의적 공조로 노사 힘 관계의 불균형 지속

여한 양대 노총은 공조 체제를 유지하면서 자본에 편승한 정부에 대응하였다. 양대 노총은 1998년 2월 정리 해고제와 파견 근로제의 법제화 이후, 정부의 일방적인 구조 조정에 반대하여 노사정위원회의 탈퇴와 복귀를 거듭하는 전략을 통해 2·6사회협약의 충실한 이행을 정

부에 요구하였다. 당시 정부는 노사정위원회를 기반으로 신자유주의 개혁의 정당성을 확보해야 했기 때문에 양대 노총의 탈퇴 전략에 유인책을 제시하여 코포라티즘적 합의를 유지하려는 노력을 기울였다.

노무현 정부 시기 비정규직 문제와 노사 관계 선진화 방안을 해결하기 위해 노사정대표자회의에 참여했던 양대 노총은 초기에는 공조를 형성하였다. 그러나 한국노총의 독자적인 행보로 양대 노총의 공조는 균열되기 시작하였다. 한국노총은 2005년 11월 비정규직 문제 해결 과정에서 민주노총과 상의 없이 단독 수정안을 정부에 제시하였고, 2006년 9월 노사관계선진화 방안 협상에서도 민주노총을 배제한 채 독자적으로 정부 및 자본과 함께 9·11노사관계선진화 방안에 전격적으로 합의했다. 이처럼 한국노총이 국가와 자본에 포섭되는 경향을 보인 배경에는 민주노총 내부의 정파 갈등도 있었다. 민주노총은 1999년 2월 이후 노사정위원회 불참을 주장하는 현장파가 주도권을 장악한 이후 2004년 초부터 2005년까지 노사정위원회 및 노사정대표자회의 참여를 둘러싼 첨예한 내부 갈등에 처해 있었다. 그 결과 노동 문제에 대한 민주노총의 영향력은 축소될 수밖에 없었고, 그 사이 민주노총과의 위상 경쟁을 벌이던 한국노총은 독자적인 행보를 통해 자신들의 위상을 강화하는 전략을 추구하게 된 것이다.

특히 이명박 정부 시기 복수 노조 허용 및 노조 전임자 급여 지급 문제를 해결하는 과정에서 양대 노총의 공조는 결국 파기로 귀결되었다. 두 사안의 해결을 위해 2009년 10월부터 노사정 6자회의에 참여했던 양대 노총의 경우, 협상 초기에는 공조를 이루어 복수 노조 허용 및 노조 전임자 급여 지급 금지 규정 폐지를 강력하게 주장하였다. 그러나 11월 한국노총은 단독으로 복수 노조 허용 반대와 노조 전임자 급여 지급 금지의 유예안을 발표하였고, 민주노총의 반대에도 불구하고 한국노총의 제안은 정부와 자본에 의해 수용되어 2010년 1월 1일 국회를 통과한 노조법 개정안에 반영되었다. 이러한 한국노총의 입장 선회는 중소기업 중심으로 조직된 자기 조직의 이해관계를 대변하기 위한 전략적 선택이었고, 민주노총과의 위상 경쟁에서 우위를 점하기 위한 계기로 활용되었다. 그러나 국가와 자본에 포섭된 한국노총의 독자적 행보는 노동 세력 내 분열과 갈등을 증폭시켰고, 노동의 조직적 역량을 약화시켜 노사정위원회가 정부와 자본의 입장을 추인하는 형식적 기구로 전락하는 주요한 원인을 제공하였다.

노사정위원회의 경험에서도 알 수 있듯이 한국에서 코포라티즘 정치에 대한 향후 전망은 회의적일 수밖에 없다. 1998년 1월 출범한 노사정위원회는 법률적 기구로서 그 위상을 확립했음에도, 실질적 코포라티즘 협약을 구현하는 기구가 아니라 자본에 편승한 정부의 신자유주의 경제 정책을 추인하는 명목상 기구로 기능해 왔기 때문이다. 사회 코포라티즘 성립을 위해 필요한 강력한 친근로자 국민 정당이 부재할 뿐 아니라 코포라티즘 정치의 지속성을 담보하는 노사 간 힘의 균형은 여전히 기대하기 어렵다. 또한 10% 정도에 머물러 있는 낮은 노조 조직률과 한국노총과 민주노총으로 분열되고 기업별 노조로 분권화된 노동자 이익 대표 체계도 중요한 구조적 장애 요인으로 남아 있다.

한편, 무역 의존도가 심한 한국의 경제구조는 노사정을 코포라티즘 정치로 이끄는 구조적 압력으로 작용할 수 있다. 즉 코포라티즘 정치가 활성화된 서구 강소국의 경우처럼 수출 지향적 개방 경제 체제를 가진 한국의 경우, 국가와 자본은 국제 경쟁력 및 시장 경쟁력을 강화하기 위해서, 그리고 노동은 사회 구조의 변화에 대처하여 자신들의 이익을 보호하기 위해서 코포라티즘 합의 체제에 참여할 가능성이 높기 때문이다. 또한 노사정위원회의 제도화가 노동과 자본의 코포라티즘 정치로의 참여를 유인할 수 있다. 즉 국가가 법률적으로 노사정위원회로 대변되는 노사정 협의체를 구축하고 있는 상황에서, 노동과 자본은 불참으로 인해 상대방에게 유리한 정책이 결정되는 것을 막기 위해서라도 코포라티즘 협약에 참여할 가능성이 높기 때문이다.

그러나 수요 조절 코포라티즘의 경험이 부재한 한국적 상황에서 신자유주의 정책을 실현하기 위해 시도된 코포라티즘 정치 실험은 처음부터 공급 조절 코포라티즘의 성격을 띠었고, 이것은 처음부터 노동계에 불리한 출발일 수밖에 없었다. 게다가 김대중 정부와 노무현 정부가 이전 정부에 비해 상대적으로 친근로자적이었다고는 하지만, 기본적으로 자유주의적 개혁 정당으로서 유럽의 사민주의적 친근로자 정당과는 본질적으로 다른 정체성을 가지고 있었다. 민주노동당과 그 후속 정당들이 친근로자 정당의 정체성을 가지고 있지만, 이 정당들은 제도권 내 정당으로서는 미미한 영향력만을 가지고 있을 뿐이다. 예전에 비해 노동자들의 정치적 교섭력이 강화되고 사회적 합의를 필요로 하는 정치·경제적 배경이 형성되는 등 일부 구조적 요인이 성장하고 있지만, 구조적 요인이 정당 정치적 요인을 상쇄할 정도로 충분하지는 않다. 한국에서 코포라티즘 정치 실험이 성공하려면 무엇보다 긍정적인 요인들이 부정적인 정당 정치적 요인과 다른 구조적 요인들을 상쇄하는 방향으로 전개될 필요가 있다.

9

CORPORATISM

결사체 거버넌스로서 코포라티즘 정치의 전망

구조적 제약을 인정하는 정치 과정 모델에 입각한 이 책은 코포라티즘을 통치 전략적 측면과 정치 체제적 측면으로 나누어 고찰했다. 그중 통치 전략적 측면은 주도 정당의 성격과 정체성 및 연정 요인을 의미하는 정당 정치적 요인에 따라 살펴보고, 정치 체제적 측면은 계급 역관계와 코포라티즘 정치의 제도화 및 지속성이라는 구조적 요인에 따라 고찰하였다.

도입부에서 제시한 코포라티즘 개념은 '국가 기구의 적극적 중재가 이루어지는 가운데 자본주의 질서 유지를 부정하지 않는 노사정 삼자의 정치적 협상과 교환이 사회 갈등 해결의 핵심 수단으로 제도화되거나 적어도 장기적으로 기능하는 사회 · 정치적 운영 원리와 과정'을 말한다. 거버넌스(governance)를 협치(協治)의 의미로 파악할 때, 코포라티즘은 노사 갈등이라는 자본주의 사회 구성체의 기본 갈등을 그 주요 당사자들이 결사체를 통하여 직접 참여해 해결할 수 있도록 정부가 조정해 나가는 결사체 거버넌스라고 할 수 있다.

다만 국가 코포라티즘의 경우, 결사체들의 조직이 정부에 의해 결정되고 그 참여도 정책에 대한 동의와 집행에 한정되므로 '조정'의 개념이 실질적으로 정부의 통제와 동원의 의미로 축소된다. 반면, 사회 코포라티즘에서는 결사체들의 조직이 자발적으로 이루어질 뿐 아니라 참여가 의사 결정과 정책 집행에 모두 관계하므로 '조정'의 개념이 타협을 통한 합의의 의미로 확장된다. 물론 자본주의의 유지라는 자본의 장기적 이익을 넘어서지 못한다는 점에서는 역시 자본과 정부의 은폐된 통제와 동원이라는 성격을 벗어나지는 않는다. 하지만 적어도 자본주의의 핵심 갈등을 평화적이고 자발적으로 조정하는 중요한 거버넌스 기제라는 점은 분명하다.

코포라티즘 거버넌스는 사회 경제 구조의 변화를 배경으로 통치 전략적 성격과 정치 체제적 성격에 따라 국가 코포라티즘에서 사회 코포라티즘으로 전환하고, 사회 코포라티즘은 다시 수요 조절 코포라티즘에서 공급 조절 코포라티즘으로 변한다. 코포라티즘의 강도도 그 두 가지 성격에 따라 일정한 변화를 보여 준다. 좀 더 구체적으로 세 유형의 코포라티즘을 설명하면, 국가 코포라티즘은 전체주의적 국가 정당의 통치 전략이자 파시즘 체제의 운영 원리와 과정인 반면, 수요 조절 (사회) 코포라티즘은 친근로자적 전통 사민주의 국민 정당의 통치 전략이자 케인스주의 복지 국가 체제의 운영 원리와 과정이며, 공급 조절 (사회) 코포라티즘은 슘페터적 경제 정당으로서의 현대 사민주의 국민 정당의 통치 전략이자 신자유주의 국가 체제의 운영 원리와 과정이다. 이 중 이 책에서 주로 관심을 가지고 분석한 것은 사회 코포라티즘의 변화였다.

의회 민주주의 국가에서 작동하는 사회 코포라티즘은 실질적이고 자율적인 노사의 교섭과 교환을 토대로 한다. 정부는 이 자율적 사회 행위들을 조정하고 중재하는 역할을 수행하는 한편, 정권 유지를 목적으로 하는 집권 정당의 정치 전략에 따라 행위한다. 따라서 사회 코포라티즘이 성립하려면, 강력하나 전체주의적이지 않은 국가가 존재하고, 수와 기능이 한정되고 구조화되어 국가의 일부로서 기능하지만 총체적으로 통제되지도 않고 완전히 자유롭지도 않은 이해관계 집단, 즉 노동과 자본의 대표 조직들이 존재해야 한다.[1] 이를 좀 더 구체적으로 보면, 사회 코포라티즘의 주요 당사자인 노동과 자본 간에 타협을 통해 상호 교환이 이루어지기 위해서는 다음과 같은 조건들이 갖추어져야 한다:[2]

■ 양보와 타협의 문화가 정착한 합의 민주주의가 발전해 있어야 한다.

■ 단위 노조와 기업 및 노동과 자본을 통제할 수 있을 만큼 노사 양측에 권위 있고 중앙 집권화된 포괄적 정상 조직이 존재해야 한다.

■ 협상이 가능할 수 있을 만큼 노동의 정상 조직과 자본의 정상 조직 간 일정한 힘의 균형이 이루어져야 한다.

■ 양자의 협약을 중립적인 입장에서 조정하고 협약 준수를 보장하며 협약에 따르는 단기적 희생을 복지 및 사회 안전망 등 사회 정책을 통해 보상해 줄 수 있는 국가의 상대적 자율성이 보장되어야 한다.

■ 그러한 구체적 국가 행위가 이루어지기 위한 조건으로 친근로자

---

1) Wiarda, Howard J., 1997, *Corporatism and Comparative Politics: The Other Great "Ism"*(Armonk: M. E. Sharpe), p. 7 참조.

2) 김인춘, 2002, 「세계화 시대 북유럽 조합주의의 변화와 혁신: 스웨덴, 덴마크, 노르웨이 비교 분석」, 《경제와 사회》 제53권(봄), 175–176쪽 참조; 정병기, 2014b, 「네덜란드의 사회협약 창출능력 사례연구」, 『사회대타협을 위한 사회협약 창출능력 국제 사례와 우리나라에의 시사점』, 한국보건사회연구원 주최 학술회의(6월 13일, 코엑스 3층 회의실) 발표 자료집, 41쪽.

국민 정당이 집권해야 한다.

이 책에서 분석한 여섯 나라들은 모두 이 다섯 가지 조건을 충족함으로써 사회 코포라티즘이 성립되었다. 프랑스와 이탈리아에 대해서는 코포라티즘의 존재를 부정하는 입장이 없지 않지만, 이 나라들도 그 강도가 약하고 '동시적 교환'과 '시간 지연'이라는 특수성이 가미되었을 뿐 역시 코포라티즘 정치가 이루어졌다.

특히 강성 코포라티즘 국가인 스웨덴과 노르웨이에서는 공통적으로 양당 중심의 다당제와 친근로자 국민 정당의 집권이 오랫동안 유지되었고 최고 수준의 복지 국가가 수립되었다(〈표 9-1〉 참조). 또한 사회 균열 구조가 계급/계층 균열로 단일화된 동질적 사회로서 합의 민주주의가 고도로 발전했다는 공통점을 가지고 있다. 세계화도 스웨덴과 노르웨이에서 각각 1990년대와 2000년대에 상대적으로 심화되었지만 다른 국가들에 비해서는 완만한 속도를 유지하는 수준이었다.

스웨덴 사민당(S)과 노르웨이 노동당(AP)은 개혁적 사회주의로 출발해 친근로자 국민 정당의 정체성을 일찍 획득해 집권 후 수요 조절 코포라티즘을 통치 전략으로 채택했다. 이로써 노사가 정부 기구에 수동적으로 참여해 자문 역할을 수행한 경험에서 벗어나 의사 결정과 정책 집행에 적극적으로 참여하는 사회 코포라티즘 기제가 완성될 정당 정치적 조건이 갖추어졌다. 이후 1960/70년대 노노 갈등과 노조 분열이 생기고 1980년대 세계 경제 위기로 인해 자본의 공세가 강화되기까지 두 나라에서 수요 조절 코포라티즘은 성공적으로 작동했다. 스웨덴 코포라티즘의 제도화는 비록 전국 차원의 통합 기구를 갖추지는 않았지만 수준 높은 부문별 조정 기제의 완비로 나타났고, 노르웨이 코포라티즘의 제도화는 사업장, 부문, 전국 차원의 피라미드 구조라는 모든 차원에서 높게 나타났으며, 이러한 제도화를 토대로 두 나

〈표 9-1〉 코포라티즘의 성격과 변화: 스웨덴, 노르웨이

구 분	스웨덴	노르웨이
정치 경제 사회적 배경	■다당제에서 1990년대 양당 강화, 사민당 장기 집권 ■최고 수준 복지 국가, 1990년대 세계화 심화 ■단선적 사회 균열 구조, 합의 민주주의 발전	■양당 중심 다당제에서 1970년대 3당 중심 다당제로 전환, 노동당 장기 집권 ■최고 수준 복지 국가, 2000년 세계화 심화 ■단선적 사회 균열 구조, 합의 민주주의 발전
정당 정치적 요인과 통치 전략적 성격	■사민당(S)이 비경쟁적 제1당으로서 장기간 단독 집권 ■개혁적 사회주의 정당으로 출발해 친근로자 국민 정당으로 일찍 전환해 집권 후 수요 조절 코포라티즘 통치 전략을 채택 ■1980년대 우선회하기 시작했으나 친근로자성을 일정하게 유지하며 약화된 수요 조절 코포라티즘 통치 전략을 지속	■노동당(AP)이 1990년대 말 이후 약화되었지만 여전히 제1당으로서 장기간 단독 집권 ■창당 당시부터 개혁적 사회주의 정당으로 친근로자 국민 정당의 정체성을 형성하면서 집권 후 수요 조절 코포라티즘 통치 전략을 채택 ■2001년 '제3의 길'로 전환했으나 친근로자성을 일정하게 유지하며 약화된 수요 조절 코포라티즘 통치 전략을 지속
구조적 요인과 정치 체제적 성격	■1960년대 노노 갈등으로 노조 약화, 1980년대 이후 사용자 단체 강화 ■1980년대 이래 복지 제도 감축과 노동 시장 유연화 ■제도화 수준 낮은 통합적 중앙 조정 기제와 제도화 수준 높은 부문별 조정 기제의 병존 ■1980년대 이후 케인스주의 복지 국가 체제의 약화로 인해 조정과 협약이 지속되는 가운데 위기의 전조 발생	■1970년대 노조 분열, 1980년대 이후 사용자 단체 강화 ■1980년대 이후 복지 제도 감축과 노동 시장 유연화 ■코포라티즘 피라미드 구조를 통한 높은 수준의 제도화 ■1980년대 이후 케인스주의 복지 국가 체제의 약화로 인해 중앙 조정과 사회 협약이 약화되는 가운데 지속
코포라티즘 변화	(정부기구 참여 →) 수요조절 강성 코포라티즘 → 코포라티즘적 대안 부재의 위기와 공급조절 성격 일부 수용	(정부기구 참여 →) 수요조절 강성 코포라티즘 → 수요조절 코포라티즘 약화와 공급조절 성격 일부 수용

라에서는 조정과 협약이 지속될 수 있었다.

하지만 스웨덴 코포라티즘 모델은 노조 분열로 인해 노동 측이 약화된 상태에서 1980년대 이후 사민당의 포괄 정당화 및 정책 실패에 따라 케인스주의 복지 국가 체제가 약해짐으로써 코포라티즘의 위기를 맞고 있다. 이것은 공급 조절 정책을 일부 수용하기는 했지만 온전히 공급 조절 코포라티즘으로 변해 가는 것을 의미하는 것이 아니라, 오히려 공급 조절 코포라티즘을 대안으로 도입하지 않음으로써 코포라티즘 자체가 폐기될 위기로 치닫는다는 우려로 연결되고 있다. 그러나 이를 다른 시각에서 보면, 스웨덴 코포라티즘은 아직 신자유주의적 조정 기제인 공급 조절 코포라티즘으로 전환하지도 않았을 뿐만 아니라 위기의 징조를 보일 뿐 사회 코포라티즘이 폐기되지도 않았다고 볼 수도 있다. 그러므로 코포라티즘 활성화 전망이 불투명하다는 것이 더 정확한 진단일 것이다.

노르웨이 코포라티즘도 1980년대 이후 케인스주의 복지 국가 체제의 약화와 계급 역관계 변화로 중앙 조정과 사회 협약이 약해지는 추세를 보이고 있다. 게다가 2001년 이후에는 노동당이 '제3의 길'로 전환함으로써 비록 친근로자성을 완전히 탈각하지는 않았지만 공급 조절 정책을 수용하기 시작했다. 물론 노르웨이 코포라티즘도 스웨덴에서처럼 적어도 아직까지는 온전히 공급 조절 코포라티즘으로 전환하지 않았다. 하지만 스웨덴과 달리 코포라티즘 자체의 위기 징후를 보이기보다는 공급 조절 코포라티즘으로 전환할 가능성이 더 높다고 할수 있다. 이것은 무엇보다 노르웨이 노동당의 정체성과 정책의 변화가 스웨덴 사민당보다 크기 때문인 것으로 보인다.

중성 코포라티즘을 보였던 네덜란드와 독일은 스웨덴, 노르웨이와 달리 공급 조절 코포라티즘으로 뚜렷하게 전환해 갔다(〈표 9-2〉 참조).

<표 9-2> 코포라티즘의 성격과 변화: 네덜란드, 독일

구 분	네덜란드	독일
정치 경제 사회적 배경	■ 3당 중심 다당제에서 1960년대 극단적 다당제로 전환, 좌·우 연합 교차 집권 ■ 스칸디나비아 국가에 버금가는 복지 수준, 1980년대에 이어 2000년대 세계화 심화 ■ 복합적 사회 균열 구조, 합의 민주주의 발전	■ 3당 중심 다당제에서 1980년대 극단적 다당제로 전환, 좌·우 연합 교차 집권 ■ 스칸디나비아 국가에 버금가는 복지 수준, 2000년대 세계화 심화 ■ 지역 균열과 계급/계층 균열이 공존, 합의 민주주의 발전
정당 정치적 요인과 통치 전략적 성격	■ 노동당(PvdA)이 양대 정당의 하나로서 단독 정부 경험 없이 연정 구성 ■ 혁명적 사회주의 정당을 전신으로 하지만, 1946년 노동당으로 재창당되면서 친근로자 국민 정당화해 집권 후 수요 조절 코포라티즘 통치 전략을 채택 ■ 1994년 '제3의 길'을 선택해 친근로자성이 약화됨으로써(현대적 경제 정당화는 아님) 공급 조절 코포라티즘 통치 전략으로 전환	■ 사민당(SPD)이 양대 정당의 하나로 단독 정부 경험 없이 연정 구성 ■ 개혁적 사회주의 정당으로 창당되어 1959년 친근로자 국민 정당화해 집권 후 수요 조절 코포라티즘 통치 전략을 채택 ■ 1998년 '제3의 길' 전환을 거쳐 현대적 경제 정당화함으로써(친근로자성의 심각한 약화) 공급 조절 코포라티즘 통치 전략으로 전환
구조적 요인과 정치 체제적 성격	■ 노조와 사용자 단체가 동일하게 온건한 분립 지형을 형성, 1980년대와 2000년대 자본 강화 ■ 1980년대와 2000년대에 공급 조절 정책 수용 ■ 코포라티즘의 높은 제도화 수준을 유지하는 가운데 1980년대 이후 유도적 정부 개입으로 전환 ■ 삼자 협의를 지속하지만 케인스주의 복지 국가 체제의 약화로 인해 공급 조절 방식으로 정부 개입이 축소 및 전환	■ 노조와 사용자 단체가 동일하게 통합성 높은 단체를 구성. 중복된 이원 구조로 노조의 정치력과 현장성이 약하지만 법제화를 통해 노사 자율 교섭과 노조 교섭력을 보장. ■ 2000년대 세계화 심화 이후 자본 강화로 공급 조절 정책으로 전환 ■ 코포라티즘의 제도화 수준이 낮고 삼자 협의는 간헐적 대화를 통해 이어짐. ■ 케인스주의 복지 국가 체제의 약화로 인해 공급 조절 방식으로 전환
코포라티즘 변화	(노사 양자 협약 →) 수요 조절 중성 코포라티즘→공급 조절 중성 코포라티즘	(국가 코포라티즘 →) 수요 조절 중성 코포라티즘→공급 조절 약성 코포라티즘

국가 코포라티즘의 경험 없이 수요 조절 코포라티즘이 독일보다 강했던 네덜란드와, 국가 코포라티즘을 경험했고 그에 따른 부정적 효과가 영향을 미쳐 수요 조절 코포라티즘이 약하게 현상했던 독일에서, 세계화의 영향이 심화되자 사회 코포라티즘의 성격이 동일한 방향으로 변형되었다. 실제 여섯 나라 중에서 네덜란드와 독일의 세계화 수준과 속도가 가장 높고 빨랐다.

네덜란드와 독일의 수요 조절 코포라티즘이 스웨덴, 노르웨이와 비교해 상대적으로 약했던 것은 일차적으로 정치 · 경제 · 사회적 배경에서 기인한다. 네덜란드와 독일에서 정당 체제는 3당 중심 다당제에서 극단적 다당제로 전환해 갔으며, 친근로자 국민 정당은 단독 정부 수립의 경험 없이 연립 정부의 형태로(중도-)우파 세력과 교차 집권해 왔다. 복지 국가도 내륙 유럽에서는 상대적으로 높은 수준이지만 스칸디나비아 국가들에 비해서는 낮은 수준이며, 1980년대와 2000년대에 세계화를 더 심하게 겪었다. 또한 합의 민주주의는 계급/계층 균열 외에 지역 균열 등 다른 균열들이 존재하는 복잡한 균열 구조 위에서 발전했다.

두 나라의 차이도 스웨덴과 노르웨이의 차이보다 크다. 네덜란드가 독일보다 더 발전된 합의 민주주의 문화를 가지고 있고 친근로자 국민 정당의 집권 기간이 더 길다. 이것은 네덜란드에서 수요 조절 사회 코포라티즘이 상대적으로 제도화 수준과 강도가 더 높게 작동하도록 한 요인이 된 것으로 보인다.

네덜란드 노동당(PvdA)과 독일 사민당(SPD)은 모두 초기에 혁명적 사회주의를 채택했으며 이후 개혁적 사회주의를 거쳐 친근로자 국민 정당으로 전환했다. 그 시기는 네덜란드 노동당이 더 빨라 1946년이었고 독일 사민당은 1959년이었는데, 두 정당 모두 새로운 정체성 형성 후 일정 기간이 지나 집권하자 수요 조절 사회 코포라티즘을 통치 전략으로 채택했다.

네덜란드에서 정부 개입에 대한 방어의 방식으로 노사 자율 협상이 이루어진 반면 독일에서는 법 규정을 통해 노사 자율 협상이 보장되었지만, 두 나라는 공통적으로 노사 자율 협상의 전통이 강하다. 네덜란드 노조들은 느슨하지만 분립 지형을 형성한 반면 독일 노조들은 통합성이 강하며, 사용자 단체들의 경우도 유사하다. 하지만 독일은 중복된 이원 구조로 인해 노조의 정치적 영향력과 현장성이 제약되어 네덜란드 노조보다 강력하다고 할 수 없다. 이 점 역시 독일의 코포라티즘이 네덜란드의 코포라티즘보다 약한 원인으로 작용했다.

1990년대에 네덜란드 노동당과 독일 사민당은 '제3의 길'로 전환했지만, 그 정도는 독일 사민당이 더 심했다. 곧, 독일 사민당의 정체성 변화는 영국 노동당의 변화와 비슷하게 현대적 경제 정당화를 의미했다. 1990년대에 재집권한 독일 사민당과 네덜란드 노동당은 한결같이 유도적 개입의 방식으로 공급 조절 정책을 채택했지만, 독일 사민당에 비해 네덜란드 노동당은 안정성을 함께 중시하는 유연 안정성 모델을 따랐다. 때문에 공통적으로 케인스주의 복지 국가가 축소되고 공급 조절 코포라티즘으로 전환했지만, 코포라티즘 작동 강도는 네덜란드에서 기존 수준이 유지된 반면 독일에서는 약해졌다.

간혹 코포라티즘에서 제외되기도 하는 프랑스와 이탈리아는 다른 나라들에 비해 분명히 대립과 갈등의 문화가 강하다. 하지만 이러한 문화도 합의 민주주의와 공존하는 것으로 이해해야 한다(〈표 9-3〉 참조). 극단적 다당제와 복잡한 이데올로기 스펙트럼을 가진 상태에서 안정적인 정치 발전과 경제 발전이 가능한 것은 이와 같이 대립과 협상이 공존하는 문화에 기반한다. 게다가 1990년대 혹은 2000년대 이

〈표 9–3〉 코포라티즘의 성격과 변화: 프랑스, 이탈리아

구 분	프랑스	이탈리아
정치 경제 사회적 배경	■ 극단적 다당제에서 2000년대 양당 강화, 좌·우 연합 교차 집권 ■ 상대적으로 높은 수준의 복지 국가, 지속적으로 소폭 상승하는 세계화 수준 ■ 단선적 사회 균열 구조, 합의 민주주의 문화와 대립 및 갈등의 문화가 공존	■ 양당 중심 다당제에서 1990년대 중도-좌파와 중도-우파의 정당 연합 중심 다당제로 전환, 기민당 장기 집권 후 1990년대 이래 좌·우 연합 교차 집권 ■ 파행적 복지 제도, 1980년대 이래 지속적으로 소폭 상승하는 세계화 수준 ■ 지역 균열과 계급/계층 균열이 중첩, 합의 민주주의 문화와 대립 및 갈등의 문화가 공존
정당 정치적 요인과 통치 전략적 성격	■ 사회당(PS)이 양대 정당의 하나로서 우파와 교차 집권하면서 단점 정부 구성 ■ 여러 사회주의 정파들의 통합체로 출발해 1969년 친근로자 국민 정당인 사회당으로 재창당되어 집권 후 수요 조절 코포라티즘 통치 전략을 채택 ■ 1990년대 '제3의 길' 노선을 통해 친근로자성이 약화됨으로써(현대적 경제 정당화는 아님) 때로는 동시적 교환의 성격을 공급 조절 코포라티즘 통치 전략으로 전환	■ 좌파민주당(PDS/DS, 1991~2007)/민주당(PD, 2007년 이후)이 우파와 각축하며 연정을 구성 ■ 혁명적 사회주의 정당인 공산당이 1991년 좌파민주당으로 개명하면서 친근로자 국민 정당화해 집권 후 수요 조절 코포라티즘 통치 전략을 채택 ■ 2007년 민주당으로 통합 재창당된 후 진보적 중도화 혹은 중도적 좌파 정당화함으로써(친근로자성의 심각한 약화) 공급 조절 코포라티즘 통치 전략으로 전환
구조적 요인과 정치 체제적 성격	■ 파편화된 정파 노조 지형, 상대적으로 통합된 사용자 단체 구조 ■ 1990년대 세계화 심화 이후 공급 조절 정책을 수용 ■ 코포라티즘 제도화 수준이 낮고 사회 협약이 간헐적으로 체결되는 유도 국가적 개입 ■ 사회정상회담을 통한 삼자 협의를 지속하지만 복지 국가 체제의 약화로 인해 공급 조절 방식으로 전환	■ 이데올로기적으로 파편화된 정파 노조 지형, 부문별로 파편화된 사용자 단체 구조 ■ 1990년대 이래 세계화 심화로 공급 조절 정책을 수용 ■ 코포라티즘 제도화 수준이 낮지만 1993년 이후 단체 협상의 형태로 삼자 협의가 제도화 ■ 단체 협상으로 제도화된 삼자 협의가 지속되지만 복지 국가 체제의 약화로 인해 자문 기능으로 축소되고 공급 조절 방식으로 전환
코포라티즘 변화	(국가 코포라티즘 →) 수요 조절 약성 코포라티즘→공급 조절 약성 코포라티즘	(국가 코포라티즘 →) 수요 조절 약성 코포라티즘→공급 조절 약성 코포라티즘

후 두 나라의 극단적 다당제도 점차 연합에 의한 양대 진영 체제로 수렴되고 있다.

프랑스와 이탈리아는 네덜란드, 독일처럼 공통점뿐만 아니라 차이점도 많다. 프랑스의 균열 구조가 계급/계층 구조로 단일화된 반면 이탈리아의 균열 구조는 계급/계층 균열에 강력한 지역 균열이 중첩된 구조이다. 복지 수준도 프랑스는 상술한 네 나라에 비해서는 낮지만 이탈리아보다는 높은 수준일 뿐 아니라, 이탈리아는 '제1공화국'에서 뿌리내린 파행적 제도 운영을 완전히 척결하지 못한 상태이다. 한편 두 나라가 공통적이면서 특이한 점은 약한 코포라티즘 국가임에도 불구하고 세계화 수준과 그 속도가 높거나 빠르지 않다는 것이다. 이것은 세계화의 수준과 속도가 코포라티즘의 강도보다는 성격 전환에 더 크고 직접적인 영향을 미친다는 것을 의미한다.

프랑스 사회당(PS)은 여러 사회주의 정파들의 통합체로 출발해 1969년 현재의 당명으로 재창당되면서 친근로자 국민 정당으로 전환한 반면, 이탈리아 좌파민주당(PDS/DS)은 혁명적 사회주의 정당인 공산당으로 출발해 1991년에야 개명을 통해 친근로자 국민 정당의 정체성을 획득했다. 두 정당들은 곧 이어 집권한 후 수요 조절 사회 코포라티즘을 통치 전략으로 채택했다.

하지만 프랑스 사회당도 1990년대 '제3의 길'로 전환함으로써 다시 한 번 정당 정체성의 변화를 가져왔다. 하지만 이것은 네덜란드나 독일의 친근로자 국민 정당들보다는 친근로자성을 강하게 유지하는 수준이었다. 심각한 변화는 이탈리아 좌파민주당의 경우였다. 2007년 중도 정당들과 통합해 민주당(PD)으로 재창당하면서 친근로자성이 심각하게 약화된 중도화의 길을 걸은 것이다. 아직 민주당의 정체성이 명확하게 드러난 것은 아니지만 독일 사민당보다 더 중도화되었다는 판단도 가능하다.

프랑스와 이탈리아의 계급 역관계는 파편화된 정파 노조들과 상대적으로 통합된 사용자 단체로 특징된다. 물론 비록 파편화되기는 했지만 정파 노조들의 정치적 영향력과 협상력은 결코 약하지 않으며, 오히려 정치적 동력이 매우 강하여 정부와 직접 상대해 정치적 협상을 벌이는 경우가 잦았다. 하지만 1990년대에 시작된 세계화가 1990년대에 더 심화되자 자본 측이 강화되어 공급 조절 정책이 수용되어 갔다.

이와 같이 정당 정체성 변화와 계급 역관계 변화로 인해 프랑스와 이탈리아에서도 수요 조절 코포라티즘은 공급 조절 코포라티즘으로 변해 갔다. 그리고 코포라티즘의 제도화 수준이 낮은 상태에서 코포라티즘은 여전히 약하게 작동하며 간헐적으로 사회적 대화와 사회 협약이 시도되고 체결된다. 프랑스와 이탈리아의 코포라티즘에서 나타나는 이러한 정치적 교환은 노사정 삼자들 중 양자의 직접적인 대립과 협상이 먼저 이루어지고 나머지 일방이 유도적으로 개입하거나 추인하는 방식의 동시적 교환 혹은 시간 지연 등에 의해 제한된 일반적 교환으로 설명될 수 있다.

전체적으로 비교해 보면, 친근로자 국민 정당이 강력하고 장기간 집권한 경험을 가지며 노사 조직의 통합성이 높고 합의 민주주의가 발전한 나라일수록 코포라티즘이 강했다. 그리고 세계화의 속도가 빠르고 친근로자 국민 정당의 정체성 약화가 분명하며 계급 역관계에서 노조가 약화되고 코포라티즘의 제도화와 지속성 수준이 낮을수록 공급 조절 사회 코포라티즘으로의 전환이 뚜렷했다. 물론 이것은 각 요인들의 개별적 작용이 아니라 종합적 작용의 결과로 판단해야 한다.

이러한 기준에 따를 때 한국의 코포라티즘 실험은 정당 정치적 여건과 구조적 여건이 모두 충족되지 않은 상태에서 시도되었다고 할 수 있다. 우선, 김대중 정부와 노무현 정부가 역대 정부에 비해 상대적으로 친근로자적 성격을 띠었지만, 두 정부를 출범시킨 정당들은 친근로자 국민 정당이 아니라 자유주의 정당으로서 독재와 민주의 구도에서만 진보와 개혁의 의미를 띠었을 뿐이다.

한국 노동 조직의 분열과 갈등도 코포라티즘 정치 실험에 부정적으로 작용했다. 물론 민주 노조 운동의 성장은 자본의 절대적 우위라는 한국의 기성 질서를 바꾸어 놓았다. 그러나 양대 노총은 상황에 따라 공조하기도 했지만 대부분 갈등을 노정했으며 코포라티즘 정치에 대한 입장이 근본적으로 달랐다. 기업별 노조로 분권화된 노조 조직도 응집성 있는 이익 대변을 어렵게 해 코포라티즘 작동에 부정적으로 작용했다. 게다가 오랜 독재 정권과 투쟁의 경험으로 인해 합의 민주주의가 정착하지 못해 코포라티즘의 정치 문화적 토양도 갖추어지지 못했다.

그럼에도 김대중 정부 이후 본격화된 신자유주의적 세계화의 흐름이 IMF 외환 위기를 통해 거세게 몰아쳐 코포라티즘 정치를 촉진하는 요인으로 작용했다. 무엇보다 민주화 이후 강력해진 노동계의 동의를 얻지 못하면 신자유주의 정책의 실현이 쉽지 않았기 때문이다. 그에 따라 정부가 시도한 것이 노사정위원회라는 방식의 사회적 합의 정치였는데, 이것은 신자유주의 정책에 부응해야 하는 만큼 공급 조절 코포라티즘의 내용을 띨 수밖에 없었다.

이러한 한국의 경험은 친근로자 국민 정당의 정체성이 변하고 노조의 힘이 약화됨으로써 공급 조절 코포라티즘이 등장한 서구의 경우와 사뭇 다른 현상이다. 하지만 코포라티즘의 제도화와 지속성 수준이 낮은 나라에서 주로 공급 조절 코포라티즘이 등장했다는 점에서는 크게 다르지 않다. 다만 한국의 경우에는 수요 조절 코포라티즘의 경험이 없는 상태에서 신자유주의적 노동 정책이 실시됨으로써 코포라티즘 실험이 처음부터 공급 조절의 성격을 띠었다는 점에서 다를 뿐이다.

하지만 공급 조절의 성격을 띠었다고 할지라도 사회 코포라티즘의 경험이 전무한 상황에서 코포라티즘 정치가 시도되었다는 것은 적지 않은 의미를 지닌다. 노사정위원회를 통한 코포라티즘 정치 실험은 정부의 신자유주의 정책 실현을 위한 동원 기제로 작동했다는 점 외에도 민주화 이후 강화된 노동 운동의 요구가 반영되었다는 성격을 갖기 때문이다. 이것은 보다 적극적인 의미에서 의회 민주주의의 한계를 극복하는 문제와도 연결된다.

현대 민주 정치는 의회 민주주의로 현상하는 대의 민주주의 체제로 유지되고 있다. 하지만 포퓰리즘 정치가 다시 발호하고 풀뿌리 민주주의에 대한 요구가 높아지고 있다는 점에 유의할 필요가 있다. 대의 민주주의 체제에 대한 국민들의 비판과 혐오가 증가하고 있기 때문이다. 직업 정치인들의 고유한 이해관계가 형성되어 대의의 의미 자체가 퇴색되고 엘리트 정치의 부패와 파행 등이 이미 관행으로 굳어지다시피 하는 것은 누구나 인정하는 사실이다.

이러한 대의 정치의 폐해는 직접 민주주의를 통해 시정해 나갈 수밖에 없다. 하지만 직접 민주주의는 주권자 개인들이 직접 정치에 참여한다는 고전적 방식만을 의미하지는 않는다. 갈등하는 모든 사안에 대해 개별 국민들이 동일한 이해관계를 갖지 않는다는 사실에 주목한다면, 오히려 고전적 직접 민주주의는 1인1표제에 토대를 둔 대의 민주주의 틀 안에서 고려된다는 한계를 갖는다. 갈등하는 사안에 대해 각자 이해관계가 다르다면 이해관계의 정도에 따라 참여의 권한도 달리 분배될 필요가 있다. 또한 이해관계가 긴밀한 사안에 대해서는 그

426

이해 당사자들이 직접 참여해 의사를 결정하고 결정된 의사를 집행해야 한다. 이때 이해 당사자들은 개별적 상태를 엮어 단일한 결사체로 조직될 필요가 있다. 따라서 현대 대의 민주주의는 결사체 거버넌스(協治)로 보완되어야 한다.

또한 실제 대의 민주주의의 핵심 기구인 의회의 기능과 관련해서도 결사체 거버넌스는 중요하다. 서론에서 밝혔듯이 의회는 주권자인 국민들로부터 선출되어 입법과 행정부 견제라는 두 가지 기능을 수행한다. 입법은 장기간의 독해와 토론 및 협상을 거쳐야 하며 행정부 견제는 의사 결정 참여와는 거리가 있다. 따라서 긴급하고도 예민한 사안에 대해 의회가 할 수 있는 기능은 크게 제약된다. 따라서 직접 이해관계가 얽혀 있는 당사자들이 대표 기구를 구성해 처리할 필요가 있다. 코포라티즘 기구를 '제2의 의회'라고 지칭하는 이유가 여기에 있다.

대의 민주주의의 한계를 보완하는 두 축 중 68혁명운동을 통해 도입되기 시작한 일상적 민주주의가 그 한 축이라면, 이해관계자들의 직접 참여를 통한 코포라티즘 정치(corporatist governance)가 다른 한 축이다. 게다가 코포라티즘 정치는 정치적 민주주의와 사회 경제적 민주주의를 생산 현장으로 확대시킴으로써 생산 현장의 민주주의까지 촉발시킬 수 있는 가능성을 가지고 있다. 이것은 생산 현장에서 노동자와 사용자의 갈등과 지배 관계를 민주적으로 변화시킬 수 있는 계기가 된다는 의미이다.

하지만 코포라티즘 기제도 양면성을 가지고 있다. 대의 민주주의를 보완한다는 점에서 볼 때 코포라티즘은 자본주의 질서에서 머릿수가 많을 뿐 구조적으로 약자일 수밖에 없는 노동자들을 의사 결정과 정책 집행에 참여시키는 기제로 기능한다. 반면 과거 국가 코포라티즘에서 분명히 보았듯이, 자본주의가 위기에 처하거나 더욱 긴급한 장기적 이익을 도모할 필요가 있을 때 정부와 자본이 노동자들을 통제하고 동원하기 위해 사용하는 수단이 될 수도 있다.

　문제는 동원과 통제의 대상이 되는 노동자들의 태도이다. 코포라티즘을 자본주의 존속의 주요 기제로 간주하고 거부하기만 할 것이 아니라 상황에 따라 전략적 혹은 전술적 차원에서 활용하는 지혜를 가져야 한다는 것이다. 이 점은 자본과 사용자 측의 경우도 마찬가지이다. 앞에서 살펴본 여러 나라 사례들을 볼 때 코포라티즘을 효율적으로 활용한 것은 사용자와 자본 측이었다. 그렇다고 이것이 코포라티즘이 사용자와 자본에 더 유용한 수단이라는 것을 의미하지는 않는다. 앞에서 말했듯이 자본주의 사회에서 노동자는 어차피 구조적 약자이다. 양날의 칼이지만 필요한 수단이라면 적극적으로 활용하는 것이 더 현명하다. 코포라티즘의 결사체 거버넌스적 작동은 노사정 모두의 태도와 관련되지만 구조적 약자로서 더욱 예민할 수밖에 없는 노동자들의 태도에 의해 더 좌우된다고 할 수 있다.

■ 참고문헌

1. 논문과 단행본

강명세, 1999, 「사회협약의 이론」, 강명세(편), 『경제위기와 사회협약』, 성남: 세종연구소, 9-50쪽.

강명세, 2000, 「민주주의와 사회합의주의」, 김호진 외(편), 『사회합의제도와 참여민주주의』, 서울: 나남, 73-97쪽.

강명세, 2004, 「스웨덴 정치경제 모델의 특징과 변화」, 유럽정치연구회(편), 『유럽정치』, 서울: 백산서당, 435-452쪽.

강명세, 2005, 「새로운 민주주의와 새로운 노동운동: 민주화, 세계화와 노사 관계 구조변화」, 한국정치학회(편저), 『세계화 시대 노사정의 공존전략: 서유럽 강소국과 한국』, 서울: 백산서당, 245-280쪽.

강문구, 1998, 「한국의 민주적 공고화와 사회협약의 가능성: 김대중 정부하 의 노사정위원회를 중심으로」, 《한국과 국제정치》 제14권 2호(경남대학 교 극동문제연구소), 1-25쪽.

경제사회발전 노사정위원회, 2008, 『경제사회발전 노사정위원회 10년사: 1998-2007』, 서울: 경제사회발전 노사정위원회.

곽진영, 2002, 「정당과 거버넌스: 정당 쇠퇴론에 대한 대안적 설명 틀로서의 거버넌스」, 김석준·곽진영·김상배·김의영·김준기·서창록·이근· 이연호·이원근·이종찬·임성학·임성호·임혜란·전재성, 『거버넌스 의 정치학』, 서울: 법문사, 75-96쪽.

구춘권, 2006, 「코포라티즘의 전환과 노동관계의 유럽화」, 《국제정치논총》 제46집 4호(한국국제정치학회), 241-265쪽.

국민경제사회협의회·한국노동연구원(편), 1994, 『사회적 합의와 노사관계』, 서울: 국민경제사회협의회.

권순식 · 이규용, 2007, 「코포라티즘과 신자유주의: 경제적 효과의 비교분석」, 《산업관계연구》 제17권 1호(한국노사관계학회), 137-162쪽.

김성중 · 성제환, 2005, 『한국의 고용정책』, 서울: 한국노동연구원.

김수진, 1992, 「민주적 코포라티즘에 관한 비판적 고찰」, 《사회비평》 제8호, 106-139쪽.

김수진, 1998, 「선진산업민주국가의 사례에 비추어 본 노사정 3자협의의 성격과 전망」, 《사회과학연구논총》 2권(이화여자대학교 사회과학연구소), 5-26쪽.

김수진, 2007, 『노동지배의 이념과 전략: 스칸디나비아 사회민주주의의 성장과 쇠퇴』, 서울: 백산서당.

김수행 · 정병기 · 홍태영, 2006, 『제3의 길과 신자유주의: 영국, 독일, 프랑스를 중심으로』, 개정판, 서울: 서울대학교출판부.

김순양, 1999, 「스웨덴 사회협약모델의 성공요건 분석」, 《한국행정학보》 제33권 3호(한국행정학회), 215-236쪽.

김승호 · 김영두 · 김종진 · 유형근 · 인수범, 2007, 『노동운동의 재활성화 전략』, 서울: 한국노동사회연구소 · 프리드리히 에버트 재단.

김영수, 2012, 「노사정위원회 참여를 둘러싼 민주노총의 전략적 대응: 정파간 내부정치를 중심으로」, 《사회과학연구》 제51집 1호(경상대학교 사회과학연구원), 81-107쪽.

김영순, 2004, 「노동조합과 코포라티즘, 그리고 여성 노동권: 스웨덴의 경우」, 《한국정치학회보》 제38집 2호(한국정치학회), 399-420쪽.

김용원, 2012, 「사회적 합의주의의 성공 가능성에 관한 연구: 한국과 독일 사례의 비교를 중심으로」, 《한국협동조합연구》 제30집 2호(한국협동조합학회), 79-105쪽.

김용철, 2000, 「신자유주의와 코포라티즘의 관리기제: 네덜란드의 경험과 한국의 노사정협의체제」, 한국정치학회 연례학술회의 발표 논문.

김용철, 2001, 「신자유주의적 구조조정과 조합주의적 관리: 네덜란드의 경험과 정책적 함의」, 《국가전략》 제7권 2호(세종연구소), 109-135쪽.

김용철, 2002, 「네덜란드의 정치문화와 코포라티즘」, 《시민과 세계》 제2호(참여연대), 359-369쪽.

김용철, 2006, 「한국의 사회협약정치: 짧은 반응과 긴 교착」, 《21세기정치학회보》 제16권 2호(21세기정치학회), 75-100쪽.

김용철, 2010, 「사회협약정치의 출현, 교착, 지속에 대한 분석」, 《산업노동연구》 제16권 2호(한국산업노동학회), 33-76쪽.

김윤태, 2009, 「사회협약의 정치적 조건: 한국과 아일랜드의 재해석」, 《동향과 전망》 통권 제75호(한국사회과학연구소), 183-214쪽.

김인춘, 2002, 「세계화 시대 북유럽 조합주의의 변화와 혁신: 스웨덴, 덴마크, 노르웨이 비교분석」, 《경제와 사회》 통권 제53호(비판사회학회), 174-200쪽.

김인춘, 2004a, 「스웨덴 사민주의의 마지막 보루 '복지국가'」, 유럽정치연구회(편), 『유럽정치』, 서울: 백산서당, 453-475쪽.

김인춘, 2004b, 「세계화, 유연성, 사민주의적 노동시장체제: 스웨덴 사례」, 《한국사회학》 제38집 5호(한국사회학회), 143-177쪽.

김정, 2000, 「코포라티즘은 없다: 선진 산업국의 노동정치를 다시 생각하기」, 《경제와 사회》 통권 제46호, 228-260쪽.

김종법, 2007, 「노사정 갈등의 해결모델로서 이탈리아 코포라티즘과 산별협약: 복수노조 시대의 한국 노사갈등협력체제 구축을 위한 비교연구」, 《이탈리아어문학》 제22권(이탈리아어문학회), 19-55쪽.

김태수, 2006, 「사회적 합의기구로서의 노사정위원회의 위상에 관한 관점별 검토」, 《한국행정학보》 제40권 4호(한국행정학회), 205-224쪽.

김학노, 2004, 「이탈리아 정치경제의 역사적 흐름과 구조」, 유럽정치연구회(편), 『유럽정치』, 서울: 백산서당, 357-386쪽.

김학노, 2011, 「서유럽 사회적 협의체제의 변천: 민주적 코포라티즘의 쇠퇴와 부활」, 구춘권 · 김영순 · 김인춘 · 김학노 · 서명호 · 진영재 · 최진우, 『서유럽의 변화와 탈근대화』, 서울: 나남, 169-288쪽.

노중기, 2004, 「세계화와 노동체제 변동에 관한 비교사회학적 연구」, 《산업노동연구》 제10권 1호(한국산업노동학회), 147-188쪽.

노중기, 2006, 「노무현정부의 노동정책: 평가와 전망」, 《산업노동연구》 제12
　　권 2호(한국산업노동학회), 1-29쪽.

노중기, 2009, 「이명박 정부 출범 1년의 노동정책: 평가와 전망」, 《경제와 사
　　회》 통권 제81호(비판사회학회), 131-156쪽.

박호성, 1994, 『노동운동과 민족운동』, 서울: 역사비평사.

서문기, 2007, 「사회적 합의 형성에 관한 이론적 소고: 분석 틀과 정책적 함
　　의」, 《행정논총》 제45권 4호(서울대학교 한국행정연구소), 1-22쪽.

선학태, 2006, 『사회협약정치의 역동성: 서유럽 정책협의와 갈등조정 시스
　　템』, 파주: 한울아카데미.

선학태, 2011, 『사회적 합의제와 합의제 정치』, 광주: 전남대학교출판부.

선학태, 2012, 「네덜란드 민주주의 동학: 합의제 정당 정치와 조합주의 정
　　치의 연계」, 《한국정치연구》 제21집 3호(서울대학교 한국정치연구소),
　　369-393쪽.

선한승, 1994, 「독일의 협주행동 제도와 시사점」, 국민경제사회협의회 · 한국
　　노동연구원(편), 『사회적 합의와 노사관계』, 서울: 국민경제사회협의회,
　　53-80쪽.

성제환, 1999, 「사용자단체의 조직과 역할에 대한 연구: 영국, 독일, 프랑스
　　의 사용자단체를 중심으로」, 《산업관계연구》 제9권(한국노사관계학회),
　　55-73쪽.

손영우, 2005, 「이익집단의 정치제도화에 대한 연구: 프랑스의 경제사회위원
　　회를 중심으로」, 《시민사회와 NGO》 제3권 2호(한양대학교 제3섹터연구
　　소), 193-220쪽.

손영우, 2008, 「프랑스 사르코지 정부의 노동개혁 내용과 특징: 신자유주의
　　와 노사합의」, 《노동사회》 제129호(한국노동사회연구소), 108-118쪽.

손영우, 2011, 「프랑스 복수노조제도의 특징과 시사점」, 《진보평론》 통권 제
　　47호(진보평론), 89-213쪽.

손영우, 2012, 「세계화시대, 정부의 정책적 자율성과 노동조합운동: 프랑스

의 노동시간단축 정책 도입 사례」, 《국제지역연구》 제16권 4호(한국외국어대학교 국제지역연구센터), 23-52쪽.

손영우, 2014, 「프랑스에서는 왜 단체협약적용률이 높은가?」, 《국제지역연구》 제17권 4호(한국외국어대학교 국제지역연구센터), 35-68쪽.

송호근, 1998, 「'시장의 시대'와 조합주의: 우리에게 조합주의는 유용한가?」, 《사상》 여름호(사회과학원), 94-128쪽.

신광영, 1989, 「스웨덴의 노동조합운동」, 《동향과 전망》 통권 제4호(한국사회과학연구소), 227-248쪽.

신광영, 2000, 「스웨덴 계급 타협의 형성과 위기」, 《한국사회학》 제34집 4호(한국사회학회), 897-927쪽.

심지홍, 2008, 「한국 노동시장의 현안: 외환위기 극복 이후 참여정부의 노동정책을 중심으로」, 《경상논총》 제26권 2호(한독경상학회), 37-55쪽.

심지홍, 2011, 「외환위기와 한국경제 패러다임 변화」, 《경상논총》 제29권 1호(한독경상학회), 133-150쪽.

심창학, 1998, 「프랑스적 조합주의: 제2차 세계대전 직후의 공무원 사회보장제도 개혁과정을 중심으로」, 《연세사회과학연구》 제4호(연세대학교 사회과학연구소, 11월호), 147-169쪽.

안재홍, 1995, 「스웨덴 모델의 형성과 노동의 정치경제」, 《한국정치학회보》 제29집 3호(한국정치학회), 493-523쪽.

안재홍, 1998, 「근대화, 개인화의 정치경제 그리고 노동운동의 대응: 스웨덴 사례의 이론적 해석」, 《한국정치학회보》 제32집 1호(한국정치학회), 317-338쪽.

안재홍, 2002, 「세계화와 노·사·정 대응의 정치체계: 스웨덴, 네덜란드, 오스트리아 사례의 비교」, 《한국정치학회보》 제36집 3호(한국정치학회), 397-418쪽.

안재홍, 2004, 「근대로의 이행과 스웨덴 정치」, 유럽정치연구회(편), 『유럽정치』, 서울: 백산서당, 413-434쪽.

양동안, 2005, 『민주적 코포라티즘: 한국에 필요한 국가운영체제』, 서울: 현음사.

양재진, 2005, 「발전이후 발전주의론: 한국 발전국가의 성장, 위기, 그리고 미래」, 《한국행정학보》 제39권 1호(한국행정학회), 1-18쪽.

양재진, 2007, 「한국 사회협약 실험의 추동력과 한계: 조정시장경제로의 전환 가능성 검토」, 《사회과학연구》 제15권 1호(서강대학교 사회과학연구소), 38-68쪽.

양효식, 2005, 「98년 정리해고제 악몽, '사회적 교섭'으로 재연되나」, 《월간 말》 통권 제225호(월간말), 48-51쪽.

오삼교, 1999, 「유럽 노동자 정치세력화의 경험: 영국, 프랑스, 독일의 비교」, 김금수(편), 『노동자 정치세력화, 진단과 모색』, 서울: 한국노동사회연구소, 31-78쪽.

은수미, 2006, 『사회적 대화의 전제조건 분석: 상호관계와 사회적 의제 형성을 중심으로』, 서울: 한국노동연구원.

이병훈·유범상, 1998, 「한국 노동정치의 새로운 실험: 노사관계개혁위원회와 노사정위원회에 대한 비교 평가」, 《산업노동연구》 제4권 1호(한국산업노동학회), 83-116쪽.

이병훈·유범상, 2001, 「노동법의 형성과 집행에 대한 노동정치 연구: 정리해고제의 사례를 중심으로」, 《한국사회학》 제35집 2호(한국사회학회), 177-204쪽.

이상민, 2004, 「일자리 창출을 위한 기업 수준의 노사협약: 독일 사례」, 《노동사회》 제86호(한국노동사회연구소), 81-90쪽.

이선향, 2011, 「노무현 정부 시기 노동정치의 갈등과 한계」, 《담론 201》 제14권 1호(한국사회역사학회), 57-82쪽.

이연호, 2009, 「노동통제와 사회적 코포라티즘」, 곽진영 외, 『거버넌스: 확산과 내재화』, 서울: 대경출판사.

이원보, 1997, 「노동운동의 양대 세력, 한국노총과 민주노총」, 《동향과 전망》 통권 제35호(한국사회과학연구소), 54-79쪽.

이장규, 2000, 「네덜란드 모델의 노동시장정책」, 《재정포럼》 제50권(한국조세

연구원), 19-33쪽.

이재승, 2004, 「프랑스 정치경제의 구조와 흐름」, 유럽정치연구회(편), 『유럽 정치』, 서울: 백산서당, 167-186쪽.

이호근, 2002, 「변화하는 유럽의 조합주의와 유럽 사회정책 레짐의 발전」, 한 국정치학회 연말학술대회 발표 논문.

인수범, 1998, 「스웨덴 1990년대 단체교섭구조와 노사관계변화: 정부 주도 '중앙교섭'의 대두와 '노조 간 연대'의 확대」, 《노동사회》 제21호(한국노 동사회연구소), 102-113쪽.

임상훈·루치오 바카로, 2006, 『약자들의 사회협약: 아일랜드, 이탈리아 및 한국 사례 비교연구』, 서울: 한국노동연구원.

임운택, 2005, 「유럽통합과정에서 노사관계의 구조조정: 경쟁적 코포라티즘 에 대한 비판적 고찰」, 《산업노동연구》 제11권 1호(한국산업노동학회), 87-123쪽.

장귀연, 2006, 「코포라티즘의 노동정치」, 《산업노동연구》 제12권 1호(한국산 업노동학회), 223-257쪽.

장훈, 2004, 「프랑스의 정치제도와 정치과정」, 유럽정치연구회(편), 『유럽정 치』, 서울: 백산서당, 143-165쪽.

전창환, 2003, 「네덜란드 사회경제모델과 네덜란드 연금제도」, 《경제학 연구》 제51집 2호(한국경제학회), 209-237쪽.

전현중, 2011, 「프랑스 노동조합의 구조와 위기요인 분석」, 《EU연구》 제28호 (한국외국어대학교 EU연구소), 249-280쪽.

정병기, 2000a, 「이탈리아 정치적 지역주의의 생성과 북부동맹당(Lega Nord) 의 변천」, 《한국정치학회보》 제34집 4호(한국정치학회), 397-419쪽.

정병기, 2000b, 『이탈리아 노동운동사』, 서울: 도서출판 현장에서 미래를.

정병기, 2000c, 「독일과 이탈리아의 노조—좌파정당 관계 비교: 독일 사민당 (SPD)과 노총(DGB), 이탈리아 좌파민주당(DS)과 노동총동맹(CGIL)」, 《현장에서 미래를》 제55호(한국노동이론정책연구소), 197-215쪽.

정병기, 2001, 「사회(복지)국가의 형성·재편과 노동조합의 대응: 독일과 이탈리아 비교」,《사회복지와 노동》제3호(복지동인), 285-317쪽.

정병기, 2002a, 「라쌀의 국가관과 독일사민당에 대한 라쌀주의의 영향과 의미」,《한국정치학회보》제36집 2호(한국정치학회), 285-301쪽.

정병기, 2002b, 「이탈리아」, 강명세 · 고상두 · 김정기 · 방청록 · 석철진 · 이규영 · 이수형 · 이호근 · 정병기 · 한규선 · 한종수 · 홍기준, 『현대 유럽 정치』, 서울: 동성사, 113-142쪽.

정병기, 2003a, 「'제3의 길'과 유럽사민주의의 변천: 독일사민당, 영국노동당, 프랑스사회당, 이탈리아좌파민주당의 비교」, 맑스코뮤날레 조직위원회(편), 『Marx Communnale: 지구화 시대 맑스의 현재성』, 제2권, 서울: 문화과학사. 50-69쪽.

정병기, 2003b, 「신자유주의와 '제3의 길': 영국, 독일, 프랑스의 비교」,《현장에서 미래를》제83호(한국노동이론정책연구소), 128-156쪽.

정병기, 2003c, 「독일 적녹연정의 '아겐다 2010'과 신자유주의 정치」,《현장에서 미래를》제93호(한국노동이론정책연구소), 57-68쪽.

정병기, 2003d, 「독일 노동조합 체계」, 산별노조운동팀, 『산별노조운동의 역사와 현재』, 서울: 현장에서 미래를, 209-253쪽.

정병기, 2003e, 「이탈리아 노동조합 체계」, 산별노조운동팀. 2003, 『산별노조운동의 역사와 현재』, 서울: 현장에서 미래를. 269-313쪽.

정병기, 2004a, 「서유럽 코포라티즘의 성격과 전환: 통치 전략성과 정치체제성」,《한국정치학회보》제38집 5호(한국정치학회), 323-343쪽.

정병기, 2004b, 「세계화 시기 코포라티즘 정치의 전환: 스웨덴과 네덜란드의 예를 통해 본 통치전략적 성격과 정치체제적 성격」,《한국정치연구》제13집 1호(서울대학교 한국정치연구소), 203-229쪽.

정병기, 2004c, 「세계화 시기 코포라티즘의 신자유주의적 변형: 독일과 네덜란드의 예」,《국제정치논총》제44집 3호(한국국제정치학회), 197-215쪽.

정병기, 2007a, 「21세기 자본주의 사회의 혁명과 반혁명: 68혁명운동의 의미와 교훈」, 『21세기 자본주의와 대안적 세계화』, 제3회 맑스코뮤날레 발표 논문집, 문화과학 이론신서 52, 490-509쪽.

정병기, 2007b, 「이탈리아」, 민주노총 산별특위, 『산별노조 운동과 민주노총: 산별노조 시기에 민주노총 위상과 조직개편 전략』, 서울: 전국민주노동조합총연맹, 154-209쪽.

정병기, 2008, 「68혁명운동과 노동운동: 반권위주의적 탈물질주의의 교훈과 노동운동의 전망」, 《마르크스주의 연구》 제5권 2호(경상대학교 사회과학연구소), 32-52쪽.

정병기, 2011a, 「통일 독일 구동독 지역 정당체제: 연방주별 특수성이 반영된 새로운 다양성」, 《한국정치학회보》 제45집 4호(한국정치학회), 319-344쪽.

정병기, 2011b, 「이탈리아 정당체제의 변화: '제2공화국' 경쟁적 양당제로의 재편」, 《지중해지역연구》 제13권 1호(부산외국어대학교 지중해지역원), 213-246쪽.

정병기, 2012a, 「서유럽 포퓰리즘의 성격과 특징: 프랑스, 이탈리아, 오스트리아, 벨기에, 노르웨이의 네오포퓰리즘 정당을 중심으로」, 《대한정치학회보》 제20권 2호(대한정치학회), 139-164쪽.

정병기, 2012b, 「노르웨이 코포라티즘: 정당정치적 요인과 구조적 요인에 따른 성격 변화」, 《국가전략》 제18권 3호(세종연구소), 133-156쪽.

정병기, 2012c, 「이탈리아 '제2공화국' 선거연합 정치의 주요 요인과 특징」, 《한국정치학회보》 제46집 4호(한국정치학회), 73-99쪽.

정병기, 2014a, 「프랑스 코포라티즘: 동시적 교환과 제한된 일반적 교환의 사회협약 정치」, 《지중해지역연구》 제16권 3호(부산외국어대학교 지중해지역원), 1-24쪽.

정병기, 2014b, 「네덜란드의 사회협약 창출능력 사례연구」, 『사회대타협을 위한 사회협약 창출능력 국제사례와 우리나라에의 시사점』, 한국보건사회연구원 주최 학술회의(6월 13일, 코엑스 3층 회의실) 발표 자료집, 31-62쪽.

정승국, 1998, 「이탈리아 국가와 노동의 정치적 교환과 '사회적 합의' 구조의 역동적 변화」,《노동사회》제26호, 80-93쪽.

정승국, 2003, 『이탈리아 코포라티즘의 발전과 위기』, 서울: 한국노총중앙연구원.

정승국, 2004, 「최근 이탈리아 노조운동의 변화와 전망」, 한국노총 중앙연구원 토론회 발표 논문.

정이환, 2007, 『현대 노동시장의 정치사회학』, 서울: 후마니타스.

정진영, 1993, 「라틴아메리카의 경제위기와 사회협약: 이론적 매력과 현실적 제약」, 강명세(편), 『경제위기와 사회협약』, 성남: 세종연구소, 87-123쪽.

조돈문·신광영, 1997, 「스웨덴 모델의 미래: 사회민주당의 계급연합 전략과 지지기반의 변화」,《산업노동연구》제3권 2호(한국산업노동학회), 151-193쪽.

조홍식, 1993, 「경제위기와 사회협약: 서유럽 사례」, 강명세(편), 『경제위기와 사회협약』, 성남: 세종연구소, 51-85쪽.

주은선, 2006, 「스웨덴 복지정치의 기반 변화: 코포라티즘의 폐기, 혹은 변형?」,《사회보장연구》제22권 1호(한국사회보장학회), 241-264쪽.

최강식, 2000, 「최근 노동시장의 문제점과 개선방향」,《사회과학연구논총》제5권(이화여자대학교 사회과학연구소), 289-310쪽.

최경구, 1991, 「조합주의 복지국가의 모형에 관한 연구」,《한국사회학》제25집 여름호(한국사회학회), 93-111쪽.

최영기 외, 1999, 『한국의 노사관계와 노동정치』, 서울: 한국노동연구원.

최인이, 2008, 「거버넌스 시각에서 바라본 노사정파트너십: 노사정위원회의 사례를 중심으로」,《시민사회와 NGO》제6권 1호(한양대학교 3섹터연구소), 77-112쪽.

최장집, 1983, 「한국 노동조합 연구의 정치학적 접근: '코포라티즘(Corporatism)'의 적용을 중심으로」,《국제정치논총》제23집(한국국제정치학회), 363-383쪽.

최장집, 1988, 『한국의 노동운동과 국가』, 부산: 열음사.

하민철, 2007, 「정책문제해결기구의 설계와 제도화: 김대중 정부 시기 노사정위원회를 중심으로」, 《정부학 연구》 제13권 4호(고려대학교 정부학연구소), 63–111쪽.

하민철 · 윤견수, 2004, 「행위자들의 양면적 상황설정과 딜레마 그리고 제도화: 노사정위원회의 제도화 과정을 중심으로」, 《한국행정학보》 제38권 4호(한국행정학회), 63–84쪽.

한국노동연구원, 2007, 『한국의 노사관계 변화 추이 분석 및 새로운 노사정책 방향』, 서울: 노동부.

한배호, 1983, 『비교정치론』, 개정판, 서울: 법문사.

홍성민, 2004, 「프랑스의 정치발전과 역사적 배경」, 유럽정치연구회(편), 『유럽정치』, 서울: 백산서당, 123–141쪽.

Allern, Elin Hausgsgjerd, Nicholas Aylott and Flemming Juul Christiansen, 2007, "Social Democrats and Trade Unions in Scandinavia: The Decline and Persistence of Institutional Relationships," *European Journal of Political Research*, vol. 46, pp. 607–635.

Almond, Gabriel A., 1983, "Corporatism, Pluralism, and Professional Memory," *World Politics*, vol. 35, no. 2, pp. 245–260.

Altieri, Bellina et al., 1983, *La vertenza sul costo del lavoro e le relazioni industriali*, Milano: Franco Angeli.

Andersen, Uwe und Wichard Woyke(Hg.), 2003, *Handwörterbuch des politischen Systems der Bundesrepublik Deutschland*, Opladen: Leske+Budrich.

Andeweg, Rudy B., 1999, "Parties, Pillars and the Politics of Accommodation: Weak or Weakening Linkages? The Case of Dutch Consociationalism," Kris Deschouwer and Kurt Richard Luther(eds.), *Party Elites in Divided Societies: Political Parties in Consociational Democracy*, London: Routledge, pp. 118–139.

Andolfatto, Dominique et Dominique Labbé, 2011, *Histoire des syndicats(1906~2010)*, Paris: Éditions du Seuil, pp. 273−288.

Anthonsen, Mette, Johannes Lindvall and Ulrich Schmidt-Hansen, 2011, "Social Democrats, Unions and Corporatism: Denmark and Sweden Compared," *Party Politics*, vol. 17, no. 1, pp. 118−134.

Baccaro, Lucio, 2003, "What is Alive and What is Dead in the Theory of Corporatism," *British Journal of Industrial Relations*, vol. 41, no. 4, pp. 683−706.

Bergounioux, Alain et Bernard Manin, 1989, *Le régime social-démocrate*, Paris: Presses universitaires de France.

Bergounioux, Alain et Gérard Grunberg, 1992, *Le long remords du pouvoir: Le Parti socialiste français 1905~1992*, Paris: Fayard.

Bieling, Hans-Jürgen and Thorsten Schulten, 2001, "Competitive Restructuring and Industrial Relations within the European Union: Corporatist Involvement and Beyond?," WSI Discussion Paper no. 99, Wirtschafts- und Sozialwissenschaftliches Institut in der Hans-Böckler-Stiftung.

Blom-Hanse, Jens, 2000, "Still Corporatism in Scandinavia? A Survey of Recent Empirical Findings," *Scandinavian Political Studies*, vol. 23, no. 2, pp. 157−181.

Boyer, Robert, 1997, "French Statism at the Crossroads," Colin Crouch and Wolfgang Streeck(eds.), *Political Economy of Modern Capitalism: Mapping Convergence and Diversity*, translated from the French by Simon Lee, London, Thousand Oaks, CA and New Delhi: Sage Publications, pp. 71−101.

Braun, Hans, 1972, *Soziale Sicherung: System und Funktion*, Stuttgart, etc.: Kohlhammer.

Brütting, Erhard(ed.), 1997, *Italien-Lexikon*, Berlin: ESV.

Bull, Martin, 1992, "The Corporatist Ideal-Type and Political Exchange," *Political Studies*, vol. 40, no. 2, pp. 255–272.

Calmfors, Lars and John Driffill, 1988, "Bargaining Structure, Corporatism and Macroeconomic Performance," *Economic Policy*, vol. 3, no. 6, pp. 14–61.

Cameron, David R., 1978, "The Expansion of the Public Economy: A Comparative Analysis," *American Political Science Review*, vol. 72, pp. 1243–1261.

Cameron, David R., 1984, "Social Democracy, Corporatism, Labour Quiescence and the Representation of Economic Interest in Advanced Capitalist Society," John H. Goldthorpe(ed.), *Order and Conflict in Contemporary Capitalism*, Oxford: Clarendon Press, pp. 143–178.

Canetti, Elias, 2002, 『군중과 권력』, 강두식 · 박병덕 역, 서울: 바다출판사.

Carrieri, Domenico, 1995, "I sindacati non confederali," CESOS(a cura di), *Le Relazioni Sindacali in Italia. Rapporto 1993/1994*, Roma: Edizioni Lavoro, pp. 223–227.

Carrillo, Santiago, 1977, 'Eurokommunismus' und der Staat, Hamburg and Berlin: VSA.

Cawson, Alan, 1984, "A Bibliography of Corporatism," EUI Working Paper no. 115.

Cawson, Alan(ed.), 1985, *Organized Interests and the State: Studies in Meso-Corporatism*, London: Sage Publications.

Cawson, Alan, 1986, *Corporatism and Political Theory*, Oxford and New York: B. Blackwell.

Christiansen, Peter Munk and Hilmar Rommetvedt, 1999, "From Corporatism to Lobbyism? Parliaments, Executives, and Organized Interests in Denmark and Norway," *Scandinavian Political Studies*, vol. 22, no. 3, pp. 195–220.

Christensen, Tom, 2003, "Narratives of Norwegian Governance: Elaborating the Strong State Tradition," *Public Administration*, vol. 81, no. 1, pp. 163–190.

Cohen, Benjamin, 1993, "The Triad and the Unholy Trinity: Lessons for the Pacific Region," Richard Higgot, Richard Leaver and John Ravenhill(eds.), *Pacific Economic Relations in the 1990s: Cooperation or Conflict?*, Boulder: Lynne Reiner, pp. 133–158.

Crepaz, Markus M. L., 1992, "Corporatism in Decline?: An Empirical Analysis of the Impact of Corporatism on Macroeconomic Performance and Industrial Disputes in 18 Industrialized Democracies," *Comparative Political Studies*, vol. 25, no. 2, pp. 139–168.

Crouch, Colin, 1979, *The Politics of Industrial Relations*, Manchester: Manchester University Press.

Crouch, Colin, 1985, "Conditions for Trade-Union Wage Restraint," Leon N. Lindberg and Charles S. Maier(eds.), *The Politics of Inflation and Economic Stagnation: Theoretical Approaches and International Case Studies*, Washington DC: The Brookings Institution, pp. 105–139.

Data Base on Institutional Characteristics of Trade Unions, Wage Setting, State Intervention and Social Pacts, 1960~2010, ICTWSS, Amsterdam Institute for Advanced Labour Studies AIAS, University of Amsterdam, 2011.

David Wells, 1991, 『마르크스주의와 현대국가』, 정병찬 역, 서울: 문우사.

Denquin, Jean-Marie, 2001, "Existe t-il des remèdes à la cohabitation," Frédéric Rouvillois(sous la direction de), *La cohabitation, fin de la République?*, Paris: Office d'Édition Impression Librairie, pp. 175–

185.

Die neue Rente: Solidarität mit Gewinnen, Broschüre vom Bundesministerium für Arbeit und Sozialordnung, 2001.

Dörre, Klaus, 1999, "Die SPD in der Zerreißprobe: Auf dem 'Dritten Weg'," Klaus Dörre, Leo Panitch und Bodo Zeuner, u. a., *Die Strategie der 'Neuen Mitte': Verabschiedet sich die moderne Sozialdemokratie als Reformpartei?*, Hamburg: VSA, S. 6–24.

Elmeskov, Jörgen, John Martin and Stefano Scarpetta, 1998, "Key Lessons for Labour Market Reforms: Evidence from OECD Countries Experience," *Swedish Economic Policy Review*, vol. 5, no. 2, pp. 205–252.

Esping-Andersen, Gøsta, 1985, "Power and Distributional Regimes," *Politics and Society*, vol. 14, pp. 223–256.

Esser, Josef, Wolfgang Fach, Gerd Gierszewski and Werner Väth, 1979, "Krisenregulierung – Mechanismen und Voraussetzung: Am Beispiel der saarländischen Stahlindustrie," *Leviathan*, vol. 7, no. 1, pp. 79–96.

Europäisches Gewerkschaftsinstitut, 1985, *Info 11: Die Gewerkschaftsbewegung in Italien CGIL-CISL-UIL*, Brüssel: EGB.

Fabbrini, Sergio, 1998, "Due anni di governo Prodi. Un primo bilancio istituzionale," *Il Mulino*, a.47, n.378, pp. 657–672.

Fernández, Sergio, 2009, *General Theory of Corporatism: A Historical Pattern of European Social Policy*, Saarbrücken: Verlag Dr. Müller.

Floridia, Antonio, 2008, "Gulliver Unbound, Possible Electoral Reforms and the 2008 Italian Election: Towards an End to 'Fragmented Bipolarity'?," *Modern Italy*, vol. 13, no. 3, pp. 317–332.

Frederikson, Gunnar, 1994, 「스웨덴」, Helga Grebing & Thomas Meyer(편), 『유럽노동운동은 끝났는가』, 정병기 역, 서울: 주간 노동자

신문, 105-118쪽.

Fulcher, James, 1991, *Labour Movements, Employers, and the State: Conflict and Co-operation in Britain and Sweden*, Oxford: Clarendon Press.

Fulcher, James, 2003, 「역사적 관점에서의 스웨덴: 스웨덴 모델의 흥망성쇠」, Stefan Berger · Hugh Compston, 『유럽의 사회협의제도』, 조재희 · 김성훈 · 강명세 · 박동 · 오병훈 역, 서울: 한국노동연구원, 381-403쪽.

Garonna, Paolo and Elena Pisani, 1986, "Italian Unions in Transition," Richard Edwards, Paolo Garonna and Franz Tödtling(eds.), *Unions in Crisis and Beyond: Perspectives from Six Countries*, Dover, Mass. and London: Auburn House Publ., pp. 114-172.

Goetschy, Janine, 1987, "The Neo-Corporatist Issue in France," Ilja Scholten(ed.), *Political Stability and Neo-Corporatism: Corporatist Integration and Societal Cleavages in Western Europe*, London, Beverly Hills, CA, Newbury Park, CA and New Delhi: Sage Publications, pp. 177-194.

Grundsatzprogramm der Sozialdemokratischen Partei Deutschlands, Beschlossen vom Programm-Parteitag der Sozialdemokratischen Partei Deutschlands am 20. Dezember 1989 in Berlin, geändert auf dem Parteitag in Leipzig am 17.04.1998.

Hancock, M. Donald, 1989, *West Germany: The Politics of Democratic Corporatism*. Chatham, NY: Chatham House Publishers, Inc.

Harrison, Reginald J., 1980, *Pluralism and Corporatism. The Political Evolution of Modern Democracies*, London, etc.: George Allen & Unwin.

Hartmann, Jügen, 1984, *Politische Profile der westeuropäischen Industriegesellschaften: Ein vergleichendes Handbuch*, Frankfurt a.

M./New York: Campus.

Headey, Bruce W., 1970, "Trade Unions and National Wage Policies," *Journal of Politics*, vol. 32, pp. 407-439.

Heeg, Susanne, 2012, "The Erosion of Corporatism?: The Rescaling of Industrial Relations in Germany," *European Urban and Regional Studies*, online 5 July, pp. 1-15.

Heidar, Knut, 2005, "Norwegian Parties and Party System: Steadfast and Changing," *West European Politics*, vol. 28, no. 4, pp. 807-833.

Heine, Michael and Hansjörg Herr, 1999, "Die beschäftigungspolitischen Konsequenzen von 'Rot-Grün'," *Prokla: Zeitschrift für kritische Sozialwissenschaft*, Jg. 29, H. 3, S. 377-394.

Hendriks, Frank and Theo A. J. Toonen, 2001, "Introduction: Towards an Institutional Analysis of Dutch Consensualism," Frank Hendriks and Theo A. J. Toonen(eds.), *Polder Politics: The Reinvention of Consensus Democracy in the Netherlands*, Aldershot: Ashgate, pp. 3-20.

Hernes, Gudmund and Arne Selvik, 1981, "Local Corporatism," Suzanne D. Berger(ed.), *Organizing Interests in Western Europe: Pluralism, Corporatism, and the Transformation of Politics*, Cambridge, UK: Cambridge University Press, pp. 103-122.

Hicks, Alexander and Lane Kenworthy, 1998, "Cooperation and Political Economic Performance in Affluent Democratic Capitalism," *American Journal of Sociology*, vol. 103, no. 6, pp. 1631-1672.

Hirsch, Joachim and Roland Roth, 1986, *Das Neue Gesicht des Kapitalimus. Vom Fordismus zum Post-Fordismus*, Hamburg: VSA.

Hirst, Paul, 2000, "Democracy and Governance," Jon Pierre(ed.), *Debating Governance: Authority, Steering, and Democracy*, New York: Oxford University Press, pp. 13-35.

Hodne, Fritz, 1983, *The Norwegian Economy, 1920~1980*, London: Croom Helm.

Ignazi, Piero, 1992, *Dal Pci al Pds*, Bologna: Il Mulino.

Ismayr, Wolfgang(ed.), 1999, *Die politischen Systeme Westeuropas*, 2. ed., Opladen: Leske+Budrich.

Jacobi, Otto, 1988, "Vom heißen Herbst zur sozialen Kooperation. Zur Neuorientierung der italienischen Gewerkschaften," Walther Müller-Jentsch(Hg.), *Zukunft der Gewerkschaften. Ein internationaler Vergleich*, Frankfurt am Main und New York: Campus Verlag, S.100–129.

Jessop, Bob, 1979, "Corporatism, Parliamentarism and Social Democracy," Philippe C. Schmitter and Gerhard Lehmbruch(eds.), *Trends Toward Corporatist Intermediation*, Beverly Hills & London: Sage Publications, pp. 185–212.

Jessop, Bob, 1990, *State Theory: Putting the Capitalist State in its Place*, Cambridge, UK: Polity Press.

Jun, Uwe, 2000, "Die Transformation der Sozialdemokratie: Der Dritte Weg, New Labour und die SPD," *Zeitschrift für Politikwissenschaft*, Jg. 10, Nr. 4, S. 1501–1530.

Kahn, Lawrence M., 1998, "Against the Wind: Bargaining Recentralisation and Wage Inequality in Norway 1987~91," *The Economic Journal*, vol. 108, no. 448, pp. 603–645.

Kastendiek, Hans, 1981, "Die Selbstblockierung der Korporatismus-Diskussion. Teilproblematisierungen der gesellschaftlichen Politikorganisation und gesellschaftliche Entproblematisierung korporativer Strukturen und Strategien," Ulrich von Alemann(ed.), *Neokorporatismus*, Frankfurt a. M. & New York: Campus, pp. 92–116.

Katzenstein, Peter J., 1984, *Corporatism and Change: Austria, Switzerland, and the Politics of Industry*, Ithaca, NY: Cornell University Press.

Katzenstein, Peter J., 1985, *Small States in World Markets*, Ithaca, NY: Cornell University Press.

Keeler, John, 1981, "Corporatism and Official Union Hegemony: The Case of French Agricultural Syndicalism," Suzanne D. Berger(ed.), *Organizing Interests in Western Europe: Pluralism, Corporatism, and the Transformation of Politics*, Cambridge, UK: Cambridge University Press, pp. 185-208.

Keman, Hans, 1988, *The Development toward Surplus Welfare: Social Democratic Politics and Policies in Advanced Capitalist Democracies(1965~1984)*, Amsterdam: CT-Press.

Kenworthy, Lane, 1995, *In Search of National Economic Success: Balancing Competition and Cooperation*, London: Sage Publications.

Kjær, Anne Mette, 2007, 『거버넌스』, 이유진 역, 서울: 오름.

Koalitionsvertrag von Oktober 2002: Erneuerung, Gerechtigkeit, Nachhaltigkeit für ein wirtschaftlich starkes, soziales und ökologisches Deutschland. Für eine lebendige Demokratie.

Korpi, Walter, 1983, *The Democratic Class Struggle*, London: Routledge.

Kreile, Michael, 1985, *Gewerkschaften und Arbeitsbeziehungen in Italien(1968~1982)*, Frankfurt am Main und New York: Campus Verlag.

Kreile, Michael, 1987, "Gewerkschaftseinheit und Parteienwettbewerb," *Zeitschrift für Parlamentsfragen*, Jg. 18, H. 4, S. 555-572.

Lange, Peter and Geoffrey Garrett, 1985, "The Politics of Growth: Strategic Interaction and Economic Performance in the Advanced

Industrial Democracies, 1974~1980," *The Journal of Politics*, vol. 47, no. 3, pp. 791-827.

Lash, Scott and John Urry, 1987, *The End of Organized Capitalism*, Cambridge: Polity Press.

Leaman, Jeremy, 2003, 「1990년대의 독일: 통일의 영향」, Stefan Berger · Hugh Compston, 『유럽의 사회협의제도』, 조재희 · 김성훈 · 강명세 · 박동 · 오병훈 역, 서울: 한국노동연구원, 199-216쪽.

Lecher, Wolfgang, 1981, *Gewerkschaften in Europa der Krise. Zur Zentralisierung und Dezentralisierung gewerkschaftlicher Organisation und Politik in sechs Ländern der Europäischen Gemeinschaft*, Köln: Bund-Verlag.

Lehmbruch, Gerhard, 1977, "Liberal Corporatism and Party Government," *Comparative Political Studies*, vol. 10, no. 1, pp. 91-126.

Lehmbruch, Gerhard, 1979, "Concluding Remarks: Problems for Furure Research on Corporatist Intermediation and Policy Making," Philippe C. Schmitter and Gerhard Lehmbruch(eds.), *Trends Toward Corporatist Intermediation*, Beverly Hills and London: Sage Publications, pp. 299-309.

Lehmbruch, Gerhard, 1982, "Introduction: Neo-Corporatism in Comparative Perspective," Gerhard Lehmbruch and Philippe C. Schmitter(eds.), *Patterns of Corporatist Policy-Making*, London: Sage Publications, pp. 1-28.

Lehmbruch, Gerhard, 1984, "Concertation and the Structure of Corporatist Networks," John H. Goldthorpe(ed.), *Order and Conflict in Contemporary Capitalism*, Oxford: Clarendon Press, pp. 60-80.

Lehner, Franz, 1987, "Interest Mediation, Institutional Structures and

Public Policy," Hans Keman, Heikki Paloheimo and Paul F. Whiteley(eds.), *Coping with the Economic Crisis: Alternative Responses to Economic Recession in Advanced Industrial Societies*, London: Sage Publications, pp. 54–82.

Lijphart, Arend, 1977, *Democracy in Plural Societies: A Comparative Exploration*, New Haven: Yale University Press.

Lijphart, Arend, 1984, *Democracies: Patterns of Majoritarian and Consensus Government in Twenty-one Countries*, New Haven: Yale University Press.

Lijphart, Arend, 1999, *Patterns of Democracy*, New Haven: Yale University Press.

Lijphart, Arend, 2012, *Patterns of Democracy: Government Forms and Performance in Thirty-six Countries*, 2. edition, New Haven and London: Yale University Press.

Lijphart, Arend and Markus L. Crepaz, 1991, "Corporatism and Consensus Democracy in Eighteen Countries: Conceptual and Empirical Linkages," *British Journal of Political Science*, vol. 21, no. 2, pp. 235–246.

Mahnkopf, Birgit, 2000, "Formel 1 der neuen Sozialdemokratie: Gerechtigkeit durch Ungleichheit. Zur Neuinterpretation der sozialen Frage im globalen Kapitalismus," *Prokla: Zeitschrift für kritische Sozialwissenschaft*, Jg. 30, Nr. 4, S. 489–526.

Ministero dell'Interno, 2006, Le leggi elettorali, Pubblicazione 1, Roma: Ministero dell'Interno.

Manoilescu, Mihail, 1941, *El siglio del corporatismo*, El Chileno: Santiago de Chile.

Mendés France, Pierre, 1987, *Pour une République moderne 1955~1962, Tome 4 Oeuvres complètes*, Paris: Gallimard.

Meyer, Kurt Bernd, 2005, *Der Wandel der Arbeitsbeziehungen in Dänemark und Norwegen*, Frankfurt am Main: Peter Lang.

Milner, Susan, 2003, 「프랑스에서의 사회협의 경험에 대한 역사적 조망: 불가능한 파트너십」, Stefan Berger · Hugh Compston, 『유럽의 사회협의 제도』, 조재희 · 김성훈 · 강명세 · 박동 · 오병훈 역, 서울: 한국노동연구원, 137-157쪽.

Minnich, Daniel J., 2003, "Corporatism and Income Inequality in the Global Economy: A Panel Study of 17 OECD Countries," *European Journal of Political Research*, vol. 2, no. 1, pp. 23-53.

Mintzel, Alf, 1984, *Die Volkspartei: Typus und Wirklichkeit. Ein Lehrbuch*, Opladen: Westdeutscher Verlag.

Muller, Pierre et Guy Saez, 1985, "Néo-corporatisme et crise de la répresentation," François Arct(ed.), *La répresentation*, Paris: Economica, pp. 121-140.

Narr, Wolf-Dieter, 1999, "Gegenwart und Zukunft einer Illusion: 'Rot-Grün' und die Möglichkeiten gegenwärtiger Politik," *Zeitschrift für kritische Sozialwissenschaft*, Jg.29, Nr.3, S. 351-376.

Niedenhoff, Horst-Udo und Wolfgang Pege, 1989, *Gewerkschafts-handbuch*, 2. ed., Köln: Deutscher Instituts-Verlag.

Nordby, Trond, 1994, *Korporatisme på norsk 1920~1990*, Oslo: Universitetsforlaget.

Obsfeld, Maurice, 2000, "International Macroeconomics: Beyond Mundell-Fleming Modell," A paper represented at the First Annual Research Conference of International Monetary Fund, November 9~10, Washington D. C., http://emlab.berkeley.edu/users/obstfeld/ftp/mundell-fleming/mundell-fleming.pdf

Oncken, Hermann, 1923, *Lassalle: Eine politische Bibliographie*, Stuttgart und Berlin: Deutsche Verlagsanstalt.

Østerud, Øyvind and Per Selle, 2006a, "Power and Democracy in Norway: The Transformation of Norwegian Politics," *Scandinavian Political Studies*, vol. 29, no. 1, pp. 25-46.

Østerud, Øyvind and Per Selle, 2006b, "The eroding of representative democracy in Norway," *Journal of European Public Policy*, vol. 13, no. 4, pp. 551-568.

Panitch, Leo, 1977, "The Development of Corporatism in Liberal Democracies," *Comparative Political Studies*, vol. 10, no. 1, pp. 61-90.

Panitch, Leo, 1980a, "The State and the Future of Corporatism," *Capital & Class*, vol. 11, pp. 121-137.

Panitch, Leo, 1980b, "Recent Theorizations of Corporatism: Reflections on a Growth Industry," *British Journal of Sociology*, vol. 31, no. 2, pp. 159-187.

Panitch, Leo, 1986a, *Working Class Politics in Crisis. Essays on Labor and the State*, London: Verso.

Panitch, Leo, 1986b, "The Tripartite Experience," Keith Banting(ed.), *The State and Economic Interests*, Toronto, Buffalo and London: University of Toronto Press, pp. 37-119.

Parsons, Nick, 2003, 「1990년대의 프랑스: 역사의 무게와의 투쟁」, Stefan Berger · Hugh Compston, 『유럽의 사회협의제도』, 조재희 · 김성훈 · 강명세 · 박동 · 오병훈 역, 서울: 한국노동연구원, 159-178쪽.

Partito Democratico della Sinistra, Cristiano sociali, Comunisti unitari, Repubblicani per la sinistra democratica and Socialisti laburisti(a cura di), 1997, *Un nuovo Partito della Sinistra: Documenti e materiali*, Roma: Salemi Pro. Edit.

Pasquino, Gianfranco, 1993, "Programmatic Renewal, and Much More: From the PCI to the PDS," *West European Politics*, vol. 16, pp.

156-173.

Passelecq, Olivier, 2001, "La cohabitation et les auteurs de la constitution de 1958," Frédéric Rouvillois(sous la direction de), *La cohabitation, fin de la République?*, Paris: Office d'Édition Impression Librairie, pp. 51-65.

Pempel, T. J. and Keiichi Tsunekawa, 1979, "Corporatism without Labor?: The Japanese Anomaly," Philippe C. Schmitter and Gerhard Lehmbruch(eds.), *Trends Towards Corporatist Intermediation*, London: Sage Publications, pp. 231-270.

Pestoff, Victor A., 2003, 「1990년대의 스웨덴: 정책협의 및 사회적 파트너십의 소멸과 1998년의 갑작스런 부활」, Stefan Berger · Hugh Compston, 『유럽의 사회협의제도』, 조재희 · 김성훈 · 강명세 · 박동 · 오병훈 역, 서울: 한국노동연구원, 405-425쪽.

Pizzorno, Allessandro, 1978, "Political Exchange and Collective Identity in Industrial Conflict," Colin Crouch and Allessandro Pizzorno(eds.), *The Resurgence of Class Conflict in Western Europe since 1968*, vol. 2, London & Delhi, etc.: Macmillan, pp. 277-298.

Pontusson, Jonas, 1997, "Between Neo-liberalism and the German Model: Swedish Capitalsm in Transition," Colin Crouch and Wolfgang Streeck(eds.), *Political Economy of Modern Capitalism: Mapping Convergence and Diversity*, London, Thousand Oaks, CA and New Delhi: Sage Publications, pp. 55-70.

Portelli, Hugues, 1984, "L'intérgration du Parti socialiste à la Cinquiéme République," *Revue française de science politique*, a. 34, n. 4/5, pp. 816-827.

Potobsky, Geraldo von, 1994, 「사회적 합의(Concertation): 이론과 경향」, 국민경제사회협의회 · 한국노동연구원(편), 『사회적 합의와 노사관계』, 서울: 국민경제사회협의회, 9-25쪽.

Quené, Th., 1994, 「노사관계와 거시 경제정책에 대한 국민적 합의 도출을 위한 제도적 조치」, 국민경제사회협의회·한국노동연구원(편), 『사회적 합의와 노사관계』, 서울: 국민경제사회협의회, 81–94쪽.

"Reform der Alterssicherung: Günstige Bedingungen fur Betriebsrenten," *Sozialpolitische Informationen*, 2001.04.

Regini, Mario, 1984, "The Conditions for Political Exchange: How Concertation Emerged and Collapsed in Italy and Great Britain," John H. Goldthorpe(ed.), *Order and Conflict in Contemporary Capitalism*, Oxford: Clarendon, pp. 124–142.

Reynaud, Jean-Daniel, 1975, "Trade Unions and Political Parties in France," *Industrial and Labor Relations Review*, vol. 28, no. 2, pp. 208–225.

Rinnooy Kan, Alexander, 1993, "De Nederlandse overlegeconomie en de jaren negentig: een kritische balans," N. A. Hofstra and P. W. M. Nobelen(eds), *Toekomst van de Overlegeconomie*, Assen: Van Gorcum, pp. 38–52.

Rocard, Michel, 1979, *Parler vrai*, Paris: Seuil.

Rommetvedt, Hilmar, 2005, "Norway: Resources Count, But Votes Decide? From Neo-corporatist Representation to Neo-pluralist Parliamentarism," *West European Politics*, vol. 28, no. 4, pp. 740–763.

Rommetvedt, Hilmar and Gunnar Thesen, 2007, "Norwegian Organisations, Political Contacts and Influence," Den 15. nasjonale fagkonferansen i statsvitenskap(Norwegian Political Science Conference), Trondheim, 3–5 January 2007 제출 논문.

Royo, Sebastián, 2002, "A New Century of Corporatism?": *Corporatism in Southern Europe-Spain and Portugal in Comparative Perspective*, Westport, CT: Praeger.

Ryner, J. Magnus, 2002, *Capitalist Restructuring, Globalization and the Third Way: Lessons from the Swedish Model*, New York: Routledge.

Schmid, Carlo, 1973, *Europa und die Macht des Geites*, Bd. 2, Berlin, München und Wien: Scherz.

Schmidt, Manfred G., 1982, "Does Corporatism Matter?: Economic Crisis, Politics and Rates of Unemployment in Capitalist Democracies in the 1970s," Gerhard Lehmbruch and Philippe C. Schmitter(eds.), *Patterns of Corporatist Policy-making*, London: Sage Publications, pp. 237−258.

Schmitter, Philippe C., 1977, "Modes of Interest Intermediation and Models of Societal Change in Western Europe," *Comparative Political Studies*, vol. 10, no. 1, pp. 7−38.

Schmitter, Philippe C., 1979, "Still the Century of Corporatism," Philippe C. Schmitter and Gerhard Lehmbruch(eds.), *Trends Toward Corporatist Intermediation*, Beverly Hills & London: Sage Publications, pp. 7−52.

Schmitter, Philippe C., 1981, "Interest Intermediation and Regime Governability in Contemporary Western Europe and North America," Susanne Berger(ed.), *Organizing Interests in Western Europe, Cambridge*, UK: Cambridge University Press, pp. 285−327.

Schmitter, Philippe C., 1983, "Democratic Theory and Neocorporatist Practice," *Social Research*, vol. 50, no. 4, pp. 885−928.

Schmitter, Philippe C., 1985, "Neo-Corporatism and the State," Wyn Grant(ed.), *The Political Economy of Corporatism*, New York: St. Martin's Press, pp. 32−62.

Schmitter, Philippe C. and Jürgen R. Grote, 1997, "The Corporatist Sisyphus: Past, Present and Future," EUI Working Paper SPS no. 97/4, Brussels: EU.

Schulten, Thorsten, 2000, "Zwischen nationalen Wettbewerbskorporatismus und symbolischem Euro-Korporatismus: Zur Einbindung der Gewerkschaften in die neoliberale Restrukturierung Europas," Hans-Jürgen Bieling und Jochen Steinhilber, *Die Konfiguration Europas. Dimensionen einer kritischen Integrationstheorie*, Münster: Westfällisches Dampfboot Verlag, S. 222–242.

Siaroff, Alan, 1999, "Corporatism in 24 Industrial Democracies: Meaning and Measurement," *European Journal of Political Research*, vol. 36, pp. 175–205.

Sircana, Giuseppe, 2008, "La transizione difficile: Il sindacato nella seconda Repubblica(1992~2008)," Vallauri, Carlo, 2008, *Storia dei sindacati nella società italiana*, seconda edizione, Roma: Ediesse, pp. 183–219.

Slomp, Hans, 2003, 「1990년대의 네덜란드: 폴더 모델의 '유연한 사회합의 주의'를 향하여」, Stefan Berger · Hugh Compston, 『유럽의 사회협의제 도』, 조재희 · 김성훈 · 강명세 · 박동 · 오병훈 역, 서울: 한국노동연구원, 325–340쪽.

Spini, Valdo, 1998, *La rosa e l'Ulivo: Per il nuovo partito del socialismo europeo in Italia*, Milano: Baldini and Castoldi.

Stokke, Torgeir Aarvaag, Jon Erik Dølvik and Kristine Nergaard, 1999, *Industrial Relations in Norway*, Oslo: Fafo Institute for Applied Social Science.

Streeck, Wolfgang and Philippe C. Schmitter, 1985, "Community, Market, State—and Associations?," *European Sociological Review*, vol. 1, pp. 119–138.

Supiot, Alain, 2011, 『프랑스 노동법』, 박제성 역, 서울: 오래.

Sundberg, Jan, 2003, *Parties as Organised Actors: The Transformation of the Scandinavian Three-Front Parties*, Helsinki: Finnish Society of Sciences and Letters.

Swenson, Peter and Jonas Pontusson, 2000, "The Swedish Employer Offensive against Centralized Bargaining," Torben Iversen, Jonas Pontusson and David Soskice(eds.), *Unions, Employers, and Central Banks: Macroeconomic Coordination and Industrial Change in Social Market Economies*, New York: Cambridge University Press, pp. 77–106.

Thelen, Kathleen, 1995, 「유럽노동정치의 새로운 분석틀」, 이태홍 역, 안승국 · 이태홍 · 홍원표(편역), 『민주주의론 강의 2: 위기와 전환의 유럽정치』, 서울: 인간사랑, 333–366쪽.

Trampusch, Christine, 2005, "From Interest Groups to Parties: The Change in the Career Patterns of the Legislative Elite in German Social Policy," *German Politics*, vol. 14, no. 1, pp. 14–32.

Traxler, Franz, 1993, "Business Associations and Labor Unions in Comparison: Theoretical Perspectives and Empirical Findings on Social Class, Collective Action and Associational Organizability," *The British Journal of Sociology*, vol. 44, no. 4, pp. 673–691.

Traxler, Franz, 1995, "From Demand-side to Supply-side Corporatism? Austria's Labor Relations and Public Policy," Colin Crouch and Franz Traxler(eds.), *Organized Industrial Relations in Europe: What Future*, Aldershot, etc.: Avebury, pp. 3–20.

Traxler, Franz, 2004, "The Metamorphoses of Corporation: From Classical to Lean Patterns," *European Journal of Political Research*, vol. 43, pp. 571–598.

Tuchtenhagen, Ralph, 2009, *Kleine Geschichte Norwegens*, München: C. H. Beck.

Turlan, Frédéric, 2012, "Government Includes Social Partners in

Labour Market Reform Talks," http://www.eurofound.europa.eu/
eiro/2012/09/articles/fr1209051i.htm(검색일: 2014.03.04.)

Van Ruysseveldt, Joris and Jelle Visser, 1996a, "Weak Corporatism
Going Different Ways? Industrial Relations in the Netherlands and
Belgium," Joris Van Ruysseveldt and Jelle Visser(eds.), *Industrial
Relations in Europe: Traditions and Transitions*, London, etc.: Sage
Publications, pp. 205–264.

Van Ruysseveldt, Joris and Jelle Visser, 1996b, "Contestation and the
State Intervention Forever? Industrial Relations in France," Joris Van
Ruysseveldt and Jelle Visser(eds.), *Industrial Relations in Europe*,
Heerlen, London, Thousand Oaks, CA and New Delhi: Open
University of the Netherlands and Sage Publications, pp. 82–123.

Van Ruysseveldt, Joris and Jelle Visser, 1996b, "Robust Corporatism,
Still? Industrial Relations in Germany," Joris Van Ruysseveldt and
Jelle Visser(eds.), *Industrial Relations in Europe*, Heerlen, London,
Thousand Oaks, CA and New Delhi: Open University of the
Netherlands and Sage Publications, pp. 124–174.

Vandenberg, Andrew and David Hundt, 2011, "Corporatism, Crisis and
Contention in Sweden and Korea during the 1990s," *Economic and
Industrial Democracy*, vol. 33, no. 3, pp. 463–484.

Vergunst, Noël, 2010, *The Institutional Dynamics of Consensus
and Conflict: Consensus Democracy, Corporatism and Socio-
economic Policy-making and Performance in Twenty Developed
Democracies(1965~1998)*, Saarbrücken: Lambert Academic
Publishing.

Vetterlein, Antje, 2000, "Verhandelbarkeit von Arbeitszeitverkürzung:
Zum Versuch neokorporatistischer Beschäftigungssteuerung
im 'Bündnis für Arbeit'," WZB-discussion paper P00–517,

Wissenschaftszentrum Berlin für Sozialforschung.

Visser, Jelle, 1995. "The Netherlands: the Return of Responsive Corporatism," Anthony Ferner and Richard Hyman(eds.), *Changing Industrial Relations in Europe*, Oxford, UK: Blackwell, pp. 284–314.

Visser, Jelle, 1996, "Corporatism beyond Repair? Industrial Relations in Sweden," Joris Van Ruysseveldt and Jelle Visser(eds.), *Industrial Relations in Europe*, Heerlen, London, Thousand Oaks, CA and New Delhi: Open University of the Netherlands and Sage Publications, pp. 175–204.

Visser, Jelle, 1998, "Two Cheers for Corporatism, One for the Market: Industrial Relations, Wage Moderation and Job Growth in the Netherlands," *British Journal of Industrial Relations*, vol. 36, no. 2, pp. 269–292.

Visser, Jelle and Anton Hemerijck, 1997, '*A Dutch Miracle': Job Growth, Welfare Reform and Corporatism in the Netherlands*, Amsterdam: Amsterdam University Press.

Wells, David, 1991, 『마르크스주의와 현대국가』, 정병찬 역, 서울: 문우사.

Wiarda, Howard J., 1997, *Corporatism and Comparative Politics: The Other Great "Ism"*, Armonk: M. E. Sharpe.

Wilke, Marco, 1991, *Corporatism and the Stability of Capitalist Democracies*, Frankfurt am Main: Peter Lang.

Williamson, Peter J., 1985, *Varieties of Corporatism: A Conceptual Discussion*, New York: Cambridge University Press.

Wilthagen, Ton, 1998, "Flexicurity: A New Paradigm for Labour Market Policy Reform?," Discussion Paper, FS I 98–202, Wissenschaftszentrum Berlin.

Winkler, Jack T., 1976, "Corporatism," *Archives Europeénes des*

Sociologie, vol. 17, no. 1, pp. 100–136.

Winkler, Jack T., 1977, "The Corporatist Economy: Theory and Administration," Richard Scase(ed.), *Industrial Society: Class, Cleavage and Control*, London, etc.: Unwin Hyman, pp. 43–58.

Zuege, Alan, 1999, "Das Trugbild vom 'Dritten Weg'," Klaus Dörre, Leo Panitch und Bodo Zeuner, u. a., *Die Strategie der 'Neuen Mitte': Verabschiedet sich die moderne Sozialdemokratie als Reformpartei?*, Hamburg: VSA.

2. 신문, 통계, 인터넷 자료

고용노동부, 2013, 「2012년 전국 노동조합 현황」, 고용노동부 보도자료(10월 18일).

《경향신문》, 2009. 12. 05.

《국민일보》, 2009. 12. 30.

《노동일보》, 2000. 11. 11.

《뉴스토마토》, 2013. 10. 17.

《동아일보》, 1998. 01. 15./1998. 04. 09./1998. 05. 04./1998. 06. 05./1998. 07. 10./1998. 12. 04./1999. 01. 18./2003. 02. 14./2004. 09. 09./2005. 12. 01./2006. 09. 04./2006. 09. 12./2009. 12. 05./2009. 11. 26./2009. 12. 01.

《매일경제》, 1997. 12. 04.

《오마이뉴스》, 2004. 09. 22.

이승선, 2014, 「독일, 최저임금제 전면 도입…한국의 두 배」, 《프레시안》, 07. 04, http://www.pressian.com/news/article.html?no=118502(검색일: 2014. 09. 10.).

이정원, 2008, 「프랑스의 노동시장 현대화를 위한 노사협약」, 《국제노동브리프》 제6권 2호(한국노동연구원), 75-80쪽.

임동현, 2013, 「'이혼보다 해고가 어렵던' 이탈리아의 선택은?: 정치경영연구소 유럽르포 4, 이탈리아의 노동시장 개혁과 노동자 헌장 18조」, 《프레시안》, http://www.pressian.com/article/article.asp?article_num=10130317151156(검색일: 2014. 01. 16.).

《한겨레신문》, 2004. 09. 10./2009. 12. 04./1998. 02. 07.

《해럴드경제》, 2014. 07. 05.

통계청, 1996, 《국제통계연감》, 서울: 통계청.

통계청, 1999, 《국제통계연감》, 대전: 통계청.

통계청, 2003, 《국제통계연감》, 대전: 통계청.

통계청, 2005, 《국제통계연감》, 대전: 통계청.

통계청, 2010, 《국제통계연감》, 대전: 통계청.

통계청, 2013, 《국제통계연감》, 대전: 통계청.

Frankfurter Rundschau, 1999. 06. 20.

L'Unità, 1992. 11. 05.

Pressemitteilungen, no. 74, 2001, Bundesministerium für Gesundheit.

CESE, 2014, "Historique," http://www.lecese.fr/decouvrir-cese/historique(검색일: 2014. 04. 19.).

CESE, 2014, "Les sections," http://www.lecese.fr/decouvrir-cese/sections(검색일: 2014. 04. 19.).

CGPME, 2014, "What is CGPME?," http://www.cgpme.fr/qui-sommes-nous(검색일: 2014. 04. 13.).

"Commissariat général du Plan," http://fr.wikipedia.org/wiki/Commissariat_g%C3%A9n%C3%A9ral_du_Plan(검색일: 2014. 04. 16.).

"Conseil économique, social et environnemental," http://fr.wikipedia.org/wiki/Conseil_%C3%A9conomique,_social_et_environnemental(검색일: 2014. 04. 19.).

KOSIS 국가통계포털, 2014, http://kosis.kr(검색일: 2014. 08. 01.).

Lauzi, Giorgio, 1995a, "I sindacati confederali," CESOS(a cura di), *Le Relazioni Sindacali in Italia. Rapporto 1993/94*, Roma: Edizione Lavoro, pp. 207-223.

Lauzi, Giorgio, 1995b, "Il Congresso della CISL," CESOS(a cura di), *Le Relazioni Sindacali in Italia. Rapporto 1993/94*, Roma: Edizione Lavoro, pp. 263-279.

"MKB-Nederland," http://nl.wikipedia.org/wiki/MKB-Nederland(검색일: 2014. 09. 02.).

"LTO Nederland," http://nl.wikipedia.org/wiki/LTO_Nederland(검색일: 2014. 09. 02.).

OECD, 2014, "Trade Union Density," http://stats.oecd.org/Index.aspx?QueryId=20167#(검색일: 2014. 05. 19.).

OECD Employment Outlook, 1984.

OECD Employment Outlook, 1996.

OECD Employment Outlook, 2001.

Parties and Elections in Europe, http://www.parties-and-elections.eu/germany.html(검색일: 2014. 07. 17.).

Parties and Elections in Europe, http://www.parties-and-elections.eu/germany1.html(검색일: 2014. 07. 17.).

Parties and Elections in Europe, http://www.parties-and-elections.eu/germany2.html(검색일: 2014. 07. 17.).

Parties and Elections in Europe, http://www.parties-and-elections.eu/norway.html(검색일: 2014. 07. 04.).

Parties and Elections in Europe, http://www.parties-and-elections.eu/norway1.html(검색일: 2014. 07. 04.).

Parties and Elections in Europe, http://www.parties-and-elections.eu/norway2.html(검색일: 2014. 07. 04.).

Parties and Elections in Europe, http://www.parties-and-elections.eu/
sweden.html(검색일: 2014. 07. 03.).

Parties and Elections in Europe, http://www.parties-and-elections.eu/
sweden1.html(검색일: 2014. 07. 03.).

Parties and Elections in Europe, http://www.parties-and-elections.eu/
sweden2.html(검색일: 2014. 07. 03.).

Parties and Elections in Europe, http://www.parties-and-elections.eu/
netherlands.html(검색일: 2014. 05. 17.).

Parties and Elections in Europe, http://www.parties-and-elections.eu/
netherlands1.html(검색일: 2014. 05. 17.)

Parties and Elections in Europe, http://www.parties-and-elections.eu/
netherlands2.html(검색일: 2014. 05. 17.)

Parties and Elections in Europe, http://www.parties-and-elections.eu/
france.html(검색일: 2014. 05. 19.)

Parties and Elections in Europe, http://www.parties-and-elections.eu/
france1.html(검색일: 2014. 05. 19.)

Parties and Elections in Europe, http://www.parties-and-elections.eu/
france2.html(검색일: 2014. 05. 19.)

Parties and Elections in Europe, http://www.parties-and-elections.eu/
italy.html(검색일: 2014. 05. 20.).

Parties and Elections in Europe, http://www.parties-and-elections.eu/
italy1.html(검색일: 2014. 05. 20.).

Parties and Elections in Europe, http://www.parties-and-elections.eu/
italy2.html(검색일: 2014. 05. 20.).

Pedersin, Roberto, 2004, 「이탈리아 국가경제노동위원회(Cnel)의 기능 및
사회적 협의」, 《국제노동브리프》 제2권 5호(한국노동연구원), 88–94쪽.

Pernot, Jean-Marie, 2013, 「프랑스 노동시장 개혁을 위한 협약인가?」, 《국제
노동브리프》 제11권 3호(한국노동연구원), 26–35쪽.

"Union Members and Employees," http://stats.oecd.org/Index. aspx?QueryId=20167(검색일: 2014. 03. 06.).

"Vakcentrale voor middengroepen en hoger personeel," http:// nl.wikipedia.org/wiki/Vakcentrale_voor_middengroepen_en_ hoger_personeel(검색일: 2014. 09. 02.).

"Vakcentrale voor Professionals," http://nl.wikipedia.org/wiki/ Vakcentrale_voor_Professionals(검색일: 2014. 09. 02.).

Van Ours, Jan C., 2003, 「네덜란드 최근 노동시장 현황」, 《국제노동브리프》 제1권 4호(한국노동연구원), 92−96쪽.

"VNO-NCW," http://en.wikipedia.org/wiki/VNO-NCW(검색일: 2014.09.02.).

"Werkgeversverenigingen," http://www.vno−ncw.nl/over_vnoncw/ geschiedenis/1899−1910_beginjaren/Pages/default.aspx#. VAUNOv−wdqM(검색일: 2014. 09. 02.).